Wolfgang Mack · Erich Raab
Hermann Rademacker
Schule, Stadtteil, Lebenswelt

DJI-Reihe
Jugend

Band 18

Wolfgang Mack · Erich Raab
Hermann Rademacker

Schule, Stadtteil, Lebenswelt

Eine empirische Untersuchung

Leske + Budrich, Opladen 2003

Das Deutsche Jugendinstitut e.V. (DJI) ist ein zentrales sozialwissenschaftliches Forschungsinstitut auf Bundesebene mit den Abteilungen „Kinder und Kinderbetreuung“, „Jugend und Jugendhilfe“, „Familie und Familienpolitik“, „Geschlechterforschung und Frauenpolitik“ und „Social Monitoring“, sowie dem Forschungsschwerpunkt „Übergänge in Arbeit“. Es führt sowohl eigene Forschungsvorhaben als auch Auftragsforschung durch. Die Finanzierung erfolgt überwiegend aus Mitteln des Bundesministeriums für Familie, Senioren, Frauen und Jugend und im Rahmen von Projektförderung aus Mitteln des Bundesministeriums für Bildung und Forschung. Weitere Zuwendungen erhält das DJI von den Bundesländern und Institutionen der Wissenschaftsförderung.

Gefördert vom bmb+f Bundesministerium für Bildung und Forschung

Das diesem Bericht zugrund liegende Vorhaben wurde mit Mitteln des Bundesministeriums für Bildung und Forschung unter dem Förderkennzeichen B 8112 gefördert. Die Verantwortung für den Inhalt dieser Veröffentlichung liegt bei den Autoren.

Gedruckt auf alterungsbeständigem und säurefreiem Papier
Die Deutsche Bibliothek – CIP-Einheitsaufnahme
Ein Titeldatensatz für diese Publikation ist bei
Der Deutschen Bibliothek erhältlich.

ISBN 3-8100-3786-9

Einbandgestaltung: disegno, Wuppertal
Satz: Berthold Druck und Direktwerbung
Druck: DruckPartner Rübelmann, Hemsbach
Printed in Germany

Inhalt

Vorwort

Schule bestimmt den Rhythmus von Familien. Sie müssen ihre Urlaubsplanungen an den Ferienzeiten der Schule ausrichten, ihren Tagesablauf von Montag bis Freitag mit dem der Schule synchronisieren. In Deutschland ist der vormittägliche Schulbesuch die Regel, Ganztagsschulen sind immer noch die Ausnahme. Erst seit ein paar Jahren wird wenigstens für die Grundschule öffentlich und politisch diskutiert, wie zumindest verläßliche Öffnungszeiten der Schulen angeboten und eingehalten werden können, damit Eltern sich nicht länger darauf einstellen müssen, dass ihr Kind an einem Tag um eins, am anderen um elf vor der Wohnungstür steht, oftmals ohne vorherige Ankündigung. Und erst seit der Veröffentlichung der ersten Ergebnisse der PISA-Studie wird die Frage, ob Schulen auch in Deutschland nicht vielleicht besser als Ganztagesschulen eingerichtet werden sollten, einigermaßen ideoligiefrei auch wieder unter bildungspolitischen und nicht mehr nur familienpolitischen Gesichtspunkten diskutiert.

Von den Kindern und Jugendlichen verlangt die Schule Leistungen, in der Regel ohne darauf zu achten, über welche Voraussetzungen sie verfügen, diese Leistungen erbringen zu können, und welche Unterstützungen ihre Familien dazu beitragen können. Wenn Kinder ohne Frühstück in die Schule kommen, wenn Hausaufgaben nicht gemacht werden und Schüler den Unterricht stören, wenn Jugendliche tage- und wochenweise gar nicht in der Schule auftauchen, wird nach den Eltern gerufen, meist mit einem vorwurfsvollen Unterton, warum sie denn nicht Vorsorge getroffen haben und wie sie denn so selbstverständlich zu erbringende Leistungen vernachlässigen konnten.

Schule normiert den Alltag von Kindern und Jugendlichen. Als für die Bildung von Kindern und Jugendlichen zuständige gesellschaftliche Institution hat sie die Aufgabe, von den herkunftsbedingten Unterschieden, dem sozialem Status und den kulturellen Orientierungen und Gewohnheiten ihrer Schülerinnen und Schüler abzusehen und mit ihrem Angebot und in der Definition der Anforderungen Gleichheit herzustellen. Zugleich muss sie aber auch Differenz ermöglichen. Politisch legitimiert wird dabei in Deutschland in der Regel lediglich eine Differenzierung nach Leistung, nach traditionellen Vorstellungen Ausdruck unterschiedlicher Begabungen, die in Wirklichkeit jedoch weitgehend eine Unterscheidung nach sozialen Lagen ist.

Innerhalb der auf dieser Differenzierung aufbauenden Schularten des gegliederten Schulsystems in der Sekundarstufe gibt es typische Erwartungen an die Schülerinnen und Schüler und, darauf basierend, generalisierte Formen der Unterstützung. So gehört es zur Aufgabe der Hauptschule, auf eine Berufsausbildung vorzubereiten. Das Gymnasium dagegen führt mit seinem in der Regel eher an hochkulturellen Normen ausgerichteten unterrichtlichen und außerunterrichtlichen Bildungsangebot in die kulturelle Welt der gebildeten Mittel- und Oberschichten ein. Für beide Schulformen sind dabei abstrahierte und verallgemeinerte Bilder ihrer ‚Klientel' leitend. Wie nahe sie dabei jeweils der Lebenswirklichkeit, den Interessen und den Zukunftsvorstellungen ihrer Schülerinnen und Schüler kommen, hängt davon ab, wie sich die einzelnen Schulen auf die Lebenswelten ihrer Kinder und Jugendlichen einlassen.

Die PISA-Studie belegt eindringlich den in Deutschland besonders engen Zusammenhang von Kompetenzentwicklung und sozialer Lage. Schülerinnen und Schüler aus Familien der oberen Statusgruppen erreichen so in der Regel eine höheres Niveau der Lesekompetenz als solche aus unteren Gruppen, auch wenn dies nicht durchgängig gilt und gute Lesekompetenzen bei Jugendlichen in allen Schichten zu finden sind. Der berufliche Status der Eltern, das verfügbare Einkommen der Familie und der Bildungsstand der Eltern haben Einfluss auf den Erwerb von Lesefähigkeit als basaler Kompetenz. Solche Zusammenhänge sind nicht erst seit der PISA-Studie bekannt, aber diese hat gezeigt, dass sie ein Ausmaß angenommen haben, das beunruhigen muss.

In keinem anderen an der Untersuchung beteiligten Land hat die soziale Lage einen dermaßen hohen Einfluss auf schulische Leistungen wie in Deutschland. Vermittelt wird der Zusammenhang von Kompetenzerwerb und sozialer Lage einmal durch die Schulformen des differenzierten deutschen Schulsystems. Die Chance von Hauptschülern, eine Lesekompetenz auf einer sehr hohen Stufe zu erreichen, ist im Vergleich zu der von Gymnasiasten sehr viel geringer. Aber es gibt bei den fünfzehnjährigen Schülerinnen und Schülern auch innerhalb der einzelnen Schulformen große Unterschiede in der erreichten Lesekompetenz. Neben der sozialen Lage der Herkunftsfamilie zeigen sich große Unterschiede auch zwischen einzelnen Schulen derselben Schulform.

Neben der sozialen Herkunft, der Schulform und der Qualität der einzelnen Schule spielen auch die individuellen Interessen der Schülerinnen und Schüler, ihre kulturellen Orientierungen und ihre Aktivitäten in der Freizeit für die Kompetenzentwicklung eine Rolle. Um die Lernfähigkeit der Schülerinnen und Schüler in Deutschland zu verbessern, insbesondere die der Gruppe der schwachen und schwächsten, die überwiegend eine Schule im unteren Bildungsbereich besuchen, gilt es deshalb, die Kontextbedingungen schulischen Lernens stärker in den Blick zu nehmen.

Die Vermittlung basaler Kompetenzen ist zwar eine genuine Aufgabe der Schule, sie kann aber nur dann erfolgreich erfüllt werden, wenn die sie beeinflussenden außerschulischen Faktoren berücksichtigt werden. Deshalb gehört es zur Aufgabe von Schulentwicklung, die Kontextbedingungen schulischen Lernens zu berücksichtigen und schulische Angebote zu entwickeln, die sich an den Lebenswelten der Schülerinnen und Schüler orientieren.

Die Frage nach dem Verhältnis von schulischen Erwartungen und Angeboten zu den Lebenswelten von Jugendlichen und ihren Familien war Thema des Projekts ‚Schulentwicklung und Lebenswelten', das wir von 1997 bis 2000 am Deutschen Jugendinstitut durchgeführt haben. Wir haben uns dafür interessiert, wie sich Schulen auf die Lebenswelten von vierzehn- bis sechzehnjährigen Jugendlichen und ihren Familien einlassen, und dafür, was Jugendliche und ihre Eltern von der Schule erwarten und wie sich Schulen dazu verhalten. Gibt es Unterschiede zwischen unterschiedlichen sozialen Gruppen, gibt es regionale Unterschiede, gibt es Unterschiede in den Schulformen? Welche Strategien wählen Schulen, um den von den Lebenswelten ihrer ‚Klientel' her resultierenden Erwartungen und Bedürfnissen gerecht zu werden? Welche Angebote entwickeln sie? Welche Unterstützung brauchen Schulen dabei, um Aufgaben und Erwartungen, die traditionell nicht als schulische Aufgaben gesehen worden sind, erfüllen zu können? Was kann die Jugendhilfe dabei leisten?

Wir halten dies für wichtige Fragen auch im Kontext von Schulentwicklung. Dieser Blick ist ungewöhnlich, da Schulentwicklung meist auf die innere Organisation der Schule und den Aufgabenbereich des Unterrichts beschränkt ist. Wir wählen einen weiteren Ansatz von Schulentwicklung, in dem diese Fragen mit bearbeitet werden können. Wir halten es für unverzichtbar, lebensweltliche Kontexte in Prozessen der Schulentwicklung mit zu reflektieren und diese dafür zu öffnen. Dazu bedarf es eines breiteren Wissens um das Verhältnis von Schule und den Lebenswelten ihrer Nutzer.

Das Buch stellt die Ergebnisse des Projekts „Schulentwicklung und Lebenswelten“ dar. Der Band gliedert sich in drei Teile. Im ersten Teil wird der theoretische Bezugsrahmen dieser Studie entfaltet; im zweiten Teil werden Anlage und Ergebnisse der Untersuchung dargestellt; der dritte Teil enthält Schlußfolgerungen und Empfehlungen aus der Studie.

Das Vorhaben wurde in Zusammenarbeit mit Infas, Institut für angewandte Sozialwissenschaft, Bonn-Bad Godesberg durchgeführt, das im Auftrag des DJI die standardisierten Befragungen übernommen hat.

Wesentliche Unterstützung erfuhr das Projekt durch die kommunalen Verwaltungen der in die Untersuchung einbezogenen Städte Dresden, Duisburg und München, die bei der Ziehung der Stichproben behilflich waren und statistische Materialien und einschlägige Dokumente zur Verfügung gestellt haben.

Im Projekt haben wir in Dresden, Duisburg und München Schulleiterinnen und Schulleiter, Vertreterinnen und Vertreter der Eltern, Fachkräfte der Jugendhilfe, der Arbeitsverwaltung, der Polizei und vieler anderer Einrichtungen und Dienste befragt. Sie waren wichtige Gesprächs- und Kooperationspartner. In den Text haben wir anonymisierte Auszüge aus einzelnen Interviews aufgenommen.

An der Erstellung des Berichts haben als studentische Hilfskräfte Andrea Behr und Heike Haupt mitgearbeitet. Maritha Tessmann war für die Sachbearbeitung im Rahmen des Projekts zuständig und erledigte die Schreib- und Korrekturarbeiten für den Bericht.

Wir danken allen für ihre Mitarbeit und ihre Unterstützung der Projektarbeit.

Wolfgang Mack
Erich Raab
Hermann Rademacker

I Theoretischer Bezugsrahmen

1 Ausgangslage und konzeptioneller Rahmen

Die Beziehungen der Schule zu den Lebenswelten der Kinder und Jugendlichen, die als Schülerinnen und Schüler ihre Klientel sind, waren in der neueren Geschichte des deutschen Bildungswesens kaum je ein Thema der Schulforschung und der bildungspolitischen Debatte. Im Gegenteil: Mit der Trennung der Zuständigkeiten von Schule und Jugendhilfe im Rahmen der Neuordnung der öffentlichen Erziehungs- und Sozialisationsleistungen in der Weimarer Republik wurde die traditionelle Abgeschlossenheit der Schule gegenüber den Lebenswelten von Schülerinnen und Schüler ausdrücklich legitimiert. Dem entsprach ihre bereits im 19. Jahrhundert etablierte und bis heute bestehende zentralistische Verwaltungsstruktur, die ja niemals für die Entwicklung und Ausgestaltung regionalspezifischer, die sozialen Rahmenbedingungen der Einzelschule berücksichtigender Bildungsangebote gedacht war.

Geradezu komplementär dazu wurde die Jugendhilfe als lebensweltbezogene öffentliche Sozialisationsagentur subsidiär und mit ihren wichtigsten Zuständigkeiten auf der kommunalen Ebene etabliert. Der Einheitlichkeit und Allgemeingültigkeit des schulischen Bildungsangebots von den in Lehrplänen festgelegten Unterrichtsinhalten über die Standards der Leistungsbewertung, der materiellen Rahmenbedingungen des Unterrichts und seiner zeitlichen Organisation bis hin zur Ausbildung und Bezahlung der Lehrer steht auf Seiten der Jugendhilfe eine weitgehende Freiheit der Problemdefinition wie auch der Ausgestaltung des Angebots bis hin zu einer bis heute bestehenden hohen Wertschätzung ehrenamtlicher Laienarbeit gegenüber. Der gesetzlich geregelten Schulpflicht, die notfalls auch mit staatlichen Zwangsmaßnahmen durchgesetzt werden kann, steht eine Jugendhilfe gegenüber, die sehr weitgehend das Prinzip der Freiwilligkeit der Teilnahme Jugendlicher an ihren Angeboten anerkennt.

Angesichts derartiger struktureller Vorgaben kommen für die Ausgestaltung der Beziehungen zwischen der Schule und den Lebenswelten ihrer Schülerinnen und Schüler grundsätzlich zwei Entwicklunglinien in Betracht, die sich keineswegs gegenseitig ausschließen: (1) Die Vermittlung von Beziehungen zwischen Schule und den Lebenswelten von Schülerinnen und Schülern durch die Entwicklung der Zusammenarbeit zwischen Schule und Jugendhilfe und (2) die Ausprägung sozialökologischer Schulprofile durch die Erweiterung eigenverantwortlicher Gestaltungsmöglichkeiten unter Einbeziehung sozialpädagogischer Handlungskompetenz für die Einzelschule.

Im Gegensatz etwa zu der Entwicklung in angelsächsischen und skandinavischen Ländern mit einer sehr viel stärker ausgeprägten kommunalen Zuständigkeit für die Gestaltung von Schule sind in der Bundesrepublik konkrete Lebensweltbezüge von Schule in nennenswertem – wenn auch insgesamt bescheiden gebliebenem – Umfang bisher fast ausschließlich über die Zusammenarbeit von Jugendhilfe und Schule entstanden. Die Erweiterung eigenverantwortlicher Gestaltungsmöglichkeiten der Einzelschule, wie sie etwa in den neueren Schulgesetzen Hessens, Bremens, Brandenburgs und Niedersachsens vorgesehen ist, ist noch weitgehend Programm.

Die Beziehungen zwischen Jugendhilfe und Schule waren in der Nachkriegsgeschichte des deutschen Bildungswesens weder Gegenstand programmatischer Entwürfe und Konzepte der Schulreform noch der Jugendhilfereform. Der Überschneidungsbereich von Jugendhilfe und Schule erfuhr bis in die 70er Jahre hinein als pädagogisches Handlungsfeld wenig Aufmerksamkeit. Vereinzelte sozialpädagogische Angebote beispielsweise in Ganztagsschulen oder schulbezogene Leistungen der Jugendhilfe etwa in Horten und in Form von sozialpädagogischen Schülerhilfen/Hausaufgabenhilfen wurden nur selten systematisch entwickelt, und wenn, dann entstanden sie im Kontext kommunaler bildungspolitischer Initiativen. Sie wurden selten aufeinander bezogen und blieben auch in ihren jeweiligen Bezugssystemen selbst eher randständig. Auch die Bildungsforschung hat sich dieses Feldes nur ausnahmsweise angenommen.

Fortschritt im geschlossenen System: Die Bildungsreform

Schulreformen und dazu vorgelegte Planungen und Entwürfe etwa des Deutschen Ausschusses für das Erziehungs- und Bildungswesen, später des Deutschen Bildungsrates, betrafen ebenso wie die bildungspolitischen Programmatiken der einzelnen Bundesländer immer die Schule als solche und allenfalls marginal ihre Beziehungen zu anderen Sozialisationsagenturen. Hauptthema der Reformdebatten der ersten 30 Nachkriegsjahre war die Schulstruktur. Bezogen auf das allgemeinbildende Schulwesen ging es vor allem um die Ausdehnung der Grundschule sowie um die Einheitsschule bzw. die Gesamtschule, später dann auch um das Verhältnis zwischen allgemeiner und beruflicher Bildung (Kollegschule). Ab Mitte der 60er Jahre – das bleibt in der rückblickenden kritischen Auseinandersetzung mit den Reformansätzen jener Zeit heute oft unbeachtet – ging es dann auch um die Reform der Bildungsinhalte: curriculare Erneuerung war ein Kernbestandteil des Konzepts der Reform (vgl. Robinsohn 1967), ebenso wie seiner politischen Umsetzung und, wie insbesondere die Auseinandersetzung um die hessischen Rahmenrichtlinien zeigte, war sie dort, wo sie auf eine Angleichung der Bildungschancen traditionell Benachteiligter in der Schule zielte, politisch nicht weniger kontrovers als die schulstrukturbezogenen Ziele der Reform; auch die Reform der gymnasialen Oberstufe unter dem Stichwort Kollegstufe zielte vor allem auf eine Modernisierung der Unterrichtsinhalte und gestattete durch eine heute weitgehend wieder zurückgenommene Ausweitung der Wahlmöglichkeiten eine bemerkenswerte Individualisierung des Lernens und der Wege zum Schulerfolg – jedenfalls für diejenigen, die das Abitur anstrebten.

Mit ihren Zielsetzungen der Modernisierung und insbesondere der Chancengleichheit einschließlich der Ausschöpfung der Begabungsreserven unter bis dahin – und wie sich heute zeigt: immer noch – durch ihre soziale Herkunft benachteiligten Bevölkerungsgruppen betraf die Bildungsreform unmittelbar auch Aufgaben und Zuständigkeitsbereiche der Jugendhilfe. Manche der Konzepte und der empfohlenen Arbeitsansätze zeigten sogar deutliche Berührungspunkte zu deren Aufgabenstellungen, Inhalten und Methoden. Aber nicht einmal die Vorschläge zum Ausbau der Ganztagsschule, die sowohl in der Konzeption des deutschen Bildungsrates als auch im Bildungsgesamtplan einen hohen Stellenwert hatte, führten zur Thematisierung der Bezüge zwischen Schule und Jugendhilfe. Auch hier wurde in den Empfehlungen des Bildungsrates zur Einrichtung von Modellversuchen mit Ganztagsschulen die Jugendhilfe und ihr Personal nicht Partner der Schule, sondern allenfalls als Hilfsdienst für eine sich noch deutlicher als bisher schon auf Aufgaben im Unterricht reduzierende Lehrerschaft in das Vorhaben einbezogen (Deutscher Bildungsrat 1968). Die Neuvermessung der Bildungslandschaft erfolgte ohne sozialpädagogische Perspektive (Hornstein 1971).

Bei aller Radikalität der in Angriff genommenen Veränderungen im Bereich der Strukturen und Inhalte von Bildung ging der Reformansatz nach wie vor von einem Bildungswesen als einem gegenüber anderen gesellschaftlichen Bereichen geschlossenen System aus, das eine Öffnung weder gegenüber anderen öffentlichen Sozialisationsangeboten wie der Jugendhilfe noch gegenüber den durch soziale Ungleichheit geprägten sozialen Herkunftsverhältnissen, den Lebenswelten von Kindern und Jugendlichen in den Blick nahm. Obgleich der Abbau sozialer Ungleichheit zumindest bezogen auf die demokratisch und sozialpolitisch geprägten Reformmotive eine der tragenden politischen Absichten der Reform war, blieb doch die gesellschaftliche Realität, in der sich diese Ungleichheit manifestierte, außerhalb der Reichweite schulischen Handelns.

Wenn Schule sich darauf einließ, zur Überwindung herkunftsbedingter Benachteiligung einen eigenen Beitrag zu leisten, so reichte ihr Arbeitsansatz über – möglicherweise modernisierte und durch Lehrprogramme perfektionierte – schulische Lernförderung kaum hinaus. Die benachteiligenden Lebensverhältnisse von Kindern und Jugendlichen behielten damit auch für die reformierte Schule den Charakter von Störgrößen und wurden nicht zu Handlungsfeldern schulischer Pädagogik. Als Folge defizitärer Lebensverhältnisse nahm Schule bei Kindern und Jugendlichen aus ‚bildungsfernen Schichten' in erster Linie die fehlende Unterstützung schulischen Lernens durch die Familie wahr und versuchte dort, wo entsprechende Möglichkeiten in Ganztags- und Gesamtschulen bestanden, diesen Mangel durch Hausaufgabenbetreuung in der Schule zu kompensieren. Eine weitergehende Herausforderung der Schule im Hinblick auf mögliche Beiträge zur Gestaltung eines gelingenden außerschulischen Alltags von Kindern und Jugendlichen – und sei es auch in Zusammenarbeit mit der Jugendhilfe – wurde nicht gesehen.

In diesem Sinne blieb das Reformkonzept auf die Weiterentwicklung des Bildungswesens als geschlossenes System begrenzt. Grenzänderungen kamen, wie die Beispiele der Hausaufgabenbetreuung und – sehr viel gewichtiger – der Versuch der Etablierung des Kindergartens als Elementarbereich des Bildungswesens zeigen, durchaus in Betracht, eine Öffnung der Schule dagegen und die Entwicklung einer Zusammenarbeit mit der Jugendhilfe und ihren Einrichtungen über die Grenzen hinweg stand dagegen nicht auf der Tagesordnung – und in der heftigen Widerstand provozierenden Bedrohung der Jugendhilfe im Streit um die Zuordnung der Fünfjährigen zur Schule (in Vorklassen oder in den in ihrem Reformanspruch weiterreichenden Einfangsstufen) oder zum Kindergarten lag auch eine der Ursachen für das politische Scheitern der Bemühungen um die Durchsetzung der Eingangsstufe.

Entwicklung in Abgrenzung: Die Jugendhilfereform

Aber auch auf Seiten der Jugendhilfe waren konzeptionelle Anstrengungen zur Zusammenarbeit oder Vernetzung mit der Schule nicht vorhanden. In der Auseinandersetzung um die Zuordnung der Fünfjährigen ging es auch der Jugendhilfe vor allem um die Abgrenzung gegenüber der Schule mit einem eigenen, ‚nicht verschulten' Konzept des sozialen Lernens, nicht um eine Kooperation mit der Schule zur Verwirklichung eines gleitenden Übergangs, wie ihn der Bildungsrat mit seinem Vorschlag angestrebt hatte. Nicht einmal die Tatsache, dass die Jugendhilfe im Gegensatz zur Schule für die Inanspruchnahme ihrer Dienste für die Fünfjährigen Kosten erheben mußte und ihre Klientel damit erheblich belastete – die seinerzeit gehegten Hoffnungen, darauf bald verzichten zu können, sind heute erheblichen Steigerungen dieser Kosten gewichen – ließ Zweifel daran aufkommen, ob man denn das Interesse der Kinder und ihrer Familien so eindeutig auf seiner Seite hatte.

Auch das andere große Thema der Jugendhilfe der späten 60er und frühen 70er Jahre, die selbstverwalteten Jugendzentren, waren eher als Flucht- und Trutzburgen gegenüber den kontrollierenden und entmündigenden Bedrängungen aus der Erwachsenenwelt, der Familie wie auch der Schule, gedacht und verstanden, denn als Partner einer durch die in Angriff genommene Reform auch ihre Rolle gegenüber Kindern und Jugendlichen verändernden Schule.

Dabei gab es solche Veränderungen in der Schule durchaus. Darauf haben auch die im übrigen eher schulkritischen Verfasser des Gutachtens für die Max-Träger-Stiftung „Bildung für das Jahr 2000" hingewiesen (vgl. Klemm/Rolff/Tillmann 1985). In ihrer Bilanz der Reform stellen sie fest, dass sich bei aller Enttäuschung über ihr vorzeitiges Ende die Schule dennoch in mancher Hinsicht zum Besseren gewandelt hat. Viele dieser Veränderungen betrafen Aspekte schulischer Realität, die auch unter Gesichtspunkten der Jugendhilfe bedeutsam waren.

„Erfolgspunkte" der Reform sind mehr Demokratie und Mitwirkungsmöglichkeiten in der Schule, die deutliche Reduzierung der Bildungsbenachteiligung von Mädchen und die weniger deutliche, aber auch sichtbare Verbesserung der Bildungschancen anderer ehemals bildungsferner Gruppen im Kontext einer insgesamt erheblich angestiegenen Beteiligung in weiterführenden Bildungsgängen.

Daneben gab es nicht weniger bedeutsame Veränderungen, die das alltägliche Leben in der Schule und insbesondere die sozialen Beziehungen zwischen Lehrenden und Lernenden betreffen, und durchaus als eine Humanisierung des pädagogischen Umgangs im Sinne sozialpädagogischer Konzepte gewertet werden dürfen. Die Kommunikation zwischen Lehrern und Schülern erfolgt angstfreier und ist weniger durch eine autoritäre Lehrerrolle bestimmt und die überkommene Schulkultur wurde enttraditionalisiert. Zwei nebeneinander gestellte Photos des Kollegiums eines Gymnasiums, aus den 60er und aus den 80er Jahren machen dies anschaulich (ebd. S. 52/53), und zeigen die veränderte Alters- und Geschlechterzusammensetzung des Kollegiums ebenso wie die weniger „standesgemäße" und der der Schülerinnen und Schüler ähnlichere Kleidung und Körperhaltung der Lehrkräfte.

Hinzu kommen didaktische Neuerungen von durchaus sozialpädagogischer Qualität wie die Abschaffung der Ziffernnoten in den ersten Schuljahren und Fortschritte bei der Überwindung des Frontalunterrichts.

Die Abgrenzungen zwischen Schule und Jugendhilfe finden schließlich auch ihren Niederschlag in den Selbstverständnissen und Fremdbildern der Professionen, die in beiden Bereichen tätig sind. Während Schule dazu neigt, die ihr von der Gesellschaft aufgetragene Funktion der Auslese pädagogisch als im Interesse des Kindes liegend (Schutz vor Überforderung) auch dann positiv zu deuten, wenn das Ergebnis die Einschränkung von Chancen ist, neigt die Jugendhilfe dazu, die Auslese in der Schule als eine vermeidbare Bösartigkeit der Lehrer zu sehen. Wenn aus einem Bereich Erwartungen an den jeweils anderen gestellt werden, dann entsprechen sie selten dem dort jeweils entwickelten beruflichen Selbstverständnis (vgl. Rademacker 1994).

Praxisentwicklung anstelle einer Fortsetzung der Reform ‚von oben'

Eine wichtige Entwicklung der Bezüge zwischen Schule und Jugendhilfe wurde in der Bundesrepublik in den 70er Jahren mit der Einrichtung von Schulsozialarbeit eingeleitet. Sie wurde vor allem dort etabliert, wo besondere soziale Problemkonstellationen eine Zusammenarbeit mit der Schule herausforderten.

Die beschriebenen Grenzen der Verständigung und der Zusammenarbeit wurden auch in diesen Projekten der 70er Jahre kaum überwunden. Dies betraf sowohl die schulisch getragene Schulsozialarbeit in den Ganztags-Gesamtschulen in Berlin, Niedersachsen und – teilweise – Nordrhein-Westfalen sowie in Bayern und Baden-Wüttemberg wie auch die von der Jugendhilfe getragenen hessischen Modellversuche zur Schulsozialarbeit, deren schulische Partner Halbtagsgesamtschulen waren.

In den 80er Jahren ging es in den Projekten der Schulsozialarbeit nicht mehr primär um einen direkten Beitrag zur Schul- oder Bildungsreform im Sinne oder im Dienste von Reformpolitik. Sie konzentrierten sich vielmehr zunehmend auf die Entwicklung einer eigenständigen, schulergänzenden, schulbegleitenden, aber immer auch schulkritischen sozialpädagogischen Praxis sowie auf die Entwicklung eigener Konzepte, Angebote, und Maßnahmen dafür, und sie orientierten sich am Alltag, an der Schul- und Lebenswirklichkeit der von ihnen betreuten Kinder und Jugendlichen.

Das damals eingerichtete Projekt zur wissenschaftlichen Begleitung von Schulsozialarbeit am Deutschen Jugendinstitut passte sich diesen veränderten Rahmenbedingungen an. Zwar bezog sich der Auftrag des Bundesministers für Bildung und Wissenschaft (BMBW) zunächst auf die wissenschaftliche Begleitung der von ihm geförderten Modellversuche zur Schulsozialarbeit. Der Auftraggeber ließ sich aber sehr schnell davon überzeugen, dass dieser Auftrag nicht im herkömmlichen Sinne von Wirkungsforschung mit dem Ziel, Entscheidungshilfen für die Bildungspolitik bereitzustellen, erfüllt werden sollte, sondern umgewandelt wurde in eine weit über die wenigen Modellversuche hinausreichende Bestandsaufnahme einer sich vor Ort relativ ungeplant entwikkelnden sozialpädagogischen Praxis und deren kritischer Begleitung und konstruktiver Förderung unter Nutzung damals aktueller Konzepte der Handlungsforschung (vgl. Haag/Krüger/Schwaerzel/Wildt 1975).

In der Folge entstand ein komplexes, an den vorgefundenen Projekten und Initiativen der Schulsozialarbeit sowie unterschiedlichen Formen der Zusammenarbeit von Jugendhilfe und Schule ansetzendes, anwendungsorientiertes Forschungsvorhaben (vgl. Raab/Rademacker/Winzen 1987). Sein theoretisch-analytischer Beitrag bestand in der Rezeption von aktuellen Ergebnissen der Sozialisations- und Jugendhilfeforschung und ihre Vermittlung in das sich entwicklende Handlungsfeld. Hinweise auf veränderte Lebensverhältnisse von Kindern und Jugendlichen sowie auf tiefgreifende soziale Wandlungsprozesse insbesondere im Bereich der Familie wurden dabei sowohl als Anlass und Legitimation, als Begründungszusammenhang von Schulsozialarbeit verstanden, wie auch als Bedingungen ihres konkreten Handelns, ihrer Angebote und Leistungen für Schülerinnen und Schüler. Ein verändertes Freizeitverhalten war ebenso beeinflußt durch einen Mangel an informellen Treffpunkten für Gleichaltrige im Wohnumfeld wie durch veränderte – auch kommerzielle – Freizeitangebote mit der Ausbildung spezifischer kinder- und jugendkultureller Szenen und Milieus, veränderte Familienkonstellationen mit weniger Geschwistern und wachsenden Anteilen berufstätiger und alleinerziehender Eltern.

Veränderte Beziehungen zwischen den Geschlechtern sowie zwischen Erwachsenen und Kindern, das damals neue Zusammenleben unterschiedlicher sozialer und ethnischer Gruppen in Deutschland, sowie auch neue äußere Gefährdungen und Risiken für zunehmend unkalkulierbarer verlaufende Sozialisationsprozesse und ein immer schwieriger werdender Einstieg in Arbeit und Beruf waren weitere Befunde für veränderte Lebensverhältnisse von Kindern und Jugendlichen (Rademacker 1984).

Der achte Jugendbericht hat diese Entwicklungen unter der Überschrift ‚Kindheit und Jugend im Wandel' im Einzelnen beschrieben und in den Thesen von der Pluralisierung der Lebenslagen und der Individualisierung der Lebensführung zusammengefaßt. Er hat aber auch die neuen Entwicklungen der Jugendhilfe beschrieben, ihre Strukturprinzipien und Handlungsmaximen wie Prävention, Dezentralisierung und Regionalisierung, Alltagsorientierung, Situationsbezogenheit, Ganzheitlichkeit, Integration und Partizipation festgehalten, und darüberhinaus mit dem Konzept der Lebensweltorientierung eine neue zeitgemäße Gesamtphilosophie der Jugendhilfe formuliert. Die Elemente dieser neuen Jugendhilfepädagogik waren oft auch Kennzeichen der Schulsozialarbeitsprojekte, viele konnten als paradigmatische Beispiele dieser Entwicklung gelten. Sichtbaren Ausdruck fand all dies auf dem 7. Jugendhilfetag 1984 in Bremen, den die Arbeitsgemeinschaft für Jugendhilfe unter das Thema ‚Jugendhilfe und Schule' gestellt hat (vgl. Pfister/von der Osten-Sacken S.152/153).

Alle diese Aktivitäten haben dazu beigetragen, dass zunächst im Bereich der Jugendhilfe selbst Handlungsfelder von Schulsozialarbeit als Brücken zwischen der Schule und den Lebenswelten ihrer Schülerinnen und Schüler entstanden. Voraussetzung dafür und für die vielerorts fortschreitende Wahrnehmung und Anerkennung solcher Schulsozialarbeit durch die Schule und für ihren bescheidenen Einfluss auf die Veränderung von Schule im Einzelfall war

- die grundsätzliche Akzeptanz der Schülerrolle von Kindern und Jugendlichen durch die in den Projekten und Initiativen tätigen Sozialpädagogen,
- der wenn auch langsam fortschreitende Abbau von Vorurteilen zwischen den professionellen Pädagogen der Jugendhilfe und der Schule sowie
- die wechselseitige Respektierung der unterschiedlichen Professionalitäten und der unterschiedlichen sozialen Funktionen von Jugendhilfe und Schule.

All diese Entwicklungen erfolgten nicht flächendeckend und allgemein, sondern blieben meist eng an die konkreten Praxisprojekte vor Ort gebunden. Sie betrafen jedoch keineswegs nur die beteiligten pädagogischen Fachkräfte, sondern wirkten auch in die jeweiligen administrativen Strukturen beider Bereiche hinein und haben vor allem dadurch auch Auswirkungen über die beteiligten Projekte hinaus entfaltet. Das Kinder- und Jugendhilfegesetz (SGB VIII) schließlich liefert im § 13 die gesetzliche Grundlage für Schulsozialarbeit als eigenständiges Handlungsfeld der Jugendhilfe, die im § 81 grundsätzlich zur Zusammenarbeit auch mit der Schule verpflichtet wurde.

Die damit gegebenen neuen rechtlichen Grundlagen wurden von vielen Kommunen auch als Anstoß für neue Initiativen zur Weiterentwicklung der Beziehungen zwischen Jugendhilfe und Schule aufgenommen. Dabei zeigt sich als eine Schwierigkeit, dass der Jugendhilfe auf der kommunalen Ebene auf der Seite des Bildungswesens der vertragsfähige Partner fehlt. Die Kommune mit ihrer Zuständigkeit für die ‚äußeren Schulangelegenheiten' kann zwar durch die Bereitstellung materieller Ressourcen in Schulen wie Küchen, Freizeiträume und ihre Ausstattung sowie durch die Beschäftigung sozialpädagogischer Fachkräfte mit Arbeitplätzen in Schulen durchaus wesentlich zur Entwicklung solcher Kooperation beitragen. Sie findet aber im jeweils zuständigen Schulaufsichtsamt keineswegs den Gesprächspartner, der die für Vereinbarungen über die Zusammenarbeit zwischen landesbediensteten Lehrern und bei Einrichtungen der Jugendhilfe beschäftigten Sozialpädagogen notwendigen politischen Zuständigkeiten und Verfügungsmöglichkeiten hat. Dies ist einer der Gründe dafür, dass, obwohl in die Schulgesetze einiger Länder – zuerst in Bayern und Niedersachsen – in den letzten Jahren Regelungen zur Zusammenarbeit der Schule mit der Jugendhilfe eingefügt wurden, anders als aus den Verpflichtungen der Jugendhilfe im SGB VIII, von Seiten der Schule nur selten Initiativen zur Zusammenarbeit mit der Jugendhilfe ausgingen. Dennoch ist die Bedeutung der neuen gesetzlichen Bestimmungen für die weitere Entwicklung der Beziehungen zwischen Jugendhilfe und Schule nicht zu unterschätzen.

Die neue politische Debatte um Jugendhilfe und Schule

Die langjährige Diskussion um Schulsozialarbeit hat zu einer Klärung und Entwicklung des Verhältnisses von Jugendhilfe und Schule beigetragen. Komplementär zu dem Kooperationsgebot des Kinder- und Jugendhilfegesetzes gibt es, wie oben erwähnt, im Schulrecht der Länder Regelungen, die auch die Schulen zur Kooperation mit den öffentlichen und freien Trägern der Jugendhilfe verpflichten oder auffordern. In Empfehlungen von Behörden, Verbänden und Fachgremien wird zu einer verbesserten Zusammenarbeit aufgefordert. Nicht zuletzt war mit dem Neuaufbau des Schulwesens und der Jugendhilfe in den neuen Bundesländern eine Herausforderung zur Neubestimmung der Beziehungen zwischen Jugendhilfe und Schule verbunden (Neunter Jugendbericht S. 467-472).

Der Umbau des Bildungswesens und der Neuaufbau der Jugendhilfe in den neuen Bundesländern haben dort besondere Bedingungen entstehen lassen, die für die Entwicklung der Beziehungen zwischen Jugendhilfe und Schule insgesamt eher günstig erscheinen (ebd. S. 467ff.). Der gesellschaftliche Wandel hat die Familien mit bis dahin kaum gekannten Problemlagen konfrontiert und hat soziale Konfliktpotentiale mit einer zunächst überraschenden Gewaltbereitschaft und Ausländerfeindlichkeit – keineswegs nur, aber auch – unter Jugendlichen aufbrechen lassen. Parallel dazu sind wesentliche sozialpädagogisch relevante Instrumente zur Bewältigung derartiger Herausforderungen in Form familienergänzender Angebote der Kinderbetreuung sowie schulergänzender Freizeitangebote drastisch eingeschränkt worden oder ganz entfallen.

Der Umbau des Bildungswesens in den neuen Bundesländern, also die weitgehende Übertragung des westdeutschen gegliederten Schulwesens und die vollständige Abschaffung der die Bildungslandschaft der DDR prägenden Einheitschule in Gestalt der Polytechnischen Oberschule (POS), kann in seiner Bedeutung für die

Veränderung der Lebensverhältnisse von Kindern und Jugendlichen sowie für das Bildungsverhalten und damit zusammenhängender Fragen der individuellen Lebensentwürfe und -perspektiven kaum überschätzt werden.

Die Schule der DDR hatte soziale Qualitäten (Arbeitswelt- und Nachbarschaftsbezüge, Ganztagsangebote und Mittagsversorgung) und soziale Funktionen, die mit der Wende teils politisch gewollt – so etwa bezogen auf die Überwindung ideologischer Indoktrination durch Schule und die Etablierung von Leistungsauslese durch äußere Differenzierung nach Schulformen – teils als zwangsläufige Folge vorgenommener Prioritätensetzungen oder auch aus Mangel an Mitteln grundlegend verändert wurden. Die sozialen Folgen der Umgestaltung des Bildungswesens und die immer noch von den westdeutschen Verhältnissen unterschiedlichen Ausprägungen sozialer Milieus und ihrer regionalen Verteilung waren ein zusätzlicher Anlass, einen Stadtteil in den neuen Bundesländern in die Untersuchung einzubeziehen.

Die Entdeckung der Einzelschule

Wesentliche Voraussetzungen für ein verändertes Verhältnis zwischen Jugendhilfe und Schule ergaben sich auch im Bereich der Schule selbst. Eine neue Diskussion über die pädagogische Schulentwicklung wurde durch die Hinwendung der Schulforschung zur Einzelschule angestoßen und befördert, für die Michael Rutters unter dem Titel „Fünfzehntausend Stunden“ veröffentlichte Untersuchung eines der ersten Beispiele ist (Rutter 1980). Die unter Begriffen wie ‚Qualität von Schule‘, ‚Gestaltung von Schule‘ und ‚Öffnung von Schule‘ geführte neue schulpädagogische Diskussion thematisierte vor allem auch die Handlungsebene von Schule und stützte und förderte die Etablierung neuer Lern- und Umgangsformen wie den handlungsorientierten Unterricht oder auch lange bekannte, aber in der Schule immer noch wenig praktizierte Formen wie den Projektunterricht (siehe dazu auch Kapitel 2 dieses Berichts).

Auch in der bildungspolitischen Diskussion wurde die Hinwendung zur Einzelschule inzwischen mit vollzogen. Sie findet auch zunehmend ihren Niederschlag in den Novellierungen der Schulgesetze der Länder, die – mit erheblichen Unterschieden zwischen den Ländern – insbesondere über eine Reform der Schulaufsicht der Einzelschule heute ein bisher in Deutschland nicht gekanntes Maß an Selbstbestimmung und Eigenverantwortlichkeit zugestehen. Am klarsten und eindeutigsten – aber auch frei von der Notwendigkeit der Kompromisse parlamentarischer Verfahren – scheinen diese neuen Vorstellungen zur Gestaltung des Schulwesens in der Denkschrift der Nordrhein-Westfälischen Bildungskommission (Bildungskommission NRW 1995) formuliert zu sein. Sie bezeichnet ihre Schule der Zukunft als ein Haus des Lernens, das für seine Schülerinnen und Schüler zugleich Lern- und Lebensraum ist. Grundlegende Prinzipien eines so gedachten zukünftigen Bildungswesens sind die Öffnung und Gemeinwesenorientierung von Schule ebenso wie die Öffnung der Unterrichtspädagogik für neue Arbeitsformen. Die der Einzelschule nicht nur zugestandene, sondern von ihr erwartete Eigenverantwortlichkeit soll vor allem durch Selbstgestaltung und spezifische Profilbildung wahrgenommen werden. Dazu gehören auch die Sensibilisierung der Schule für spezifische Probleme im Gemeinwesen und für die Bedürfnisse besonderer Gruppen und deren Integration, die Internationalisierung der Bildung und die Akzeptanz von Multikulturalität. Es gehören dazu aber auch so praktische Leistungen wie Ganztagsbetreuung und die Verbesserung der berufspropädeutischen Leistungen von Schule.

Parallel zu dieser Verlagerung von Verantwortlichkeiten in die Einzelschule werden entsprechend dem Vorschlag der Kommission auch die politischen Zuständigkeiten für das Bildungswesen dezentralisiert und weitgehend dem örtlichen Schulträger übertragen.

Derartige Entwicklungen schaffen sowohl neue Rahmenbedingungen für die Gestaltung eigenständiger Beziehungen zwischen der Schule und den Lebenswelten ihrer Schülerinnen und Schüler wie auch für ihre auf Lebenswelten bezogene Zusammenarbeit mit der Jugendhilfe. Sie sind für die Verbesserung der Beziehungen zwischen Jugendhilfe und Schule von nicht zu überschätzender Bedeutung. Unter solchen Bedingungen endlich hätte das kommunale Jugendamt einen Gesprächspartner auf der schulischen Seite mit einem entsprechenden, die möglichen Gegenstände der Zusammenarbeit einbeziehenden Zuschnitt an Zuständigkeiten und Gestaltungsmöglichkeiten. Entsprechendes gälte für die Beziehungen des jeweiligen Trägers eines Schulsozialarbeitsprojekts zu ‚seiner' Schule. Endlich gäbe es also auf beiden Seiten bezogen auf die spezifischen Rahmenbedingungen vor Ort in ähnlicher Weise handlungsfähige Partner, die beide über Möglichkeiten verfügten, ihr Angebot auf diese Bedingungen einzurichten.

Indem Schule sich öffnet, öffnet sie sich in Bereiche gesellschaftlicher Wirklichkeit, die durch Formen und Ausmaße von Ungleichheit gekennzeichnet sind, die ganz und gar nicht auf ähnliche Weise wie die Ausstattungsstandards und Normen innerhalb der Schule kontrollierbar und begrenzbar sind. Diese Ungleichheiten in Gestalt unterschiedlicher Lebensverhältnisse und unterschiedlicher Ressourcen, die für die Bewältigung der Anforderungen unterschiedlicher Lebensbereiche, auch der Schule, verfügbar sind, sind aber das etablierte Handlungsfeld der Jugendhilfe. Wenn es denn gelingen sollte, die Gleichheit der Bildungschancen als sozialpolitische Norm aufrecht zu erhalten, dann kann die gegenüber ihrem sozialen Umfeld geöffnete Schule von diesen Unterschieden nicht mehr absehen, sondern muß sich auch mit ihrem Angebot auf solche ungleichen Lernvoraussetzungen ihrer Schülerinnen und Schüler beziehen.

Das Risiko einer solchen Entwicklung liegt darin, dass mit der Öffnung der Schule zum Gemeinwesen mit seinen unterschiedlichen sozialen Milieus dieses auch als Ressource schulischen Lernens an Bedeutung gewinnt. Ließe man einer solchen Entwicklung ohne weitere Sicherungen ihren Lauf, würden ungleiche individuelle Bildungschancen als Folge ungleicher sozialer Herkünfte durch ungleiche Bildungsangebote als Folge ungleicher sozialer Ressourcen im Gemeinwesen und ungleicher Lern- und Erfahrungsmöglichkeiten in einer zum Gemeinwesen hin offenen Schule möglicherweise dramatisch verstärkt – von den ungleichen Voraussetzungen direkter materieller Unterstützung der Einzelschule durch Sponsoring aus dem Gemeinwesen ganz zu schweigen.

Eine solche Entwicklung erfordert deshalb nicht nur ein verändertes Rollenverständnis der Lehrkräfte, eine Überwindung ihrer Vereinzelung und eine Stärkung ihrer Kompetenz zur Zusammenarbeit untereinander wie auch mit anderen Professionellen, wie sie in den genannten Gesetzen und im Entwurf der Bildungskommission durchaus mit gemeint sind, sie erfordert vor allem auch die Untersuchung des Zusammenhangs zwischen der Schule und den Lebenswelten ihrer Schülerinnen und Schüler als Grundlage der Entwicklung einer sozialpolitisch verantwortlichen kommunalen Bildungspolitik, die fördernd und kontrollierend die Entwicklung der Schule begleitet.

2 Schulentwicklung und Lebenswelten

In diesem Kapitel werden die zentralen Begriffe der Studie in ihren theoretischen und konzeptionellen Zusammenhängen vorgestellt. Im ersten Abschnitt werden Ansätze und Hintergründe aktueller Konzepte von Schulentwicklung zunächst schultheoretisch und bildungspolitisch dargestellt und begründet; in einem nächsten Schritt werden sie im Kontext der Fragestellung dieser Studie kritisch diskutiert. Der zweite zentrale Begriff der ‚Lebenswelt' wird im zweiten Teil dieses Kapitels im Blick auf seine Bedeutung in der Pädagogik, insbesondere in der Sozialpädagogik, besprochen. Der Begriff und darauf bezogene pädagogische Konzepte bedürfen weiterer Konkretisierungen; für unsere Untersuchung besonders relevant sind die mit den Begriffen ‚Milieu' und ‚Sozialraum' verbundenen Vorstellungen und Debatten. Abschließend wird das für die Studie leitende Interesse an einer lebensweltorientierten Schulentwicklung paradigmatisch skizziert.

2.1 Schulentwicklung

Im folgenden werden zunächst Reformperspektiven skizziert, für die zwei bereits im Einführungskapitel angesprochene Bezugspunkte leitend sind: Zum einen geht es um die Entdeckung der Einzelschule seit ungefähr Anfang der achtziger Jahre. Nach den an Strukturfragen und Curriculumentwicklung orientierten Bildungsreformen der sechziger und siebziger Jahre spielt seither die Frage, wie sich einzelne Schulen entwickeln, eine immer größere Rolle. Begriffe wie ‚Schulkultur' und ‚gute Schule' gehören mittlerweile zum schulpädagogischen Grundwortschatz und verweisen auf dieses Interesse an der Einzelschule. Die dazu geführte Debatte verbindet sich mit Ansätzen der Ausweitung der Eigenverantwortlichkeit der Einzelschule und der Ausweitung von Gestaltungsmöglichkeiten auf dieser Ebene.

In den neunziger Jahren wurden, basierend auf diesen Sichtweisen von Schule, Ansätze zur Entwicklung von Einzelschulen vermehrt aufgegriffen und praktisch realisiert. Dabei können drei Diskussionskreise grob unterschieden werden: Schulentwicklung als Organisationsentwicklung, als Personalentwicklung und als Unterrichtsentwicklung. Am profiliertesten und von Schulen und Schulverwaltungen stark nachgefragt sind Konzepte der Organisationsentwicklung (Dalin/Rolff 1995) und der Unterrichtsentwicklung

(Klippert 2000). Beide Ansätze werden deshalb im folgenden kurz skizziert. Daran anschließend werden Desiderate benannt, die beide Konzepte offen lassen, um den Ansatzpunkt unserer Studie dabei aufzeigen. Wenn Schulentwicklung, wie Klippert beansprucht, eine „pädagogische Schulentwicklung" sein will, kann sie sich nicht nur auf den Binnenraum der Schule beschränken, sie muß in Bezug auf die außerschulischen Lebenswelten betrachtet und diskutiert werden. Diese programmatische Perspektive von Schulentwicklung soll in diesem Kapitel begründet werden.

Im Kontext dieser veränderten schultheoretischen und bildungspolitischen Argumentationslinien erscheint Schulreform verstärkt auch als Entwicklung von autonomen Einzelschulen. Diese Entwicklung, dezentral und basisnah gestaltet, schreibt den in der Schule Wirkenden und an ihr Beteiligten, Schulleitung, Lehrerkollegium, Schülerschaft und Eltern neue Gestaltungs- und Entwicklungsaufgaben zu. Strukturfragen bleiben damit jedoch weiterhin auf der Tagesordnung: der Ansatz bei der Entwicklung der Einzelschule (die Bemühungen um die Entwicklung einer Schulkultur) und strukturelle Reformen bilden keinen Gegensatz, im Gegenteil, sie stehen in einem dialektischen Zusammenhang (vgl. dazu auch Rolff 1991).

Schulkultur und ‚gute Schule': Das neue Interesse an der Einzelschule

Angestoßen durch US-amerikanische Forschungen zur Effektivität von Schulen, in deren Folge auch von großangelegten Untersuchungen zur Qualität von Schulen hierzulande, ist die einzelne Schule seit den siebziger Jahren zunehmend in den Blick gekommen. Diese empirische Schulforschung hat die Vermutung bestätigt, dass sich Schulen auch der gleichen Schulart erheblich voneinander unterscheiden können. Nicht mehr nur die Ebene des Schulsystems als Ganzes – die Frage nach der richtigen oder besseren Schulform – ist für die Schulreform interessant, sondern zunehmend auch die Einzelschule.

Helmut Fend hat 1973 untersucht, wie es dazu kommt, dass sich Schulen trotz gleicher struktureller Rahmenbedingungen erheblich voneinander unterscheiden, oder anders formuliert: über welche Spielräume Schulen innerhalb der institutionellen Vorgaben verfügen (Fend 1977). Leitend für die Untersuchung war der Begriff des ‚Schulklimas'. Mit ‚Schulklima' bezeichnet er „fachübergreifende Merkmale schulischer und unterrichtlicher Kommunikation, die u.a. als Niederschlag der jeweiligen Ausgestaltung von Handlungsspielräumen und Interpretationsspielräumen anzusehen sind, die gesetzliche Normierungen schulischen Lebens lassen, bzw. die personal bedingte Resubjektivierung und Interpretation dieser gesetzlichen Regelungen repräsentieren“ (Fend 1977 S. 215). Die Untersuchung hat „signifikante Zusammenhänge zwischen den Einstellungen der Lehrerschaft und dem jeweiligen Schulklima“ belegt (ebd. S. 217).

In der Folge der Forschungen zur Qualität von Schulen und zum Schulklima werden Schulen vermehrt als ‚pädagogische Handlungseinheiten‘ wahrgenommen (Fend 1988). Im Begriff der ‚Schulkultur‘ findet dieses veränderte Verständnis von Schule in den achtziger Jahren seinen Ausdruck; damit werden sowohl die Atmosphäre oder das Klima, das eine Schule prägt, assoziiert als auch ein bestimmtes pädagogisches Profil oder Programm einer Schule, das sich in konkreten schulischen Aktivitäten und Projekten oder in einer bestimmten Philosophie der Schule ausdrücken kann.

Die empirische Schulforschung hat eine Reihe von Kriterien für ‚gute Schulen‘ entwickelt: Demnach sind ‚gute Schulen‘ unter anderem „im sozialen wie im räumlichen Bereich“ gestaltet, in ihnen ist „viel los“; zwischen LehrerInnen und SchülerInnen herrscht eine gute, freundliche und nicht aggressive Stimmung; alle fühlen sich mehr oder weniger wohl; die LehrerInnen haben Zeit für die SchülerInnen (Fend 1986 S. 10). In guten Schulen kooperieren die LehrerInnen häufig und in möglichst vielen Bereichen; innerhalb des Kollegiums besteht ein Konsens über pädagogische Grundfragen und über das pädagogische Programm der Schule. Das Lehrerkollegium ist nicht in unüberbrückbare Fraktionen gespalten, es dominiert auch nicht eine Gruppe. Kollegiale Kommunikation und Kooperation, das immer wieder neue Bemühen um einen Konsens und das Vorhandensein von Pluralität und Freiräumen für Eigensinn zeichnen also gute Schulen aus. Die Fähigkeit eines Kollegiums, zusammenzuarbeiten und sich über pädagogische Grundsatzfragen zu verständigen, scheint das zentrale Kriterium dafür zu sein, ob eine Schule als eine gute Schule bezeichnet werden kann.

Die Rede von der guten Schule ist jedoch irreführend, wenn damit Schule als eine statische Einrichtung gesehen wird. Vielmehr ist von einem dynamischen Verständnis von Schule und Schulentwicklung auszugehen. Es empfiehlt sich deshalb, von einem dauernden Bemühen um eine ‚gute Schule‘ zu sprechen und damit den Prozess der Schulentwicklung an sich ins Zentrum der Überlegung zu rücken. In der Tat stellen ständig wechselnde und neu aufkommende Themen und Problemlagen eine dauerhafte Herausforderung dar, die immer neue Entwicklungsaufgaben zur Folge hat: Schulreform als nicht abschließbarer Prozess.

Präziser als die Rede von der ‚guten Schule' fasst der Begriff der ‚Problemlösekapazität' von Schulen diesen Sachverhalt von Schulreform als Schulentwicklung (Rolff 1991 S. 881f). In Anlehnung an Dalin schlägt er folgende „Stufenleiter für die Problemlösekapazität von Schulen" vor:

> „(1) Die fragmentierte Schule
> Dieses ist in mancherlei Hinsicht die Normalschule. Ihre Struktur läßt sich als Leitung plus einer Anzahl nur lose miteinander gekoppelter Klassen beschreiben. Die Beziehungen innerhalb des Kollegiums mögen gut sein, sie umfassen jedoch keine teamartige Kooperation im engeren Arbeitsbereich. Ein abgestimmtes Zielkonzept gibt es ebenso wenig wie ein konsistentes System von Programmen. Die Beziehungen zur Umgebung sind eher zufällig.
>
> (2) Die Projektschule
> In Schulen dieses Typs finden etliche Erneuerungsaktivitäten statt, und zwar in Form von Projekten. Die Zahl der Projekte mag groß oder klein sein. Kennzeichnend ist, dass diese Projekte unverbunden sind. Sie fügen sich nicht zu einer Struktur, es fehlt ein koordinierendes Zielsystem, die Beziehungen sind wohl innerhalb, aber nicht zwischen den Projekten entwickelt. Programme entstehen bestenfalls sporadisch. Gleiches gilt für die Beziehung zur Umgebung.
>
> (3) Die Problemlöseschule
> Dieses ist die voll entwickelte Schule, die ihre Entwicklungsprobleme selber lösen kann. Es handelt sich sozusagen um die Sich-selbst-erneuerende Schule, die souverän mit der prinzipiellen Begrenztheit der Unterrichtstechnologie umgeht, die den Mitgliedern Gelegenheit zu professioneller Personalentwicklung gibt, die immanente Kontrollunsicherheit durch professionelle Selbstkontrolle produktiv macht, die teamartige Kooperation auf allen Ebenen praktiziert und die vor dem Hintergrund gemeinsamer Diagnosen regelmäßig Ziele klärt, vereinbart und in Handlungsprogramme umsetzt" (Rolff 1991, S. 881f).

Anders als bei der Rede von der guten Schule wird in dieser Kategorisierung der Entwicklungsgedanke stärker betont – es geht nicht um eine Zustandsbeschreibung anhand normativ gesetzter Kriterien, es geht vielmehr um den Versuch, den Prozesscharakter von Schulentwicklung zu erfassen. Die nach dem Kriterium der Problemlösekapazität entworfene Typologie rekurriert auf organisationstheoretische Erkenntnisse. Die Schule in ihrer traditionellen Verfasstheit – von Rolff als fragmentierte Schule bezeichnet – ist nach dem bürokratietheoretischen Modell sozialer Organisationen aufgebaut: hierarchischer Aufbau, geringe Entscheidungsbefugnisse auf der unteren Ebene der Organisation, Planung und Entscheidung auf den oberen Ebenen, Amtsführung nach klaren Anweisungen und Reglement, Kontrolle von oben nach unten, geringe kollegiale Kooperation und zelluläre Struktur (vgl. Fürstenau 1967; Feldhoff 1974). Im Alltags-Jargon heißt das unter anderem: Lehrer sind Einzelkämpfer nach dem Motto ‚ich und meine Klasse'. Zwar gibt es auch innerhalb der bürokratisch organisierten Schule Kooperationsbeziehungen: eine vertikale Kooperation zwischen Schulleitung und LehrerInnen und eine horizontale Kooperation zwischen Lehrerinnen und Lehrern; diese entspricht jedoch nicht einer echten horizontalen Kooperation, die vertikale Struktur definiert auch die horizontalen Beziehungen, die horizontale Kooperation ist fest in die von oben geplante und durchgesetzte Arbeitssstruktur eingebunden (Popitz u.a., hier referiert nach Rolff 1991, S. 874f).

Die organisationstheoretische Kritik an der Schule als bürokratische Organisation weist auf die Ineffektivität bürokratischer Strukturen in der Schule hin. Bürokratische Organisationen – mit hierarchisch-zentralistischer Entscheidung und Kontrolle – versagen, wenn zur Erreichung des Betriebszwecks „soziale Fähigkeiten" gefordert werden und eine „dauernde Anpassung an neue Arbeitsbedingungen" zu leisten ist (Fürstenau 1967, S. 512). Neuere Organisationstheorien, wie etwa das Dienstleistungsmodell oder die Theorie der loosely-coupled systems, betonen deshalb für solche Organisationen unter anderem die Bedeutung horizontaler Arbeitsbeziehungen, die Verlagerung von Kontroll- und Entscheidungsfunktionen auf die mittlere und untere, ausführende Ebene, auf der die Entscheidungen nur kooperativ getroffen werden können. Sie setzen dabei an der Erkenntnis an, „dass komplexe Systeme ihre Überlebensfähigkeit und Elastizität entscheidend dadurch sichern, dass sie intern sog. lose gekoppelte Subsysteme ausbilden, die verhältnismäßig unabhängig voneinander existieren und je eigene Subkulturen ausbilden können" (Rolff 1991, S. 870). Dies gilt insbesondere unter unübersichtlichen, komplexen und pluralisierten Bedingungen.

Selbständigkeit und Dezentralität

Die 1973 veröffentlichte Empfehlung des Deutschen Bildungsrates „Verstärkte Selbständigkeit der Schule und Partizipation der Lehrer, Schüler und Eltern" (Deutscher Bildungsrat 1973) greift unter anderem auf diese organisationstheoretischen Argumente zurück: „Die verstärkte Selbständigkeit trägt der Tatsache Rechnung, dass die komplexen Vorgänge des Unterrichts nicht bis ins einzelne zentral bestimmt werden können. Die Partizipation der Beteiligten trägt der Tatsache Rechnung, dass eine Institution nicht unabhängig von den in ihr tätigen Menschen wirksam entscheiden und handeln kann" (ebd., S. 17).

Die Stärkung der Selbständigkeit von Schulen bedeutet Dezentralisierung von Befugnissen und Entscheidungskompetenzen. Sie wird in dieser Empfehlung pädagogisch mit einer Kritik an der ‚verwalteten Schule' begründet. Die Beteiligung der Lehrer an der Curriculum-Entwicklung war ein weiteres Argument für die Selbständigkeit der Schule und die Partizipation des Personals. Schließlich argumentiert der Bildungsrat demokratietheoretisch; das war 1973 vielleicht das stärkste Argument, das in der heutigen Debatte merklich seltener genannt wird. Es geht um die Demokratisierung der Gesellschaft und dabei „im Kern (...) um die Frage, wie die staatliche Willensbildung der repräsentativen Demokratie durch Formen der Partizipation in Teilbereichen der Gesellschaft ergänzt werden kann, wie das Verhältnis von zentraler Konsensbildung und dezentraler Bewältigung und Veränderung des Alltags gelöst werden kann" (Deutscher Bildungsrat 1973, S. A21) – mithin also ein Plädoyer für die partizipatorische Demokratie.

Eng mit dem demokratietheoretischen Argument hängt zusammen, dass Schulen in modernen demokratischen Gesellschaften nicht mehr ausschließlich zentral verwaltet werden können, dass Entscheidungen in äußerst komplexen und pluralisierten Gesellschaften verstärkt dezentralisiert werden müssen: „Aufgeklärtes Handeln in solchen Situationen erfordert deshalb die Berücksichtigung von immer mehr Einzelinformationen über den jeweiligen Wirklichkeitsausschnitt und eine größere Flexibilität angesichts der Besonderheit des einzelnen Problemzusammenhangs. Damit stößt eine weitgehend zentralisierte Verwaltung, wie sie in den Ländern der Bundesrepublik für das Bildungswesen kennzeichnend ist, notwendig an die Grenzen ihrer Möglichkeiten, Informationen aufzunehmen und zu verarbeiten, sowie flexibel zu handeln und zu entscheiden" (ebd., S. A4). Beide Argumente, das demokratietheoretische und das verwaltungstechnische, haben ihre Aktualität bis heute nicht verloren Im Gegenteil: auch wenn die Empfehlung des Bildungsrates erst jüngst in die Schulgesetzgebungen einiger Länder

Eingang gefunden hat, bleiben ihre Intention und ihr Kerngehalt aktuell.

Achim Leschinsky reformuliert zu Beginn der neunziger Jahre diese Argumente des Bildungsrates im Blick auf die Folgen des gesellschaftlichen Modernisierungsprozesses, der durch vermehrte Individualisierung der Lebenslagen und Pluralisierung der Lebensformen gekennzeichnet ist. Mit der Auflösung traditioneller Milieus, dem Verlust von individuellen Mitgestaltungsmöglichkeiten und der Verlagerung von Entscheidungskompetenzen in anonyme Zentren werden die einzelnen Mitglieder der Gesellschaft zunehmend isoliert. Der Verlust individueller Gestaltungsmöglichkeiten bedroht somit letztlich die gesellschaftliche Stabilität insgesamt. Leschinsky verweist vor dem Hintergrund dieser Entwicklungen darauf, dass in dezentral angelegten Systemen die individuellen Gestaltungsmöglichkeiten steigen und sich Gruppensolidarität herausbilden kann. Solche Systeme mittlerer Reichweite, die die Beteiligung der Individuen ermöglichen und eine Art Zwischenglied zwischen Individuum und Gesellschaft bilden, tragen somit auch zur gesellschaftlichen Stabilität bei (vgl. Leschinsky 1992). Anders formuliert: Selbstverwaltete Schulen mit ihrer je spezifischen Kultur lassen sich auch als artifizielle Milieus verstehen, die den Verlust traditioneller Milieus rational kompensieren.

Es sprechen also politische, organisatorische und pädagogische Argumente für eine Stärkung der Autonomie der Einzelschule und für eine Dezentralisierung des Schulwesens[1]: politisch ist es das Interesse an einer Demokratisierung der Gesellschaft, organisatorisch die Einsicht, dass Selbstverwaltung flexiblere und vernünftigere Entscheidungen ermöglicht und so zur Leistungssteigerung des Schulwesens beiträgt, pädagogisch das Bemühen um die Gestaltung der Schule als Ganzes, um die Schaffung einer Schulkultur als Bedingung für pädagogisches Arbeiten für bessere Leistungen und für eine bessere Qualität der Schulen.

Erwähnt werden muß schließlich noch ein ökonomisches Argument: Schulen sollen in begrenztem Umfang über die Verwendung von Haushaltsmitteln selbst verfügen können; dies ist eine wichtige Bedingung für Projektarbeit und Profilbildung. Die Maxime ‚Allen das Gleiche' wird unter pluralisierten Verhältnissen niemandem gerecht. Schulen benötigen auch – gerade wenn sie als jugendtaugli-

1 Einen Überblick über weitere Argumente für die Stärkung der Autonomie der Schule bei Jenkner (1989) und Richter (1994).

che Schulen mit externen Partnern regelmäßig und kontinuierlich zusammenarbeiten wollen – die Möglichkeit, Personal zeitweilig und projektbezogen auf Honorarbasis anzustellen; auch dafür müssen sie über Freiräume bei der Verwendung der Mittel verfügen (vgl. Richter 1994).

Konzepte von Schulentwicklung

In der Diskussion zur Schulentwicklung haben sich mittlerweile drei Konzepte etabliert. Schulentwicklung als Unterrichtsentwicklung, als Organisationsentwicklung und als Personalentwicklung. Diese Konzepte sind nicht trennscharf gegeneinander abzugrenzen, nehmen aber unterschiedliche Handlungsfelder in den Blick. Im folgenden werden zwei prominente Konzepte von Schulentwicklung vorgestellt, die in vielen Schulen und bei Schulverwaltungen in der Bundesrepublik übernommen und angewandt werden: das Modell von Unterrichtsentwicklung von Heinz Klippert und der Organisationsentwicklung von Per Dalin und Hans-Günter Rolff.

Konzepte der *Unterrichtsentwicklung* setzen bei der systematischen Verbesserung des Unterrichts an. Im Vordergrund stehen dabei häufig die Verbesserung der Methodenkompetenz von Lehrerinnen und Lehrern und die Einführung schüleraktivierender Unterrichtsformen. In Zentrum dieses Konzepts ‚Pädagogischer Schulentwicklung' (Klippert 2000) steht die Unterrichtsreform.

Pädagogische Schulentwicklung nach Klippert ist durch vier Merkmale gekennzeichnet: sie ist unterrichtszentriert, methodenzentriert, servicegestützt und teamorientiert (Klippert 2000, S. 48f). Den Unterricht im Zentrum dieses Schulentwicklungsansatzes zu stellen, begründet Klippert in zweifacher Weise. Es geht ihm darum, „zum einen die SchülerInnen zeitgemäßer und effektiver als bisher zu qualifizieren sowie zweitens durch die Kultivierung neuer Lernformen eine spürbare Entlastung und ein deutliches Mehr an Berufszufriedenheit für die verantwortlichen Lehrkräfte zu erreichen" (ebd., S. 48). Klippert bietet für diesen sensiblen Bereich der Unterrichtsmethoden, der in den meisten Lehrerzimmern, auf vielen pädagogischen Konferenzen und bei fast allen bildungspolitischen Kongressen tunlichst ausgespart wird, ein handhabbares und erfolgversprechendes Lernprogramm für Lehrerinnen und Lehrer an, mit dem sie, wenn sie es durchlaufen haben, durch neu erworbene methodische Kompetenzen ihren alltäglichen Unterricht verbessern und dadurch wesentlich zur Entwicklung ihrer Schule beitragen können. Damit dieser Prozeß gelingen kann, werden interessierte Lehrerinnen und Lehrer in einem Fortbildungsprogramm durch erfahrene Trainer und Berater im Einsatz von und im Umgang mit diesen Methoden geschult. Diese ‚Innovationsexperten' stellen den Service von außen für den Prozeß der Schulentwicklung bereit. Durch diese Form der Schulentwicklung werden Lehrerinnen und Lehrer auch dazu befähigt und darin trainiert, in ihrer Schule in Teams mit anderen Kolleginnen und Kollegen zu arbeiten, ebenfalls ein im Lehrerberuf eher als Tabu behandeltes Thema. Diese Teamarbeit, die gemeinsame Verständigung über Unterricht in kleinen Gruppen des Kollegiums und die gemeinsame Verantwortung für den Unterricht einer Klasse, Jahrgangsstufe oder der gesamten Schule, stellt eine wichtige Voraussetzung für die Entwicklung von Schulen dar.

Das Schulentwicklungskonzept von Klippert ist sehr auf das Machbare konzentriert und reduziert die Komplexität der Organisation Schule und der Faktoren, die bei der Reform und Weiterentwicklung einzelner Schulen eine Rolle spielen und zu berücksichtigen sind, auf den Bereich der traditionellen Kernaufgaben des Lehrerberufs, den Unterricht. Dieser Zuschnitt verleiht Klipperts Schulentwicklungskonzept eine hohe Aufmerksamkeit und Attraktivität in der Lehrerschaft. Gleichwohl sind die damit verbundenen Ziele von Schulentwicklung keinesfalls bescheiden. Klippert beansprucht, mit seinem Ansatz von Schulentwicklung eine Entlastung der Kommunen von sozialen Folgekosten zu anzustreben (ebd., S. 52): „Pädagogische Schulentwicklung im oben skizzierten Sinne trägt selbstverständlich auch und nicht zuletzt dazu bei, dass die Schule ihre sozialintegrative Funktion wirksamer als bisher üblich erfüllen kann. Denn in dem Maße, wie die SchülerInnen in puncto Selbstständigkeit, Methodenkompetenz, Kommunikationsfähigkeit und Teamfähigkeit gefordert und gefördert werden, wachsen letzten Endes auch ihr Selbstwertgefühl, ihre Sozialkompetenz, ihre Leistungsbereitschaft und ihr Lernerfolg. Stabile Persönlichkeiten aber, die Sozialkompetenz besitzen, die sich sozial eingebettet erleben und in den betreffenden Lerngruppen Beachtung und Anerkennung finden, sind erfahrungsgemäß deutlich weniger anfällig für Gewalt, Drogen und sonstige Formen der Fremd- und Selbstzerstörung. Das aber ist ganz sicher ein wichtiger Beitrag zur wirksamen Integration der Jugendlichen in die moderne Gesellschaft sowie zur Minimierung sozialer Friktionen in der Schule wie im Privatleben" (ebd., S. 52f).

Pädagogische Schulentwicklung im Sinne Klipperts trägt so nicht nur dazu bei, „dass die bestehenden und vielfach kritisierten

Qualifikationsdefizite der SchülerInnen abgebaut werden, sondern sie trägt auch und nicht zuletzt dazu bei, dass die für die Schule zuständigen Gebietskörperschaften bei der Bekämpfung von Gewalt, Drogen, Arbeitslosigkeit und sonstigen Negativerscheinungen der modernen Lebenswelt erheblich Geld einsparen können" (ebd., S. 53).

Klippert bedient sich hier im Kern sozialpädagogischer Argumente – gelingende oder mißlingende Sozialintegration des gesellschaftlichen Nachwuchses -, überraschend ist jedoch der traditionell schulpädagogische Duktus dieser Argumentation. Hier geht es jedoch nicht um eine Kritik dieses Ansatzes von Schulentwicklung, sondern es sollen an diesem Beispiel die Grenzen von Schulentwicklungskonzepten aufgezeigt werden, die sich, wenn auch ambitioniert gesellschafts- und sozialpolitisch begründet, so doch auf dem Schulsystem immanente Faktoren und Handlungsansätze beschränken.

Auf die gesamte Schule als soziale Organisation beziehen sich die Modelle von Schulentwicklung als *Organisationsentwicklung*. Dalin und Rolff haben das Modell eines ‚Institutionellen Schulentwicklungs-Prozesses' entwickelt, das auf organisationssoziologischen Grundannahmen und Erkenntnissen aufbaut. In organisationssoziologischer Sicht ist die Schule „eine formale soziale Organisation wie viele andere auch. Sie ist eine Bürokratie, eine Unterrichtsanstalt mit hierarchischem Stellenkegel, Arbeitsteilung, Leistungsorientierung und zweckrationaler Ausrichtung des Verwaltungshandelns. Sie produziert Zertifikate, und sie verteilt sie in bürokratischer Manier auf Schüler wie auf Lehrkräfte. Aber die Schule ist gleichzeitig eine Erziehungs- und Bildungseinrichtung, die mehr und anderes sein muß als eine Bürokratie, wenn sie ihren gesellschaftlichen Auftrag erfüllen will" (Dalin/Rolff/Buchen 1995, S. 205f).

Zu der Besonderheit der Schule als sozialer Organisation gehört die relative Autonomie, sowohl der einzelnen Schule als auch der Lehrkräfte. Auf diesem Sachverhalt baut das Modell des „Institutionalisierten Schulentwicklungs-Prozesses" (ISP) auf. „Der Institutionelle Schulentwicklungs-Prozess versucht Bedingungen zu schaffen, damit Leitung und Kollegium sich selbst und die Organisation besser verstehen, eine neue Praxis ausprobieren, über Erfahrungen nachdenken und die wirklichen Bedürfnisse entdecken können" (ebd., S. 40). Ziel des ISP sind Schulen als lernende Organisationen (ebd., S. 324ff), die sich durch „eine innovative Organisationskultur, ein qualifiziertes Management und hohe Lehrerqualifikationen" auszeichnen (ebd., S. 330). Diese Schule erfüllt dann das, was bereits als ‚Problemlöseschule' (Rolff) eingeführt worden ist. Dieser Prozess der Schulentwicklung verläuft in mehreren Phasen, an denen neben der Schulleitung, den Lehrkräften und der Schulverwaltung auch externe Moderatoren beteiligt sind. Eine wichtige Funktion in diesem Prozess kommt auch Eltern und Schülern zu, sie werden als Partner der Schule im Prozeß der Schulentwicklung gesehen (vgl. ebd., S. 302ff).

Dieses Konzept von Schulentwicklung spannt also einen weiteren Bogen auf und bezieht externe unterstützende Institutionen ausdrücklich ein (vgl. ebd., S. 330ff). Dennoch ist dieses weitere Unterstützungssystem im wesentlichen schulisch zentriert. Von den anderen Gruppen und Institutionen, die von der Schule in diesen Prozess einbezogen werden müssen, werden nur die Gewerkschaften explizit genannt (vgl. ebd., S. 330). Die Jugendhilfe, die Arbeitsverwaltung, die Institutionen der beruflichen Bildung, Betriebe, Kultureinrichtungen und intermediäre Instanzen als mögliche Partner werden nicht genannt. Offen bleibt auch, welche Bedeutung sozialräumliche Bezüge dieser Institutionen zur Schule in diesem Prozess haben.

Kritik schulimmanenter Schulentwicklungskonzepte

Den skizzierten Konzepten von Schulentwicklung ist, trotz ihrer unterschiedlichen Akzente, gemeinsam, dass darin die Entwicklung von Schule als Aufgabe und als ein Prozess gesehen und thematisiert wird, der sich innerhalb des Systems Schule abspielt und der systemintern begründet und gestaltet wird. Vergegenwärtigt man sich die Argumente, mit denen die Notwendigkeit von Schulentwicklung begründet wird, erscheint diese schulimmanente Perspektive nicht ausreichend. Methodisch-technische und organisatorische Dimensionen von Schulentwicklung können gut schulintern bearbeitet werden. In Bezug auf Hinweise von Veränderungen in den Lebenswelten von Kindern und Jugendlichen, die eine Entwicklung der Schulen erfordern, erscheint eine rein schulinterne Konzeptualisierung zu kurz zu greifen. Im folgenden wird die Begrenztheit dieser Konzepte aus kultur-, jugend- und organisationssoziologischer Sicht kritisiert, und es werden Ansätze für den Einbezug der Lebenswelten der Schülerinnen und Schüler in Konzepte von Schulentwicklung aufgezeigt.

(1) Kultursoziologische Kritik:
Viele Probleme von Schulen sind Ausdruck einer kulturellen Differenz zwischen der Schule und den Lebenswelten ihrer Schülerinnen und Schüler. Mit der Kultursoziologie Bourdieus kann dieser Zusammenhang genauer erfaßt werden. Die Verhaltensweisen und das Handeln der Menschen werden nach Bourdieu durch erworbenen Habitus bestimmt. Der Habitus stellt eine ‚Handlungsgrammatik' dar, in ihm werden Handlungs-, Verhaltens- und Orientierungsmuster aus dem sozialen Bezugsfeld, der Familie und dem Milieu, aufgenommen und von den einzelnen sozialen Akteuren in einen individuellen Habitus inkorporiert. Der Habitus leitet das individuelle Handeln der sozialen Akteure in einer für ihr Milieu adäquaten Art und Weise. Bewegen sich die einzelnen in einem anderen sozialen Umfeld, in dem andere Handlungsnormen und -regeln gelten, kann es zu Friktionen und Unsicherheiten kommen. Wer dann über die Definitionsmacht und Durchsetzungsfähigkeit verfügt, bestimmt, ob andere Verhaltensweisen, Handlungsmuster und Orientierungen akzeptiert werden oder nicht.

Das gilt besonders auch für die Schule. Dort steigt „die Aussicht auf und die Wahrscheinlichkeit von Bildungserfolgen (...) in dem Maße, in dem schulische und familiäre Habitusformen übereinstimmen. Wenn die Schule als kulturell durch die Habitusformen der kulturellen Mittel- und Oberschicht geprägte Institution ihre Leistungskriterien zur Geltung bringt, so privilegiert sie damit genau jene Kinder, die aus den ihr entsprechenden Milieus stammen" (Liebau 1987, S. 86). Während die Schule solche Kinder und Jugendlichen fördert, deren in ihrer primären Sozialisation erworbener Habitus mit dem schulischen Habitus übereinstimmt, *„restringiert* die schulische Praxis solche Kinder weiter, die bereits in der primären Sozialisation von symbolischen Kompetenzen abgeschnitten worden sind, weil in ihren Familien eben nicht eine komplexe sprachliche Auseinandersetzung die Interaktionen und Praktiken beherrscht, sondern praktisch und technisch eingespielte Handlungsmuster. (...) Schule eröffnet für diese Kinder nur in begrenzterem Maße Partizipations- und Lernchancen; sie bedeutet zunächst einmal den Zwang zur Fortsetzung des Überlebenskampfes aus einer von vornherein strukturell unterlegenen Position heraus. Ihre Habitusformen prädisponieren diese Kinder als Verlierer in den schulischen Leistungswettbewerben (...). Diese Kinder lernen das *Schweigen*, das *Nicht-Können* in der Schule, weil ihre Habitusformen durch die Schule stigmatisiert werden" (ebd., S. 88).

Wenn die kulturelle Differenz zwischen der Schule und einem Teil ihrer Schülerinnen und Schüler somit deren Bildungserfolge gefährdet und in extremen Fällen soziale Ausgrenzungsprozesse verstärkt, so können daraus auch Erwartungen an Schulentwicklung abgeleitet werden. Demnach ist es auch eine Aufgabe von Schulentwicklung, diesem Prozess der Benachteiligung und Ausgrenzung, der aus der kulturellen Differenz zwischen Schule und den Lebenswelten von Kindern und Jugendlichen resultiert, entgegenzuwirken. Anders formuliert: Schulentwicklung muß Schulen auch für diese Prozesse sensibilisieren und dazu beitragen, die kulturelle Distanz zu minimieren bzw. so bearbeitbar zu machen, dass Kinder und Jugendliche, in deren Lebenswelten der schulisch dominante Habitus nicht repräsentiert ist, dadurch nicht zusätzlich benachteiligt und ausgegrenzt werden.

(2) Jugendsoziologische Kritik:
Die Schule ermöglicht Jugend. Mit der Einführung und allmählichen Durchsetzung der Schulpflicht im 19. Jahrhundert und der Verlängerung der Schulzeit in der zweiten Hälfte des 20. Jahrhunderts, in der Bundesrepublik vor allem in der Phase der Bildungsreform und -expansion, hat sich auch das bürgerlich-moderne Konzept von Jugend allmählich durchgesetzt. Jugend in diesem normativen Verständnis schreibt den Jugendlichen besondere Entwicklungsaufgaben zu und gewährt ihnen einen Schonraum, um diese Aufgaben bewältigen zu können. In diesem bürgerlich-modernen Konzept wird an Jugend die gesellschaftliche Aufgabe der Tradierung der kulturellen Errungenschaften und Leistungen und der gesellschaftlichen Erneuerung übertragen. Deshalb ist die Jugendphase als ein gesellschaftlich anerkanntes und notwendiges Moratorium eingerichtet, das pädagogisch begleitet wird. Einen unverzichtbaren Beitrag zur Ausgestaltung dieses Moratoriums leistet dabei die Schule. Die Schule bringt nicht nur Jugend im bürgerlich-modernen Sinne hervor, sie ist auch diejenige Instanz, die für die Einlösung und Erfüllung der gesellschaftlich an die Jugend übertragenen Aufgaben zu sorgen hat.

Nun wird in der Jugendsoziologie seit fast zwei Jahrzehnten ein Wandel der Jugendphase beobachtet und diskutiert, der die geltenden Prämissen des bürgerlich-modernen Konzepts unterhöhlt und in Frage stellt. Dieser Wandel ist Ausdruck und Folge des Individualisierungsprozesses und verändert die Jugendphase in ihrem Charakter und ihrer lebensgeschichtlichen Bedeutung grundsätzlich. „Sie ist dann kein ‚transitorischer' Abschnitt mehr zwischen den relativ klaren und festen Welten der Kindheit und des Erwachsenenalters. Sie kann auch nicht mehr mit Begriffen wie ‚Sozialisation' oder ‚Enkulturation' gefaßt werden, die ja alle vom Grundmuster einer individualgeschichtlichen Übernahme von ansonsten kollektiv geltenden und vorgegebenen, institutionell abgestützten kulturellen Regeln und Normen ausgehen. (...) Mit dem Individualisierungsprozess sind die äußeren gesellschaftlichen Rahmendaten, die dem prekären Suchprozess des Jugendalters immerhin noch eine grobe Richtung und eine gewisse moralische Sicherheit boten, weggefallen. Die Erwachsenen verkörpern nicht mehr die Zielwelt des Erwachsenenseins schlechthin, sondern allenfalls eine bestimmte individuelle Lösung der Probleme des Erwachsenenwerdens ohne kollektive Verbindlichkeit, dagegen oft mit auch für die Jugendlichen erkennbaren Grenzen und Widersprüchen" (Brater 1997, S. 150). Walter Hornstein stellt diese Widersprüche so dar: Die in der Jugendphase immer schon enthaltene „Spannung zwischen der subjektiven Erfahrung einerseits und der offiziellen Programmatik andererseits (...) (hat) heute eine Form angenommen (...), die zur Aushöhlung der inneren Substanz der Lebensform Jugend führt und zwar dadurch, dass Widersprüchlichkeiten, die in der Lebensform Jugend als gesellschaftlichem Programm angelegt sind, eine *neue*, dramatische, nicht mehr gesellschaftlich aufzufangende Brisanz erhalten" (Hornstein 1990, S. 52).

Unter diesen Bedingungen stellen sich für Jugendliche neue Entwicklungs- und Bewältigungsaufgaben. „Unter Individualisierungsbedingungen ist das Jugendalter weniger eine Zeit des Sicheinfindens in die Strukturen und Verhältnisse des Erwachsenenlebens, sondern es bekommt eine schöpferische, konstitutive Aufgabe, indem in ihm angesichts der Vielfalt der Möglichkeiten ein individuelles Lebenskonzept komponiert werden muß. (...) Dabei kann dann nur wenig ‚übernommen' und muss sehr vieles selbst hervorgebracht, selbst bestimmt werden" (Brater 1997, S. 155).

Mit diesem Wandel der Jugendphase verändern sich auch die Ausgangsbedingungen für die Schule. Der Wandel unterläuft die bisher unterstellte Passung zwischen Schule und Jugend (vgl. Mack 1995; 1999). Die Schule muss deshalb ihre Aufgaben neu bestimmen. Sie muss weit mehr als bislang Jugendliche bei ihrer Orientierungssuche unterstützen, sie muss ihnen Raum und Zeit geben für Selbstfindung und Ich-Werdung, für die Entwicklung und Entfaltung ihres Lebenskonzepts (vgl. Brater 1997), sie muss sich dabei auf das Bewältigungshandeln von Jugendlichen beziehen und Jugendliche darin unterstützen (vgl. Mack 1999).

Aufgabe von Schulentwicklung ist es deshalb zweitens auch, diesen Wandel der Jugendphase zu reflektieren und Schulen so zu gestalten, dass sie auch den Erwartungen und Bedürfnissen von Jugendlichen in diesen gesellschaftlichen Widersprüchen gerecht werden.

(3) Organisationssoziologische Kritik
Ein dritter Begründungszusammenhang ergibt sich aus einer organisationssoziologischen Sicht auf die Schule und ihre Aufgaben. Dabei spielt insbesondere die Arbeitsteilung zwischen Schule und Jugendhilfe eine Rolle. Die traditionelle Arbeitsteilung und die klare Trennung zwischen beiden Institutionen wird mit neuen Aufgaben, z.B. Streitschlichtung an Schulen und der Aufwertung außerschulischer Bildung im Kontext der Jugendhilfe, teilweise aufgehoben. Das Kinder- und Jugendhilfegesetz benennt Aufgaben der Jugendhilfe auch im Bereich der Schule, in die Schulgesetze vieler Länder sind mittlerweile entsprechende Regelungen der Zusammenarbeit mit der Jugendhilfe aufgenommen worden. In der Jugendhilfe wurden mit der Verbreitung lebensweltorientierter Ansätze Sozialer Arbeit Arbeitsbereiche und Handlungsfelder geschaffen, die auch die Schule als Teil der Lebenswelt von Kindern und Jugendlichen in die Arbeit einbeziehen.

Die Schule ist durch diese Form der Zusammenarbeit mit der Jugendhilfe, wie sie z.B. in der Schulsozialarbeit sichtbar wird, nicht mehr als ein geschlossenes System zu betrachten, das völlig losgelöst von anderen, benachbarten Systemen steht und gerade durch diese Abgrenzung handlungsfähig und funktional im Sinne des Organisationsziels wird. Im Gegenteil, sie kann ihre eigenen Ziele und Aufgaben nur dann erreichen und erfüllen, wenn sie sich auf die anderen Systeme bezieht. Formen der Arbeitsteilung, Abhängigkeits- und Ergänzungsverhältnisse müssen transparent gemacht werden und in Handlungsschritte innerhalb der eigenen Organisation übersetzt werden. Konkret heißt dies, dass der Wandel der Aufgaben der Schule und die Kooperation mit der Jugendhilfe und anderen gesellschaftlichen Institutionen die Form und Wirkung der Schule als sozialer Organisation verändern. Diese Veränderungen müssen auch für Schulentwicklungsprozesse reflektiert werden.

Es geht dabei nicht darum, der Schule immer mehr in eigener institutioneller Zuständigkeit zu erledigende Aufgaben zuzuweisen. In amerikanischen Modellen sogenannter Full-Service-Schools werden der Schule neben diversen sozialen Dienstleistungen sogar medizinische Versorgungsleistungen (school-based-clinics) für Kinder und Jugendliche abverlangt (vgl. Dryfoos, 1998). Angesichts der historischen Entwicklung der deutschen Schule als relativ geschlossener Halbtagsunterrichtseinrichtung erscheint es demgegenüber geboten, sich bezüglich der Übernahme oder Übertragung neuer Aufgaben zunächst auf neue soziale und kulturelle Leistungen zu beschränken, die wiederum im Sinne einer Öffnung von Schule unter Bezugnahme auf, sowie in Abstimmung und in Kooperation mit anderen Diensten und Einrichtungen des Gemeinwesens erbracht werden.

Die Neubestimmung der Aufgaben von Schule und Jugendhilfe und die allmähliche Auflösung der traditionell starren Grenzen zwischen beiden Institutionen macht also eine Erweiterung der Konzepte von Schulentwicklung notwendig. Aufgabe von Schulentwicklung ist es demnach unter anderem auch, Schulen so zu gestalten, dass die Zusammenarbeit mit anderen Professionen und Institutionen zu einem festen und organisatorisch abgesicherten Bestandteil der Arbeit der Schule und des Handelns von Lehrerinnen und Lehrern werden kann.

2.2 Lebenswelt

Das Projekt bezieht Fragen der Schulentwicklung auf die außerschulischen Lebenswelten von Schülerinnen und Schüler. Damit ist der Begriff „Lebenswelt“ neben Schulentwicklung der zweite zentrale Begriff für das Projekt.

Lebenswelt und Alltag

Der Begriff Lebenswelt gehört, wie auch der Begriff „Alltag“, seit Mitte der siebziger Jahre zum sozialwissenschaftlichen Sprachgebrauch. Beide Begriffe sind nicht klar voneinander zu trennen, beide haben einen gemeinsamen Bedeutungshorizont. Sie sind schwierig zu definieren, da mit ihnen unterschiedliche Bedeutungen und Theorie-Traditionen verbunden sind. Stärker und eindeutiger als der Alltags-Begriff steht der Begriff „Lebenswelt“ in einer phänomenologischen Tradition. Er ist in Husserls phänomenologischer Soziologie zentral, weiterentwickelt und modifiziert worden ist er bei Schütz, der dem Lebenswelt-Begriff zu einem Eingang in die Sozialforschung verhilft und in die Richtung empirischer Alltagsforschung verweist, mit dem Interesse an der Klärung universaler

Strukturen in unterschiedlichen historisch-kulturellen Alltagswelten. Damit ist zugleich auch die Nähe zum Alltags-Begriff markiert (vgl. Mack 1999, S. 236).

Beide Begriffe, „Lebenswelt“ und „Alltag“, haben einen institutionenkritischen Bedeutungsgehalt, sie werden im Zusammenhang einer seit den siebziger Jahren immer stärker artikulierten „Kritik einer institutionell-bürokratischen wie auch szientifisch bzw. ideologisch verfremdeten Lebenspraxis“ verwendet (Dewe/Ferchoff 1991, S. 17). „Das Konzept der Lebenswelt dient von Anfang an auch als Rezept gegen eine szientifische und institutionelle Über- oder Verformung des Lebens, und es gehört bis heute in das schillernde Vokabular von Krise und Kritik“ (Waldenfels 1991, S. 332). Dieser kritische Gehalt des Begriffs erfährt durch Habermas eine neue Zuspitzung. Er führt den Begriff in der „Theorie des kommunikativen Handelns“ (Habermas 1981) als Grundbegriff einer neuen Formulierung einer kritischen Theorie der Gesellschaft ein. „Lebenswelt“ steht dabei im Gegensatz zum Begriff des „Systems“. Als Lebenswelt bezeichnet Habermas gesellschaftliche Bereiche und Orte zweckfreier Kommunikation. Der Bereich der Lebenswelt steht nach Habermas tendenziell in der Gefahr, durch den gesellschaftlichen Bereich des Systems überformt und vom ihm vereinnahmt zu werden. Damit drohen die lebensweltlichen Kommunikationsstrukturen durch die systemischen Imperative überlagert und von ihnen aufgezehrt zu werden.

In die Erziehungswissenschaft haben die Begriffe „Alltag“ und „Lebenswelt“ seit Ende der siebziger Jahre Eingang gefunden. Zunächst stand der Alltags-Begriff im Vordergrund, seit den achtziger Jahren hat sich der Lebenswelt-Begriff stärker durchgesetzt (vgl. Thiersch 1986; 1992). Insbesondere in der Sozialpädagogik sind die Begriffe rezipiert und für die sozialpädagogische Theorieentwicklung genutzt worden. Wichtig sind dabei vor allem die Arbeiten von Hans Thiersch zur Entwicklung einer alltags- bzw. lebensweltorientierten Sozialpädagogik. Thiersch begründet die Forderung nach einer Alltagsorientierung der Erziehungswissenschaft und insbesondere der Sozialpädagogik mit den Gefährdungen und Ambivalenzen einer sich verselbständigenden, vom Alltag und den Interessen der Klienten abgewandten institutionalisierten sozialpädagogischen Praxis. „Die Forderung nach Alltagsorientierung lässt sich (...) verstehen als leidenschaftliches Insistieren darauf, daß unter den entfremdenden Gefahren von Unterdrückung Formen von Institutionalisierung, Verwissenschaftlichung und Professionalisierung die Wirklichkeit der je eigenen Erfahrungen, der eigenen Anstrengungen, Enttäuschungen, Hoffnungen aktiviert wird, damit von ihr aus Formen der freien Kommunikation, der Institutionalisierung, Verwissenschaftlichung und Professionalisierung im pädagogischen Handeln gefunden werden, die der Wirklichkeit und den Ansprüchen derer, für die Pädagogik da ist, gerecht werden können" (Thiersch 1978, S. 10).

Alltag ist in sich widerspüchlich und ambivalent. Alltag kann mit seinen Routinen entlastend sein und Handlungen strukturieren, Alltag kann aber auch borniert sein, beschränken und Alternativen ausschließen, kann sich zu unproduktiver Geschäftigkeit verfestigen und sich in „perpetuierte Schlamperei" (Thiersch 1978, S. 14) verkehren, in eine „verhärtete" Alltäglichkeit, in der „sich Lösungen unabhängig von gegebenen Problemen verfestigen; es wird vergessen, zur Befriedigung welcher Bedürfnisse, Erfahrungen und Hoffnungen sie dienen. Eine solche Routinisierung kann besonders gefährlich werden angesichts der im Alltag so dominierenden elementaren Geschäfte; Alltag erstickt dann gleichsam in seiner verfestigten Banalität" (ebd., S. 14f).

Thiersch begründet das erziehungswissenschaftliche Interesse an einem in sich widersprüchlichen und ambivalenten Alltag damit, dass in der Pseudokonkretheit des Alltags auch die Möglichkeit von Praxis aufscheint, durch die bestehende Verhältnisse verändert, Bornierungen und Entfremdungen überwunden werden können und durch die „der Mensch also als Subjekt seiner selbst sich in Freundlichkeit und Freiheit zugleich mit seinesgleichen realisieren kann" (Thiersch 1986, S. 34). Diese Dimension des Alltags bezieht sich auf den Alltag sozialpädagogischen Handelns ebenso wie auf den Alltag der Adressatinnen und Adressaten sozialpädagogischen Handelns. Alltagsorientierte Sozialpädagogik soll sich deshalb nicht an der Rationalität der Institutionen, sondern an den Erfordernissen des Alltags der Adressatinnen und Adressaten ausrichten. Niedrigschwelligkeit der Angebote und Maßnahmen sowie die Beteiligung der Adressatinnen und Adressaten an der Hilfeplanung sind deshalb wichtige Maximen. Deren vorhandene Ressourcen zu nutzen und für die Bewältigung im Alltag fehlende Ressourcen zur Verfügung stellen, gehört ebenfalls zu ihrem Selbstverständnis. Als Ziel alltagsorientierter Sozialpädagogik nennt Thiersch einen „gelingenderen Alltag" (ebd., S. 36). Die komparativische Form macht deutlich, daß „Aussagen über Praxis und den Vorschein konkreter Utopie nicht möglich (sind) als absolute, sondern nur als relative, bezogen auf den konkreten historischen und gesellschaftlichen Kontext“ (ebd., S. 37).

Milieu und Lebensstil

Auf der Grundlage dieser theoretischen Annäherung an das Verhältnis von Schule und Lebenswelten sollen nun Zugänge für die empirische Erforschung dieses Verhältnisses aufgezeigt und dargelegt werden. Empirisch kann das Verhältnis von Schule und den außerschulischen Lebenswelten von Jugendlichen und ihren Familien nur an konkreten Fällen beschrieben werden. Dazu bedarf es Konzepte, die eine Konkretisierung für einzelne Schulen und ihrer Bezüge zu den Lebenswelten ihrer Schülerinnen und Schüler erlauben und die es ermöglichen, generalisierbare Aussagen über das Verhältnis von Schulen und Lebenswelten zu formulieren und auf die theoretischen Diskussionen über Schulentwicklung und Lebenswelten bzw. Lebensweltbezug zu beziehen. Dazu eignen sich die mit den beiden Begriffen ‚Milieu‘ und ‚Sozialraum‘ bezeichneten Konzepte.

Der Begriff „Milieu“ wird in neueren soziologischen Theorien der sozialen Ungleichheiten verwendet, um soziale Gruppen in differenzierten wohlfahrtsstaatlichen Gesellschaften zu beschreiben. Um den Begriff „Sozialraum“ gibt es in der Soziologie, Sozialgeographie und Sozialpädagogik Debatten, in denen es um räumliche Bedingungen und Auswirkungen von sozialen Differenzierungen und Ungleichheiten geht. Beide Begriffe und Konzepte sind für diese Studie geeignet und relevant, da mit ihnen auf einer mittleren Abstraktionsebene Bezüge zwischen der Schule als einer normierten und normierenden Institution auf der einen, den individualisierten und pluralisierten Lebenswelten auf der anderen Seite hergestellt werden können.

Der Begriff „Milieu“ befindet sich wie „Alltag“ in einem gemeinsamen Bedeutungsumfeld zum Lebenswelt-Begriff. Milieu wird in der neueren Sozialstrukturanalyse verwendet, um den Zusammenhang von sozialer Lage, bestimmt durch objektivierbare Faktoren alter und neuer Dimensionen sozialer Ungleichheit wie Einkommen, Bildung, Berufsposition, Alter, Geschlecht und Lebensform, und ‚subjektiven‘ Sichtweisen und Einstellungen zu thematisieren. Der Begriff „soziale Milieus“ fasst „Gruppen Gleichgesinnter zusammen, die gemeinsame Werthaltungen und Mentalitäten aufweisen und auch die Art gemeinsam haben, ihre Beziehungen zu Mitmenschen einzurichten und ihre Umwelt in ähnlicher Weise zu sehen und zu gestalten" (Hradil 2001, S. 45). Der Begriff ist in dieser Form offener als ältere Vorstellungen von Milieu, mit denen traditionelle Formen der Vergemeinschaftung bezeichnet werden, wie Arbeitermilieus oder dörfliche Milieus, und die meist sozial klar abgegrenzt sind und eine starke beharrende Struktur aufweisen.[2]

Um das Zusammenwirken von sozialer Lage und subjektiven Einstellungen und Haltungen fassen zu können, ist es sinnvoll, auch sozialräumliche Bedingungen und ihren Einfluß auf die Herausbildung von Milieus zu betrachten. Hradils Definition enthält keine explizit sozialräumliche Dimension von sozialen Milieus. Dies erscheint eher als ein Spezialfall: „Kleinere Milieus, zum Beispiel Stadtviertelmilieus, weisen darüber hinaus häufig einen inneren Zusammenhang auf, der sich in einem gewissen Wir-Gefühl und in verstärkten Binnenkontakten der Menschen äußert" (Hradil 2001, S. 45). Dieses Verständnis von Milieu scheint eher als Relikt der älteren Fassung des Begriffs in den neueren Milieubegriff mit übernommen zu sein. Milieus konstituieren sich nicht nur in kleinen, überschaubaren räumlichen Einheiten, sie können auch unabhängig von räumlichen Kontexten in verallgemeinerter Form identifiziert und beschrieben werden. Doch auch in dieser Form bleibt der Bezug zur Umwelt für das Konzept der sozialen Milieus konstitutiv (vgl. Hradil 1992, S. 25; Hradil 2001, S. 426).

Ist bei der Fassung des Milieubegriffs von Hradil der sozialräumliche Bezug relativ offen, kommt er in dem Verständnis von Hörning/Michailow deutlicher zum Vorschein: „Milieu als kollektive Vergesellschaftungsform weist auf die Abgegrenztheit eines Le-

2 In diesem Verständnis wird der Milieubegriff auch pädagogisch interessant. Böhnisch entwickelt daraus ein Konzept der „Milieubildung" als wichtiges Prinzip für die Sozialpädagogik: „Milieubildung erscheint also im pädagogischen Verwendungszusammenhang als Ressource, als biographisch verfügbarer sozialräumlicher und sozialemotionaler Kontext, in dem sich Bewältigungskompetenzen entwickeln und auf den Normalisierungshandeln rückgebunden ist. Den sozialen Prozess der Entwicklung und Strukturierung solcher Kontexte bezeichnen wir als ‚Milieubildung', einen Prozess, den die Pädagogik nur in geschlossenen Settings (z.B. geschlossene Unterbringung in der Heimerziehung) selbst initiieren, den sie aber in der sozial offenen Alltagswelt nur begleiten, stützen, aber auch mitstrukturieren kann. Dabei ist die Pädagogik immer von der Perspektive der ‚offenen Milieubildung' geleitet, denn – so haben wir bisher in der Abgrenzung zu regressiven Milieubezügen begründet – nur offene demokratische Milieus in der gelungenen Balance von Gemeinschaft und Individualität können erweiterte Handlungsfähigkeit und Bewältigungskompetenzen vermitteln" (Böhnisch 1994, S. 222).

bensraumes hin, in dem dauerhafte (‚sässige') Erlebnis- und Lebenszusammenhänge aufgrund der Direktheit von face to face Interaktionen vermittelt und spezifische Normalitätserwartungen sozialisiert werden" (Hörning/Michailow 1990, S. 504). Gemeinsam sind diesen neuen Vorstellungen von Milieu, daß damit „eine bestimmte Form des unmittelbaren sozialräumlichen Erlebens der Menschen" und „eine spezifische lebensweltliche Spannung zur Vergesellschaftung des Subjekts" zum Ausdruck gebracht werden (Böhnisch 1994, S. 207).

Neben „Milieu" findet in der Soziologie auch der Begriff „Lebensstil" neues Interesse. Als Lebensstil wird „der regelmäßig wiederkehrende Gesamtzusammenhang der Verhaltensweisen, Interaktionen, Meinungen, Wissensbestände und bewertenden Einstellungen eines Menschen" (Hradil 2001, S. 46) bezeichnet. Trotz dieses stärker individualisierten Zugangs gibt es auch Gemeinsamkeiten in den Lebensstilen und können Lebensstilgruppierungen gebildet werden. Der Begriff „Lebensstil" bleibt offen im Blick auf sozialräumliche Ausprägungen und Erscheinungsformen, in ihm werden Muster der Lebensführung thematisierbar, die sich unabhängig von sozialräumlichen Gegebenheiten und auch losgelöst von klassischen Dimensionen der Sozialsstrukturanalyse im Zuge des gesellschaftlichen Modernisierungsprozesses herausbilden (vgl. Georg 1998). Der Milieu-Begriff enthält dagegen, auch in seiner neuen Fassung, den Bezug „auf emotional strukturierte sozialräumliche (lokale) Gemeinschaftsgebilde bzw. Gegenseitigkeitsstrukturen" (Böhnisch 1994, S. 213).

Differenzierte Beschreibungen sozialer Gruppen rekurrieren häufig auf Milieu- und Lebensstilkonzepte (vgl. Schulze 1992, Vester 1997). Eine differenzierte Beschreibung sozialer Milieus bietet die Milieutypologie des Sinus-Instituts (Sinus 1997). In der nachstehenden Abbildung 1 werden die Milieus kurz charakterisiert im Blick auf Lebensziele, Lebensweisen und soziale Lage.

Abb. 1 Soziale Milieus (nach: Sinus 2000)*

Milieu	Lebensziele	Lebensweise	Soziale Lage
Etabliertes Milieu	beruflicher und materieller Erfolg	Abgrenzung nach unten, Bedürfnis nach Exklusivität und Traditionsbewußtsein	überdurchschnittlich hohes Bildungsniveau und hohes Einkommen
Traditionelles bürgerliches Milieu	traditionelle Werte (Pflichtbewußtsein, Verläßlichkeit, Ordnung und Disziplin)	Konventionalität, Anpassung, Sicherheit, Selbstbeschränkung und Verzichtbereitschaft	überwiegend Hauptschulabschluß und abgeschlossene Berufsausbildung, kleine bis mittlere Einkommen
Traditionelles Arbeitermilieu	Gutes Auskommen, sicherer Arbeitsplatz und gesichertes Alter	Nüchtern und sparsam, solide und haltbare Produkte	überwiegend Hauptschulabschluß und abgeschlossene Berufsausbildung, kleine bis mittlere Einkommen
Konsum-materialistisches Arbeitermilieu	Anschluß an Konsum-Standards der Mittelschicht, „Dazugehören" zu Normalität und Bürgerlichkeit	rasches Aufgreifen von Moden und Trends, Daseinsvorsorge oft ungenügend, Konzentration auf die Gegenwart	geringe Formalbildung, häufig geringe Einkommen
Statusorientiertes Milieu	beruflicher und sozialer Aufstieg, geltungsorientierter Konsum	Orientierung an Standards gehobener Schichten, hohe Bedeutung von Statussymbolen	mittlerer Bildungsabschluss mit abgeschlossener Berufsausbildung, gehobene Einkommensklassen
Modernes bürgerliches Milieu	harmonisches, idyllisches Leben in Familie mit Kindern,. umfassende Sicherheit, Ausgleich zwischen individueller Selbstbestimmung und Bereitschaft, sich anzupassen	„bürgerlich" mit Komfort, maßvollem Genuß und Lebensqualität, gemeinschaftsorientiert, konventionelle und moderne Ästhetik	mittlere Bildungsabschlüsse und Einkommen
Intellektuelles Milieu	postmaterielle Lebensziele und Werthaltungen (Selbstverwirklichung, Individualität, Freiräume)	umwelt- und gesundheitsbewußt, Kennerschaft und Verfeinerung im Genuß, Understatement und Distinktion	hohe Formalbildung und gehobene Einkommen
Adaptives Milieu	angenehmes Leben, Autonomie und Kreativität, lebenslanges Lernen	Aufgeschlossenheit, Mobilitätsbereitschaft, Toleranz, „moderne" Konsum- und Freizeitgewohnheiten	gute (Aus-)Bildung, mittlere bis gehobene Einkommen

Milieu	Lebensziele	Lebensweise	Soziale Lage
Hedonistisches Milieu	Genuss, Spass, Kommunikation und „action"	Leben im Hier und Jetzt, Mangel an Lebensplanung, spontaner Konsum und unkontrollierter Umgang mit Geld	viele Schüler, Auszubildende, Arbeitslose, an- und ungelernte Arbeiter, Angestellte mit „Jobbewußtsein", häufig geringe oder abgebrochene Formalbildung, kleine bis mittlere Einkommen
Postmodernes Milieu	ungehinderte Entfaltung der eigenen Persönlichkeit, Ausleben der eigenen Gefühle, Begabungen und Sehnsüchte	Ich-bezogene Lebenspraxis, Experimentieren mit „pluralen Identitäten" und widersprüchlichen Identitäten, Selbstinszenierung durch Konsum, Unterhaltung und Bewegung	viele junge Menschen (Schüler, Studierende, junge Akademiker)

* Die Milieus sind im Jahr 2000 teilweise umbenannt worden: Das etablierte Milieu wurde vorher als konservativ-technokratisches Milieu bezeichnet, das traditionelle bürgerliche Milieu als kleinbürgerliches Milieu, das konsum-materialistische als traditionsloses Arbeitermilieu, das statusorientierte als aufstiegsorientiertes Milieu, das intellektuelle als liberal-intellektuelles Milieu und das adaptive Milieu als modernes Arbeitermilieu (Sinus 2000).

Sozialraum und Sozialraumorientierung

Lebensweltbezug hat immer auch eine sozialräumliche Dimension. Darin einbezogen ist der räumliche und zeitliche Nahbereich, die direkte und unmittelbare Erlebniswelt von Kindern und Jugendlichen, das spezifische Milieu, auf dessen pädagogische Bezüge Lothar Böhnisch in seiner Pädagogischen Soziologie hingewiesen hat, wobei er im Unterschied zu früheren Betrachtungsweisen hervorhebt, dass Milieubezüge nicht mehr vorwiegend pädagogisch negativ als Störung pädagogischer Bemühungen zu werten sind. (Böhnisch, 1996). Persönlichkeitsentwicklung vollzieht sich auch in Prozessen sozialräumlicher Aneignung. Andere als die von der Schule vermittelten Lernformen kommen dabei zur Geltung. Sozialräumliche Überlegungen können aber auch auf die Schulentwicklung selbst Einfluss nehmen. Eine Schule als eine Sozialagentur eines Gemeinwesens neben anderen wird selbst zur lernenden Organisation. „Die Schule gibt also ihre Monopolstellung im sozialräumlichen Bereich (natürlich nicht im Bereich der Gewährleistung schulischer Bildung) zugunsten eines multiplen aber integrierten kommunalen Lernraumes auf"(Böhnisch 1996, S. 176).

In der Jugendhilfe werden sozialräumliche Ansätze und Konzepte seit einigen Jahren vielfach diskutiert. Dafür gibt es mehrere Gründe. Neben den pädagogisch-fachlichen spielen dabei auch administrative und finanzielle Aspekte eine Rolle. Pädagogisch-fachlich hängt das Interesse an Sozialraumorientierung mit der Nähe dieser Konzepte zum Ansatz einer lebensweltorientierten Sozialpädagogik zusammen. Sozialräumlichkeit als Handlungsprinzip der Jugendhilfe bedeutet, die Lebenswelten ihrer Adressaten zum Ausgangs- und Bezugspunkt zu machen. Damit können auch pädagogische und politische Erwartungen und Ansprüche, Kinder und Jugendliche an der Planung von Maßnahmen und an der Gestaltung ihrer Lebensbedingungen im kommunalen Raum zu beteiligen, eingelöst oder zumindest artikuliert werden. Verwaltungs- und finanzierungstechnisch bieten Ansätze sozialraumorientierter Jugendhilfe die Möglichkeit, Erwartungen und Forderungen an neue Steuerungsmodelle in der kommunalen Verwaltung einzuführen. Häufig wird deshalb Sozialraumorientierung verkürzt auf Fragen der Steuerung und Finanzierung innerhalb eines definierten Gebietes, das als Planungsgrundlage für sozialräumliches Handeln der Jugendhilfe definiert wird und für das Budgets als feste Finanzvolumen für einzelne Aufgabenbereiche der Jugendhilfe, insbesondere bei den Hilfen zur Erziehung, festgelegt werden. Im Zuge der Dezentralisierung von Leistungen und der Verlagerung von Zuständigkeiten und Kompetenzen auf dezentralisierte und regionalisierte Ämter und Einrichtungen, im Bereich der Jugendhilfe vor allem des Jugendamts, sind Konzepte von Sozialraumorientierung anschlussfähig für Ansprüche an eine stärkere Vernetzung zwischen den unterschiedlichen sozialen Diensten und eine bessere Kooperation mit anderen Einrichtungen im Umfeld der Jugendhilfe, insbesondere der Schule und der Polizei.

Der Zehnte Kinder- und Jugendbericht fordert das Prinzip der Sozialräumlichkeit für die Kinder- und Jugendhilfe, um deren Angebote und Maßnahmen besser den Bedürfnissen der Adressaten gemäß zu gestalten. An den Bedürfnissen der Kinder und Jugendlichen orientierte Leistungen können nicht den Zuständigkeiten und Rationalitäten getrennter Ressorts, der Jugendhilfe, des Gesundheitswesens, der Arbeitsverwaltung oder der Wohnungsämter, folgen. Deshalb, so die Forderung, müssen Planungen in der Jugendhilfe die Bedingungen in einem Sozialraum berücksichtigen und gemeinsam mit den Kindern und Jugendlichen in diesem Raum Vorschläge entwickeln. Dabei sollen die unterschiedlichen Lebenslagen und Bedürfnisse der unterschiedlichen Gruppen in einem sozialen Raum berücksichtigt werden (vgl. Zehnter Kinder- und Jugendbericht, S. 232).

Je größer allerdings die Räume sind, desto größer dürfte auch die Heterogenität der Lebenslagen sein. Sozialräumlichkeit als Planungs- und Handlungsprinzip der Jugendhilfe macht deshalb kleinräumige, quartiersbezogene Sozialstrukturanalysen erforderlich. Auf dieser Grundlage kann dann der Bedarf an Leistungen und Angeboten der Jugendhilfe bis hin zur infrastrukturellen Ausstattung mit Spielplätzen, Kindertagesstätten, Jugendhäusern etc. ermittelt werden. Dennoch muß auch bei kleinräumigen Verfahren von einer großen Pluralität der Lebensverhältnisse, der Erfahrungen und Problemlagen von Kindern und Jugendlichen ausgegangen werden. Sozialräumlich orientierte Jugendhilfe muß bei der Planung ihrer Leistungen diese Pluralität berücksichtigen und versuchen, heterogene Erwartungen und Ansprüche in einem sozialen Raum so in einen Ausgleich zu bringen, daß alle Kinder, Jugendlichen und ihre Familien in diesem Raum für sie adäquate Angebote und Leistungen erhalten. Dazu ist es erforderlich, die Betroffenen an den Planungen zu beteiligen. In diesem Sinne nehmen sozialräumliche Ansätze der Jugendhilfe den in der alltags- und lebensweltorientierten Sozialpädagogik formulierten Anspruch auf. Dessen Maximen wie Adressatenorientierung, Partizipation, Prävention und Integration sowie Dezentralisierung und Regionalisierung der Angebote der Jugendhilfe scheinen am ehesten mittels sozialräumlicher Ansätze realisierbar (vgl. Thiersch 1992).

Neben diesem anspruchsvollen Ansatz sozialräumlich orientierter Jugendhilfe wird Sozialräumlichkeit als Handlungsprinzip auch für einzelne Leistungen der Jugendhilfe gefordert, insbesondere für die (offene) Jugendarbeit und die Arbeit im Jugendhaus (Böhnisch/Münchmeier 1993; Deinet 1999). Böhnisch/Münchmeier und Deinet begründen dies mit einem veränderten raumbezogenen Verhalten Jugendlicher unter postmodernen Verhältnissen, das sich in einem offeneren Umgang mit Angeboten und einer flexibleren Nutzung von pädagogischen Jugendräumen zeigt. Im Zentrum sozialräumlicher Jugendpädagogik steht nach Böhnisch/Münchmeier das Konzept der Raumaneignung, die thematisch strukturiert ist. Deshalb will sozialräumliche Jugendarbeit anregungsreiche Räume schaffen und thematische Vorgaben an die Jugendräume binden. „Die Beeinflussung des Thematischen im sozialräumlichen Zusammenhang ist – nach dem Vermitteln und Zurverfügungstellen von anregungsreichen Räumen – *der* zentrale Ansatzpunkt sozialräumlicher Jugendpädagogik. Die Pädagogik versucht, ihre thematischen Möglichkeiten in den jugendkulturell wirkenden räumlichen Kontext einzubringen. Kinder und Jugendliche *verhalten* sich sozialräumlich-jugendkulturell und integrieren das Thematische (oder grenzen es aus) in diesen räumlichen Verhaltenskontext. Die qualitative Rückbindung des Thematischen an das Räumliche – sowohl in der pädagogischen Reflexion als auch in den Inhalten – ist der Kernpunkt sozialräumlicher Jugendpädagogik“ (Böhnisch/Münchmeier 1993, S. 66f).

Sozialräumliche Ansätze beziehen sich also einerseits auf das sozialräumliche Umfeld, in dem Kinder und Jugendliche leben und aufwachsen, auf das Quartier oder den Stadtteil, andererseits werden damit auch Ansprüche an Gestaltung und Nutzungsmöglichkeiten pädagogischer Räume formuliert.

Trotz der hohen Attraktivität bleibt häufig unklar, was Sozialraumorientierung bedeutet und auf welche Sozialräume sich das Handeln der Jugendhilfe und anderer Institutionen bezieht. Meist werden Stadtteile oder Quartiere mit Sozialraum gleichgesetzt und als solcher bezeichnet. In diesem Sinne bedeutete Sozialraumorientierung, ein Territorium abzustecken, auf das sich das Handeln der Institutionen bezieht und von dem angenommen wird, dass damit auch die Sozialräume der Kinder und Jugendlichen erreicht werden.

Sozialräume werden durch das Handeln von sozialen Akteuren, Individuen wie auch Institutionen, konstituiert. Im Anschluß an den soziologischen und sozialgeographischen Sprachgebrauch unterscheiden wir dabei zwischen physisch-materiellen Räumen und Sozialräumen. Sozialräume besitzen immer ein physisch-materielles Substrat, sie sind jedoch nicht a priori gegeben, sie werden als sozial bedeutungsvolle Räume konstituiert durch das Handeln von Akteuren und von diesen in diesem Sinne in unterschiedlichen Handlungskontexten auch verändert.

Kinder, Jugendliche und Erwachsene schreiben geographischen Räumen Bedeutungen zu, nutzen sie dementsprechend und symbolisieren diese Bedeutung in vielfältiger Form, öffentlich wie privat. Sie sind Akteure, die durch ihre Handlungen in vorfindlichen physisch-materiellen Räumen “ihre eigenen Räume schaffen”. Diese Sozialräume haben eine physisch-materielle Basis, die jedoch die Definition als sozialer Raum nicht zwangsläufig vorgibt. Kinder, Jugendliche und Erwachsene konstituieren ihre eigenen Sozialräume, die sich von denen anderer Akteure unterscheiden und in diesem Sinne auch gekennzeichnet werden. Insofern geht es auf dieser Ebene der handelnden Menschen im Blick auf geographisch definierte Räume um eine Vielzahl von unterschiedlichen Sozialräumen. Dennoch bestehen auch Gemeinsamkeiten zwischen den Sozialräumen der Menschen in den Stadtteilen, es gibt typische Elemente und Ausprägungen.

Die soziale Lage hat Einfluss auf die Wahrnehmung und Nutzung von physisch-materiellen Räumen, also darauf, wer sich wann wo aufhält, wie groß die Aktionsradien der Menschen sind, wo sich ihre bedeutsamen Orte befinden, wie die Wege zwischen diesen Orten zurückgelegt werden, mit welchen Verkehrsmitteln, in welcher Geschwindigkeit, wie die Räume zwischen diesen Orten wahrgenommen werden, wem sie dabei begegnen, welche Tätigkeiten die Menschen an diesen Orten ausüben, welche Bedeutung diese Tätigkeiten und damit auch die Orte ihrer Ausübung haben. Und auch, wo Kinder und Jugendliche Gleichaltrige treffen, wie diese Räume beschaffen sind, wer sich sonst dort aufhält und wer nicht, ob diese Räume öffentlich oder privat sind, wird beeinflußt von ihrer sozialen Lage (vgl. Bourdieu 1987).

Sozialräume in diesem Verständnis sind Teil und Ausdruck von Lebenswelten. Sie geben Auskunft über das Handeln der Menschen, ihre Formen der Aneignung von Räumen, über ihre Bedürfnisse und ihre Erwartungen an bzw. Erfahrungen mit sozialstaatlichen Leistungen und Angeboten. Lebenswelten haben immer einen sozialräumlichen Bezug, sie bilden sich sozialräumlich ab. Mit der Frage nach den Sozialräumen von Kindern, Jugendlichen und Erwachsenen geht es also immer auch um die Frage nach deren Lebenswelten.

Auch Institutionen können als Akteure aufgefasst werden, die durch ihr Handeln und die damit verbundenen Definitions- und Zuschreibungsprozesse Sozialräume konstituieren. Mit diesen Institutionen kommen unterschiedliche Räume in den Blick. Die städtischen Verwaltungsbezirke, der Arbeitsamtsbezirk, die Schulsprengel, die Polizeibezirke, um räumliche Gliederungen einiger Institutionen zu nennen, haben völlig unterschiedliche Größen und Grenzen. Das Handeln der Akteure in den unterschiedlichen Institutionen wird deshalb von unterschiedlichen Vorgaben beeinflußt und unterscheidet sich in Bezug auf die Modellierung ihrer Sozialräume.

Die Definition territorialer Zuständigkeiten ist aus der Binnenperspektive der Institutionen rational. Sie hat sich in der Regel bewährt und wird, wenn nötig, sei es wegen demografischer Veränderungen, der Einführung neuer Organisationsmodelle oder aus anderen Gründen, revidiert und den Erfordernissen der Institutionen angepaßt. So schafft die kommunale Verwaltungsgliederung Klarheit über Zuständigkeiten, indem z.B. Planungsbezirke für die Jugendhilfeplanung definiert werden und dadurch auch erkennbar wird, welche Akteure der Jugendhilfe in einem bestimmten Bezirk tätig sind. Auch Schulsprengel sind aus der Sicht der Schulverwaltung wichtige und rationale Planungsgrößen.

Sozialraumorientierung als Gestaltungs- und Handlungsprinzip bedeutet deshalb, die territorialen Zuständigkeiten der Institutionen und die Sozialräume der Adressaten in Bezug zueinander setzen. Sozialräumlich orientiertes Handeln der Jugendhilfe kann sich deshalb nicht darauf beschränken, bestimmte, institutionell definierte Bezirke in den Blick zu nehmen. Vielmehr kommt es darauf an, sich auf das Handeln der Menschen und ihre soziale Lage, die deren Handeln beeinflußt, in Bezug auf diese Räume zu beziehen.

2.3 Lebensweltbezogene Schulentwicklung

Damit sind wesentliche Bezüge des Lebenswelt-Begriffs skizziert, die für unser Projekt erkenntnisleitend sind. Der Begriff bezieht sich auf Alltag und Alltäglichkeit von Handeln und Handlungsmustern und auf Milieus, also auf Fragen sozialkultureller Lebensführung und ihrer sozialräumlichen Verankerung. Wir interessieren uns also für die Frage nach dem Verhältnis von Schule und Lebenswelten im Blick auf den außerschulischen Alltag von Jugendlichen als Bezugspunkt schulischen Handelns, auf den Alltag von Schulen als potentieller Ressource für Jugendliche und ihre Eltern bei der Gestaltung und Bewältigung ihres Alltags, aber auch als Anlass für Konflikte zwischen der Schule und den Jugendlichen und ihren Familien, auf das Verhältnis von Schulen zu traditionellen und neuen sozialen Gruppen in unterschiedlichen Milieus, auf die sozialräumlichen Ausprägungen und Unterschiede dieser Milieus und auf die Frage, wie sich Schule auf diese sozialräumlichen Gegebenheiten und Bedingungen ihres Handelns einläßt. Dabei spielen das Verhältnis der Schule zum regionalen Umfeld, insbesondere zum Stadtteil, in dem sie lokalisiert ist, und die institutionellen Bezüge der Schule zum Stadtteil eine Rolle. Diese Thematisierung der sozialräumlichen Bezüge von Schule ermöglicht es, den Verengungen der reformpädagogischen Diskussion um eine Öffnung der Schule zum Stadtteil, um eine vorwiegend schulpädagogisch akzentuierte Gemeinwesenoriertierung von Schule zu entkommen, ohne den damit verbundenen Anspruch der Weiterentwicklung des Gemeinwesens selbst aufgeben zu müssen. Der Lebenswelt-Begriff ermöglicht so, Adressatenbezüge schulischen Handelns und sozialräumliche Aspekte aufeinander zu beziehen und zu bearbeiten.

Die kultur-, jugend- und organisationssoziologische Kritik schulimmanenter Konzepte von Schulentwicklung liefert Argumente für eine Erweiterung des Verständnisses von Schulentwicklung. Deswegen werden die im engeren Sinne schulbezogenen Konzepte nicht überflüssig. Sie müssen jedoch um zusätzliche Perspektiven ergänzt und darauf systematisch bezogen werden. Einen zentralen Bezugspunkt für Schulentwicklung stellen die Lebenswelten von Kindern und Jugendlichen dar. Darauf verweisen die drei Argumentationsstränge: (1) die kultursoziologische Unterscheidung zwischen dem Habitus der Schule und dem in der Lebenswelt von Kinder und Jugendlichen repräsentierten Habitus, (2) die Friktionen zwischen der in sich widersprüchlich gewordenen Jugend und der auf die gesellschaftlichen Erwartungen an Jugend in ihrer klassisch-modernen Ausprägung ausgerichteten Schule und (3) die Veränderung der Schule durch die Hinzunahme neuer Aufgabenbereiche und die Zusammenarbeit mit anderen Institutionen sozialer Dienstleistung.

Diese Aufgaben und Fragen können und müssen im Rahmen einer lebensweltbezogenen Schulentwicklung bearbeitet werden. Lebensweltbezug bedeutet dabei zunächst, die lebensweltlichen Bedingungen und Voraussetzungen in den Prozess von Schulentwicklung einzubeziehen. Voraussetzung dafür ist es, die Lebenswelten von Kindern und Jugendlichen zu kennen und zum Gegenstand schulpädagogischen und schultheoretischen Nachdenkens zu machen.

Von den in diesem Kapitel skizzierten theoretischen Überlegungen und Konzepten ausgehend soll das Forschungsprojekt ‚Schulentwicklung und Lebenswelten' dazu beitragen, den Zusammenhang von Schule und außerschulischen Lebenswelten von Jugendlichen auch empirisch aufzuklären. Wir wollen damit eine Grundlage bereitstellen, auf der lebensweltbezogene Konzepte von Schulentwicklung konkretisiert werden können. Altrichter und Rolff stellen in ihrer Bestandsaufnahme von Theorie und Forschung in der Schulentwicklung das Fehlen von „Bezugstheorien für Schulentwicklung insbesondere aus den Bereichen Alltagsleben, Arbeitswelt und Gemeinwesen- oder Stadtentwicklung fest" (Altrichter/Rolff 2000, S. 7). Hier liegen tatsächlich noch „fühlbar" (ebd., S. 8) erhebliche Theorie- und Forschungsdesiderate.[3]

---

3 Einen Ansatz, diese Forschungslücke zu schließen, versuchte auch das an der Universität Halle in der Zeit von 1997 bis 1999 durchgeführte Forschungsvorhaben „Schulentwicklung in Sachsen-Anhalt" (vgl. Krüger u.a. 2000)

II Untersuchungsanlage und Untersuchungsergebnisse

3 Die Untersuchungsanlage

Die Untersuchungsfragen

Vor dem Hintergrund der in den Einführungskapiteln angestellten theoretischen Überlegungen wurden folgende leitende Fragestellungen in den Mittelpunkt unserer empirischen Untersuchung über die Beziehungen zwischen Schulen und ihrem sozialräumlichen Umfeld gestellt:

Welche Angebote und Leistungen werden von Schulen in unterschiedlichen sozialen Milieus erwartet und wie werden die Schulen dort insbesondere von ihren ‚Kunden' (Schülern und Eltern) wahrgenommen und genutzt?

Wie verhalten sich Schulen angesichts der Herausforderung zu verstärkter Profilbildung und unter welchen Bedingungen werden Milieubezüge ‚bewusst' in die Entwicklung von Schulprofilen eingebracht?

Zur Beantwortung dieser zentralen Fragestellungen des Projekts wurde ein Untersuchungskonzept entwickelt, das unterschiedliche Methoden der Sozialforschung miteinander verbindet. Die Frage nach der Wahrnehmung und Nutzung von Schulen wird in erster Linie durch standardisierte Befragungen von Schülern, ihren Eltern und der erwachsenen Wohnbevölkerung, die Frage nach der Ausbildung von Schulprofilen und dem Stellenwert des Milieubezugs darin wird vor allem mit Hilfe qualitativer Expertenbefragungen beantwortet (vgl. Abb. 2, S. 62).

Die Untersuchungsregionen

Die Untersuchung wurde in Stadtteilen, -bezirken oder -bezirksteilen in Dresden, Duisburg und München durchgeführt. Für die Auswahl waren sowohl systematische als auch pragmatische Gesichtspunkte ausschlaggebend. Unter systematischen Gesichtspunkten ging es vor allem darum, unterschiedliche bildungspolitische und sozioökonomische Rahmenbedingungen der Schulentwicklung in die Untersuchung einzubeziehen. Pragmatische Gesichtspunkte bezogen sich auf Vorerfahrungen aus früheren Projekten und den Zugang zu Verwaltungen und möglichen Partnern.

Ausgewählt wurden sechs Regionen mit unterschiedlichen sozialen Milieus. In grober Orientierung an der Milieutypologie des SINUS-Instituts wurden letztlich folgende Untersuchungsregionen festgelegt:

- der Ortsamtsbereich Leuben in Dresden, ein Stadtteil des sozialen Mitte mit teilweise kleinbürgerlichen Zügen,
- der Duisburger Stadtteil Marxloh als ein traditionelles Arbeiterquartier,
- die Stadtteile Neudorf und Duissern in der Duisburger Innenstadt mit aufstiegsorientierter Wohnbevölkerung der sozialen Mitte,
- der Stadtbezirksteil Nymphenburg des 9. Münchener Stadtbezirks Neuhausen-Nymphenburg als ein großbürgerlich-konservatives Wohngebiet,
- der 4. Münchener Stadtbezirk Schwabing-West als Beispiel eines Stadtteils der Moderne mit liberal-intellektuellem Charakter und
- der 14. Münchener Stadtbezirk Berg am Laim als Vertreter des kleinbürgerlichen Lagers mit Schwerpunkt im traditionslosen Arbeitermilieu.

In den sechs Stadtteilen wurden insgesamt 30 Schulen in die Untersuchung einbezogen – mit Ausnahme von Sonderschulen alle dort vorkommenden Schularten der Sekundarstufe I.

Die Schüler- und Elternbefragung

In den ausgewählten Stadtteilen wurde eine repräsentative Befragung von Jugendlichen durchgeführt, die zwischen dem 01.07. 1982 und dem 10.06.1985 geboren sind, eine Alterskohorte, die zum Zeitpunkt der Befragung im November und Dezember 1998 im Regelfall die 8. bis 10. Jahrgangsstufe einer allgemeinbildenden Schule besuchte. Zusätzlich zu den Jugendlichen wurde jeweils ein Elternteil bzw. eine personensorgeberechtigte Person befragt. Themen der Befragung waren die Gründe für die jeweilige Schulwahl, die Bewertung der Angebote und Leistungen der Schule, die Beschreibung und Bewertung der ausgewählten Stadtteile, das Freizeitverhalten und die Berufsorientierung der Jugendlichen.

Für die Entwicklung der Fragebögen wurden Erhebungsinstrumente aus anderen einschlägigen Untersuchungen herangezogen.

Dabei handelte es sich um die Fragebögen zum ‚Schulbarometer' des Instituts für Schulentwicklungsforschung der Universität Dortmund und die Fragebögen zur Erhebung der Berufswahlsituation in den Abgangs- und Vorabgangsklassen allgemeinbildender Schulen, die das DJI im Auftrag der Bundesanstalt für Arbeit durchgeführt hat.

Die Datenerhebung wurde im Auftrag des DJI vom Sozialforschungsinstitut infas in Bonn-Bad Godesberg im Rahmen einer telefonischen Befragung (CATI-Methode) durchgeführt. Die Stichprobe wurde nach Vorgaben des DJI von den Einwohnermeldeämtern der beteiligten Städte als Zufallsstichprobe aus der Einwohnermeldekartei gezogen. In jedem der ausgewählten Stadtteile sollten 150 Jugendliche und Elternteile befragt werden, das ist im Durchschnitt ca. jeder Sechste der dort wohnenden Jugendlichen dieser Altersgruppe. Mit nur wenigen Ausnahmen wurde diese Vorgabe auch realisiert. Es wurden insgesamt 918 Interviews mit Jugendlichen geführt, für 888 dieser Jugendlichen liegen zusätzlich auch Elterninterviews vor.

Infas spricht insgesamt von einer sehr guten Ausschöpfungsquote von knapp 79% der bereinigten Bruttostichprobe und führt dies auf eine breite Akzeptanz der Untersuchungsinhalte seitens der Befragten zurück, was sich auch in der niedrigen Verweigerungsrate von durchschnittlich etwa 20% widerspiegelt. Bei einer derart hohen Ausschöpfungsquote kann gemeinhin eine unverzerrte Stichprobe unterstellt werden. Eine Selektivitätsanalyse, die infas im Auftrag des DJI bei insgesamt 177 telefonisch nicht erreichten Haushalten durchgeführt hat, erbrachte dennoch Hinweise auf zwar nicht gravierende aber doch erkennbare Verzerrungen. Insbesondere zeigte sich, dass

- die realisierte Stichprobe hinsichtlich der sozialen Stellung und Bildung der Eltern positiv selegiert ist;
- Schüler der mittleren und höheren Schulen mit höherer Wahrscheinlichkeit in der realisierten Stichprobe enthalten sind als Haupt- und Sonderschüler;
- die Wahrscheinlichkeit der Mütter, als Eltern an der Untersuchung teilzunehmen, etwa dreimal so hoch ist wie die der Väter;
- die Haushalte um so eher teilnehmen, je länger sie im Stadtbezirk wohnen,
- Personen, die den Stadtbezirk, in dem sie leben, schlecht bewerten, seltener in der Stichprobe vertreten sind.

Insgesamt ist also festzuhalten, dass mit den Befragungen im Rahmen der Untersuchung die gebildeteren, an Schule stärker interessierten und in ihren sozialen Verhältnissen und Umfeldern sich wohler fühlenden Personen besser erreicht wurden als Personen, auf die diese Kennzeichnung weniger zutrifft. Obwohl auch deutlich wurde, dass in bezug auf derartige sozial-strukturelle Merkmale keine relevante soziale Gruppe in der Untersuchung fehlt, muß dies bei der Interpretation der Ergebnisse dennoch berücksichtigt werden. In bezug auf einige wichtige untersuchungsrelevante Merkmale bedeutet dies:

- Die Eltern, die „weniger" oder „gar nicht zufrieden" mit der Schule ihres Kindes sind, ebenso wie die Eltern, die „weniger gut" oder „gar nicht" über die Schule ihres Kindes informiert sind, sind in der Studie unterrepräsentiert;
- auch die Jugendlichen, die „eher ungern" oder „sehr ungern" in die Schule gehen, sind ebenso wie die Jugendlichen, die „eher ungern" oder „sehr ungern" im Stadtbezirk wohnen, in der Studie unterrepräsentiert.

Die Einwohnerbefragung

Es handelt sich um eine repräsentative Befragung der erwachsenen Wohnbevölkerung der Stadtteile. Themen der Befragung waren die Bewertung des jeweiligen Stadtteils, eine allgemeine Bewertung von Schule, ihren Aufgaben und Leistungen, die Kenntnis und Bewertung der Schulen im Stadtbezirk, Haushaltszusammensetzungen, soziale Beziehungen und Lebensstile der Stadtteilbewohner sowie soziodemographische Angaben. Die empirischen Erhebungen wurden wieder im Auftrag des DJI vom Sozialforschungsinstitut infas in Bonn-Bad Godesberg in Form einer telefonischen Befragung in der Zeit vom 12.3.1999 bis 7.5.1999 durchgeführt.

Die Grundgesamtheit dieser Untersuchung besteht aus der Erwachsenenbevölkerung (18 Jahre und älter) in den sechs ausgewählten Stadtteilen. Die Befragten wurden anhand der Kombination einer Zufallsstichprobe aus dem Telefonregister und der Generierung von Telefonnummern über RLD-Verfahren (Random Last Digit) ausgewählt. Die Generierung von Telefonnummern durch Ersatz der jeweils letzten Ziffer der aus den Telefonregistern gezogenen Nummern durch eine Zufallszahl wirkt möglichen Verzerrungen aufgrund des Nichteintrags von Telefonnummern entgegen, die dadurch entstehen, dass Nichteinträge keineswegs gleichmäßig über unterschiedliche soziale Gruppen verteilt sind.

Die Vorgabe war, dass in jedem der sechs Stadtteile mindestens 300 Personen befragt werden, und zwar jeweils ein erwachsenes Mitglied des Haushalts, dessen Telefonnummer ausgewählt wurde. Dazu wurden zunächst in jedem Stadtteil 1050 Originalnummern gezogen, abgeglichen und um die zusätzlich generierten Nummern ergänzt. Insgesamt entstanden so 6059 Telefonnummern, davon zwei Drittel Originalnummern und ein Drittel RLD-generierte Telefonnummern. Nach Abzug der neutralen Ausfälle – vor allem weil es zu den generierten Nummern häufig keinen Telefonanschluss gab, oder auch weil die Teilnehmer nicht zur Zielgruppe gehörten – verblieben 3683 nutzbare Teilnehmer. Mit diesen wurden 1817 Interviews realisiert, was einer Ausschöpfungsquote von 49,3% entspricht. Sie schwankt zwischen den Stadtteilen und liegt mit 42,4% für Schwabing-West am niedrigsten, mit 56,6% für Nymphenburg am höchsten. Berücksichtigt man zudem, dass ca. 10% der Interviews mit nicht ins Telefonverzeichnis eingetragenen Befragten realisiert wurden, scheint eine hinreichende Repräsentativität für die sechs ausgewählten Stadtbezirke gegeben.

Für die Bewertung der Stichprobe und die Einschätzung der Befragungsergebnisse ist weiterhin der Vergleich mit den sozialstatistischen Daten der Bundesrepublik insgesamt sowie mit den entsprechenden, zu den Stadtbezirken vorliegenden Daten der Kommunen von Bedeutung.

Der Vergleich der Gesamtstichprobe mit der Bundesbevölkerungsstatistik (Statistisches Jahrbuch 1998) ergibt eine fast vollständige Übereinstimmung in bezug auf den Geschlechteranteil (47% männlich, 53% weiblich), die Altersgruppenzusammensetzung und den Ausländeranteil (8%) der erwachsenen Wohnbevölkerung. Weitgehende Übereinstimmung besteht auch hinsichtlich der Erwerbstätigkeit (60% der Befragten sind erwerbstätig) und des Anteils der Arbeitslosen (4%)[4]. Auch die Zusammensetzung und die Anzahl der Personen in den Haushalten entspricht dem Bundesdurchschnitt; lediglich der Anteil der Haushalte ohne Kinder ist in der Untersuchungsgruppe höher (72% gegenüber 65%), was auf den Umstand zurückzuführen ist, dass es sich bei den Untersuchungsregionen ausschließlich um großstädtische Bezirke handelt, in denen Haushalte mit Kindern seltener sind.

---

4 Diese Größe ist nicht mit der Arbeitslosenquote der Arbeitsmarktstatistik vergleichbar, die den Anteil der Arbeitslosen auf die Zahl der Erwerbspersonen bezieht, während es hier um den Anteil der Arbeitslosen an der erwachsenen Wohnbevölkerung geht.

Aber bezogen auf unsere Grundgesamtheit, die Einwohner in den ausgewählten Stadtbezirken, sind die erwachsenen Zielpersonen aus Haushalten mit Kindern überrepräsentiert, möglicherweise weil sie telefonisch zu Hause eher erreicht werden. Auf die Tatsache, dass nur großstädtische Regionen ausgewählt wurden und nur ein Stadtbezirk in den neuen Bundesländern liegt, ist vermutlich zurückzuführen, dass die von den Befragten angegebenen monatlichen Haushalts-Netto-Einkommen erheblich über dem Bundesdurchschnitt liegen. Während bundesweit nur gut 30% über ein Haushalts-Einkommen von 4000 DM und mehr verfügen, sind es unter den von uns Befragten fast die Hälfte.

Schließlich zeigen sich im Vergleich zur Bundesstatistik weitere deutliche Unterschiede im Hinblick auf die Schul- und Berufsbildung: 40% der von uns Befragten verfügen über Fachhochschul- oder Hochschulreife gegenüber nur 17% unter der Erwachsenenbevölkerung insgesamt; nur gut ein Viertel verfügt über einen einfachen (Volksschul-) Bildungsabschluss gegenüber mehr als der Hälfte der erwachsenen Gesamtbevölkerung. Mehr als ein Viertel der von uns Befragten haben eine Fachhochschule oder Hochschule absolviert gegenüber nur 10% der Erwachsenenbevölkerung der Bundesrepublik; über eine betriebliche Ausbildung als höchsten Berufsabschluss verfügen in unserer Untersuchungsgruppe hingegen nur 39% gegenüber 51% der Bevölkerung insgesamt.

Obwohl die Untersuchung für die gesamte Bundesrepublik nicht repräsentativ ist – die Grundgesamtheit besteht wie beschrieben aus der erwachsenen Wohnbevölkerung ausgewählter Stadtteile –, zeigt der Vergleich mit der Bundesstatistik, dass die Stichprobe in bezug auf wichtige demographische Merkmale wie Geschlecht, Alter, Nationalität und Erwerbstätigkeit die erwachsene Gesamtbevölkerung recht gut abbildet. Lediglich im Bereich von Bildung, Ausbildung und Einkommen zeigen sich erhebliche großstadttypische Abweichungen, auch wenn die Überrepräsentanz höher Gebildeter bei dieser auch thematisch allgemeineren Befragung weniger ausgeprägt ist, als es bei der Schüler- und Elternbefragung der Fall war.

Die durch die Methode bedingte Verzerrung der Stichprobe betrifft auch die Grundgesamtheit selbst. Kleinere Haushalte sind auch innerhalb der Stadtteile durchgängig unterrepräsentiert, Haushalte mit Kindern und mit alleinerziehenden Elternteilen überdurchschnittlich vertreten. Bezogen auf die Stadtteile ist der Ausländeranteil in der Stichprobe überall zu niedrig. Häufig sind auch die jüngeren und die älteren Altersgruppen gegenüber den mittleren weniger vertreten.

Die in der Untersuchungsanlage vorgegebene theoretisch und forschungsmethodisch begründete Beschränkung der Grundgesamtheit auf sechs ausgewählte Großstadtbezirke und die beschriebenen, durch die Befragungsmethode bedingten Verzerrungen bedeuten, dass Generalisierungen von Aussagen über die Untersuchungsgruppe hinaus nur eingeschränkt möglich sind. Unterschiede zwischen unserer Grundgesamtheit und der Gesamtbevölkerung liegen insbesondere im Bildungsniveau, beim Ausländeranteil und bei der Haushaltszusammensetzung. Personen mit hohen Bildungs- und Ausbildungsabschlüssen und höherem Einkommen sind in den Großstädten im Vergleich zu ihrem Anteil an der Gesamtbevölkerung überrepräsentiert. Der höhere Anteil der ausländischen Bevölkerung in den Großstädten prägt sich in unserer Untersuchungsgruppe nicht entsprechend aus, weil bei ihnen die Ausschöpfungsquote niedriger ist. Ein ähnlicher Effekt ergibt sich in Bezug auf die Haushaltsgröße – in den Großstädten sind die Haushalte kleiner, aber durch die Methode der Telefonbefragung haben Haushalte mit mehreren Erwachsenen eine größere Chance, in der Stichprobe zu erscheinen.

Die Stichprobe bildet über die Grundgesamtheit hinaus auch mit einiger Ähnlichkeit die Gesamtbevölkerung ab. Damit ist es bei der sozialmilieu-differenzierten Auswahl der Untersuchungsregionen – bei allen großstadtspezifischen Besonderheiten – auch gelungen, die Sozialstruktur insgesamt abzubilden. Der Umstand, dass in der Stichprobe entdeckte Verzerrungen der Grundgesamtheit in der Regel als durch die Methode bedingt plausibel erklärbar sind, spricht für eine hinreichende Repräsentativität der Ergebnisse der Untersuchung.

Die Experteninterviews

Bereits vor aber auch während und nach der Durchführung der standardisierten Erhebungen wurden in allen Stadtteilen Interviews mit Experten geführt. Damit wurden zum einen die Schüler-/Elternbefragung und die Einwohnerbefragung vorbereitet, weiter wurden sie zur Interpretation der Ergebnisse dieser Befragungen genutzt, sie hatten vor allem aber einen hohen Stellenwert für die Beschreibung und Bewertung der Stadtteile und ihrer Schulen, deren Profile und Milieubezüge.

In den Schulexperteninterviews ging es um allgemeine Informationen über die Schulen, um eine Bewertung ihrer Aufgabenbewältigung, um ihr Profil, ihr Erscheinungsbild und um ihren Ruf, um ihr Verhältnis zu ihrem sozialräumlichen Umfeld und zur Arbeitswelt, und zuletzt wurden Probleme der Konkurrenz zwischen Schulen, von Gestaltungsfreiheit und Autonomie der Einzelschulen thematisiert. In den Stadtteilexperteninterviews wurden die familialen, sozialen und wirtschaftlichen Verhältnisse der Stadtteilbewohner behandelt, das Erscheinungsbild, die Chancen und Probleme von Jugend im Stadtteil, seine soziokulturelle Infrastruktur und seine Schullandschaft.

Die Experteninterviews wurden von den Projektmitarbeitern selbst mit Hilfe von offenen Leitfäden teilstrukturiert geführt, aufgezeichnet und transkribiert. Die Interviewdauer schwankte dabei zwischen einer halben und anderthalb Stunden. Es wurden zwei unterschiedliche Leitfäden benutzt – ein stärker schulbezogener für Schulleiter und Elternvertretungen sowie ein mehr stadtteilbezogener Leitfaden für die nichtschulischen Stadtteilexperten, Jugend- und Sozialarbeiter, Berufsberater, Stadtteilpolitiker und Jugendbeamten der Polizei. Insgesamt kamen 80 verwertbare Interviews zustande – 50 mit Schulexperten und 30 mit Stadtteilexperten.

Auswertung

Bei der Auswertung der Ergebnisse der Erhebungen kamen quantitative und qualitative Verfahren zur Anwendung.

Die quantitativen Befragungen der Schüler, Eltern und der Stadtteilbewohner wurden statistisch auf der Grundlage der von infas bereit gestellten Datenfiles, der Tabellenbände und des Methodenberichts ausgewertet. Für jeden der drei Tabellenbände waren von uns zwischen 13 und 16 Variablen vorgegeben worden, die mit den Antworten auf die Fragen des gesamten Fragebogens kreuztabelliert wurden. Als Variablen wurden neben Angaben zu Geschlecht, Alter, Nationalität und Zusammensetzung der Haushalte der Befragten, dem Befragungsort und seiner Bewertung unterschiedliche Items vorgegeben, die Aussagen über das Bildungsniveau, die Berufsposition, den Erwerbsstatus und das Haushaltseinkommen, aber auch zum Schulbesuch und zum angestrebtem Schulabschluss der Jugendlichen enthielten. Dabei interessierten u.a. in der Schülerbefragung die Zufriedenheit mit der besuchten Schule, die Einschätzung der schulischen Leistungsanforderungen und die Bewertung der Freizeitmöglichkeiten im Stadtteil. Basierend auf dieser Grundauszählung wurden eigene bivariate statistische Auswertungen anhand der von infas zur Verfügung gestellten

SPSS-Datenfiles aller drei Befragungen durchgeführt. Dabei konnten auch Querverbindungen zwischen den Befragungen hergestellt werden.

Die Experteninterviews wurden inhaltsanalytisch ausgewertet. Bei der Inhaltsanalyse wurden explizierende und strukturierende Verfahren angewendet. Zentrale Passagen der Interviews wurden kodiert. Das so gewonnene Material aus den einzelnen Interviews wurde thematisch geordnet, mit den Aussagen aus den anderen Interviews verglichen und themenbezogen ausgewertet. Außerdem wurden quantifizierbare Teile der Leitfadeninterviews recodiert und statistisch ausgewertet.

Als weitere Datenquelle wurden Dokumente über die Stadtteile und die Schulen herangezogen und ausgewertet. Mittels dieser Dokumentenanalyse konnten die Interviews auch kontextanalytisch interpretiert werden. Dabei wurden auch die vorliegenden Ergebnisse der Schüler-, Eltern- und Einwohnerbefragungen mit einbezogen.

Die über die qualitativen Interviews gewonnenen Aussagen über die Schulen und die Stadtteile wurden mit den Ergebnissen der quantitativen Erhebungen verglichen. So konnten die subjektiven Einschätzungen, Urteile und Meinungen der Experten mit den objektivierten Daten in Bezug gesetzt werden. Die daraus generierten Aussagen und Ergebnisse werden in den Kapiteln des zweiten Teils dieses Berichts dargestellt.

Die Workshops

Gegen Ende der empirischen Erhebungsphase des Projekts und vor Beginn der Ergebnisdarstellung wurden in den Untersuchungsregionen halbtägige Workshops mit den dort befragten Experten veranstaltet. Die Projektmitarbeiter stellten Zwischenergebnisse ihrer Auswertungen zum jeweiligen Stadtteil und seinen Schulen vor und baten um Rückmeldung, Bestätigung, Korrektur oder Kritik. Diese Rückkoppelung erbrachte in Einzelfragen wichtige Hinweise, bestätigte aber im großen Ganzen die Deutungen und Interpretationen, die sich dann auch in diesem Bericht wiederfinden.

Abb. 2 Untersuchungsdesign im Überblick

Untersuchungsregionen
mit Milieukennzeichnung

Dresden-Leuben	Duisburg-Marxloh	Duisburg-Neudorf/ Duissern	München-Nymphenburg	München-Schwabing-West	München-Berg am Laim
Kleinbürgerliche soziale Mitte	*Traditionelles Arbeiterquartier*	*Aufstiegsorientierte soziale Mitte*	*Großbürgerlich-konservatives Villenviertel*	*Liberal-intellektueller Stadtteil der Moderne*	*Kleinbürgerlich- traditionsloses Arbeitermilieu*

Standardisierte Befragungen
(CATI)

Befragung	Themen
Schülerbefragung N=918	Schullaufbahn, Gründe für die Schulwahl, Angebote und Leistungen der Schule, Jugend im Stadtteil, Freizeitverhalten, Berufsorientierung
Elternbefragung N=888	Gründe für die Schulwahl des Kindes, Interesse, Informiertheit und Zufriedenheit mit der Schule, Bewertung der Angebote der Schule, Wohnen im Stadtteil
Einwohnerbefragung N=1817	Beschreibung und Bewertung des Stadtteils und seiner Bewohner, Bekanntheit und Ruf der Schulen im Stadtteil, Aufgaben von Schule und Bedeutung von Schulbildung

Experteninterviews

Interview	Themen
50 leitfadengestützte Interviews mit Schulleitern und Elternvertretern aller 30 Sek-I-Schulen in den 6 Untersuchungsregionen	Die Einzelschule: Struktur, Angebote, Profil, Probleme, Elternbeteiligung, Stadtteil- und Arbeitsweltbezug
32 leitfadengestützte Interviews mit Jugend- und Stadtteilexperten	Der Stadtteil: Sozialstruktur, wirtschaftliche Verhältnisse, soziokulturelle Infrastruktur, Jugend im Stadtteil, Schulen im Stadtteil

4 Die Untersuchungsregionen

Um ein möglichst differenziertes Bild der in die Untersuchung einbezogenen Stadtteile zeichnen zu können, wurden Daten und Informationen aus den zugänglichen Quellen genutzt. Ausgewertet wurden vorliegende Dokumente und die einschlägigen amtlichen Statistiken – beides allerdings war für die Stadtteile in sehr unterschiedlichem Umfang verfügbar. Hinzu kamen die sozialdemographischen Daten aus unseren repräsentativen Befragungen der Jugendlichen, ihrer Eltern und der erwachsenen Wohnbevölkerung der Stadtteile.

Neben den objektiven bevölkerungsstatistischen und sozialdemographischen Daten zur Kennzeichnung der Bewohner eines Stadtteils sind insbesondere für eine vertiefende qualitative Beschreibung des jeweiligen sozialräumlichen Milieus auch die subjektiven Sichtweisen, die Bilder, die die Menschen, die dort leben, von ihrem Stadtteil haben, ihre persönlichen Interessen und ihr individuelles Engagement sowie ihre lebensbiographischen Vorstellungen und Konzepte von besonderer Bedeutung. Deshalb wurden auch die entsprechenden Fragen aus unseren Umfragen stadtteilspezifisch ausgewertet. Ergänzt wurde dies um die Auswertung der stadtteilbezogenen Aussagen aus Interviews mit Schulleitern, Elternvertretern und außerhalb der Schule beruflich mit Jugendlichen arbeitenden oder für Jugendliche zuständigen Experten in den Stadtteilen.

Um die einzelnen Stadtteile mit ihren Besonderheiten deutlicher erkennbar zu machen, wird hier zunächst mit Hilfe eher ‚weicher', subjektiver Daten eine knappe stadtteilübergreifende qualitative Beschreibung unserer Untersuchungsregionen und ihrer Wohnbevölkerung gegeben.

Urteile über die Stadtteile: Hohe Zufriedenheit auch unter erschwerten Bedingungen

Als erstes fällt eine relativ hohe Zufriedenheit aller befragten Gruppen, der Jugendlichen, ihrer Eltern und der erwachsenen Wohnbevölkerung mit ihrem jeweiligen Wohnort auf. Jeweils mehr als die Hälfte – von den Eltern sogar mehr als zwei Drittel – geben an, in ihrem Stadtteil sehr gerne zu wohnen. Mit ihrem Wohnort und der Lebensqualität ihres Stadtteils unzufrieden äußern sich insgesamt lediglich etwas mehr als 10% der befragten Bewohner (vgl. Abb. 3 und Abb. 4).

Abb.3: Zufriedenheit der Wohnbevölkerung nach Stadtteil (Einwohnerbefragung in Prozent)

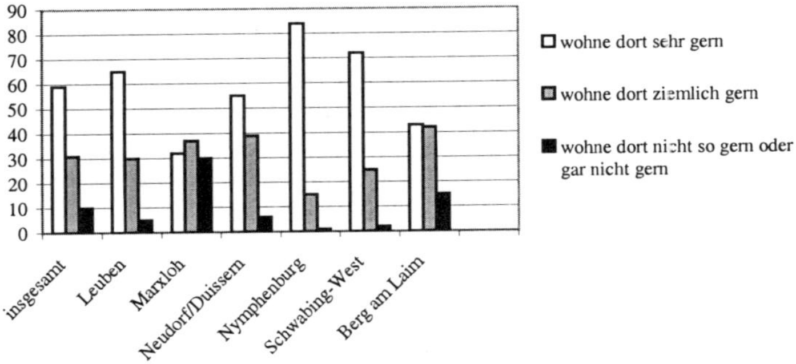

Abb.4: Zufriedenheit mit der Lebensqualität nach Stadtteilen (Einwohnerbefragung in Prozent)

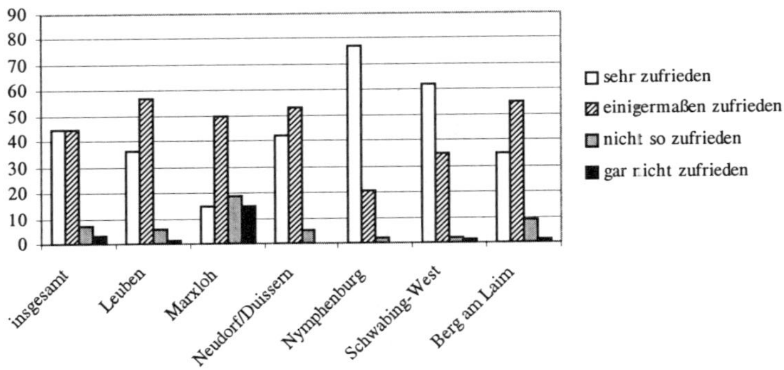

Über negative Auffälligkeiten berichten die Bewohner eher selten. Diebstähle kommen kaum vor, Pöbeleien und Schlägereien im Stadtteil sind noch seltener. Selbst über wiederholte Lärmbelästigungen klagen nur wenige. Dass im Stadtteil häufig Drogen gehandelt und konsumiert würden, glaubt nur etwa jeder sechste Befragte.

Im Hinblick auf Auffälligkeiten in den Stadtteilen problembewußter und kritischer als die Bewohner insgesamt äußern sich die Stadtteilexperten. Jeder Dritte sieht in der Jugendgewalt im Stadtteil ein erhebliches Problem, etwas niedriger liegt der Anteil derer, die Jugendkriminalität und den Drogenmißbrauch als erheblich einschätzen.

Dass in den Schulen selbst problematische Vorfälle weit verbreitet sind, das berichten die Jugendlichen allenfalls in Einzelfällen. Abgesehen von Schulschwänzen – hier gibt jeder Vierte an, dass es häufig und zusätzlich fast die Hälfte, dass es ab und zu vorkommt – werden andere Auffälligkeiten wie Alkoholkonsum, Drogenhandel, Bedrohungen, Ausländerfeindlichkeit, Diebstähle und Erpressung selten bis überhaupt nicht wahrgenommen.

Die sozialen Verhältnisse und das nachbarschaftliche Zusammenleben werden ebenfalls von der großen Mehrheit der erwachsenen Bewohner als eher gut bis sehr gut bewertet. Dass unter den Gleichaltrigen im Stadtteil ein Gemeinschaftsgefühl herrsche, glaubt aber nur gut ein Viertel der befragten Jugendlichen feststellen zu können; jeder Zweite hat dagegen eher den Eindruck von Beziehungslosigkeit; jeder Fünfte spricht sogar von häufigen Konflikten zwischen verschiedenen Gruppen. Dem entspricht, dass auch nur die wenigsten der befragten Stadtteilexperten so etwas wie ein Wir-Gefühl unter den Stadtteilbewohnern erkennen.

Etwas weniger gut als die sozialen Verhältnisse in den Stadtteilen, aber insgesamt immer noch überwiegend positiv werden die wirtschaftlichen Verhältnisse eingeschätzt. Nur knapp ein Viertel der erwachsenen Bewohner beschreibt sie als eher schlecht bis sehr schlecht. Wiederum etwas kritischer als von der Gesamtheit der Befragten werden die wirtschaftlichen Verhältnisse in den Stadtteilen von den Experten bewertet. Zum regionalen Arbeitsmarkt äußern sich zwei von dreien eher kritisch bis äußerst negativ. Ähnliches gilt für das Ausbildungsangebot für Jugendliche. Etwas weniger als die Hälfte halten es insgesamt für gut, aber mehr als die Hälfte bezeichnet es als schlecht bis miserabel. Hinter dieser Polarisierung verbergen sich allerdings starke stadtteilspezifische Disparitäten.

Ähnlich disparitär werden die sozial-kulturelle Infrastruktur und die Angebote für Jugendliche im Stadtteil von den Stadtteilexperten eingeschätzt – jeweils von etwa einem Drittel als gut bis ausgezeichnet und von der Hälfte als schlecht bis miserabel. Die Jugendlichen selbst benoten ihre Freizeitmöglichkeiten in den Stadtteilen relativ einheitlich als durchschnittlich und vergeben dafür ganz überwiegend die Note Drei.

In den Urteilen über die Stadtteile kommen in manchen Punkten – insbesondere bezogen auf die Einschätzung der wirtschaftlichen Verhältnisse, des Arbeits- und Ausbildungsplatzangebots – durchaus Unterschiede zwischen den Stadtteilen zum Ausdruck.

Die Urteile der Bewohner über ihren jeweiligen Stadtteil fallen aber alles in allem insgesamt überwiegend positiv aus; überraschend hoch ist dabei auch die Zufriedenheit der Menschen in den in die Untersuchung einbezogenen schwierigeren und eher problembelasteten Stadtteilen.

In den folgenden Stadtteilportraits werden die sechs Untersuchungsregionen im Einzelnen vorgestellt. Die Darstellungen folgen dabei nicht einem einheitlichen Muster – die unterschiedliche Datenlage für die Untersuchungsregionen hätte dies auch gar nicht erlaubt –, sondern es wird im Gegenteil versucht, für jeden Stadtteil jeweils die Besonderheiten herauszustellen und damit die doch auch erheblichen Unterschiede zwischen den Regionen zu verdeutlichen.

4.1 Leuben – Wohnlandschaft am Stadtrand

Der Ortsamtsbereich Leuben liegt im Süden der Landeshauptstadt Dresden und umfaßt die Stadtteile Großzschachwitz, Kleinzschachwitz, Laubegast und Leuben mit insgesamt 37500 Einwohnern.

Besonders die am Elbufer gelegenen Stadtteile Kleinzschachwitz und Laubegast tragen zur Attraktivität des Ortsamtsbereiches als bevorzugtes Wohngebiet Dresdens bei. Hier sind weite Teile durch alte Villenbebauung aus Vorkriegsjahren gekennzeichnet. Einige Immobilien wurden nach der Wende an frühere Eigentümer in Westdeutschland rückübereignet, teilweise sind die Besitzverhältnisse ungeklärt und stören damit die Stadtentwicklung. Das Stadtbild allerdings ist geprägt durch die Renovierung von Altbauten und eine erhebliche Neubauaktivität. Dadurch hat die Attraktivität dieser Stadtteile seit der Wende noch erheblich zugenommen und dazu beigetragen, dass der Ortsamtsbereich als einziger in Dresden trotz Bevölkerungsverlusten für die Stadt insgesamt einen spürbaren Bevölkerungszuwachs verzeichnen kann. Das Gebiet ist aufgrund der Nähe der Elbe sehr attraktiv. Hier haben in den letzten Jahren auch viele Grundstücke die Besitzer gewechselt.

Die von der Elbe entfernter gelegenen Stadteile Leuben und Großzschachwitz sind demgegenüber deutlich stärker durch gewerbliche Bebauung gekennzeichnet. Hier finden sich eine Reihe von traditionellen Industriebauten aus den Gründerjahren – die Betriebe sind allerdings nach der Wende erheblich reduziert oder auch stillgelegt worden. Die Wohnbebauung besteht hier zum geringeren Teil aus Einfamilienhäusern, daneben gibt es Genossenschaftssiedlungen aus der Zeit zwischen den Weltkriegen und Plattenbauten aus der Zeit der DDR.

Während in Laubegast und Kleinzschachwitz der Zuzug wirtschaftlich Bessergestellter die Entwicklung seit der Wende kennzeichnet, gibt es in Leuben und Großzschachwitz als Folge des auch hier in den letzten Jahren zunehmenden Wohnungsleerstandes eine verstärkte Einweisung von Sozialhilfeempfängern, vor allem in den Plattenbauten. So zeigen sich im Ortsamtsbereich Leuben erste Ansätze einer Polarisierung der Bevölkerung nach ihren Lebenslagen, die auch von den Bewohnern bereits wahrgenommen wird. Während in den bevorzugten Wohnlagen der Zuzug von ‚Besserverdienenden' zu einer weiteren Aufwertung führt, ist vor allem die Situation in den Plattensiedlungen durch eine wachsende Unzufriedenheit der alteingesessenen Wohnbevölkerung gekennzeichnet.

„Wer es sich leisten kann, zieht weg", ist hier dann auch die Botschaft aus den Interviews mit den Stadtteilexperten.

Dennoch ist der Ortsamtsbereich ein beliebter Stadtteil geblieben. Er liegt auch nach den Einkommensverhältnissen der Bevölkerung spürbar über dem Dresdener Durchschnitt und auch die sozialräumliche Differenzierung hat noch lange nicht das Ausmaß erreicht, das die Situation in westdeutschen Großstädten kennzeichnet.

„Hier wohnt der Herr Professor noch neben der Schulleiterin und dem Arbeiter, der zur dritten Schicht geht. Das ist immer noch durchmischt" (eine Schulleiterin).

Insofern trägt der Ortsamtsbereich bis heute typische Merkmale der sozialen Verhältnisse, wie sie für Großstädte in den neuen Bundesländern kennzeichnend sind: zwar zunehmende, aber insgesamt noch geringe sozialräumliche Differenzierung und – jedenfalls bisher noch – überwiegend durch kleinbürgerliche Milieus geprägte soziale Lebensverhältnisse.

Die vier Stadtteile sind bis heute – und auch das kennzeichnet dieses Stadtgebiet – durch Grünflächen, die überwiegend landwirtschaftlich genutzt sind oder durch Gärtnereien bewirtschaftet werden, voneinander abgegrenzt. Insbesondere Laubegast hat seinen Charakter als geschlossene Ortschaft mit eigenem Ortskern bis heute erhalten können. Aber auch die drei anderen Stadtteile verfügen noch über eigene Ortskerne und haben damit bis heute eine gewisse Identität wahren können.

In einer Hinsicht allerdings unterscheidet sich dieser Stadtteil dramatisch von den westdeutschen Stadtteilen in unserer Untersuchung: in der Einwohnerbefragung geben 25% der Befragten an, dass sich die Lebensqualität im Stadtteil sehr verbessert habe, 47% meinen, sie habe sich eher verbessert. Die Summe dieser beiden Werte erreicht hier 72%, in den in die Untersuchung einbezogenen westdeutschen Stadtbezirken wird dagegen ein Wert knapp über 30% erreicht. Bemerkenswert ist, wie einmütig die Veränderungen seit der Wende positiv bewertet werden. Dass diese Bewertung keineswegs eine übertriebene Euphorie ausdrückt, zeigt sich, wenn man betrachtet, dass dennoch nur 65% der Bewohner dieses attraktiven Dresdener Stadtgebiets angeben, dass sie sehr gerne hier wohnen, während etwa in Schwabing oder Nymphenburg diese Werte bei 72 bzw. 84% liegen.

Die Haushaltseinkommen und die persönlichen Nettoeinkünfte der Leubener liegen leicht über dem Dresdener Durchschnitt, während die Inanspruchnahme von Sozialleistungen darunter liegt. Dies gilt insbesondere für Wohngeldzuschüsse und Sozialhilfebezug. Nur bei der Inanspruchnahme von Arbeitslosengeld und Arbeitslosenhilfe liegt der Anteil hier über dem Dresdener Durchschnitt. Das bedeutet immerhin, dass die hier nicht Erwerbstätigen noch Anspruch auf diese Leistung haben und nicht schon so weit aus dem Beschäftigungssystem herausgefallen sind, dass sie auf andere Formen von Sozialhilfeleistungen angewiesen sind.

Der Anteil der Haushalte mit Kindern liegt hier mit 22% leicht unter dem Dresdener Durchschnitt, 5% der Haushalte haben alleinerziehende Elternteile und 38% sind Single-Haushalte. Der Ausländeranteil ist im Ortsamtsbereich wie in der Stadt Dresden insgesamt gering – in unseren Stichproben kamen Ausländer praktisch nicht vor. Allerdings gibt es in Großzschachwitz ein Asylbewerberheim, auf dessen Bewohner von Teilen der Bevölkerung – artikuliert wird dies insbesondere von Jugendlichen – durchaus mit Ablehnung reagiert wird. Die Alterszusammensetzung der Wohnbevölkerung dagegen weist im Vergleich zu Dresden eine deutliche Verschiebung zugunsten der Altersgruppe der 55- und 65jährigen auf.

Möglicherweise liegt hier eine der Erklärungen dafür, dass sowohl die Polizei als auch die Fachkräfte der Jugendhilfe von häufigen Beschwerden Erwachsener wegen Störungen durch Kinder und Jugendliche berichten. Es gibt aber auch verbreitet die Klage, dass es den Jugendlichen im Stadtteil an Treffpunkten fehlt. In der Einwohnerbefragung allerdings schlägt sich dies nicht nieder – mit 12% ist in Leuben der Anteil derjenigen am niedrigsten, die von Konflikten zwischen verschiedenen Gruppen berichten – und liegt damit noch unter dem für Nymphenburg.

In Leuben werden Belastungen des Stadtteils durch Lärm, Gewalt, Kriminalität und Drogen nur von geringen Anteilen der Einwohner als problematisch eingeschätzt. Leuben hat den Charakter eines eher ruhigen, beschaulichen Stadtgebiets, wo man wohnt und schläft, vielleicht auch den Ruhestand verlebt, wo aber Arbeit und Freizeitangebote einen eher geringen Stellenwert haben. Soziale Brennpunkte finden sich eher im benachbarten Stadtbezirk Prohlis.

Mehr als die Hälfte der Leubener verfügt über gute informelle nachbarschaftliche Beziehungen; Formen institutionalisierten Vereinslebens im Stadtteil sind hingegen wenig ausgeprägt. Nur jeder dritte Befragte ist Mitglied in einem Verein und davon wiederum sind fast drei Viertel lediglich in einem einzigen. Hier schlägt sich möglicherweise der Zusammenbruch kollektiver Strukturen mit der Wende und einer als Folge davon eingetretenen Zurückhaltung gegenüber solchen Formen gesellschaftlichen Lebens nieder. Auch das Interesse an Politik wird von der Leubener Bevölkerung nur als durchschnittlich eingeschätzt, ebenso ihr Interesse an Kultur, unterdurchschnittlich sogar ihr Interesse für die neuen Medien.

Politisches und gesellschaftliches Engagement gehört nicht zu den ganz wichtigen Werten in den persönlichen Lebensentwürfen der Leubener; dafür nehmen darin aber die stark familienbezogenen Orientierungen wie „Kinder haben" und „ein gutes Verhältnis zu den Eltern" einen sehr hohen Stellenwert ein, ebenso wie „Erfolg im Beruf", der dafür offensichtlich als eine gute Basis gesehen wird. Für den Erfolg im Beruf ist wiederum ein guter Schulabschluss eine notwendige Voraussetzung. Die überwiegende Mehrheit der Leubener vertraut auch darauf, dass ein guter Schulabschluss immer noch beruflichen Erfolg garantiert.

Ostdeutsche Sonderheiten

Die besondere Situation in den neuen Bundesländern schlägt sich für Leuben auch in den Bewertungen der Befragten zu ihrer wirtschaftlichen Lage nieder. Trotz der insgesamt ganz überwiegend positiven Bewertung der Entwicklung im Stadtteil seit der Wende fällt die Einschätzung der wirtschaftlichen Situation der Einwohner deutlich zurückhaltend aus. Der Anteil derer, die diese mit sehr gut bewerten, liegt mit 4% noch unter dem Wert für Berg am Laim – zusammen mit dem Anteil der Bewertung mit „eher gut" liegt er etwas über den entsprechenden Werten für Berg am Laim, aber deutlich unter den Werten für Nymphenburg und Schwabing, den beiden anderen als besonders attraktiv bewerteten Stadtteilen in der Untersuchung.

In einer weiteren Hinsicht unterscheidet sich Leuben von den fünf westdeutschen Stadtteilen:

Die befragten Jugendlichen, die alle in der Mitte der 80er Jahre, also noch zu Zeiten der DDR geboren wurden, haben mit großem Abstand die jüngsten Eltern. 65% der befragten 13- bis 16jährigen Jugendlichen haben Eltern, die jünger als 40 Jahre sind. In Nymphenburg und Schwabing liegt der entsprechende Wert unter 20% und auch in den übrigen Stadtteilen liegt er nur geringfügig darüber. Auch der Anteil Alleinerziehender liegt hier mit 3% deutlich am niedrigsten.

Der Anteil der Befragten mit Hochschulreife beträgt in Leuben 51%, darunter 16% mit einer Berufsausbildung mit Abitur und 35% mit einfachem Abitur – die verbleibenden 49% haben den Abschluss der POS, der heute als Realschulabschluss gewertet wird. Damit gehört Leuben eindeutig zu den Stadtteilen mit überdurchschnittlicher Bildung. Vor allem angesichts der Tatsache, dass die Beteiligung in weiterführenden Bildungsgängen in der DDR deutlich unter den Werten für Westdeutschland lag und der Anteil der aus Westdeutschland Zugewanderten immer noch niedrig ist, sind diese Werte bemerkenswert.

Stellt man dies den wohl realistisch berichteten Angaben der Befragten zu ihrer wirtschaftlichen Situation gegenüber, so muß dieser Sachverhalt wohl als deutlicher Hinweis darauf gewertet werden, dass sich für die DDR-Bevölkerung höhere Bildung weit weniger als im Westen in Wohlstand und wirtschaftlichen Erfolg umgesetzt hat – auch wenn es eine Reproduktion gesellschaftlicher Eliten über Bildung in ähnlicher Weise gab wie in der alten Bundesrepublik.

Der Ortsamtsbereich Leuben ist mit Schulen ausreichend versorgt. Ein Gymnasium und vier Mittelschulen werden auch von den Befragten – den Schul- und Stadtteilexperten ebenso wie den befragten Einwohnern – als angemessen und ausreichend eingeschätzt. Nur Gymnasialschüler nutzen zu nennenswerten Anteilen Gymnasien außerhalb des Ortsamtsbereichs, insbesondere die traditionsreichen Gymnasien in der Innenstadt sind es, die Teile dieser Schülerschaft anziehen.

Leuben stellt sich damit insgesamt als ein Stadtteil dar, der bei aller Attraktivität als Wohngebiet ein bemerkenswertes Maß an sozialer Differenzierung mit einer deutlichen Tendenz zur Polarisierung aufweist, insbesondere zwischen den Stadtteilen am Elbufer und den der Elbe abgewandten Stadtteilen, die traditionell durch Industrie und Gewerbe geprägt waren. Der weitgehende Niedergang von Industrie und Gewerbe nach der Wende hat auch diese Stadtteile zunehmend auf die Funktion des Wohnens reduziert – die hier allerdings mit einer deutlich wahrgenommenen Tendenz der Zunahme sozial benachteiligter Wohnbevölkerung einhergeht.

Die wirtschaftliche Situation der Bevölkerung ist noch deutlich durch die Tradition der DDR geprägt. Trotz hoher Anteile höherer Bildung ist der Wohlstand bis heute eher bescheiden geblieben. DDR-Traditionen prägen auch die demographische Struktur der Bevölkerung noch weitgehend, was sich insbesondere in dem für westdeutsche Verhältnisse geringen Altersabstand der Generationen zeigt.

Auch wenn die Wende und ihre Folgen sich in der persönlichen wirtschaftlichen Lage der Menschen noch am wenigsten niedergeschlagen haben, werden die Veränderungen der Lebenssituation im Stadtteil ganz überwiegend positiv bewertet.

4.2 Marxloh – Stadtteil „mit besonderem Erneuerungsbedarf"

Der Stadtteil Marxloh (mit Obermarxloh) liegt im Duisburger Norden im Stadtbezirk Hamborn. Er befindet sich in unmittelbarer Nachbarschaft der Thyssen-Stahlwerke, viele (ehemalige) Stahlarbeiter wohnen dort. Mit der Rationalisierung und dem Abbau von Arbeitsplätzen bei Thyssen ist die Arbeitslosigkeit in Marxloh enorm gestiegen; sie beträgt über 20%. In den späten 60er und frühen 70er Jahren, als die Stahlproduktion noch wesentlich beschäftigungsintensiver war und Arbeitskräfte in Deutschland fehlten, wurden viele Arbeiter aus der Türkei angeworben. Heute sind ca. 40% der 34.000 Bewohner von Marxloh türkisch bzw. türkischer Herkunft. Ursprünglich als Arbeiter von Thyssen angeworben, ist die türkische Bevölkerung heute ebenfalls in hohen Maße von Arbeitslosigkeit betroffen.

Aufgrund der wirtschaftlichen Entwicklung befindet sich der Stadtteil heute in einem desolaten Zustand. Wer kann, zieht aus Marxloh weg. Dies gilt nicht nur für deutsche, sondern mehr und mehr auch für aufstiegsorientierte türkische Familien. Den gründerzeitlichen Stadthäusern mit Ladengeschäften im Zentrum Marxlohs ist noch der Wohlstand aus früherer Zeit anzusehen. Mittlerweile sind die meisten Gebäude heruntergekommen, ungefähr ein

Drittel aller Läden in der Fußgängerzone von Marxloh sind geschlossen oder schließen gerade. Die vorhandenen Einkaufsgeschäfte bieten fast ausschließlich Waren im untersten Preissegment. Im teilweise leerstehenden großen Kaufhaus (früher wohl Horten, dann ein lokaler Besitzer) gibt es im Erdgeschoß noch eine Bäckerei mit Cafebetrieb und einige kleinere Läden. In einer der oberen Etagen befindet sich die Filiale einer marktführenden Handelskette für Video und Elektronik, die mit einem riesigen Plakat, in Farbe und Gestaltung der bekannten Werbung dieser Handelskette entsprechend, an der Fassade mit dem Spruch "Wir bleiben hier" wirbt. Daneben fällt die große Zahl von Spielsalons im Straßenbild auf.

Eine leistungsfähige Infrastruktur stellen für die alltägliche Grundversorgung mit Lebensmitteln, Hausrat und Kleidung die türkischen Geschäfte dar. Darüber hinaus gibt es türkische Kulturtreffs und Cafés und zahlreiche islamische Gemeinden, von denen einige sehr traditionalistisch, tendenziell auch fundamentalistisch orientiert sind.

Begegnungen und gemeinsame Aktivitäten von Deutschen und Türken gibt es in Marxloh nur sporadisch; die evangelische und die katholische Kirche bemühen sich um Kontakte und Begegnungen, auch die Arbeiterwohlfahrt und einige andere von Wohlfahrtsverbänden eingerichtete Arbeitskreise bemühen sich um multikulturelle Begegnungen. Ansonsten sind Deutsche und Türken unter sich. Nicht so in den Schulen, doch auch da gibt es Ausnahmen, z.B. einige Grundschulen, die fast nur deutsche Kinder unterrichten.

Die Einwohner über ihren Stadtteil – die Probleme werden gesehen

Marxloh ist, das zeigten bereits die sozialstatistischen Daten zum Stadtteil, die Untersuchungsregion mit den größten sozialen Problemen. Die Bevölkerung ist überdurchschnittlich durch Arbeitslosigkeit betroffen. Mit den überwiegend niedrigen Bildungs- und Schulabschlüssen sind auch die Humanressourcen zur Überwindung dieses Zustands gering. Die schwierige Lage dieses Stadtteils und seiner Bewohner spiegelt sich auch in den Urteilen der dort Befragten wieder.

Marxloh hat einen hohen Anteil alteingesessener Bewohner. Fast 60% wohnen hier schon länger als 20 Jahre. Das bedeutet aber nicht, dass die Menschen auch gerne in Marxloh wohnen. Im Gegenteil, Marxloh hat mit einem Drittel mit Abstand den höchsten

Anteil derer, die angeben, lieber woanders wohnen zu wollen. Marxloh hat auch den niedrigsten Anteil an neu zugezogenen Bewohnern – was hier als Indiz für die geringe Attraktivität dieses Wohngebietes gewertet werden muss. Dementsprechend ist auch nur eine kleine Gruppe unter den in Marxloh Befragten mit der Lebensqualität ihres Stadtteils sehr zufrieden, mehr als ein Drittel sind dagegen unzufrieden. Die Mehrheit der Bewohner meint auch, dass sich die Lebensqualität in den letzten Jahren verschlechtert habe.

Diese Bewertungen beziehen sich auf die Wohnqualität im Quartier und auf die wirtschaftlichen Verhältnisse seiner Bewohner, die sogar von etwa zwei Dritteln der Befragten als schlecht eingeschätzt werden.

Nicht ganz so negativ werden hingegen die sozialen Beziehungen in Marxloh wahrgenommen. Fast zwei Drittel der Befragten sehen keine Probleme im nachbarschaftlichen Zusammenleben und in bezug auf besondere soziale Konflikte unter den Bewohnern. Dass es aber im Stadtviertel immer wieder zu Störungen kommt – Lärmbelästigungen, Schlägereien, Diebstähle, Drogenprobleme und andere Auffälligkeiten werden genannt – nimmt etwa jeder dritte Befragte wahr. Dies sind weit mehr als in den anderen Untersuchungsregionen.

Durchaus realistisch schätzen die Marxloher die Humanressource Bildung in ihrem Stadtteil ein. Zwei Drittel der Befragten halten sie für eher niedrig oder sehr niedrig, nur einzelne halten sie für sehr hoch. Dabei sind sich die Marxloher der Bedeutung von Bildung als Voraussetzung für beruflichen Erfolg durchaus bewusst. Der Anteil derer, die diesen Zusammenhang sehen und sogar meinen, dass gute Schulabschlüsse beruflichen Erfolg garantieren, ist hier am höchsten.

Wie überall bewertet auch in Marxloh etwa die Hälfte der Befragten die Beziehung zu ihren Nachbarn als eher flüchtig. Andererseits finden wir hier – wenn auch auf sehr niedrigem Niveau – häufiger als anderswo Nachbarschaftsbeziehungen, die auch Freundschaftsbeziehungen sind. Die Anzahl der Mitgliedschaften in formalen Organisationen und Vereinen ist etwas unter dem Durchschnitt. Aber wenn man einem Verein angehört, dann nimmt man relativ häufig dort auch eine ehrenamtliche oder hauptamtliche Funktion wahr.

Marxloher Bürger haben ein vergleichsweise geringes Interesse an Politik, ein noch geringeres an Kultur und an der Welt der neuen

Medien. Familienbezogene Orientierungen – Kinder und gute Beziehung zu den Eltern – und materielle Werte – Erfolg im Beruf und ein eigenes Haus – sind in ihren Lebenskonzepten überdurchschnittlich ausgeprägt.

Soziale Situation im Stadtteil – prekär, aber nicht hoffnungslos

Übereinstimmung besteht in der Bewertung der hohen Arbeitslosigkeit als zentralem Problem. Damit verbunden sind eine weit verbreitete Armut, die sich auch in einer geringen Kaufkraft und einem Warenangebot fast ausschließlich im Bereich von Billigangeboten zeigt.

> „Die Arbeitgeber, hier zentral Thyssen, die haben ja in den letzten Jahren nur abgebaut. Hier sind Zehntausende von Arbeitsplätzen auf einem Areal zerstört worden. Das ist vor allem auch ein Problem für die Jugendlichen. In Marxloh hat die Wohnbevölkerung ihren Arbeitsplatz und damit ihre Lebenssituation verloren, den Boden unter den Füßen“ (eine Elternvertreterin).

Die soziale Lage der Bevölkerung in Marxloh spiegelt sich auch im politischen Verhalten. Nur jeder dritte Wahlberechtigte beteiligte sich an der letzten Kommunalwahl.

Trotz des desolaten Zustands des Stadtteils, trotz vieler sanierungsbedürftiger Häuser gibt es noch traditionelle Arbeitersiedlungen und bürgerliche Ecken. Die Stadt investiert im Zuge der städtebaulichen Erneuerung viel in Marxloh, eine Fußgängerzone und die zentralen Straßen und Plätze werden neu gestaltet. Es gibt aber auch private Investitionen, vor allem und fast ausschließlich von türkischen Geschäftsleuten. Sie sichern einen großen Teil der alltäglichen Versorgung mit Lebensmitteln, auch Schuh- und Bekleidungsgeschäfte werden von türkischen Geschäftsinhabern betrieben. Und mittlerweile kaufen Türken und Menschen türkischer Herkunft auch Immobilien und investieren in die Sanierung von Häusern. Diese Entwicklung trägt durchaus zur Stabilisierung des Stadtteils bei, das wirtschaftliche Engagement von Türken in Marxloh kann durchaus als Normalisierung, als Zeichen eines Integrationsprozesses interpretiert werden, der allerdings von teils massiven Ressentiments in der deutschen Bevölkerung begleitet wird.

> „Früher hat man kritisiert, dass die Ausländer hier Geld verdienen und es nach Hause in ihr Heimatland schicken. Das ist zu Ende. Keiner investiert mehr in der Türkei. Sie wollen hier was machen. Und jetzt kritisiert man das auch. In bestimmten Kreisen werden die Investitionen sogar als Heroingelder abgestempelt“ (ein Sozialarbeiter).

Marxloh wird von einigen Experten als ein Ghetto beschrieben, in dem keineswegs nur die türkische Wohnbevölkerung benachteiligt ist.

„Wer hier in Marxloh noch wohnt, für den ist der Wohnort Marxloh allein schon das wildeste soziale Stigma" (ein Schulleiter). „Aber auch deutsche Familien in Marxloh haben dieselben Auffälligkeiten und Probleme wie auch die ausländischen Kinder oder Jugendlichen: Arbeitslosigkeit, viele Kinder in der Familie, einen ganz schwierigen oder schlechten sozialen Status" (eine Jugendarbeiterin).

Das hat inzwischen dazu geführt, dass die Neigung, den Stadtteil zu verlassen, längst auch schon die ausländische Wohnbevölkerung erfasst hat.

„Auch türkische Mitbewohner, Mitbürger, die eigentlich ein bischen gebildeter sind, meiden inzwischen diesen Stadtteil" (eine Elternvertreterin). „Was mir Sorgen macht ist, dass die gebildeteren Türken aus Marxloh weg ziehen. Oder dass türkische Eltern kommen und sagen, hier an dieser Schule sind mir zu viele Türken, da möchte ich mein Kind nicht haben" (ein Schulleiter).

Dennoch gibt es immer noch Menschen, die sich hier heimisch fühlen und bleiben; Alteingesessene, für die es nie in Frage käme, Marxloh zu verlassen.

Entgegen der immer wieder vorgenommenden Dramatisierung der sozialen Situation in Marxloh gibt es nach Auskunft der Polizei hier nicht mehr oder schwerere Kriminalität als anderswo. Vorherrschend sind Ladendiebstähle und vergleichbare Delikte. Im Gegensatz zu den offiziellen Daten über Kriminalität und Gewalt in Marxloh steht oft allerdings die subjektive Einschätzung vieler Bürgerinnen und Bürger und die Darstellung in den Medien:

„Wenn ich den Westdeutschen Rundfunk einschalte und ein Redakteur berichtet, was hier für ein schlimmes Klima in Marxloh ist, wenn ich rausgehe und nachfrage, was haben Sie erlebt? – gar nichts – woher behaupten Sie das? – ich habe gehört. So läuft es immer. Besonders ältere deutsche Mitbürger erzählen negative Sachen, aber die haben sie nie erlebt. Es gibt hier im Duisburger Norden keinen Taschendiebstahl. Keine Vergewaltigungen" (ein Sozialarbeiter).

Trotz eines ähnlichen Ausmaßes an sozialer Benachteiligung leben Deutsche und Türken in Marxloh in zwei Welten, zwischen denen es kaum Verbindungen gibt. Ausnahmen sind Stadtteilfeste und schulische Veranstaltungen, bei denen allerdings die Multikulturalität oft inszeniert wirkt und folgenlos bleibt.

Die soziale Benachteiligung im Stadtteil schlägt sich insbesondere auch in mangelhaften Schulleistungen der Jugendlichen nieder. Viele zeigen kein besonderes Interesse an Bildung und verlassen die Schule ohne Schulabschluss.

> „Und das sind halt Jugendliche, die vom Schulsystem abschlussmäßig völlig daneben liegen. Also da gibt es kaum einen, der einen Schulabschluss hat oder schafft. Die mit 18 in der 8. Klasse sitzen und für sich beschlossen haben, Perspektive habe ich keine, also warum gehe ich da überhaupt noch hin, also sehr viel schwänzen und es cool finden, einfach nicht zur Schule zu gehen, keine Aufgaben zu machen, mit der Polizei zur Schule geholt zu werden oder solche Sachen. Die jobben dann viel zwischendurch. Geldverdienen spielt eine große Rolle, so Markenkleider zu haben und diese Requisiten wie ein Handy zu besitzen. Dafür wird geklaut und gejobbt“ (eine Jugendarbeiterin).

Hinter der von allen befragten Schul- und Stadtteilexperten eingestandenen und beklagten besonderen Problembelastung ihres Stadtteils werden immer wieder aber auch positive und Hoffnung machende Ansätze und Entwicklungsperspektiven für Marxloh sichtbar. Auf die städtebauliche Erneuerung wird hingewiesen, auf neue Arbeitsplätze durch Umstrukturierung des Arbeitsmarktes, auf neu konzipierte bildungs- und sozialpolitische Maßnahmen zur Integration der ethnisch-kulturell unterschiedlichen Bewohner und zur Sicherung des sozialen Friedens im Gemeinwesen. Ein Schulleiter beschreibt dies so:

> „Marxloh hat noch etwas morbides, absterbendes an sich. Der Umstrukturierungsprozess ist noch nicht so weit, wie er sich in der Innenstadt oder im Duisburger Süden schon vollzogen hat, aber er ist im Gange. Ich sehe aber positiv in die Zukunft. Ich meine, es wird besser.“

4.3 Neudorf/Duissern – urbanes Stadtzentrum

Die Stadtteile Neudorf und Duissern gehören zum Duisburger Stadtbezirk Innenstadt. Neudorf grenzt direkt an das Stadtzentrum mit seiner Fußgängerzone, seinem Dienstleistungsangebot und seinen Einkaufsmöglichkeiten. Damit verfügt diese Untersuchungsregion insgesamt über eine gute Infrastruktur an Bildungseinrichtungen, Dienstleistungen und Konsummöglichkeiten.

Neudorf/Duissern ist in mancherlei Hinsicht mit Schwabing-West vergleichbar. Die Bevölkerungsstruktur wird durch Angehörige der Mittelschicht mit einem hohen Anteil von Beamten bestimmt. Die Sozialstruktur ist auch durch die im Quartier liegende Universität, ihre Beschäftigten und ihre Studenten mitbestimmt. Es gibt aber auch Arbeiter und Empfänger von Sozialhilfe. Hier wohnen 43.000 Menschen; der Ausländeranteil liegt bei 10%, darunter ein erheblicher Anteil an EU-Ausländern.

Die Urteile unserer Befragten über ihren Stadtteil und seiner Bewohner fallen aber relativ zurückhaltend aus und bewegen sich innerhalb unseres Stadtteilvergleichs überwiegend im Bereich des Durchschnitts. So wird nur von einer kleinen Gruppe der Befragten geäußert, dass man nicht gerne in Neudorf/Duissern wohnt, aber auch nur gut die Hälfte gibt an, dort sehr gerne zu wohnen. Mit der Lebensqualität des Stadtteils ist man nicht unzufrieden, aber die Mehrheit beschränkt sich auf das Urteil ‚einigermaßen zufrieden'. Wesentliche Veränderungen der Lebensqualität im Stadtteil werden kaum wahrgenommen. Im übrigen halten sich die Anteile derer, die eine Verbesserung und derer, die eine Verschlechterung wahrnehmen, etwa die Waage.

Die Bildung der Bewohner von Neudorf/Duissern wird als eher hoch eingeschätzt. Auch die wirtschaftlichen Verhältnisse bezogen auf die Einkommen der Bewohner werden von der überwiegenden Mehrheit als eher gut eingeschätzt.

Ähnlich verhält es sich mit der Bewertung der sozialen Verhältnisse: Eine kleine Gruppe bezeichnet sie als schlecht, eine etwas größere Gruppe als sehr gut und wiederum zwei Drittel als eher gut. Besondere Probleme oder störende Auffälligkeiten belasten den Stadtteil nach Auskunft der Befragten kaum.

Die Beziehungen der Bewohner des Stadtteils untereinander sind etwas anonymer als im Durchschnitt, was aber für ein Innenstadtgebiet keine Besonderheit ist. Mehr als die Hälfte haben allenfalls flüchtige Beziehungen zu ihren Nachbarn. Dafür ist ebenfalls die Hälfte der Bevölkerung in mindestens einem Verein oder einer Organisation Mitglied, und davon wiederum mehr als die Hälfte sogar in mehreren. Knapp die Hälfte der Mitglieder übt auch eine Funktion aus. Neudorf/Duissern ist damit im Stadtteilvergleich der Stadtteil mit den meisten ‚Funktionären'.

Das politische Interesse der Bewohner wird allerdings als nur durchschnittlich eingeschätzt. Die entsprechenden Bewertungen liegen merklich unter denen für die nach der Bildung vergleichbaren Münchner Stadtteile Schwabing-West und Nymphenburg. Das Interesse an Kultur liegt sogar unter dem Durchschnitt, wohingegen die neuen Medien ein durchschnittliches Interesse finden.

Als durchschnittlich sind auch die Einschätzungen zu Lebenskonzepten und Lebensstilen der Neudorf/Duisserner Bevölkerung einzustufen. Die Antworten zum Zusammenhang von Bildung (Schulabschluss) und beruflichem Erfolg sowie die Verteilung der Antworten zu den wichtigen Dingen im Leben sind denen für die Gesamtstichprobe sehr ähnlich. Einen hohen Stellenwert haben eine befriedigende Arbeit und die glückliche Partnerschaft. Es folgen mit Abstand die familialen Orientierungen, danach Freizeit und Freunde und am Ende das gesellschaftliche und politische Engagement und die eher materiellen Werte.

Jugend im Stadtteil – ohne besondere Vorkommnisse

In den überwiegend bürgerlichen Stadtteilen Neudorf und Duissern gibt es keine besonders auffallenden Probleme mit Jugendlichen. Der Hauptbahnhof, die Fußgängerzone und daran angrenzende Bereiche sind beliebte Treffpunkte für Jugendliche und junge Erwachsene, die auch aus anderen Teilen Duisburgs und von außerhalb dorthin kommen. Alkohol und harte Drogen spielen in vielen Szenen und Cliquen eine Rolle, die Duisburger Innenstadt unterscheidet sich in dieser Hinsicht nicht von anderen großstädtischen Zentren.

In Neudorf und Duissern nimmt das Jugendamt bei Jugendlichen aus bürgerlichen oder Mittelschichtsfamilien vor allem psychische Probleme als Auffälligkeiten wahr, die oftmals aus hohen Erwartungen und Leistungsanforderungen der Eltern und der Schulen resultieren.

In Neudorf und Duissern gibt es wenig Treffpunkte und Angebote für Jugendliche im nichtkommerziellen Freizeitbereich. Ein Modellprojekt ‚Mehr Platz für Kinder' der Stadt Duisburg versucht dem Mangel an Angeboten und Aufenthaltsorten z.B. durch die Öffnung der Schulhöfe, entgegen zu wirken. Für Jugendliche sind diese Maßnahmen bisher jedoch wenig wirksam, weil oft aufgrund von Protesten von Anwohnern Jugendliche diese Orte abends nicht mehr als Treffpunkte nutzen dürfen.

Als informelle Treffpunkte genannt werden ein alter Bunker sowie die Plätze und Parks in der Innenstadt. Beliebt als Treffpunkte sind auch Internetcafes. Vereine bieten ebenfalls Gelegenheiten und Räume für Jugendliche, Jugendzentren fehlen, einst vorhandene sind gar geschlossen worden.

Weitaus besser als die Ausstattung des Stadtteils mit Angeboten der Jugendarbeit stellt sich das Schulangebot dar, das durchwegs als ausreichend bis ausgezeichnet bewertet wird. Die Jugendlichen in Neudorf/Duissern können im Nahbereich ihres Wohnumfeldes zwischen einer Hauptschule, einer Realschule, einer Gesamtschule und drei Gymnasien wählen.

4.4 Nymphenburg – Wohnen beim Schloss

Der Stadtteil Nymphenburg ist ein Teil des großen 9. Münchener Stadtbezirks Neuhausen-Nymphenburg und wurde als solcher in die Untersuchung einbezogen, weil er ganz anders als der zweite Stadtbezirksteil Neuhausen ein fast in Reinform erhaltenes, traditionelles gehobenes bis bürgerlich-elitäres Wohngebiet darstellt.

> „Hier ist mit Beginn des ausgehenden 19. Jahrhunderts, nicht zuletzt durch die imageträchtige Nähe zur prunkvollen Schlossanlage, ein repräsentatives, gartenstadtähnliches Villenviertel beiderseits der Auffahrtsalleen mit noch zahlreichen Beispielen gründerzeitlicher Architektur (z.B. Villenkolonien Wittelsbach und Gern) entstanden" (Landeshauptstadt München 2000, S. 72)

Mit dem Nymphenburger Schloßpark und dem botanischen Garten verfügt der Stadtteil zudem über äußert attraktive Grünflächen und Parkanlagen.

Wohnen in besseren Verhältnissen

Dass Nymphenburg ein exklusives Wohngebiet ist, darin sind sich alle von uns Befragten einig.

> „In Nymphenburg gibt es sehr viele Villengegenden, da hat sehr viel Großbürgertum gelebt und lebt zum Teil auch noch da. Meiner Meinung nach ist das eine gutsituierte Gegend, schöne Wohnungen, teure Mieten. Also schon etwas besseres" (ein ASD-Mitarbeiter). „Die Leute, die hier leben, gehören zur gehobenen Bevölkerungsschicht. Nymphenburg ist exklusiv, das merkt man an den Mietern oder den Häusern. Es ist nicht jedermanns Sache, es kann sich nicht jeder leisten, da zu wohnen" (ein Jugendbeamter der Polizei).

Die hohe Attraktivität Nymphenburgs als Wohngebiet kommt auch in unseren Befragungen zum Ausdruck. 84% der Erwachsenen wohnen sehr gerne dort, weitere 15% gern (zusammen 99%). Auch wenn die Begeisterung über das Wohnen im Stadtteil bei den Jugendlichen etwas geringer ausfällt als bei den Erwachsenen (61% sehr gerne), fühlt sich doch nur eine verschwindend geringe Minderheit von ihnen dort eher unwohl. Die Lebensqualität im Stadtteils insgesamt wird ähnlich positiv wie die Wohnqualität bewertet: Mehr als drei Viertel sind damit sehr zufrieden, fast alle Übrigen immerhin einigermaßen.

In Nymphenburg wohnen 44.000 Menschen, das ist fast genau die Hälfte der Bewohner des gesamten 9. Stadtbezirks. Der Anteil der weiblichen Bevölkerungsgruppe überwiegt mit 54%; der Ausländeranteil liegt mit 17% etwas unter dem Münchener Durchschnitt. Kinder und Jugendliche machen 13% der Bewohner aus – und sind damit gegenüber anderen Stadtteilen und auch dem Bundesdurchschnitt deutlich unterrepräsentiert. 56% der Nymphenburger Haushalte sind Single-Haushalte; die durchschnittliche Haushaltsgröße umfaßt 1,77 Personen. Der Anteil der Haushalte mit Kindern liegt bei 14%; gut jeder fünfte Haushalt mit Kindern – oder 3% aller Haushalte – haben einen alleinerziehenden Elternteil.

Die Erwerbstätigenquote der Nymphenburger liegt mit 60% etwas unter dem Münchener Durchschnitt, was auf die vergleichsweise niedrige Frauenerwerbstätigkeit (56%) zurückzuführen ist.

Die sozialstatistischen Teile unserer Befragungen in Nymphenburg erbrachten folgende Ergebnisse: 56% der erwachsenen Stadtteilbewohner Nymphenburgs gaben als höchsten Schulabschluss die Hochschulreife an – die Befragung von Jugendlichen und ihrer Eltern ergab, dass bei fast drei Viertel der Nymphenburger Jugendlichen mindestens ein Elternteil über das Abitur verfügt. 41% der erwachsenen Nymphenburger haben ein Universitäts- oder Fachhochschulstudium abgeschlossen – zusammen mit Schwabing-West hat Nymphenburg im Vergleich der untersuchten Stadtteile den höchsten Akademikeranteil.

Entsprechend gehoben sind die Berufspositionen und die Einkommen der Nymphenburger. Jeder Fünfte arbeitet selbständig beziehungsweise freiberuflich, weitere 30% geben an, in höheren Angestellten- oder Beamtenpositionen tätig zu sein. 27% verfügen über ein Netto-Haushaltseinkommen von über 6000 DM und mehr als jeder Dritte auch über Haus- und Grundbesitz.

Die Nymphenburger wohnen in vergleichsweise großen Wohnungen – jeder Fünfte in einer Wohnung mit mehr als 120 qm. Die Befragung der Nymphenburger Jugendlichen ergab, dass hier mit 67% der Anteil derer, die in einer sogenannten Normalfamilie leben – Elternpaar mit zwei oder mehr Kindern – am höchsten ist.

Die Bewohner Nymphenburgs sind sich ihrer ihrer privilegierten Verhältnisse bewußt. Dies wird besonders in den Expertensinterviews deutlich. Teilweise ist dort sogar von einem elitären Nymphenburger Wir-Gefühl die Rede.

> „Gibt es mit Sicherheit. Die am Kanal wohnen, in der Schloßstraße, sagen "Wir Nymphenburger". Die sind sicherlich schon stolz auf den Stadtteil. Wir Nymphenburger, wir sind etwas besseres" (ein Jugendbeamter der Polizei).

Auch die Beschreibung der Jugendlichen im Stadtteil paßt in dieses Bild.

> „Unsere Jugendlichen hier aus dem Stadtteil leben alle in einer sehr gediegenen Situation. Meist sind die Eltern gutsituiert. Viele Schüler haben schon ein eigenes Auto, teilweise auch sehr teure Autos. Es ist üblich, dass die Wochenenden und die Ferien auf Reisen verbracht werden. Das Kennzeichen unserer Schüler ist so der Typus Jungunternehmer. Viele haben ein Handy, viele haben ein schickes Outfit" (ein Schulleiter).

Die Bewohner Nymphenburgs interessieren sich für Politik und Kultur, weniger für neue Medien. In ihren Lebenskonzepten hat ein politisches und gesellschaftliches Engagement aber keinen besonderen Stellenwert. Dafür ist fast allen eine befriedigende Arbeit sehr wichtig. Materielle Orientierungen sind nicht besonders auffällig; sich im Leben etwas leisten zu können, ist offensichtlich ebenso wenig ein Problem wie Erfolg im Beruf. Lediglich der Wunsch nach einem eigenen Haus ist etwas ausgeprägter als im Durchschnitt – für jeden Dritten Nymphenburger ist dies wichtig. Familiale Orientierungen, Kinder und Eltern werden hier nicht besonders betont, wobei offen bleibt, ob sie eher selbstverständlich und unproblematisch oder tatsächlich von geringerer Bedeutung sind.

Die im Stadtteilvergleich gebildeteren und beruflich erfolgreicheren Bewohner Nymphenburgs werten die Bedeutung eines guten Schulabschlusses für den beruflichen Erfolg am geringsten, obgleich sie zu überdurchschnittlichen Anteilen darüber verfügen. Die Erwartungen, die sie an Schule und schulische Bildung richten, liegen stärker im Bereich der Wertevermittlung als im Leistungsbereich. Die Erwartungen an die Schule hinsichtlich der Pflege von Gemeinschaftssinn und Toleranz und der Vermittlung christlicher Werte und Religiosität sind hier am höchsten. Auch bezogen auf Kultur, Musik, Theater und Kunst haben die Nymphenburger Befragten die vergleichsweise höchsten Erwartungen an ihre Schulen. Wissensvermittlung und Leistung, Freizeitangebote, Berufsorientierung oder der Umgang mit Computern und neuen Medien sind ihnen als Aufgabe von Schule hingegen weniger wichtig.

Die dem Stadtviertel nachgesagte hohe Lebensqualität wird nicht durch berichtenswerte negative Vorkommnisse beeinträchtigt. Nur eine kleine Gruppe berichtet von gelegentlich vorkommenden Diebstählen, eine Minderheit fühlt sich durch Lärm belästigt, und in der Einschätzung seiner Bewohner ist Nymphenburg ein gewalt- und drogenfreier Raum.

Ausgelagerte Infrastruktur

Die hohe Lebensqualität des Stadtteils zeigt sich jedoch fast ausschließlich im gehobenen Wohnniveau und dem privaten Wohlstand seiner Bewohner. Andere mit einem modernen Begriff von urbaner Lebensqualität verbundene Merkmale sind in Nymphenburg hingegen kaum ausgeprägt. So gibt es hier weder eine lebendige Geschäfts- noch eine entwickelte Arbeitswelt.

> „Es gibt wenig Arbeit, es sein denn es sind Ärzte, Architekten oder so was, aber die normalen Leute fahren irgendwo weg zur Arbeit in einen anderen Stadtteil. Es ist mehr Wohngegend. Wir haben keine Infrastruktur von einer Fabrik oder größere Betriebe. Die gibt es da nicht" (ein Jugendbeamter der Polizei).

Dementsprechend gibt es auch nur wenige Ausbildungsplätze für Jugendliche.

> „Für Jugendliche interessante Arbeitsplätze gibt es weniger. Wenn man älter ist und studiert hat, gibt es schon eher Beschäftigungsmöglichkeiten in Architektenbüros oder so was ähnlichem. Aber da machen Jugendliche in der Regel keine Ausbildung" (eine Jugendarbeiterin).

Der Stadtteil ist auch mit soziokulturellen und Freizeiteinrichtungen unterversorgt. Insbesondere für Jugendliche gibt es weder eine Freizeitstätte noch besondere kommerzielle Angebote – nicht einmal ein Kino.

> „Was hier angeboten wird ist ausgesprochen mager. Dieser durchgrünte und großzügig gestaltete Stadtbezirk hat für Kinder und Jugendliche relativ wenig Angebote. Ich denke, das hängt damit zusammen, dass es hier nie einen Brennpunkt gegeben hat. Dort, wo es wirklich kracht und knallt, wird etwas gemacht. Das ist ja auch richtig so, aber das bedeutet letztendlich, dass hier ein Defizit ist"(eine Elternvertreterin).

Ein Stadtteil also ohne Jugendkultur und ohne Jugendszene.

> „Nymphenburg hat keine Jugendszene. Nymphenburg ist überhaupt nicht auffällig, was jugendtypische Auffälligkeiten angeht" (ein Jugendbeamter der Polizei).

Die schulische Versorgung des Stadtteils wird dagegen als ausreichend bewertet. Im Stadtteil selbst gibt es zwar keine öffentliche Realschule, und sowohl die einzige Hauptschule wie auch das öffentliche Gymnasium liegen eher am Rande des Stadtteils. Die Hauptschule rekrutiert ihre Schülerschaft größtenteils aus dem Stadtbezirksteil Neuhausen.

„Die Kinder aus dem Villenviertel gehen nicht auf die Hauptschule, und wenn, dann sind das Problemkinder, und zwar mit massiven Problemen" (ein Schulleiter).

Die große Mehrheit der Nymphenburger Jugendlichen verteilt sich stadtweit auf die verschiedenen Gymnasien. Ein Teil von ihnen nutzt auch die beiden Privatschulen im Stadtteil. Es handelt sich um eine katholische Mädchenschule und eine schulgeldpflichtige private Ganztagsschule, die beide einen überregionalen Einzugsbereich haben. Von daher kann man bei keiner der Nymphenburger Schulen einen ausgeprägten Stadtteilbezug erkennen, auch wenn berichtet wird, dass Vertreter von Schulen gelegentlich Kontakte zu anderen Einrichtungen und Diensten des Stadtteils haben oder sich mit einer Veranstaltung gelegentlich im Stadtteil präsentieren.

„Die Schule hat einen großen Einzugsbereich und der Stadtteil spielt hier keine so große Rolle... Wir sind halt hier. Am Tag der offenen Tür kann jeder kommen, aber dass andersrum die Schule in den Stadtteil geht, ist nicht der Fall" (eine Elternvertreterin).

4.5 Schwabing-West – Innenstadtrandgebiet mit urbaner Kultur

Schwabing-West, der 4. Münchener Stadtbezirk, ist unter den in die Untersuchung einbezogenen Stadtteilen der Repräsentant der gesellschaftspolitischen Moderne. Im vom statistischen Amt der Landeshauptstadt herausgegebenen statistischen Taschenbuch werden Schwabing-West und seine Bewohner wie folgt beschrieben:

„Vorherrschend ist eine konzentrierte, geschlossene Wohnbebauung mit hohem, zum Teil noch gut erhaltenem Altbaubestand und Baulückenschließungen aus den 50er bis 70er Jahren. Charakteristisch für den Stadtbezirk sind die bereits durch die gründerzeitliche Stadtplanung angelegten Platzstrukturen... Mit dem bereits 1912 angelegten Luitpold-Park und dem begrünten Schuttberg – aus dem Abraum kriegszerstörter Häuser – (entstand) ein zusammenhängendes 26 ha großes quartiernahes Erholungsgebiet. Durch die (1996 vorgenommene) Vergrößerung des Stadtbezirks hat sich der Arbeitsplatzbesatz vor allem im Bereich der öffentlichen Einrichtungen und Verwaltungen deutlich erhöht. Insgesamt gesehen dominieren jedoch der Dienstleistungsbereich und der Handel, auf die zusammen über 60% der Arbeitsplätze im Stadtbezirk entfallen. Nach ihrer Sozialstruktur sind

Schwabing West und Schwabing Nord eindeutig mittelschichtorientiert. Der Anteil an qualifizierten Angestellten ist überdurchschnittlich. Entsprechend hoch stellt sich auch das (Aus-) Bildungsniveau der BewohnerInnen dar. Der Typus des Ein- und Zweipersonenhaushaltes jüngeren und mittleren Alters tritt besonders häufig auf, wo hingegen Familien mit Kindern eher unterrepräsentiert sind" (Landeshauptstadt München 2000, S. 36f.).

Die Bewohner Schwabings – gebildet, gehoben, modern

Mit knapp 60.000 Bewohnern ist Schwabing-West der größte der in die Untersuchung einbezogenen Stadtbezirke. Auch in Schwabing-West wohnen mehr Frauen als Männer (über 53% gegenüber unter 47%). Der Anteil der ausländischen Bewohner liegt über 17%, wobei es sich bei den Nichtdeutschen hier überwiegend um EU-Ausländer handelt. Der Anteil der Kinder (bis zum 14. Lebensjahr) an der Wohnbevölkerung beträgt 8%, der von Kindern und Jugendlichen (bis zum 18. Lebensjahr) insgesamt 10%; damit ist er nur halb so hoch wie in der bundesdeutschen Bevölkerung insgesamt.

Die durchschnittliche Haushaltsgröße in Schwabing-West beträgt 1,63; 61% sind Einpersonenhaushalte, weitere 23% Zweipersonenhaushalte. Haushalte mit mehr als vier Personen machen weniger als 2% aller Haushalte aus. Lediglich 11% der Haushalte sind Haushalte mit Kindern. Aber immerhin 2,5% aller Haushalte, das heißt fast jeder vierte Haushalt mit Kindern, ist ein Haushalt mit einem alleinerziehenden Elternteil.

Der Anteil der Erwerbstätigen unter der Wohnbevölkerung liegt in Schwabing-West mit 61% erheblich über dem Bundesdurchschnitt, was vor allem auf die vergleichsweise hohe Erwerbstätigkeitsquote der Frauen (60%) zurückzuführen ist.

Die vorliegenden Daten aus der amtlichen Bevölkerungsstatistik stützen also die Kennzeichnung von Schwabing-West als einen Stadtbezirk der Moderne, weisen seine Bewohner doch fast alle Merkmale einer als modern zu kennzeichnenden Population aus: Viele Singles, wenige Kinder, kleine Haushalte, viele Alleinerziehende, hohe Erwerbsbeteiligung von Frauen und eine ethnisch und kulturell vielfältige Bevölkerung.

Die in unserer repräsentativen Befragung der erwachsenen Bewohner des Stadtbezirks erhobenen sozialdemographischen Daten ergänzen und verstärken diese Charakterisierung. Fast jeder zweite erwachsene Schwabinger lebt alleinstehend, ein weiteres Viertel mit einem Partner oder einer Partnerin im Zweipersonenhaushalt und nur jeder Fünfte lebt mit einem oder mehreren Kindern zusammen. Dem entspricht, dass die Mehrheit der Befragten in kleinen Wohnungen mit nur wenigen Zimmern wohnt – der Anteil der Einzimmer-Apartements ist fast dreimal so hoch wie im Durchschnitt aller sechs Stadtteile. Allerdings ist der Anteil relativ großer Wohnungen mit 80-120 qm auch nicht unerheblich; immerhin jeder dritte Schwabinger Befragte gibt an, in einer solchen Wohnung zu leben.

Nur 5% der Schwabinger wohnen in einer sozial gebundenen Wohnung; demgegenüber überwiegen hier deutlich die freien Mietverhältnisse (70%), und auch der Anteil der Bewohner von Eigentumswohnungen ist im Stadtteilvergleichr am höchsten (18%).

Als weitere Merkmale von Modernität einer Bevölkerung gelten ein hohes Bildungsniveau, eine qualifizierte Ausbildung und eine gehobene berufliche Position mit einem guten Einkommen. So verfügen fast zwei Drittel (60%) der Schwabinger Erwachsenen über das Abitur als höchsten Schulabschluss und fast die Hälfte (41%) über eine akademische Ausbildung. Mehr als die Hälfte aller Befragten sind entweder als höhere Angestellte oder Beamte oder als Selbständige – vorwiegend in freien Akademikerberufen – tätig. Dementsprechend erzielen sie ein relativ hohes Einkommen; mehr als jeder vierte Schwabinger gibt an, über ein monatliches Haushaltsnettoeinkommen von mehr als 6000 DM zu verfügen.

Ein attraktiver Stadtteil mit einem positiven Selbstbild

Bei den Antworten auf die Fragen nach dem subjektiven Selbstbild, das die Bewohner Schwabing-Wests von sich und ihrem Stadtteil haben, fällt als erstes die hohe Attraktivität als Wohnviertel auf. Fast drei Viertel der befragten Jugendlichen und Erwachsenen geben an, hier sehr gerne zu wohnen – von den befragten Eltern unserer noch schulpflichtigen Jugendlichen erklären dies sogar 90%. Das restliche Viertel bzw. die übrigen 10% wohnen immerhin noch ziemlich gerne dort. Negative Bewertungen zu Schwabing-West als Wohnort bleiben vereinzelt.

Mit der Lebensqualität im Stadtteil sind ebenfalls nur Einzelne nicht, knapp zwei Drittel dagegen sehr zufrieden.

„Es ist erstaunlich. Ich deute es ein wenig dahin, dass hier dieser typische Großstadtcharakter nicht da ist, diese Häuserschluchten, diese Anonymität, dieses ‚Ich weiß nicht wohin'. Wir haben das doch ein bißchen aufgelokkert. Das fängt mit Parks an, es fängt mit Jugendheimen an, alles ist doch irgendwie ein bißchen menschlicher. Sportmöglichkeiten sind da, Freizeitheime sind da, Kinos sind da. Alles was ich will, Olympiagelände, was sich da alles abspielt. Ich kann aus der Stadt schnell raus, wenn ich wirklich die Flucht brauche, und muß nicht zwei Stunden fahren, bis ich ins Grüne komme" (ein Schulleiter).

Das Bildungsniveau der Stadtteilbewohner wird von ihnen selbst überwiegend als sehr hoch eingeschätzt. Nur einzelne Befragte meinen, die Einkommen der Schwabinger seien eher schlecht. Etwas schlechter – wenn insgesamt auch noch von der übergroßen Mehrheit als gut bis sehr gut – werden die sozialen Verhältnisse beurteilt. Dazu passt, dass immerhin jeder vierte Befragte über häufige Lärmbelästigungen klagt und auch Probleme im Zusammenhang mit Drogen wahrnimmt. Gewalttätigkeiten und Diebstähle hingegen werden kaum genannt.

Die Anonymität im Stadtteil ist relativ hoch. Gut die Hälfte der Schwabinger kennen ihre Nachbarn allenfalls flüchtig. Ihr Engagement in Vereinen ist eher durchschnittlich und auch diejenigen, die einem Verein angehören, üben dort nur selten eine Funktion aus.

Diesem allenfalls durchschnittlichen Engagement in Vereinen steht allerdings ein reges Interesse an Politik gegenüber, ebenso das Interesse an Kultur; auch das Interesse an neuen Medien, Computern und Internet ist hier relativ häufig. Obwohl oder gerade weil die Bewohner Schwabing-Wests relativ gut gebildet sind und sich auch so sehen, schätzen sie die Bedeutung eines guten Schulabschlusses für den beruflichen Erfolg deutlich geringer ein als die Bewohner der übrigen Stadtteile.

Politisches und gesellschaftliches Engagement gehören für zwei Drittel der Schwabinger zu den wichtigen Dingen im Leben. An der Spitze steht eine Arbeit, die gefällt, und eine glückliche Partnerbeziehung. Individuelle persönlichkeitsbezogene Werte – auch Selbstverwirklichung – haben gegenüber familialen Werten – eigene Kinder und eine gute Beziehung zu den Eltern – und materiellen Werten – Erfolg im Beruf und ein eigenes Haus – einen höheren Stellenwert als anderswo.

Etwas differenzierter und weniger euphorisch als die repräsentativ befragte Wohnbevölkerung äußern sich auch hier die meisten der von uns befragten Stadtteilexperten zu ihrem Stadtteil. Die wirtschaftlichen Verhältnisse werden zwar ebenfalls überwiegend als positiv beschrieben, das Ausbildungsplatzangebot durchgängig als gut und der Arbeitsmarkt als ausgeglichen bis günstig. Auch jugendtypische Auffälligkeiten – Jugendgewalt, Jugendkriminalität, Drogenmißbrauch – lägen allenfalls im Bereich des Üblichen:

„Polizeitechnisch fällt das nicht ins Gewicht" (ein Jugendbeamter der Polizei).

Aber insgesamt wird dabei die ‚gehobene Modernität' der Bewohner Schwabings schon relativiert.

„Die Schwabinger Bevölkerung ist nicht mehr die junge, moderne laissez-faire-Gesellschaft, sondern sie ist auch in die Jahre gekommen. Auch da macht sich eine gewisse Trägheit bemerkbar" (eine Schulleiterin).

Darüber hinaus wird teilweise – und zwar durchaus positiv – eine gute soziale Mischung im Stadtteil hervorgehoben.

„Wir haben bei uns vom Architekten angefangen bis zur Putzkraft alles quer durchs Gemüsebeet. Die sind dann so gemischt, dass wir nicht einseitig Arbeiterviertel oder nur Intelligenzviertel oder was auch immer sind. Es ist nicht ein abgestempeltes Viertel. Es ist ein sehr gemischter Stadtteil. Schwabing-West ist ja auch ziemlich groß. Es gibt Ecken mit reinen Arbeiterstraßen oder Straßen, die von Arbeitern bewohnt werden, aber auch bürgerliche. Auf der anderen Seite gibt es auch Gegenden mit Villen und besseren Häusern. Ja, so wie man halt Schwabing kennt, Kneipen, Geschäfte, größere und kleinere. Es ist alles vorhanden" (ein Schulleiter).

Aus den jeweiligs spezifischen Blickwinkeln der einzelnen Experten – Jugendarbeiter, Mitarbeiter des Allgemeinen Sozialdienstes, Jugendbeamte der Polizei – werden aber auch kritische Gedanken laut.

„Man kann nicht von einer einheitlichen Bevölkerung sprechen. Wir haben sehr viele alte Leute, also die alten Schwabinger, die auch so ein bißchen in die Verarmung gerutscht sind. Kleine Renten, Sozialhilfebezug. Oft bewohnen sie große Wohnungen, die sich im Laufe der Jahre auch sehr verteuert haben. Einen hohen Anteil von Pflegebedürftigkeit bei den Alten. Dann haben wir viele Alleinerziehende, auch eine hohe Dichte an Scheidungsfällen. Dann haben wir auch viele psychisch erkrankte Menschen, jung und alt, die hier in dem Stadtbezirk wohnen" (eine ASD-Mitarbeiterin). „Ich würde Schwabing-West als einen aufstrebenden Stadtteil beschreiben, der allerdings von der Familiensituation her seine Probleme hat. Wir merken es an unserem Jugendzentrum. Wir schätzen, dass 80% aller Kinder und Jugendlichen, die zu uns kommen, aus nicht vollständigen Familien kommen, wie man so schön sagt. Vielleicht hängt das auch damit zusammen, dass die Bewohner aufstrebend sind, berufsorientiert, bildungsorientiert, vielleicht sogar karriereorientiert. Und ich schätze mal, da leiden die Kinder drunter, und das spüren wir" (ein Jugendarbeiter).

Soziokulturelle Infrastruktur – ausgezeichnet

Bezüglich der sozio-kulturellen Infrastruktur des Stadtteils und dabei speziell der Angebote für Jugendliche erhält Schwabing-West eindeutig die besten Noten unter den sechs Stadtteilen. Die befragten Jugendlichen selbst bewerten das Freizeitangebot im Stadtteil mit der Note 2,9 – die Durchschnittsnote für alle Stadtteile ist 3,2. Und auch die Stadtteilexperten erkennen die sozio-kulturelle Infrastruktur und das jugendkulturelle Angebot Schwabings als gut bis ausgezeichnet an.

> „Im Bereich von Schwabing-West gibt es drei ziemlich dicht beieinanderliegende Freizeiteinrichtungen. Kulturell haben wir eine Menge Theater und Kinos. Da sind wir bedeutend besser gestellt als andere Stadtteile“(ein Jugendbeamter der Polizei). „Es ist auch für die Jugendlichen attraktiv. Wobei die teilweise das Problem haben, dass sie mit dem Geld da nicht mithalten können“ (ein Streetworker). „Es gibt irrsinnig viele Lokale, Edelitaliener noch und nöcher, sehr teure Lokale, Kneipen“ (ein Jugendarbeiter).

Wenig von dem hohen jugendkulturellen Niveau profitieren können allerdings bestimmte jugendliche Randgruppen, die in der Regel dem Schulalter entwachsen und aus den Einrichtungen und Angeboten aufgrund ihrer Auffälligkeit verwiesen sind. Die diese Gruppen betreuenden Jugendsozialarbeiter klagen darüber, dass ihren Jugendlichen keine Räume zur Verfügung stehen.

> „Im Rahmen unserer Freizeitpädagogik versuchen wir, Hallen zu kriegen, um Fußball spielen zu können. Aber mit Jugendlichen ab 14 Jahren kriegt man keine Halle. Das ist schlichtweg verboten, einfach wegen der Gefahr, dass da etwas zerstört wird. Die Schulhöfe sind abgesperrt, die Sportanlagen sind städtisch, da ist ein Zaum drum. Dann diese Diskussion um die Öffnung der Schulhöfe. Die Hausmeisterin einer Schule sagt, wir würden ja den Schulhof aufmachen, wenn die Jugendlichen sich anständig aufführen würden; aber da liegen dann die Glasscherben und der Korb ist abgerissen“ (ein Streetworker).

Öffentliche Räume für Jugendliche sind im Stadtteil zwar reichlich vorhanden, aber auch deren Nutzung wird immer wieder durch Anwohnerproteste eingeschränkt.

> „Es gibt relativ viele dieser Flächen. Es gibt den Luitpoldpark, da wird im Sommer regelmäßig Fußball gespielt. Sehr schön finde ich den Josephsplatz, weil da ist eigentlich ein wahnsinniges kulturelles Leben von jung bis alt, die auf dem Bolzplatz dort Fußball spielen. Aber auch das wird von den Anwohnern attackiert“ (ein Streetworker).

Die schulische Versorgung des Stadtteils schließlich wird als gut bis ausgezeichnet beschrieben. Zwar besucht nur die Hälfte der von uns befragten Jugendlichen eine Schule im Stadtteil selbst. Dies liegt aber nicht am mangelnden Angebot – alle Schularten sind hier ausreichend vorhanden, und werden auch von vielen nicht Schwabingern genutzt – sondern am individualistischen Schulwahlverhalten der Schwabinger Jugendlichen bzw. ihrer Eltern, die sich nicht auf das nächstliegende Schulangebot beschränken. Dazu kommt das Streben nach höheren Schulabschlüssen – zwei Drittel der von uns befragten Schwabinger Jugendlichen besuchen ein Gymnasium, nur jeder zehnte die Hauptschule; 70% wollen das Abitur machen, nur 6% geben sich mit einem Hauptschulabschluss zufrieden.

4.6 Berg am Laim – Innenstadtrandgebiet ohne urbanes Leben

Der Stadtbezirk 14 Berg am Laim wurde als Münchner Kleine-Leute-Viertel, als Repräsentant des kleinbürgerlichen Lagers mit Schwerpunkt im traditionslosen Arbeitermilieu in die Untersuchung einbezogen.

Im statistischen Taschenbuch der Stadt steht über Berg am Laim:

> „Der Name weist auf die natürliche Beschaffenheit dieses Gebietes hin, das auf einer Löss-Lehm-Zunge liegt, die in früheren Zeiten standortbestimmend für zahlreiche, hier ansässige Ziegeleien war. Der ehemalige Dorfkern des 1913 eingemeindeten Bezirks wurde durch den Bau der Krailer-/Berg am Laim Straße fast gänzlich zerstört. ... Die Siedlungsentwicklung im Umfeld des alten Dorfkerns war in ihren Anfängen stark von der Eisenbahn beeinflußt. Östlich des Ostbahnhofs und entlang der Gleisanlagen ... entstanden vor dem ersten Weltkrieg, aber hauptsächlich in der Zwischenkriegszeit, zahlreiche Eisenbahnerwohnungen im Geschoßwohnungsbau. Die nach dem Zweiten Weltkrieg noch freien, landwirtschaftlich genutzten Flächen ... wurden zu einem der größten Siedlungsgebiete des sozialen Wohnungsbaus in München. Östlich davon überwiegt heute noch Einfamilienhausbebauung. Die rund 18 000 Arbeitsplätze konzentrieren sich auf vorwiegend mittelständische Industrie und Gewerbebetriebe, die entlang des Bahnkörpers ... angesiedelt sind. Unter den Erwerbstätigen überwiegen die Angestellten. Der Anteil der Arbeiterschaft, die früher noch stärker vertreten war, ist auf ein Drittel abgesunken. Vorherrschend sind niedrige und mittlere Ausbildungsabschlüsse“ (Landeshauptstadt München 2000, S. 106f).

Stadtteil mit hohem sozialpolitischen Handlungsbedarf

Die zitierte Beschreibung lässt schon die Zweiteilung des Stadtbezirks erkennen: stark belastete Gebiete mit Sozialwohnungen und daneben Einfamilienhaussiedlungen. Diese Zweiteilung wird durch eine Stadtteilstudie bestätigt, die vor kurzem dem Münchener Stadtrat vorgelegt wurde. Nach dieser Studie gibt es in Berg am Laim Stadtbezirksviertel mit hohem stadtentwicklungspolitischen und sozialpolitischen Handlungsbedarf. Es gibt

> „Gebiete mit einem hohen Anteil von ‚alten' Sozialwohnungen, die vom Standard, den Wohnungsgrößen und -zuschnitten häufig unzureichend sind. Hier finden sich insbesondere Segregationstendenzen von wirtschaftlich und sozial benachteiligten Personen und Haushalten, bei denen sich ... psychosoziale Probleme häufen. Die in diesen Quartieren vorfindbare Bevölkerungsstruktur, deren weiterer sozialer und ökonomischer Abstieg durch überdurchschnittlich steigende Arbeitslosigkeit, durch das Wegbrechen von Beschäftigungsmöglichkeiten für gering qualifizierte Erwerbspersonen vorprogrammiert scheint, trifft auf eine sozial defizitäre Infrastruktur, die
> – den besonders betroffenen Kindern und Jugendlichen keine oder nur unzureichende Angebote macht, die kompensatorisch die ungünstigen Sozialisationsbedingungen in Familie und Nachbarschaft auszugleichen in der Lage ist,
> – die Integration von Ausländern zu wenig fördert, bei denen neben sozioökonomischer Marginalisierung der Status, Fremde zu sein, das Zusammenleben mit problembelasteten deutschen Familien erschwert" (Landeshauptstadt München 2001, S. 45).

An anderer Stelle heißt es:

> „Diesem in allen seinen Teilräumen mehr oder weniger vom Verkehr belasteten Stadtteil fehlen durchgängig entwickelte öffentliche Räume und zentrale Bereiche mit Versorgungs- und Kommunikationsfunktion. So ist hier die konsumptive Versorgung eher unterdurchschnittlich. Dabei ist der Altenquotient sehr hoch (insbesondere gibt es überdurchschnittlich viele alleinstehende Seniorinnen), der Ausländerinnenanteil groß und die Armutsdichte liegt über dem Stadtdurchschnitt. Damit ergibt sich ein deutlicher sozialräumlicher Handlungsbedarf, der durch das Fehlen eines Stadtteilzentrums verstärkt wird...Für Berg am Laim insgesamt gilt, dass sich in diesem Bezirk kein identitätsstiftendes Stadtteilzentrum herausgebildet hat; es gibt nur eine Agglomeration von Einzelhandelsgeschäften und Dienstleistungsbetrieben" (ebd., S. 30).

Die Autoren der Studie listen zusammengefaßt folgende Hauptprobleme für Berg am Laim auf:

- hoher Sozialwohnungsbestand, Zunahme von ‚Multi-Problem-Haushalten'
- Familiengewalt, Verwahrlosung von Kindern, Gesundheitsprobleme, Mangelernährung
- Mangel an Einrichtungen für Alleinerziehende (Krippe, Kindergarten, Hort)
- „kein Platz für Jugendliche", auch nicht pädagogisierte/kommerzialisierte Treffpunkte fehlen
- Armut, ehemaliger ‚Arbeiterstadtteil', heute Arbeitslosigkeit, Mangel an ‚passenden' Arbeitsplätzen für Ansässige, z.B. Teilzeitarbeitsplätze für alleinerziehende Frauen, sowie Lehrstellen
- mangelnde Einrichtungen/Angebote für Ausländer/-innen
- Wegfall der Bindungen für Sozialwohnungen
- viele Wohnungen sind zu klein, schlechte Ausstattung
- identitätsstiftende ‚Stadtteilmitte' fehlt
- Mangel an Räumen für soziale und kulturelle Aktivitäten,
- Defizite wohnortnaher Versorgung vor allem für Seniorinnen, Behinderte, Alleinerziehende
- Belastung durch Autoverkehr
- mangelnde Information/Beteiligung bei Planungen (ebd. S. 46).

Die meisten Punkte dieses ‚Negativkatalogs' beziehen sich wie erwähnt schwerpunktmäßig auf die stark belasteten Stadtbezirksviertel. Die Daten der Bevölkerungsstatistik, die Informationen aus unseren standardisierten Befragungen und auch die Antworten der befragten Stadtteilexperten über den Stadtteil insgesamt ergeben ein etwas positiveres Bild, ohne dass damit die beschriebene Problembelastung geleugnet wird.

Berg am Laim ist bezogen auf Fläche und Einwohnerzahl, einer der kleineren Stadtbezirke Münchens, hier wohnen knapp 38.000 Menschen. Das Geschlechterverhältnis ist einigermaßen ausgeglichen (51% weiblich, 49% männlich). Der Ausländeranteil liegt bei knapp 23%; bei den Nichtdeutschen handelt es sich etwa jeweils zu einem Viertel um EU-Ausländer, um Zuwanderer aus dem ehemaligen Jugoslawien und aus der Türkei. Der Anteil der Kinder und Jugendlichen an der Wohnbevölkerung liegt mit etwa 14% erheblich unter dem Bundesdurchschnitt; nur unter der ausländischen Wohnbevölkerung sind Kinder und Jugendliche mit fast einem Drittel vertreten.

Die durchschnittliche Haushaltsgröße beträgt 1,83 Personen; etwa die Hälfte der Haushalte (51,5%) sind Einpersonen-, weitere

27% Zweipersonenhaushalte. In weniger als 10% aller Haushalte leben mehr als drei Personen zusammen; und weniger als jeder sechste Haushalt ist ein Haushalt mit Kindern. 3,5% aller Haushalte (das ist fast jeder vierte Haushalt mit Kindern) in Berg am Laim sind Haushalte mit einem alleinerziehenden Elternteil.

63% der Wohnbevölkerung sind erwerbstätig – ein sehr hoher Wert, der teilweise durch die überdurchschnittliche Erwerbsbeteiligung von Frauen (59%) erklärt wird.

Für die Kennzeichnung des Stadtbezirks als traditionsloses Arbeitermilieu im kleinbürgerlichen Lager sprechen die Aussagen des Münchner Armutsbericht zum Stadtteil sowie Experteneinschätzungen und Daten aus unseren Befragungen.

Der Münchener Armutsbericht nennt für 1998 für Berg am Laim eine Arbeitslosendichte von 54 bezogen auf Tausend Einwohner im Alter von 15 bis 64 Jahren; unter den 25 Münchener Stadtbezirken ist dies der fünfthöchste Wert. In der Rangliste der Interventionsdichte des Allgemeinen Sozialdienstes bei wirtschaftlichen Problemen lag Berg am Laim 1997 mit 40 Kontakten des ASD pro Tausend Haushalten sogar an dritter Stelle. 41 von Tausend Einwohnern in Berg am Laim waren im gleichen Jahr Empfänger von Hilfen zum Lebensunterhalt – dies war des sechste Platz. In der Armutsdichte, d.i. der Anteil Armer bezogen auf 1000 Einwohner, nahm Berg am Laim mit 147 wieder den sechsten Rang ein. Die Autoren des Münchener Armutsberichts sehen angesichts des Umfangs der Armutsbevölkerung für Berg am Laim einen hohen sozialpolitischen Handlungsbedarf. Nur für fünf der übrigen 24 Münchener Stadtbezirke wurde noch ein höherer Handlungsbedarf festgestellt (vgl. Landeshauptstadt München 1999).

Auch von den von uns befragten Stadtteilexperten kamen milieuspezifische Hinweise auf den Stadtteil und seine Bewohner.

> „Wenn ich die Zusammensetzungen bei Elternversammlungen einschätze, dann sind es mehr Arbeiter" (ein Schulleiter).

> „Wir wissen, dass Berg am Laim ein Stadtteil ist, in dem die Armut sehr groß ist. Das ist ein sehr durchwachsener Stadtteil. Aber die Armut ist schon ein Thema. Es gibt Sozialwohnungen, Kleinhäusler, Eigentumswohnungen und Reihenhäuser, keine so wunderbaren Anlagen wie im benachbarten Waldtrudering, sondern das sind einfache Reihenhäuser, Sozialwohnungen, Mietskasernen" (ein Jugendbeamter der Polizei).

Der in vielen Aussagen enthaltene Hinweis auf die gemischte zweigeteilte Bewohnerschaft meint in der Regel nicht eine extreme soziale Polarisierung zwischen arm und reich oder Unter- und Oberschicht, sondern bezieht sich vorwiegend auf die Unterscheidung zwischen einer eher kleinbürgerlichen Mitte und einer Bevölkerungsgruppe mit größeren sozialen Problemen.

> „Ich würde sagen, es ist normaler, nicht gehobener Mittelstand. Wir haben teilweise Schüler, die aus Sozialunterkünften kommen, die aber dann nur für kurze Zeit hier bei uns sind, weil die Leute hier vom Sozialamt meist nur vorübergehend untergebracht sind"(ein Schulleiter).

> „Die Bevölkerung ist schon sehr unterschiedlich. Ich weiß, dass es einen sehr hohen Anteil von Alleinerziehenden gibt. Es gibt Arbeitslose, die man im Hof, auf der Bank sitzen und Bier trinken sieht. Es gibt relativ viele Kinder und Jugendliche... Wir haben sicher den einen oder anderen schwierigen Fall dabei, aber von vielen zerrütteten Familien zu sprechen, wäre übertrieben. Es ist aber eher selten, dass jemand von einer Großfamilie erzählt. Aufgrund von Doppelverdienerschaft der Eltern entsteht ein Defizit bei der Kinderbetreuung. Diese Kinder gehören nicht zu den Asozialen, aber sie sind sich weitgehend selbst überlassen" (ein Jugendarbeiter).

Die sozialdemographischen Daten, die wir in unserer repräsentativen Befragung der erwachsenen Wohnbevölkerung erhoben haben, weichen etwas von der amtlichen Bevölkerungsstatistik ab, was an einer durch die Methode bedingten Verzerrung unserer Stichprobe liegt. Mehrpersonenhaushalte sind bei uns überrepräsentiert. Aber immerhin 31% der von uns Befragten geben an, dass sie alleine leben. Weitere 54% leben mit einem Partner im Haushalt zusammen. Mit Kindern leben 27%.

Mehr als die Hälfte der Befragten wohnt in einer Wohnung mit 50-80qm. Der Anteil der Kleinstwohnungen mit unter 50 qm und der der Einzimmer-Apartments ist mit 13% bzw. 6% eher gering, genauso wie der Anteil der großen Wohnungen mit über 120 qm und mit mehr als vier Zimmern. Die durchschnittliche Zimmerzahl beträgt 3,1. Der hohe Anteil von Sozialwohungen einerseits – jeder fünfte Befragte lebt in einer sozial gebundenen Wohnung – und das Einfamilienhausviertel – immerhin 11% der Berg am Laimer wohnen im eigenen Haus – sind die beiden Pole der Wohnformen. Der Anteil derer, die in einer freien Mietwohnung wohnen, ist mit 49% in Berg am Laim vergleichsweise gering.

Das Bildungsniveau der Berg am Laimer Bevölkerung ist bezogen auf die drei Schulabschlüsse durchschnittlich: Mit leichtem Vorsprung des Hauptschulabschlusses verteilen sich die Bewohner relativ gleichmäßig auf den Hauptschulabschluss, die Mittlere Reife und das Abitur. Aber nur 20% der erwachsenen Bewohner Berg am

Laims verfügen über einen Abschluss einer Universität oder Fachhochschule; dafür überwiegen hier die betrieblichen Ausbildungsabschlüsse, über die – bei einigen ergänzt um weiterführende Fachschulausbildungen – weit über die Hälfte der Befragten verfügen. Nur gut jeder Dritte gibt an, in einer gehobenen Position als Angestellter oder Beamter oder als Selbständiger tätig zu sein. Die größte Gruppe stellen die einfachen bis mittleren Angestellten und Beamten (44%); 17% sind Arbeiter.

Im Stadtteilvergleich und bezogen auf das Bildungs- und Ausbildungsniveau und die beruflichen Positionen der Berg am Laimer Erwerbstätigen sind die Einkünfte, die die Befragten angeben, relativ hoch. Nur 6% geben an, über ein monatliches Haushaltsnettoeinkommen von unter 2000 DM zu verfügen; mehr als jeder Dritte erreicht hingegen bis zu 4000 DM, jeder Vierte sogar bis zu 6000 und immerhin 20% mehr als das.

Stadtteil mit geringem Selbstwertgefühl

Berg am Laim als Wohnort scheint für seine Bewohner auf den ersten Blick durchaus attraktiv. Knapp die Hälfte (43%) der Befragten geben an, dort sehr gerne zu wohnen, und fast genau so viele wohnen hier ziemlich gerne. Jeder Sechste aber lehnt Berg am Laim als Wohnort ab. Bei dieser Frage gibt es fast keinen Unterschied zwischen den Antworten der Jugendlichen und der Erwachsenen. Lediglich die Gruppe der Eltern bekennt sich wieder noch etwas deutlicher zum Wohnen in ihrem Stadtteil (61% sehr gerne), aber auch bei ihnen gibt es negative Stimmen (13%).

Beim Vergleich mit den anderen Stadtteilen in unserer Untersuchung fällt auf, dass die Wohnzufriedenheit in Berg am Laim und Marxloh – und dort noch deutlicher – weit niedriger als in den den übrigen Regionen ist.

Zum Bildungsniveau der Berg am Laimer meint gut die Hälfte der Befragten, dass es eher hoch, etwas weniger als die Hälfte, dass es eher niedrig sei. 95% stimmen mindestens überwiegend zu, dass man für beruflichen Erfolg einen guten Schulabschluss braucht, aber jeder Dritte meint auch, dass dieser damit keinesfalls garantiert sei.

Die wirtschaftlichen Verhältnisse werden zwar mehrheitlich als eher gut, aber auch von knapp einem Drittel eher als schlecht bewertet. Damit ist Berg am Laim nach Marxloh – und trotz der vergleichsweise hohen Haushaltseinkommen – hinsichtlich der wirtschaftlichen Lage seiner Bewohner der am schlechtesten eingeschätzte Stadtteil in der Untersuchung. Auch keiner der von uns dort befragten Stadtteilexperten beurteilt die wirtschaftlichen Verhältnisse als gut, zwei von dreien dagegen eher als kritisch.

Die Beschäftigungssituation hingegen wird von allen als ausgeglichen und das Ausbildungsangebot für Jugendliche sogar von der Mehrheit als gut beschrieben.

> „Es gibt mittelständische Betriebe, Handwerksbetriebe, den Einzelhandel, kleinere Fachgeschäfte, sicherlich die eine oder andere größere Firma, aber auf jeden Fall schon Beschäftigungsmöglichkeiten. Das Angebot für Hauptschüler liegt im gewerblich-technischen Bereich. Mädchen finden Beschäftigung im Einzelhandel und bei Friseuren. Ein Großteil der Jugendlichen findet tatsächlich im Stadtteil Ausbildung und Arbeit in handwerklichen Berufen, in Einzelhandel und Dienstleistungen, bei Ärzten und Zahnärzten" (eine Berufsberaterin).

Etwas besser als die wirtschaftlichen werden die sozialen Verhältnisse, das nachbarschaftliche Zusammenleben, beurteilt. Nur jeder Vierte hält diese für schlecht. Allerdings sind nachbarschaftliche Beziehungen in Berg am Laim nicht besonders ausgeprägt. Von einem Wir-Gefühl der Stadtteilbewohner kann keine Rede sein, da waren sich alle befragten Experten einig.

> „Nein, das habe ich hier noch nicht erlebt, dass das hervorgehoben wurde,'Wir Berg am Laimer', nein, überhaupt nicht" (eine Berufsberaterin).

Nur jeder zweite Befragte gibt an, dass er die Leute in seiner Nachbarschaft mehr als flüchtig kennt. Dass sie Mitglied in einem Verein sind, sagen knapp die Hälfte der Befragten (41%), ein Drittel davon übt auch eine Funktion aus.

Die überwiegende Mehrheit – die Größenordnungen liegen jeweils bei oder über 80% – sieht auch allenfalls seltene oder überhaupt keine störenden Vorkommnisse im Stadtteil – Lärmbelästigungen, Pöbeleien und Schlägereien, Diebstähle, Drogen. Auch das Expertenurteil hierzu lautet durchgängig : Das Übliche.

> „Hier im Stadtteil ist das eher unauffällig. Es ist ein Stadtteil, wo vergleichsweise wenig los ist. Jugendtypische Gewalttaten? Ich weiß nicht wie viele das im Jahr waren, eine Handvoll vielleicht" (ein Jugendbeamter der Polizei).

Die Berg am Laimer Bürger sind vergleichsweise wenig an Politik interessiert, noch weniger an Kultur, Kunst und Literatur, dafür etwas überdurchschnittlich an den neuen Informationsmedien. In den Lebenskonzepten haben Arbeit und materielle Werte – sich etwas leisten können, ein eigenes Haus haben – ein leichtes Übergewicht gegenüber ideellen und sozialen Werten wie Selbstverwirklichung, Familienleben und Freundschaften sowie auch gegenüber gesellschaftlichem und politischem Engagement.

Angebote für Jugendliche – mangelhaft

Ganz am Rande des Stadtbezirks liegt der Kunstpark-Ost, ein weit über München hinaus bekanntes Mekka einer hochentwickelten kommerziellen Jugendkultur. Obwohl der Kunstpark-Ost zu Berg am Laim gehört, wird er als überregionales Zentrum für Jugendkultur offensichtlich überhaupt nicht als Infrastrukturbestandteil für die Jugendlichen des Stadtteils wahrgenommen und genutzt. In den Experteninterviews wird vielmehr immer wieder das Fehlen von Angeboten für Jugendliche im Stadtteil beklagt. Die soziokulturelle Infrastruktur wird durchgängig als schlecht bewertet.

> „Wir haben eine Stadtteilinitiative, die den Namen nicht verdient, einen Arbeitskreis Jugend, der versucht hat, die Initiative in Richtung des Neubaus eines Jugendzentrums zu ergreifen. Ohne Erfolg. Wir sind unterversorgt. Es fehlt an Einrichtungen, die entsprechend den Wünschen und Lebenslagen der Jugendlichen konzipiert sind und danach arbeiten" (ein Jugendarbeiter).

Einige Experten empfehlen den Ausbau von schulischen Ganztagsangeboten und die Einrichtung von Schulsozialarbeit.

> „Die Ganztagsbetreuung ist eine gerade für diesen Stadtteil wichtige Zukunftsaufgabe, denn das ist ein Stadtteil, in dem sehr viele Elternteile berufstätig sind" (eine Berufsberaterin).

Das Schulangebot im Stadtteil wird ansonsten als ausreichend beurteilt. Allerdings ist es auch bezeichnend für den Stadtteil, dass sein einziges Gymnasium am stadtauswärtigen Rand des Bezirks in der Einfamilienhausgegend liegt und vorwiegend von Schülern aus dem benachbarten sozial besser gestellten Stadtbezirk besucht wird.

4.7 Die Stadtteile im Überblick – vom Arbeiterquartier bis zum Villenviertel

Die Stadtteilbeschreibungen zeigen, dass es erhebliche Disparitäten gibt, die Auswahl der Untersuchungsregionen bezieht damit tatsächlich ein breites Spektrum unterschiedlicher Stadtteile ein – von stark benachteiligten bis hin zu äußerst privilegierten. Auf der einen Seite stehen mit dem Arbeiterquartier Duisburg-Marxloh und mit

Einschränkungen München-Berg am Laim Stadtteile mit hoher Problembelastung, in der sozialen Mitte finden sich Dresden-Leuben und mit Tendenz nach oben Duisburg-Neudorf/Duissern, und am anderen Ende München-Schwabing und insbesondere München-Nymphenburg als fast elitäres Villenviertel. Die Unterschiede betreffen sowohl die objektiven Verhältnisse in den Stadtteilen aber auch die Lebensformen, Orientierungen und Lebensstile ihrer Bewohner.

Die Bewohner Nymphenburgs und Schwabings sind wirtschaftlich am besten gestellt. Mehr als jeder vierte Haushalt verfügt hier über ein monatliches Netto-Einkommen von mehr als 6000 DM; an dritter Stelle steht Berg am Laim, und an letzter Stelle – noch nach den beiden Duisburger Stadtteilen – Dresden-Leuben. Hier wirkt sich über den engeren Stadtteil hinaus die großräumig bessere Wirtschaftslage Münchens für Berg am Laim einerseits und für Leuben die insgesamt niedrigeren Einkünfte in den neuen Bundesländern andererseits aus.

Etwas anders sieht es bezeichnenderweise bezüglich der beruflichen Positionen der Stadtteilbewohner aus. Auch hierbei nehmen zwar Nymphenburg und Schwabing mit Abstand bezogen auf den Anteil höherer Angestellter, Beamter oder freiberuflich Tätiger die Spitzenstellung ein, aber die beruflichen Positionen in Berg am Laim unterscheiden sich nur wenig von den Berufstätigen in der Duisburger Innenstadt und in Leuben, wohingegen in Marxloh der Anteil der Arbeiter am höchsten ist.

Auch bei der allgemeinen Bewertung der wirtschaftlichen Verhältnisse gibt es eine klare Hierarchie. Ganz oben steht Nymphenburg, gefolgt von Schwabing, danach kommt mit etwas Abstand Neudorf/Duissern, Leuben, Berg am Laim und mit großem Abstand Marxloh. Diese Bewertung bezieht sich allerdings auf das unterstellte Einkommen der Stadtteilbewohner und nicht etwa auf die wirtschaftliche Leistungskraft oder das Arbeits- und Ausbildungsplatzangebot der Stadtteile; hier fände sich nach Einschätzung der befragten Experten Nymphenburg beispielsweise eher am Ende der Liste.

Zu den unterschiedlichen materiellen Bedingungen zählen auch die Wohnverhältnisse. Über eigenen Haus- oder Grundbesitz verfügen doppelt so viele befragte Nymphenburger wie Marxloher. Die Nymphenburger wohnen auch am häufigsten in eigenen vier Wänden, im eigenen Haus oder in einer Eigentumswohnung. In Schwabing wohnen im Stadtteilvergleich die meisten in Eigentumswohnungen, aber überwiegend wohnt man hier in freien Mietwohnungen. Marxloh und Berg am Laim haben mit Abstand die meisten Sozialwohnungen. Die größten Wohnungen gibt es in Nymphenburg, die kleinsten in Schwabing – wegen der vielen Singles mit Ein-Zimmer-Appartments. In Leuben, Marxloh und Berg am Laim überwiegen hingegen die kleinen (50- 80 qm) Mehrzimmer-Wohnungen.

Bezogen auf die sozio-kulturelle Infrastruktur, die Ausstattung der Stadtteile mit Schulen, Freizeit- und Kultureinrichtungen, ist Nymphenburg das Schlusslicht unter den Stadtteilen. Spitzenreiter ist hier Schwabing, aber auch Marxloh hat in dieser Hinsicht einiges vorzuweisen, mehr noch als Leuben oder Berg am Laim.

Mit der Betrachtung des Bildungsniveaus der Stadtteilbewohner leiten wir über zu den eher weichen Faktoren, den Lebensstilen und Orientierungen, die in den Stadtteilen vorherrschen. Der häufigste Schulabschluss der Schwabinger und der Nymphenburger ist das Abitur. Relativ viele Hochschulzugangsberechtigte gibt es auch in der Duisburger Innenstadt. In Leuben ist der mittlere Bildungsabschluss am häufigsten, in Berg am Laim halten sich Hauptschulabschluss, mittlere Reife und Abitur in etwa die Waage und in Marxloh überwiegt der einfache Schulabschluss. Fast jeder zweite Schwabinger und Nymphenburger Befragte hat ein Hochschulstudium absolviert; in Marxloh dagegen verfügen nur 8% der Bewohner über einen Hochschulabschluss. Außer in Schwabing und Nymphenburg ist in allen anderen Stadtteilen eine abgeschlossene betriebliche Ausbildung der häufigste höchste Berufsabschluss. In Marxloh ist der Anteil der Bewohner ohne eine abgeschlossene Berufsausbildung am höchsten.

Schwabing und Marxloh sind auch die Gegenpole bezüglich der Größe und der Zusammensetzung der Haushalte. Fast die Hälfte der Schwabinger leben als Singles und ein weiteres Viertel mit nur einem Partner in einem Zwei-Personen-Haushalt. In Marxloh hingegen gibt es die größten Haushalte, die meisten Haushalte mit Kindern und die meisten Drei-Generationen-Haushalte.

Die Bewohner Marxlohs zeigen zusammen mit den Leubenern eine starke Familienorientierung; Kinder zu haben, ist ihnen wichtig wie auch ein gutes Verhältnis zwischen Kindern und Eltern. Eine Arbeit zu haben, die Spaß macht, ist demgegenüber in erster Linie eine Werthaltung der Münchener Befragten.

Interesse an Politik bekunden am häufigsten die Bewohner Schwabings und Nymphenburgs, gefolgt von denen in Berg am Laim; am geringsten ausgeprägt ist es in Marxloh. Gleiches gilt für das Interesse an Kultur, Literatur und Kunst. Etwas anders verteilen sich die Einstellungen zu neuen Medien, Computer und Internet, für die sich neben den Schwabingern vor allem die Berg am Laimer interessieren, weniger hingegen die Bewohner Nymhenburgs.

Die auf die einzelnen Stadtteile bezogene Zusammenschau der Merkmale macht deutlich, dass es bei der Auswahl der Untersuchungsregionen nicht nur gelungen ist, Stadtteile einzubeziehen, die bezüglich ihrer materiellen Lage und gesellschaftlichen Positionierung als gehoben, als soziale Mitte und als unterprivilegiert zu beschreiben sind, sondern dass darüber hinaus auf jeder dieser Ebenen jeweils ein Stadtteil mit seinen Bewohnern insgesamt eher einer traditionellen Wertorientierung zuneigt, während ein anderer eher als Beispiel einer modernen Lebensführung gelten kann (vgl. Abb. 5).

Abb.5 Schematische Darstellung der Verteilung der Stadtteile nach sozialer Positionierung und Wertehaltung

		Werteorientierung	
		traditionell	modern
	gehoben	München-Nymphenburg	München-Schwabing-West
Soziale Positionierung	soziale Mitte	Dresden-Leuben	Duisburg-Neudorf/Duissern
	unterprivilegiert	Duisburg-Marxloh	München-Berg am Laim

5 Die Jugendlichen

5.1 Unterschiede in den Bedingungen des Aufwachsens

In den Schüler- und Elternbefragungen wurden große Unterschiede zwischen den Stadtteilen im Hinblick auf die familiäre Situation, auf das Alter der Eltern, die Wohndauer im Stadtteil und die Struktur der Haushalte sichtbar. Der größte Teil der befragten Jugendlichen in Leuben ist nicht im Stadtteil geboren, sondern mit den Eltern in den Stadtteil gezogen, während der größte Teil der Marxloher und Schwabinger Jugendlichen im Stadtteil geboren ist. Das hat mit dem hohen Anteil junger Eltern zu tun, die in Leuben, wie in der DDR generell, erst nach der Familiengründung eine eigene familiengerechte Wohnung beziehen konnten. In Leuben finden wir auch den niedrigsten Anteil Jugendlicher mit alleinerziehenden Eltern und den höchsten Anteil der traditionellen ‚Normalfamilien' bestehend aus einem Elternpaar mit zwei Kindern.

Die befragten Jugendlichen in Schwabing-West dagegen haben die im Durchschnitt ältesten Eltern, diese wohnen auch schon lange in ihrem Stadtteil, sie leben aber in den mit Abstand kleinsten Haushalten. Hier gibt es den höchsten Anteil Alleinerziehender und hohe Anteile von Einzelkindern in den Haushalten. Große Haushalte und Familien mit vielen Kindern sind hier die Ausnahme.

Auch die Eltern der in Nymphenburg Befragten sind im Vergleich der Stadtteile alt. Ihre Wohndauer im Stadtteil entspricht in etwa dem Durchschnitt aller Stadtteile. Sie ist ziemlich identisch mit dem Alter der befragten Jugendlichen, woraus man ableiten kann, dass sich die Familien mit deren Geburt im Stadtteil niedergelassen haben. Die Nymphenburger Jugendlichen leben in relativ großen Haushalten; es gibt nur wenige Einzelkinder, dafür aber überdurchschnittlich viele Elternpaare mit drei und mehr Kindern.

Die Familien der in Marxloh Befragten leben bereits am längsten in ihrem Stadtteil. Dennoch sind die Eltern vergleichsweise jung und die Jugendlichen leben in größeren Haushalten mit mehreren Geschwistern zusammen. Marxloh weist den höchsten Anteil Jugendlicher in großen Haushalten mit über fünf Personen auf.

Die Jugendlichen in Berg am Laim leben in den nach Schwabing und Leuben kleinsten Haushalten. Der Anteil der Einzelkinder ist hier unter allen Stadtteilen noch leicht vor Schwabing am höchsten. Die Familienform Elternpaar mit einem Kind ist hier am verbreitetsten. Die Befragten leben aber nicht so lange im Stadtteil wie die Marxloher oder die Schwabinger. Das Alter der Eltern liegt unter dem der beiden anderen Münchener Stadtteile auf dem Niveau der beiden Duisburger Stadtteile.

Die Duisburger Innenstadtregion Neudorf/Duissern zeichnet sich bezogen auf die Zusammensetzung der Haushalte, in denen die von uns befragten Jugendlichen leben, bei fast allen beschriebenen Merkmalen im Stadtteilvergleich durch Werte nahe dem Durchschnitt aus. Lediglich die Zahl der Alleinerziehenden und die Anteile von Zwei- bis Dreipersonenhaushalten liegen etwas über dem Durchschnitt und – bezogen auf das Alter der Eltern – fällt auf, dass es relativ wenig junge, aber auch relativ wenig ältere Eltern gibt und sich die Mehrheit um den Kern der 41- bis 45jährigen konzentriert.

Bewertungen der Stadtteile durch die Jugendlichen

Die Zustimmung zu ihrem Stadtteil ist bei den Jugendlichen durchweg zwar genauso vorhanden wie bei den Eltern, aber in der Tendenz etwas reservierter (vgl. Abb. 6 und Abb. 7). In Schwabing sagen 73% der Jugendlichen, dass sie dort „sehr gerne" wohnen; in Nymphenburg liegt der Anteil derer, die dort „sehr gerne" wohnen mit 61% etwa so hoch wie in Neudorf/Duissern; in Leuben liegt die Zustimmung etwas niedriger als in Berg am Laim. Allein die Jugendlichen in Marxloh bewerten das Wohnen in ihrem Stadtteil etwas besser als ihre Eltern.

Abb.6: Bewertung der Wohnqualität des Stadtteils durch die Jugendlichen (Schülerbefragung in Prozent)

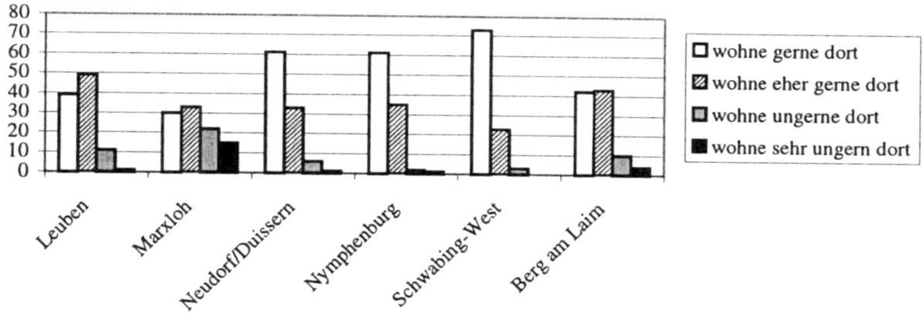

Abb.7: Bewertung der Wohnqualität des Stadtteils durch die Eltern (Elternbefragung in Prozent)

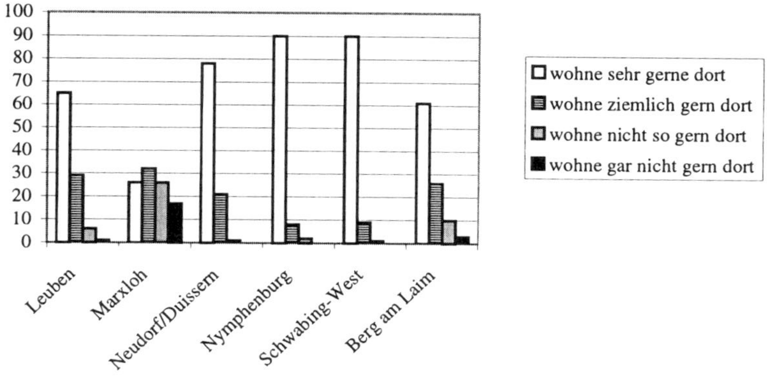

Zwischen den Stadtteilen gibt es große Unterschiede in der Bewertung durch die Jugendlichen. Mit Abstand am schlechtesten bewerten die Jugendlichen in Marxloh ihren Stadtteil. Nur annähernd jeder dritte wohnt gerne dort, eher gerne auch nur ein Drittel. Dagegen sagt über ein Drittel, sie wohnten ungern oder sehr ungern in Marxloh. In den anderen Stadtteilen erreichen die ablehnenden Aussagen Werte zwischen 3% in Nymphenburg und Schwabing-West und 14% in Berg am Laim.

In Bezug auf die Bewertung der Freizeitmöglichkeiten im Stadtteil gibt es allerdings, entgegen den klaren Unterschieden bei der Bewertung des Stadtteils als Wohnort, keine großen Unterschiede zwischen den Stadtteilen. Die Jugendlichen bewerten die Freizeitmöglichkeiten im Durchschnitt mit der Note 3,2 bei einer vorgegebenen Skala von 1 (sehr gut) bis 6.

Lediglich Schwabing wird mit der Note von 2,9 etwas besser bewertet. Nymphenburg erhält die Note 3,2. Leuben, Marxloh und Berg am Laim liegen mit 3,3 und Neudorf/Duissern mit 3,4 etwas unter dem Durchschnitt.

Die unterdurchschnittliche Bewertung der Freizeitmöglichkeiten durch die Jugendlichen in Neudorf/Duissern stimmt überein mit der Einschätzung der dazu von uns befragten Experten. Freizeitangebote und Treffpunkte für Jugendliche fehlen dort. Überraschend ist dagegen die Bewertung der Freizeitmöglichkeiten für Jugendliche in Marxloh. Dieser Stadtteil wird von den Jugendlichen, wie von deren Eltern und den Bewohnern insgesamt negativ bewertet, und auch die Expertinnen und Experten beklagen in Marxloh fehlende Angebote und Treffpunkte für Jugendliche. Trotz dieser Wahrnehmung des Stadtteils scheint es aber in Marxloh aus der Sicht der Jugendlichen einige für sie durchaus attraktive Angebote zu geben, die sie zu einer immerhin durchschnittlichen Bewertung ihrer Freizeitmöglichkeiten bringen.

Materielle Situation

Die Jugendlichen wurden auch um eine Einschätzung der materiellen Situation ihrer Altersgruppe in ihrem Stadtteil gebeten und auch zu ihrer eigenen materiellen Situation gefragt. Zwei Drittel der Befragten meinten, dass die Jugendlichen sich schon einen Teil von dem, was sie „gerne" hätten, auch leisten können, aber längst nicht alles. Weitere 28% waren der Meinung, dass sie so ziemlich alles haben, was sie wollen, und nur eine Minderheit von 5% glaubt, dass die Jugendlichen ihres Stadtteils auf das meiste von dem verzichten müssen, was sie „gerne" hätten (vgl. Tab.1). Dass sie fast alles, was sie gerne hätten, auch haben, sagen etwas mehr Jugendliche in Schwabing (35%), Neudorf/Duissern (35%) und Nymphenburg (34%), dagegen nur 14% in Leuben. Noch geringer sind die Unterschiede zwischen den Stadtteilen, wenn man die Frage auf die befragten Jugendlichen selbst bezieht. Allerdings meinen bei dieser Frage etwas mehr Jugendliche, dass sie selbst alles haben, was sie möchten, und zwar in allen Stadtteilen mit Ausnahme von Leuben, wo nur 29% mit ihrer materiellen Situation völlig zufrieden sind.

Tab. 1: Materieller Status der Jugendlichen im Stadtteil (Schülerbefragung in Prozent)

	Sie haben so ziemlich alles, was sie wollen	Sie haben einen Teil von dem, was sie gerne hätten	Sie müssen auf die meisten Sachen verzichten	weiß nicht	keine Angabe
insgesamt	28	66	5	1	0
Leuben	14	79	7	–	1
Marxloh	28	63	9	–	–
Neudorf/Duissern	35	60	4	1	1
Nymphenburg	34	61	4	1	–
Schwabing-West	35	63	1	1	–
Berg am Laim	25	67	7	1	1

Peer-Beziehungen

Schließlich wurden die Jugendlichen noch nach den sozialen Beziehungen zwischen Gleichaltrigen im Stadtteil befragt (vgl. Tab. 2). Insgesamt entschied sich jeder Zweite für das beziehungsarme Nebeneinander als die zutreffendste Beschreibung dafür; ein gutes Viertel (28%) erkannten auf ein Gemeinschaftsgefühl und immerhin für jeden Fünften (20%) waren häufige Konflikte zwischen Gruppen das bestimmende Merkmal.

Tab. 2: Jugend über Jugend im Stadtteil (Schülerbefragung in Prozent)

	Gemeinschaftsgefühl unter Gleichaltrigen	meist wenig Beziehung miteinander	Konflikte zwischen verschiedenen Gruppen	weiß nicht	keine Angabe
insgesamt	28	50	20	1	0
Leuben	37	50	12	1	1
Marxloh	22	33	43	1	1
Neudorf/Duissern	28	51	19	1	–
Nymphenburg	23	62	13	2	–
Schwabing-West	34	50	14	1	1
Berg am Laim	24	52	21	2	–

Auch hier wiederum unterscheiden sich die Stadtteile stark voneinander. Das Vorhandensein eines Gemeinschaftsgefühls unter den Jugendlichen wird am häufigsten von den Jugendlichen in Leuben (37%) und in Schwabing-West (34%) angegeben; am seltensten in Marxloh (22%) und in Nymphenburg (23%). Von Beziehungslosigkeit untereinander sprechen die meisten Jugendlichen in Nymphenburg (62%) und die wenigsten Marxloher Jugendlichen (33%). Von Konflikten wird vor allem aus Marxloh berichtet; untypisch sind Konflikte in Leuben (12%), Nymphenburg (13%) und Schwabing-West (14%).

Marxloh ist der Stadtteil, in dem von einem Gemeinschaftsgefühl unter Gleichaltrigen am wenigsten berichtet wird, dafür werden Konflikte am häufigsten genannt, am seltensten ein beziehungsloses Nebeneinander. Auch aus Nymphenburg gibt es nur wenige Nennungen vom Bestehen eines Gemeinschaftsgefühls, dafür aber im Gegensatz zu Marxloh kaum Nennungen zu Konflikten; hier gibt es einen hohen Anteil von Antworten zum beziehungslosen Nebeneinander. Schwabing-West und Leuben sind die Stadtteile mit den meisten positiven Nennungen zum Gemeinschaftsgefühl, den wenigsten Nennungen zu Konflikten und durchschnittlichen Anteilen Jugendlicher, die wenig Beziehungen untereinander feststellen. Die Antworten der Jugendlichen aus Neudorf/Duissern entsprechen in allen drei Antwortvorgaben fast genau dem Durchschnitt der übrigen Stadtteile.

Die Bewertung der Stadtteile durch die befragten Jugendlichen und ihre Eltern ergibt folgende Ergebnisse: Die Wohn- und Freizeitsituation wird von den Jugendlichen und den Eltern geringfügig unterschiedlich eingeschätzt; deutlich größere Unterschiede bestehen aber bei den Einschätzungen zwischen den Stadtteilen. Bei den Aussagen über die Situation der Jugendlichen gibt es Unterschiede zwischen den Stadtteilen, die allerdings nicht so groß sind wie die bei der Bewertung des Wohnens und der Freizeit. Die Unterschiede zwischen den Stadtteilen werden dabei vermutlich überlagert von jugendspezifischen Erwartungen und Verhaltensweisen.

5.2 Freizeitaktivitäten

An der Spitze der häufigen Freizeitaktivitäten liegen bei drei Viertel der Befragten Musik hören und Freunde besuchen (vgl. Tab. 3). Im Mittelfeld, von etwa jedem Zweiten angegeben, Sport, Fernsehen und Lesen. Etwa ein Viertel der Befragten nennt als Freizeitaktivitäten die Beschäftigung mit Tieren, Natur und Umwelt sowie Computerspiele oder künstlerische Betätigungen (Musizieren, Malen). Nur eine Minderheit von ca.10% nennt handwerkliche Hobbys und die Betreuung von Kindern und alten Menschen als Aktivitäten in der Freizeit. Noch ganz abgeschlagen und nur von 4% genannt liegt das Surfen im Internet.

Computerspiele sind eine Domäne der Jungen (41% häufig gegenüber 8% der Mädchen); künstlerische Betätigung dagegen ist eine Domäne der Mädchen (zwei Drittel gegenüber einem Drittel). Handwerklich betätigen sich mehr als die Hälfte der Jungen, aber nur gut ein Viertel der Mädchen. Und die Betreuung von Kindern oder alten Menschen kommt bei Mädchen fast doppelt so häufig vor wie bei Jungen.

Tab.3: Ausgeübte Freizeitaktivitäten (Schülerbefragung in Prozent)

	häufig	gelegentlich	selten/nie
Musik hören	78	15	8
Freunde/innen besuchen	74	20	6
Sport	58	26	16
Fernsehen/Video	46	38	17
Lesen	40	31	29
Tiere, Natur, Umwelt	29	32	39
Computerspiele	25	30	45
Musizieren, malen	25	22	53
Sich handwerklich betätigen	13	24	63
Kinder/alte Menschen betreuen	12	22	66
Im Internet surfen	4	12	84

Entgegen den großen Unterschieden in den Bewertungen der Stadtteile und entsprechend den geringen Unterschieden in den Bewertungen der Freizeitmöglichkeiten gibt es zwischen den Stadtteilen keine großen Unterschiede in den Freizeitaktivitäten der Jugendlichen, bis auf einige Ausnahmen. Im folgenden werden Prioritäten in den Freizeitaktivitäten der Jugendlichen in den Stadtteilen kurz dargestellt:

- Fernsehen/Video wird von den Jugendlichen in Nymphenburg weniger häufiger genutzt als in anderen Stadtteilen, ebenso Computerspiele.
- Freunde oder Freundinnen besuchen die Jugendlichen in Schwabing-West häufiger als anderswo.
- In Leuben und Berg am Laim treiben die Jugendlichen in ihrer Freizeit weniger häufig Sport. In beiden Stadtteilen sagen sie al-

lerdings, dass die Förderung von Sport und Fitness in der Schule eine wichtige Rolle spielt. Ob die Jugendlichen in diesen beiden Stadtteilen also weniger oft Sport treiben, kann deshalb nicht gesagt werden. Es kann durchaus sein, dass sie in der Schule mehr Gelegenheiten für sportliche Betätigung erhalten als in anderen Stadtteilen, die bei der Frage nach den Freizeitaktivitäten aber nicht in den Blick kommen.
- In Nymphenburg und Schwabing-West lesen die Jugendlichen in der Freizeit häufiger als in den anderen Stadtteilen.
- Künstlerisch betätigen sich die Befragten in Nymphenburg und Berg am Laim am häufigsten, am wenigsten dagegen in Neudorf/Duissern.
- In Berg am Laim und in Marxloh kommen handwerkliche Arbeiten in der Freizeit häufiger vor als in anderen Stadtteilen.
- Mit Tieren, der Natur und Umwelt beschäftigen sich ebenfalls die Jugendlichen in Berg am Laim am häufigsten.
- Kinder oder alte Menschen zu betreuen ist für die Jugendlichen in Marxloh eine häufig ausgeübte Aufgabe in ihrer Freizeit.

Nutzung von Freizeitangeboten

Unter den institutionellen Freizeitangeboten wird an erster Stelle das Kino genannt (vgl. Tab. 4). Es ist die am häufigsten besuchte Freizeiteinrichtung – nur 17% der Befragten geben an, nur selten oder nie ins Kino zu gehen. Mit etwas Abstand folgt der Besuch von Sportveranstaltungen (39% selten oder nie) und schon an dritter Stelle, aber nur noch von der Hälfte der Jugendlichen genutzt, eine öffentliche Bibliothek. Kino (79%), Sportveranstaltungen (64%) und öffentliche Bibliotheken (64%) nehmen auch in der Bewertung der Wichtigkeit von Freizeiteinrichtungen die Spitzenplätze ein.

Tab. 4: Nutzung von Freizeitangeboten (Schülerbefragung in Prozent)

	häufig	gelegentlich	selten/nie
Kino	40	42	17
Sportveranstaltungen	34	27	39
Öffentliche Bibliothek	20	30	50
Gaststätten/Kneipen	10	23	67
Konzert	7	25	68
Disco	11	20	69
Jugendzentren,-freizeitstätten	14	16	70
Theater	6	17	77

Der häufige oder gelegentliche Besuch von Gaststätten/Kneipen, von Konzerten oder Discos wird nur von ca. einem Drittel der Befragten genannt. Als Freizeitangebote sind Gaststätten/Kneipen – jedenfalls in der befragten Altersgruppe – gegenüber Konzerten und Discos weniger wichtig.

Erst an siebter Stelle, nur von knapp 30% regelmäßig oder gelegentlich besucht, stehen die Jugendfreizeitstätten; sie werden jedoch von knapp der Hälfte als „wichtig“ oder „sehr wichtig“ eingestuft.

Das Schlusslicht in unserem Angebotskatalog der Freizeiteinrichtungen bildet das Theater; nur 6% gehen „häufig“ und weitere 17% „gelegentlich“ ins Theater. Auch nur etwas weniger als 30% halten das Theater für ein „wichtiges“ (22%) oder gar „sehr wichtiges“ (8%) Freizeitangebot.

Merkliche geschlechtsspezifische Unterschiede gibt es beim Besuch von Sportveranstaltungen (drei Viertel der männlichen, aber nur die Hälfte der weiblichen Jugendlichen). Die Mädchen haben dafür bei Theater- und Konzertbesuchen einen leichten Vorsprung.

Bei der Nutzung institutionalisierter Freizeitangebote gibt es bemerkenswerte Unterschiede zwischen den Stadtteilen. Entsprechend den kulturellen Präferenzen gehen die Jugendlichen in Nymphenburg häufiger ins Kino und ins Theater. Gaststätten und Kneipen besuchen die Jugendlichen in Schwabing-West häufiger, Sportveranstaltungen die Jugendlichen in Neudorf/Duissern. Jugendzentren und -freizeitstätten spielen für die Jugendlichen in Marxloh und Neudorf/Duissern eine größere Rolle als in den anderen Stadtteilen, 22% der Befragten in Marxloh und 21% in Neudorf/Duissern gehen häufig in ein Jugendzentrum bzw. eine Jugendfreizeitstätte. Diese Angebote sind für die Jugendlichen in Marxloh und Neudorf/Duissern auch wichtiger als für die Jugendlichen in den anderen Stadtteilen.

Der Freundeskreis

Die Hälfte der Jugendlichen gibt an, ihre Freizeit im Rahmen eines Freundeskreises zu verbringen; nur bei 17% sind die sozialen Beziehungen auf Einzelfreundschaften konzentriert; ein weiteres Drittel hat zwar einen Freundeskreis, daneben aber auch besondere Einzelfreundschaften. Gut die Hälfte der Befragten hält die Bezeichnung ‚Clique‘ für ihre Freundschaftsbeziehungen für passend.

Für die Zusammensetzung des Freundeskreises spielen die Mitschüler/innen eine große Rolle. In knapp der Hälfte der Fälle besteht der Freundeskreis überwiegend aus ihnen; dagegen geben nur

13% an, dass nur wenige oder gar keine Mitschüler zum Freundeskreis gehören.

Die Zusammensetzung des Freundeskreises oder der Clique ist erwartungsgemäß stark geschlechtsspezifisch bestimmt. Bei ca. zwei Dritteln handelt es sich um geschlechtshomogene Gruppen – bei den männlichen Jugendlichen noch etwas häufiger als bei den weiblichen. Nur 8% der männlichen, aber 15% der weiblichen Jugendlichen geben an, dass sie sich überwiegend in einem andersgeschlechtlichen Freundeskreis bewegen.

Neben dem Geschlecht hat erwartungsgemäß auch die Nationalität für die Zusammensetzung der Freundeskreise eine große Bedeutung. Zwei Drittel der deutschen Jugendlichen sind überwiegend mit Deutschen zusammen, nur 7% überwiegend mit Jugendlichen ausländischer Herkunft. Bei den ausländischen Jugendlichen sind es hingegen nur weniger als die Hälfte (46%), die vorwiegend unter sich sind, und immerhin fast ein Drittel (31%) haben einen Freundeskreis, der zum größten Teil aus deutschen Jugendlichen besteht.

Interessant ist hier insbesondere Marxloh. Die Freundeskreise der Jugendlichen sind hier deutlich weniger als in den anderen Stadtteilen nach Nationalitäten bzw. kultureller Herkunft getrennt. Immerhin 17% der deutschen Jugendlichen in Marxloh sagen, dass die meisten oder alle aus ihrem Freundeskreis keine Deutschen sind, 41% der deutschen Jugendlichen in Marxloh haben einen Freundeskreis, zu dem auch Jugendliche nichtdeutscher Herkunft gehören. In den anderen Stadtteilen sind diese Quoten deutlich geringer, dort sind nur 5 bis 9% der deutschen Jugendlichen in einem Freundeskreis mit mehrheitlich Jugendlichen ausländischer Herkunft. Einige ausländische Freunde haben zwischen 37% der deutschen Jugendlichen in Nymphenburg und 56% in Neudorf/Duissern.[5] Auch wenn die Staatsangehörigkeit, die hier ausschließlich als Kriterium gilt, noch nichts über die ethnische Zugehörigkeit aussagt, können diese Daten als Hinweis auf möglicherweise doch stärkere interkulturelle Kontakte und Beziehungen gewertet werden, als verbreitet angenommen wird.

In Leuben, Marxloh und Neudorf/Duissern haben die Jugendlichen zu geringfügig höherem Anteil einen Freundeskreis, aber auch Einzelfreundschaften. In den Münchner Stadtteilen stellen Freun-

5 Angesichts der geringen Zahl der Befragten ohne deutschen Paß in den anderen Stadtteilen ist die Gegenprobe, wie hoch der Anteil deutscher Jugendlicher im Freundeskreis von Jugendlichen ohne deutschen Paß ist, wenig aussagekräftig.

deskreis und Einzelfreundschaften für die Jugendlichen dagegen weniger zwei sich ausschließende Alternativen dar, hier kommt es eher zu Überschneidungen und Vermischungen.

Mitgliedschaft in Vereinigungen

Im Zusammenhang mit ihrem Freizeitverhalten wurden die Jugendlichen auch nach ihrer Mitwirkung (nicht nur Mitgliedschaft) in Vereinen und Organisationen gefragt (vgl. Tab. 5).

Tab.5: Aktive Mitgliedschaft in Vereinen (Schülerbefragung in Prozent)

Sportverein	50
Kirche	19
Jugendverband/Jugendgruppe	18
Soziale Organisation (Arbeiterwohlfahrt, Rotes Kreuz)	4

Genau die Hälfte der Jugendlichen gibt an, in einem Sportverein aktiv zu sein; knapp ein Fünftel gehören einer kirchlichen Organisation an, etwas weniger einem Jugendverband, und nur einige wenige sind im sozialen Bereich engagiert. Noch weniger geben an, in einem Musikverein, einer Musik- oder Tanzgruppe mitzuwirken. Aktive Mitglieder in einer Tier- oder Umweltschutzorganisation kommen nur vereinzelt vor (9 Nennungen von 918), noch weniger (4 Nennungen) engagieren sich in einer politischen Partei. Jungen sind häufiger im Sportverein; Mädchen häufiger, ausländische Jugendliche seltener in kirchlichen Organisationen engagiert.

Die Unterschiede zwischen den Stadtteilen sind in dieser Hinsicht gering. Lediglich in Neudorf/Duissern ist ein etwas höherer Anteil der Jugendlichen in einem Sportverein aktiv; ebenfalls in Neudorf/Duissern und in Nymphenburg sind etwas mehr Jugendliche in einer kirchlichen Gruppe engagiert.

Welche Rolle der Stadtteil bei Freizeitaktivitäten spielt, ob sich die Jugendlichen mit Freunden eher im Stadtteil oder oft außerhalb treffen und ob die Vereine, an denen sich die Jugendlichen beteiligen, im Stadtteil angesiedelt sind oder außerhalb, kann aufgrund dieser Daten nicht gesagt werden. Etwas mehr Aufschluss geben die Antworten auf die Frage, wo sich die Jugendlichen in der Freizeit aufhalten. Dabei zeigt sich, dass sich die Jugendlichen dieser Altersgruppe in ihrer Freizeit häufig zu Hause und im Stadtteil aufhalten; Orte außerhalb des Stadtteils werden in der Freizeit dagegen weniger oft aufgesucht. 57% der befragten Jugendlichen sagen, dass sie sich in ihrer Freizeit häufig zu Hause aufhalten, außer Haus im Stadtteil bewegen sich 48% und nur 22% suchen häufig Orte außerhalb des Stadtteils auf. Das deutet darauf hin, dass der Stadtteil insgesamt eine große Bedeutung für die Freizeit der Jugendlichen der befragten Altersgruppe hat.

Etwas häuslicher als die anderen sind die Jugendlichen in Nymphenburg und Berg am Laim, häufiger außer Haus, aber im Stadtteil halten sich die Jugendlichen in Schwabing-West auf. Etwas häufiger an Orten außerhalb des Stadtteils halten sich die Jugendlichen aus Neudorf/Duissern und auch aus Berg am Laim auf.

5.3 Normverstöße – Jugend als Risiko?

Auffälligkeiten wie Schulschwänzen, Suchtmittelgebrauch, Gewalt und Ausländerfeindlichkeit interessieren in erster Linie in Bezug auf die jeweilige Einzelschule. Sie kennzeichnen darüber hinaus aber auch die Alltagskultur der Jugendlichen in den Stadtteilen, da sie in irgendeiner Weise immer auch Ausdruck des sozialen Klimas und der Lebensstile der Schülerinnen und Schüler sind.

Tab. 6: Schulschwänzen (Schülerbefragung in Prozent)

ist weit verbreitet	24
gibt es ab und zu	42
kommt selten vor	26
gibt es nicht	7
weiß nicht	1

Immerhin ein Viertel der befragten Jugendlichen gibt an, dass Schulschwänzen an ihrer Schule „weit verbreitet" ist; weitere 42% sagen, dass es „ab und zu" vorkommt und nur jeder Dritte meint, dass es „selten" ist oder „überhaupt nicht vorkommt" (vgl. Tab. 6). Am meisten wahrgenommen wird das Schulschwänzen an Gesamtschulen (32% „weitverbreitet", 44% „ab und zu") und an Hauptschulen (28% bzw. 44%), am wenigsten an Mittel- und Realschulen (52% bzw. 44% selten bis nie). Das Phänomen des Schwänzens verteilt sich entsprechend dem Schulangebot auf die Stadtteile: die höchsten Anteile von Nennungen gibt es in Duisburg, die niedrigsten in Leuben. In Schwabing scheint trotz des sehr hohen Anteils an Gymnasiasten eine gewisse Schwänzerkultur zu bestehen – nur jeder vierte Befragte (23%) meint hier, dass Schulschwänzen „eher selten" oder „überhaupt nicht" vorkommt.

Tab.7: Alkoholkonsum in der Schule (Schülerbefragung in Prozent)

ist weit verbreitet	3
gibt es ab und zu	11
kommt selten vor	25
gibt es nicht	60
weiß nicht	2

Tab.8: Drogenkonsum in der Schule (Schülerbefragung in Prozent)

ist weit verbreitet	3
gibt es ab und zu	12
kommt selten vor	22
gibt es nicht	59
weiß nicht	3

Alkohol- und Drogenkonsum an ihrer Schule wird nur von einer Minderheit benannt (vgl. Tab. 7 und Tab. 8). Nur 3% geben an, dass Alkoholgenuß „weit verbreitet" ist, 11% meinen, dass er „ab und zu vorkommt", aber 25%, dass er „selten" und 60%, dass er „überhaupt nicht vorkommt". Fast identisch sind die Zahlen zum Drogenkonsum: 16% geben an, dass Drogenkonsum an ihrer Schule mindestens „ab und zu" vorkommt und mehr als die Hälfte (59%) meint, dass es dies an ihrer Schule „nicht gibt". Von einem Alkohol- und Drogenproblem wird am seltensten in Marxloh (6% bzw. 7% mindestens „ab und zu"), insbesondere von Drogenkonsum am häufigsten im Schwabing-West (23% mindestens „ab und zu" vorkommend) berichtet. Ganz offensichtlich sind Alkohol und Drogen noch kaum ein Problem der von uns befragten Altersgruppe der 14- bis 16jährigen, sondern werden insbesondere dort wahrgenommen, wo sich auch viele ältere Schüler an den Schulen befinden, was bei den Gymnasien der Fall ist. Dass an ihrer Schule mindestens „ab und zu" mit Drogen Handel getrieben wird, stellt nur eine noch kleinere Gruppe von unter 20% fest. Allerdings darf auch diese Zahl nicht so interpretiert werden, als ob diese Gruppe konkrete Erfahrungen mit Drogenhandel hätte oder gar gefährdet wäre, sondern muß wohl eher als Hinweis darauf gedeutet werden, dass dies an der Schule ein Thema ist, über das gesprochen wird.

Tab.9: Bedrohung durch Jugendliche in der Schule (Schülerbefragung in Prozent)

ist weit verbreitet	3
gibt es ab und zu	14
kommt selten vor	40
gibt es nicht	42
weiß nicht	1

Zum Thema Gewalt haben wir gefragt, ob Schüler durch andere Schüler bedroht werden (vgl. Tab. 9). Zwar sagen auch hier nur 14%, dass dies mindestens „ab und zu" vorkommt, aber nur 41%, dass es dies „überhaupt nicht" gibt. Und hierbei gibt es nun offensichtlich schulartspezifische Unterschiede. Von mehr als jedem dritten Gesamtschüler (35%) und von jedem vierten Hauptschüler (24%) wird berichtet, dass Bedrohungen untereinander „weit verbreitet sind" oder zumindest „ab und zu" vorkommen, während dies nur von jedem zehnten Gymnasiasten angegeben wird. Ähnliche schulartspezifische Unterschiede ergeben sich auf die Frage, ob es vorkommt, dass Schüler durch andere erpreßt werden – allerdings auf niedrigerem Niveau: zwei Drittel sagen dies „gibt es nicht", ein Viertel, dass es „selten" und nur 7%, dass es „ab und zu" oder gar „häufig" vorkommt.

Obwohl sich in diesem Sinne deutliche schulartspezifische Unterschiede bezüglich eines Klimas von Gewalt zeigen, müssen dafür aber auch tiefer liegende, aus der sozialen Lage der Jugendlichen herrührende Faktoren eine Rolle spielen. Anders wäre nicht zu erklären, dass erwartungsgemäß in den Münchener Stadtteilen mit einem hohen Gymnasiastenanteil, in Nymphenburg und Schwabing-West, das Bedrohungspotential am niedrigsten eingeschätzt wird, es in Duisburg Innenstadt aber mit einem fast ebenso hohen Gymnasiastenanteil nur wenig unter dem insgesamt höchsten Niveau von Duisburg Marxloh liegt und weit über dem von Berg am Laim mit seiner eher mit Marxloh vergleichbaren Schülerstruktur.

Tab.10: Ausländerfeindlichkeit in der Schule (Schülerbefragung in Prozent)

ist weit verbreitet	2
gibt es ab und zu	11
kommt selten vor	29
gibt es nicht	58
weiß nicht	0

Ethnische Konflikte scheinen für die meisten unserer befragten Jugendlichen kein besonders auffälliges Problem darzustellen. Ausländerfeindlichkeit an ihrer Schule „gibt es nicht“, sagen 58% der Befragten (vgl. Tab. 10). Nur 13% aller Befragten meinen, dass sie mindestens „ab und zu“ vorkommt. Ausländerfeindlichkeit wird interessanterweise sogar von den ausländischen Jugendlichen (64% „gibt es nicht“) überraschend selten wahrgenommen, ebenso auch von den Schülern von Hauptschulen (62% „gibt es nicht“), an denen der Ausländeranteil am höchsten ist (34% bei einem Durchschnitt von 14%).

Die Dresdener Jugendlichen nehmen hier eine auffällige Sonderrolle ein. Zum einen kommen in der Untersuchungsgruppe in Leuben ausländische Jugendliche nicht vor; zum anderen ist aber die Wahrnehmung ausländerfeindlicher Vorfälle hier am ausgeprägtesten. Demgegenüber wird entgegen der weitverbreiteten Ansicht insbesondere aus den Duisburger Schulen und Stadtteilen mit einem überdurchschnittlich hohen Ausländeranteil von weit weniger Ausländerfeindlichkeit berichtet; ganz zu schweigen von den Münchener Schulen und Stadtteilen mit ihrem etwa dem Durchschnitt entsprechenden Ausländeranteil. Bei einem Ausländeranteil von immerhin 15% sagen 71% der Schwabinger Jugendlichen, dass es an ihrer Schule „keine Ausländerfeindlichkeit gibt“, und nur 9%, dass sie „häufig“ oder mindestens „ab und zu“ vorkommt.

Ganz generell fällt bei der Wahrnehmung von Regelverstößen durch die Jugendlichen auf, dass es kaum geschlechtsspezifische Unterschiede gibt und nur eine geringfügig niedrigere Wahrnehmung von Regelverstößen bei ausländischen Jugendlichen.

5.4 Die Beschäftigung mit der Berufswahl

Etwa drei Viertel der befragten Jugendlichen haben sich teils „häufig“, teils „ab und zu“ mit der Frage befasst, was sie nach Beendigung der Schule beruflich machen möchten (vgl. Tab. 11). Im Geschlechtervergleich fällt ins Auge, dass Mädchen deutlich häufiger als ihre männlichen Altersgenossen angeben, sich mit dieser Frage schon befaßt zu haben (79% gegenüber 69%). Bemerkenswert ist, dass dieser Unterschied so deutlich ausfällt, obgleich die Mädchen in der Schulart, in der die Beschäftigung mit diesem Thema am geringsten ausgeprägt ist, dem Gymnasium, anteilmäßig stärker vertreten sind als die Jungen. Dieser Gesichtspunkt hat um so mehr Gewicht, als mit 440 Jugendlichen fast die Hälfte unserer Untersuchungsgruppe das Gymnasium besucht. Wie die Tabelle 11 zeigt, wachsen die Anteile derjenigen, die sich mit dem Berufsthema befassen, mit wachsendem Lebensalter ebenso wie mit den Klassenstufen.

Tab. 11: Beschäftigung mit der Berufswahl nach Alter, Geschlecht und besuchter Schulklasse (Schülerbefragung in Prozent)

	häufig	ab und zu	ganz selten	überhaupt noch nicht
insgesamt	40	34	17	9
männlich	36	33	20	11
weiblich	44	35	14	7
13 Jahre	28	38	22	13
14 Jahre	36	32	21	10
15 Jahre	39	36	15	9
16 Jahre	60	29	9	3
6./7. Klasse	22	31	24	22
8. Klasse	33	35	22	9
9.Klasse	42	33	15	10
10.-12. Klasse	52	34	11	4

Auch in der Verteilung nach den Schularten zeigen sich die erwarteten Unterschiede (vgl. Tab. 12). Das Gymnasium stellt mit knapp einem Drittel den geringsten Anteil derjenigen, die sich „häufig“ mit der Frage befassen, was sie nach der Schule beruflich machen möchten, die Besucher aller anderen Schularten liegen über 40%, wobei die Hauptschülerinnen und Hauptschüler mit über der Hälfte an der Spitze liegen. Dem entspricht, dass in der Hauptschule der Anteil derjenigen, die sich nur „ganz selten“ mit der Berufswahl beschäftigt haben, mit am niedrigsten, der der Gymnasiasten aber am höchsten ist. Dass allerdings 14% der Hauptschüler sich „überhaupt noch nicht“ mit der Frage befasst haben, ist ein Hinweis auf ein auch aus anderen Untersuchungen bekanntes Problem: Ein Teil der Hauptschülerinnen und Hauptschüler ist bis zum Ende der Schulzeit unzureichend beruflich orientiert. Auch von den Jugendlichen, die eine 8. oder 9. Klasse besuchen, hat sich immerhin fast jeder Fünfte nur ganz selten oder noch überhaupt nicht mit der Frage der Berufswahl beschäftigt.[6] Deshalb ist auch zu fragen, ob vorberufliche Bildung und berufliche Orientierung an

6 Allerdings sind die Fallzahlen der Jugendlichen, die eine Hauptschule besuchen, in unserer Untersuchungsgruppe relativ klein. Nur 50 der befragten Jugendlichen besuchten eine achte Klasse einer Hauptschule und nur 33 eine neunte.

der Hauptschule nicht intensiviert werden sollte und wie auch Jugendliche angesprochen werden können, die bisher keinen Zugang zu dem Thema gefunden haben.

Tab. 12: Beschäftigung mit der Berufswahl nach Schulart und angestrebtem Abschluss (Schülerbefragung in Prozent)

	häufig	ab und zu	ganz selten	überhaupt noch nicht
insgesamt	40	34	17	9
Hauptschule	55	23	8	14
Mittelschule	45	38	10	6
Realschule	50	28	14	7
Gymnasium	32	38	21	10
Gesamtschule	44	34	15	7
Förder-/Sonderschule	42	26	26	5
Hauptschulabschluss	53	20	11	16
mittlere Reife	52	31	11	6
Fachabitur	43	31	17	9
Abitur	33	37	21	9

Betrachten wir die Beschäftigung mit diesen Thema an den unterschiedlichen Befragungsorten (vgl. Tab. 13), so fällt auf, dass die traditionellen Arbeiterwohngebiete Marxloh und Berg am Laim die höchsten Anteile Jugendlicher aufweisen, die sich mit der Frage ihres künftigen Berufs mit 49% beziehungsweise 46% häufig beschäftigt haben, während die „besseren" Stadtbezirke Neudorf/Duissern, Nymphenburg und Schwabing-West mit Anteilen zwischen 34 und 36% die niedrigsten Werte zeigen. Betrachtet man die Unterschiede nach der Haushaltszusammensetzung, in der die Befragten leben, so zeigen sich erwartungsgemäß geringe Unterschiede.

Tab. 13: Beschäftigung mit der Berufswahl nach Stadtteil (Schülerbefragung in Prozent)

	häufig	ab und zu	ganz selten	überhaupt noch nicht
insgesamt	40	34	19	7
Leuben	41	34	19	7
Marxloh	49	24	16	11
Neudorf/Duissern	35	37	21	8
Nymphenburg	34	40	17	9
Schwabing-West	36	38	15	11
Berg am Laim	46	30	14	9

Bemerkenswert ist allerdings, dass sich von den 556 Jugendlichen, die mit einem Elternpaar und ein oder mehr Geschwistern aufwachsen, nur 39% „häufig" mit dieser Frage beschäftigt haben, während diejenigen, die mit alleinerziehenden Eltern leben, darüber liegen (43%). Auch in diesem Zusammenhang treten also die Jugendlichen mit alleinerziehenden Eltern keinesfalls als eine Problemgruppe in Erscheinung.

Größere Unterschiede ergibt eine Differenzierung nach dem höchsten Schulabschluss der Eltern (vgl. Tab. 14). Von den Jugendlichen deren Eltern höchstens einen Hauptschulabschluss besitzen (bzw. einen Volksschulabschluss oder die POS nach der 8. Klasse verlassen haben), haben sich mehr als die Hälfte bereits häufig mit der Frage der Berufswahl beschäftigt. Besitzt dagegen mindestens ein Elternteil das Abitur als höchsten Schulabschluss, nimmt der Anteil derer, die sich damit häufig befasst haben, auf weniger als ein Drittel ab. Nicht ganz so stark, aber ebenso deutlich, steigt mit dem Anteil des höchsten Schulabschlusses eines Elternteils der Anteil der Jugendlichen, die sich mit der Frage ihres zukünftigen Berufs „ab und zu" beschäftigt haben.

Tab. 14: Beschäftigung mit der Berufswahl nach höchstem Schulabschluss der Eltern (Schülerbefragung in Prozent)

	häufig	ab und zu	ganz selten	überhaupt noch nicht
insgesamt	40	34	17	9
Volks-/Hauptschule/POS 8. Klasse	53	25	14	8
mittlere Reife/POS 10.Klasse	47	29	15	9
Fachabitur/Berufsausbildung mit Abitur	36	39	19	7
Abitur	29	41	20	10
anderer Schulabschluss	37	29	20	14

Dieser Befund legt die Deutung nahe, dass mit zunehmendem sozialen und kulturellen Kapital in der Herkunftsfamilie auch die Bereitschaft steigt, den Jugendlichen in der Jugendphase ein ausgedehntes, in der Regel durch den Besuch weiterführender Schulen ausgefülltes Moratorium zuzugestehen und dass die Jugendlichen dies auch in Anspruch zu nehmen bereit sind. Dazu gehört, dass sie sich um ihren künftigen Beruf so früh noch keine Gedanken machen müssen.

Tab. 15: Beschäftigung mit der Berufswahl nach Erwerbsstatus der Eltern (Schülerbefragung in Prozent)

	häufig	ab und zu	ganz selten	überhaupt noch nicht
insgesamt	40	34	17	9
beide (bzw. alleinerziehend) vollzeit	43	32	18	7
ein Elternteil vollzeit, einer teilzeit	37	34	18	11
ein Elternteil vollzeit, einer nicht erwerbstätig	41	32	16	10
kein Elternteil vollzeit	35	41	16	8
nicht zuordenbar	50	31	9	9

Nicht ganz so eindeutig sind die Ergebnisse bei der Differenzierung nach dem Erwerbsstatus der Eltern. Hier zeigt sich ein Bild (vgl. Tab. 15), das zunächst im Widerspruch zu der ersten Interpretation zu stehen scheint. Je besser die Eltern auf dem Arbeitsmarkt integriert sind (mindestens ein Elternteil vollzeit erwerbstätig), desto häufiger befassen sich deren Kinder mit ihrer eigenen Berufswahl. Anders dagegen, wenn kein Elternteil vollzeit erwerbstätig ist: Nur 35% dieser Jugendlichen haben sich bisher „häufig" mit dieser Frage befaßt, 41% „ab und zu". Hier sind wir geneigt, schwierige Beziehungen zur Arbeitswelt in der Familie zu unterstellen und von daher die Daten als einen Hinweis auf einen möglichen Kompetenzmangel hinsichtlich der Vorbereitung der eigenen Kinder auf den Übergang in Ausbildung und Beschäftigung zu deuten und nicht als Hinweis auf ein bewußt gewähltes Moratorium.

Entscheidung für einen Beruf

Ähnlich wie bei der Beschäftigung mit der Berufswahl fallen auch die Antworten der Jugendlichen auf die Frage aus, ob sie bereits eine Berufswahl getroffen haben.

Weniger als ein Drittel (28%) wissen schon „ganz genau", welchen Beruf sie ergreifen wollen, ein Drittel (33%) wissen es „noch nicht so richtig", und knapp zwei Fünftel (39%) meinen, dass sie „ungefähr" schon wissen, was sie beruflich machen wollen. Die Antworten auf diese Frage unterscheiden sich am stärksten bei der Differenzierung nach der Schulart der von den Befragten besuchten Schule.

So haben bereits 51% der Hauptschülerinnen und Hauptschüler in unserer Untersuchungsgruppe eine Berufswahl getroffen gegenüber nur 17% bei den Schülerinnen und Schülern des Gymnasiums. Dementsprechend ist auch der Anteil der noch ganz und gar Unentschiedenen bei den Jugendlichen in Hauptschulen mit 22%

gerade mal etwas mehr als halb so hoch wie bei den Jugendlichen im Gymnasium mit 40%. Dass sich beim angestrebten Schulabschluss der Jugendlichen ähnliche Verhältnisse zeigen, ist angesichts des erwarteten Zusammenhangs zwischen Bildungsgang und angestrebten Schulabschluss nicht überraschend.

Bemerkenswert ist allerdings, dass sich diese Relationen in ganz ähnlicher Weise zeigen, wenn wir nach dem höchsten Schulabschluss eines Elternteils differenzieren: In der Gruppe derjenigen Jugendlichen, deren Eltern als höchsten Schulabschluss den Hauptschulabschluss bzw. den Abschluss der Klasse 8 der POS erreicht haben, ist der Anteil derjenigen, die bereits eine Berufswahlentscheidung getroffen haben, mit 43% mehr als doppelt so hoch als bei denjenigen, von denen mindestens ein Elternteil das Abitur erreicht hat. Nur ein Viertel (25%) derjenigen, deren Eltern als höchsten Schulabschluss den Hauptschulabschluss erreicht haben, haben noch keine Berufswahl getroffen, dagegen 41% derjenigen, bei denen mindestens ein Elternteil das Abitur erreicht hat.

Abb.8: Berufswahl bereits getroffen (Schülerbefragung in Prozent)

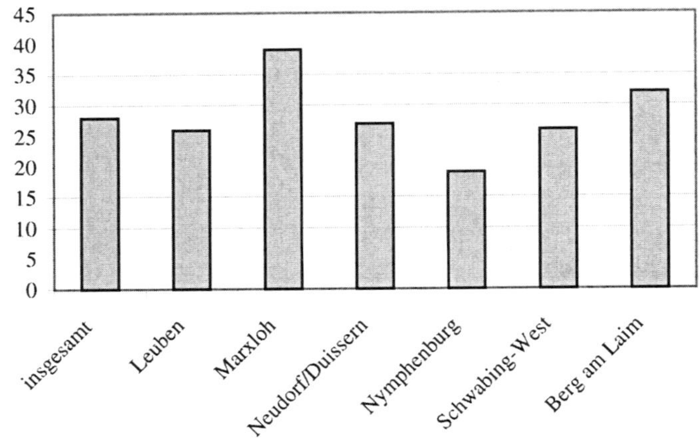

Die Tendenz, die sich bei den Antworten auf die Frage nach der Beschäftigung mit der Berufswahl bereits angedeutet hat, verstärkt sich hier deutlich. Je besser die soziale und ökonomische Situation in der Familie und im Stadtteil ist, desto mehr lassen Jugendliche im Alter zwischen 14 und 16 Jahren diese Frage offen und sind weniger früh auf einen bestimmten Beruf festgelegt. Im wirtschaftlich privilegierten Stadtteil Nymphenburg haben sich erst wenige Jugendliche (19%) für einen bestimmten Beruf entschieden (vgl. Abb. 8), in den vergleichsweise benachteiligten Stadtteilen Marxloh und Berg am Laim schon fast doppelt so viele (39% bzw. 32%). Je stärker ökonomische Notwendigkeiten die Lebensplanung bestimmen, desto eher entscheiden sich Jugendliche bereits in diesem Alter für einen bestimmten Beruf. Der Offenheit, unterschiedliche Alternativen durchzuspielen und zu erwägen, steht eine frühzeitige Festlegung entgegen, die zwar mehr Sicherheit gewährt, zugleich aber auch Optionen ausschließt und somit das Spektrum der Möglichkeiten einschränkt.

Wir sollten deshalb vorsichtig mit der Bewertung umgehen, frühe Entscheidung für den angestrebten Beruf als Ausweis einer intensiven und guten Vorbereitung auf die Arbeitswelt zu deuten. Die zunehmend geforderte berufliche Flexibilität und Mobilität und die meist unüberschaubare Situation auf dem Ausbildungs- und Arbeitsmarkt, zumindest im unteren Bildungsbereich, bedeuten auch, dass mit der Festlegung auf einen ‚Wunschberuf' Optionen für eine berufliche Ausbildung und den Eintritt in den Arbeitsmarkt ausgeschlossen werden. Unter solchen Bedingungen gewinnt die Kompetenz, die regionalen Ausbildungs- und Arbeitsmärkte zu erkunden und ihre Chancen und Möglichkeiten mit eigenen Interessen, Wünschen und Voraussetzungen in Beziehung zu setzen, gegenüber einer festlegenden Berufswahlentscheidung erheblich an Bedeutung.

Die Unterschiede zwischen den Gruppen legen auch die Deutung nahe, dass mit höherer Bildung in der Herkunftsfamilie, mit weiterreichender Bildungsaspiration und dem entsprechenden Schulbesuch der Stellenwert von allgemeiner schulischer Bildung in der Jugendphase steigt und demgegenüber berufliche Festlegungen jedenfalls in der von uns befragten Altersgruppe noch offen gehalten werden. Genau dies sind die Voraussetzungen dafür, dass die Jugendphase als ein Moratorium ausgestaltet werden kann, in dem Bildungs- und Persönlichkeitsentwicklung einen hohen Stellenwert haben und die Frage der Berufseinmündung demgegenüber hinausgeschoben wird.

Pläne für die Zeit nach der Schule

Hinsichtlich der bevorzugten Berufsausbildungen zeigen sich deutliche Unterschiede zwischen den Geschlechtern. Während 37% der befragten Jungen eine betriebliche Ausbildung anstreben, sind dies nur 24% der Mädchen. Dafür bevorzugen die Mädchen schulische Berufsausbildungen (18% gegenüber 8% bei den Jungen) und ein Hochschulstudium (40% gegenüber 34% bei den Jungen). Diesen unterschiedlichen Orientierungen entsprechen auch unterschiedliche objektive Chancenstrukturen des beruflichen Ausbildungswesens: Insbesondere die ‚frauentypischen' Berufe im Sozial- und Pflegebereich sind ganz überwiegend über schulische Berufsausbildungen zugänglich, während ein großer Teil der insbesondere gewerblich-technischen betrieblichen Ausbildungsberufe für Mädchen sowohl schwerer zugänglich ist als auch von ihnen weniger favorisiert wird.

Tab.16: Bevorzugte Berufsausbildung nach besuchter Schulart, angestrebtem Schulabschluss und dem höchsten Schulabschluss der Eltern (Schülerbefragung in Prozent)

	Betriebliche Ausbildung	Schulische Berufsausbildung	Studium	Beamtenausbildung	Berufsvorbereitungsmaßnahme	Arbeiten ohne Ausbildung	anderes weiß nicht
insgesamt	31	13	37	6	6	1	6
Hauptschule	59	15	5	3	9	2	7
Mittelschule	48	18	9	4	5	3	4
Realschule	43	18	19	8	5	1	6
Gymnasium	15	7	60	5	6	0	7
Gesamtschule	33	22	22	10	5	2	6
Förder/ Sonderschule	47	16	11	–	11	5	11
Hauptschulabschluss	59	17	–	–	9	6	8
Mittlere Reife	56	18	8	6	6	1	5
Fachabitur	29	31	23	9	9	–	–
Abitur	15	8	59	6	6	1	7
Volks-/Hauptschule/POS 8. Klasse	44	21	17	7	5	1	4
Mittlere Reife POS 10. Klasse	41	11	30	4	6	1	6
Fachabitur/-Berufsausbildung mit Abitur	31	16	40	4	3	–	7
Abitur	16	7	55	7	6	1	8
Anderer Schulabschluss	37	17	20	9	14	-	3

Tabelle16 zeigt zunächst einmal, dass in unserer Untersuchungsgruppe die Vorstellung, im Anschluss an die Schule zu studieren, mit 37% noch vor der betrieblichen Ausbildung mit 31% liegt. Daneben haben allenfalls die vollzeitschulischen Berufsausbildungen mit 13% einen gewissen Stellenwert, insbesondere für die Mädchen. Alle anderen beruflichen bzw. vorberuflichen Qualifizierungsmaßnahmen sind demgegenüber nachrangig. Bemerkenswert ist aber auch, dass die Vorstellung, im Anschluss an die Schule direkt in eine Erwerbsarbeit übergehen zu können, kaum noch vorhanden sind: Es sind gerade 1% in unserer Untersuchungsgruppe, die diese Vorstellung noch hegen.

Insgesamt muß man diese Zukunftsvorstellungen der Jugendlichen als durchaus realistisch einschätzen. Denn direkte Übergänge in bezahlte Erwerbsarbeit im Anschluss an den Besuch der Pflichtschule gibt es – in Deutschland wenigstens – relativ selten. Deutlich über 90% der Jugendlichen sehen deshalb auch als nächsten Schritt im Anschluss an die Schule eine Berufsausbildung vor sich. Dabei ist der hohe Anteil derer, die ein Hochschulstudium anstreben, sicher zum einen Folge der Überrepräsentation Jugendlicher aus Herkunftsverhältnissen mit höherer Schulbildung. Aber auch mit dieser Orientierung auf eine anspruchsvolle berufliche Qualifizierung entsprechen die Jugendlichen einer am Arbeitsmarkt seit langem beobachteten Tendenz: Die Beschäftigungschancen Gering- oder Nichtqualifizierter sind in den vergangenen Jahrzehnten ständig gesunken, während insbesondere diejenigen mit Fachhochschul- und Hochschulausbildungen sich am Arbeitsmarkt überdurchschnittlich gut behaupten konnten.

Vergleichen wir die gewünschten Berufsausbildungen nach Nationalitäten, so zeigen sich bemerkenswert geringe Unterschiede zwischen deutschen und ausländischen Jugendlichen. Auch ausländische Jugendliche streben ganz überwiegend eine der Formen beruflicher Qualifizierung an und leben keinesfalls mehr in der Vorstellung, dass Arbeit ohne Ausbildung für sie eine realistische Perspektive im Anschluss an ihre Schulzeit sein könnte. Ihr Anteil bei denjenigen, die ein Hochschulstudium anstreben, ist mit 32% (gegenüber 38% bei den Deutschen) bemerkenswert hoch. Dementsprechend liegen ihre Anteile mit 35% (gegenüber 30% bei den Deutschen) bei den betrieblichen Ausbildungen und mit 17% (gegenüber 12% bei den Deutschen) bei den schulischen Berufsausbildungen deutlich, aber keineswegs dramatisch höher.

Sehr viel deutlicher fallen die Unterschiede hinsichtlich der bevorzugten Berufsausbildung in Abhängigkeit von der besuchten Schulart, dem angestrebten Schulabschluss und dem höchsten Schulabschluss der Eltern aus (vgl. Tab. 16). So ist der Anteil derjenigen, die ein Hochschulstudium anstreben, unter den Jugendlichen, die ein

Gymnasium besuchen, mit 60% mit großem Abstand am höchsten gegenüber nur 5% der Jugendlichen, die eine Hauptschule besuchen. Aber in den anderen Schularten der Sekundarstufe I streben die Jugendlichen nur mit deutlich weniger als halb so hohen Anteilen ein Hochschulstudium an wie die Jugendlichen im Gymnasium.

Bezogen auf alle anderen Formen beruflicher Qualifizierung im Anschluss an die Schule sind die Unterschiede deutlich geringer. Die Jugendlichen, die Mittelschulen und Realschulen besuchen, sind fast zur Hälfte, die Gesamtschülerinnen und Gesamtschüler zu einem Drittel auf eine betriebliche Ausbildung orientiert. Unter den Gymnasiasten ist der Anteil derer, die vorhaben und sich vorstellen können, in eine betriebliche Ausbildung überzugehen, mit nur 15% weniger als halb so hoch. Auch in der Gruppe derjenigen, die eine schulische Ausbildung anstreben, liegen die Anteile der Jugendlichen aller anderen Schularten zwischen 15% und 22% und damit mehr als doppelt so hoch wie der der Gymnasiasten.

In den angestrebten Schulabschlüssen bilden sich weitgehend die Verteilungen nach den besuchten Schularten ab, allerdings mit der deutlichen Tendenz einer Verschiebung zu höheren Abschlüssen als denen, die der besuchten Schulart direkt entsprechen. Bemerkenswert ist hier, dass die Anteile derjenigen, die einen Hauptschulabschluss und eine betriebliche Ausbildung beziehungsweise eine Mittlere Reife und eine betriebliche Ausbildung anstreben, sich mit 59% beziehungsweise 56% kaum unterscheiden. Dies entspricht der Tatsache, dass die Mittlere Reife inzwischen zur Standardvoraussetzung für den Eintritt in eine betriebliche Ausbildung geworden ist, während sich für Jugendliche mit Hauptschulabschluss berufsvorbereitende Maßnahmen und allenfalls schulische Ausbildungen als Alternative zu einer betrieblichen Ausbildung anbieten. Auffällig ist auch, dass in der kleinen Gruppe derjenigen, die das Fachabitur anstreben, der Anteil derjenigen, die ein Hochschulstudium anstreben mit 23% weniger als halb so hoch ist wie bei denen, die das Abitur (59%) anstreben.

Betrachten wir dagegen die Verteilung der bevorzugten Berufsausbildungen nach dem höchsten Schulabschluss der Eltern, so werden die Unterschiede etwas flacher: Immerhin 17% der Jugendlichen mit Eltern, die als höchsten Schulabschluss den Hauptschulabschluss beziehungsweise den Abschluss der POS nach Klasse 8 erreicht haben, streben ein Hochschulstudium an. Unter den Jugendlichen mit Eltern, die mit Mittlerer Reife beziehungsweise mit dem Abschluss der 10. Klasse der POS die Schule verlassen haben, sind es 30%, unter den Eltern mit Fachabitur beziehungsweise Berufsausbildung mit Abitur sind es 40% und unter den Jugendlichen mit Eltern, von denen mindestens ein Elternteil das Abitur erreicht hat, sind es 55%. Dabei sind insbesondere die Anteile der Jugendlichen mit Ambitionen auf ein Hochschulstudium aus Elternhäusern, in denen der höchste Bildungsabschluss der Hauptschulabschluss oder die Mittlere Reife ist, ein deutlicher Hinweis auf ein nach wie vor vorhandenes Streben nach sozialem Aufstieg über Bildung. Dabei stellt sich allerdings die Frage, ob die angestrebte höhere Bildung, auch wenn sie erfolgreich erworben wird, nicht angesichts der vorhandenen Bildungsexpansion und der steigenden Qualifikationsansprüche im Beschäftigungssystem schon allein dafür notwendig ist, um die in der Familie einmal erreichte soziale und berufliche Positionierung zu halten.

Berufliche Orientierung hat insgesamt bei den Jugendlichen einen hohen Stellenwert. Für Jugendliche im Gymnasium, die die gymnasiale Oberstufe noch vor sich haben, sind Fragen der Berufswahl und der Vorbereitung auf die Arbeitswelt weniger drängend. Ihnen geht es in der gegenwärtigen Lebensphase vor allem darum, durch Bildung ihre Optionen für den Zugang zu Beschäftigung zu erweitern. Diesen Sachverhalt spiegeln unsere Daten deutlich wider. Ob diejenigen, die sich aufgrund ihrer Schullaufbahn oder der sozialen und ökonomischen Bedingungen in der Familie stärker mit der Berufswahl und der Arbeitswelt beschäftigen, gut vorbereitet sind auf eine Berufsausbildung, ob möglichst frühe berufliche Orientierungen dabei hilfreich sind oder ob sie auch Möglichkeiten ausschließen, kann aufgrund unserer Befragung nicht gesagt werden. Es zeigt sich jedoch quer zu den einzelnen Fragen bezüglich der Berufsvorbereitung, wie ungleich die Ausgangsbedingungen sind und welche Wirkungen auf die Jugendphase sich daraus ergeben. Die Doppelbedeutung der gesellschaftlichen Lebenslage Jugend, einerseits als eine Zeit der Vorbereitung auf das Erwachsenenleben und damit auf Beruf und Erwerbsarbeit, andererseits als ein biografisches Moratorium, durch das Jugendliche freigestellt sind vom Erwartungsdruck und von den Verwertungsinteressen der Arbeitsgesellschaft, nimmt je nach konkreten lebensweltlichen Bedingungen unterschiedliche Gestalt an. In bildungsorientierten bürgerlichen Milieus überwiegt der Charakter des Moratoriums bei weitem, wogegen in bildungsferneren, sozial weniger begünstigten Milieus der Aspekt der Vorbereitung auf die Berufs- und Arbeitswelt dominiert.

Dies wird besonders deutlich in den Antworten auf die Frage, was die Jugendlichen nach der Schulzeit bevorzugen. Die mögliche Antwort „Auf jeden Fall noch etwas Zeit lassen und davor etwas anderes machen" wird insgesamt von knapp einem Drittel gewählt (29%). Auch hier zeigen sich wieder die bekannten Unterschiede: nur jeder Fünfte (22%) derer, die eine Hauptschule besuchen, dafür mehr als ein Drittel (35%) der Gymnasiasten stimmen dieser Option zu. Häufiger noch spielt der Schulabschluss der Eltern eine Rolle: nur jeder Fünfte, dessen Eltern höchstens einen Hauptschulabschluss oder Vergleichbares haben, kann sich vorstellen, zwischen dem Abschluss der allgemein bildenden Schule und dem Beginn einer Ausbildung bzw. eines Studiums etwas anderes zu machen. Dagegen ist der Anteil unter denjenigen mit mindestens einem Elternteil mit Abitur fast doppelt so hoch (38%). Andere Faktoren, wie Erwerbsstatus der Eltern, Anzahl der Kinder im Haushalt sowie Geschlecht und Nationalität der Befragten wirken sich dagegen in dieser Hinsicht kaum diskriminierend aus. Entscheidend sind vor allem die eigenen Bildungsorientierungen, die eingeschlagene Schullaufbahn und der Bildungshintergrund der Eltern.

Abb.9: Vorhaben für die Zeit nach der Schule (Schülerbefragung in Prozent)

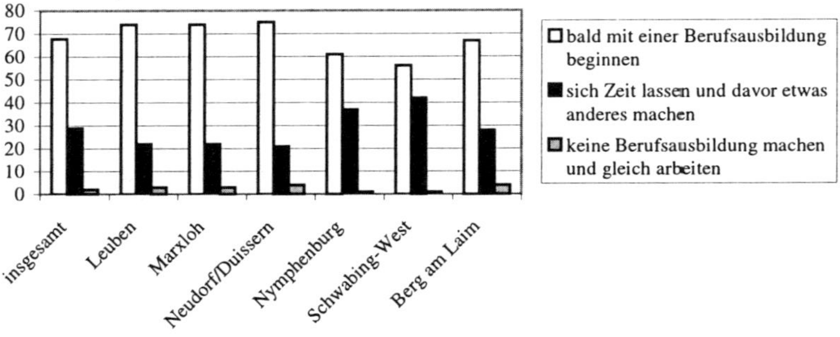

Konnten bei der Frage nach der Beschäftigung mit Ausbildung und Berufswahl nicht allzu große Unterschiede zwischen den Stadtteilen gefunden werden, so zeigen sich bei der Frage nach den Vorstellungen für die Zeit nach der Schule deutlichere Unterschiede (vgl. Abb. 9).

Von den Jugendlichen in Leuben, Marxloh und Neudorf/Duissern können sich nur ungefähr ein Fünftel vorstellen, sich nach der

Schule etwas Zeit zu lassen und vor einer Berufsausbildung etwas anderes zu machen. In Nymphenburg und Schwabing-West sind es dagegen deutlich mehr als ein Drittel aller Befragten (37% und 42%), dazwischen liegen die Werte für Berg am Laim (28%). Auffallend sind hier die niedrigen Werte für Neudorf/Duissern. Während das Antwortverhalten der Jugendlichen in Neudorf/Duissern bei den meisten anderen Fragen dem in Nymphenburg und Schwabing-West ähnelt, verhalten sie sich zu dieser Frage fast genauso wie die Jugendlichen in Marxloh und in Leuben. Das könnte bedeuten, dass für die Ausbildung solcher Vorstellungen nicht der materielle und soziale Status der Familie und die eigenen Bildungsvorstellungen der Jugendlichen allein entscheidend sind, sondern dass sie auch von der wirtschaftliche Lage in der gesamten Region abhängen.

Die Frage, ob sich jemand zwischen dem Abschluss der Schule und dem Beginn einer Ausbildung oder eines Studiums Zeit lassen will und kann, gibt Aufschluss über wichtige jugendkulturelle Orientierungen. Daran entscheidet sich, ob das Leitbild der Jugendbiographie eine ausgedehnte Jugendphase ist, in der berufliche Orientierungen und daran geknüpfte Erwartungen an die Sicherung der ökonomischen Basis der Lebensführung in ihrer Bedeutung durch Ansprüche der Persönlichkeitsentwicklung und der Beteiligung in unterschiedlichen gesellschaftlichen Handlungsfeldern, insbesondere dem der Kultur, relativiert werden, oder ob der ökonomische Druck und damit verbundene Erwartungen an eine frühzeitige berufliche Sicherheit die Jugendphase weitgehend beherrschen und andere Ansprüche verdrängen.

Es ist zu vermuten, dass die sozialstatistischen Indikatoren von den regionalen wirtschaftlichen Bedingungen, vor allem von der Arbeitsmarktsituation in der Region, überlagert werden. Das Lebensgefühl und damit einhergehende jugendkulturelle Orientierungen werden eben nicht nur von dem sozialen Status der Familie, vom individuellen Bildungsverlauf und den eigenen Bildungsinteressen geprägt, sondern auch von solchen, im Blick auf die Stadtteile und die Milieus gesehen, externen Faktoren.

Jobs

Fast ein Drittel der befragten Jugendlichen verdient gelegentlich oder regelmäßig Geld durch Jobs. Der Anteil steigt erwartungsgemäß mit zunehmendem Alter, von ungefähr einem Viertel (26%) bei den 13-jährigen auf fast zwei Fünftel (38%) bei den 16-

jährigen. Unterschiede zwischen den Geschlechtern zeigen sich kaum. Auch im Blick auf die Nationalität sind sie gering. Ungefähr ein Viertel der Jugendlichen nicht-deutscher Herkunft (26%) verdient Geld durch Jobs, bei den deutschen sind es 31%. Im Blick auf die Schulart und den höchsten Schulabschluss der Eltern zeigen sich auch hier die von den anderen arbeitsmarktbezogenen Fragen her bekannten Unterschiede. Je niedriger die Schulart, der angestrebte eigene Schulabschluss und der höchste Schulabschluss der Eltern, desto geringer sind die Anteile derer, die bereits im Schulalter durch Arbeit Geld verdienen.

Besonders ausgeprägt sind die Unterschiede im Blick auf den angestrebten Schulabschluss: Etwa doppelt so viele Jugendliche, die das Abitur anstreben (40%), als Jugendliche, die einen Hauptschulabschluss anstreben (19%), arbeiten für Geld. Dieser Sachverhalt irritiert zunächst vielleicht, könnte doch auch erwartet werden, dass gerade Jugendliche in schwierigen ökonomischen Lagen eher auf Geldverdienen durch Jobs angewiesen sind als andere besser gesellte Jugendliche. Dies spricht dafür, dass Jugendliche in der Mehrzahl nicht wegen des Zuverdienstes für die Haushaltskasse der Familie jobben, sondern um sich ihre eigenen Wünsche nach Konsum und jugendkulturellem Lebensstil verwirklichen zu können.

Nicht die ökonomische Notwendigkeit, sondern jugendkulturelle Lebensformen sind die überwiegenden Gründe für die Arbeit. Das damit verdiente Geld trägt wesentlich dazu bei, eine durch den längeren Schulbesuch ausgedehnte Jugendphase so zu gestalten, dass trotz langer finanzieller Abhängigkeit von den Eltern eigene Konsumbedürfnisse befriedigt und eigene kulturelle Aktivitäten entwickelt werden können. Zugleich bieten Jobs auch eine Gelegenheit, unabhängig von den Bemühungen der Schule die Arbeitswelt kennen zu lernen, auch wenn die so gewonnenen Erfahrungen letztendlich nur selten für eigene berufliche Orientierungen genutzt werden. Das Jobben und das dabei verdiente Geld sind also eher Hinweise auf unterschiedliche Ansprüche von Jugendlichen an ihre Lebensführung. Es schafft Voraussetzungen für Partizipation in unterschiedlichen gesellschaftlichen Handlungsbereichen. Jobs und das damit verdiente Geld sind also keinesfalls eindeutig als Hinweise auf wirtschaftliche Notlagen zu deuten, sondern scheinen viel häufiger auf einen anspruchsvollen Lebensstil mit erhöhter Eigenverantwortlichkeit und Selbständigkeit der Jugendlichen hinzuweisen.

Abb. 10: Geldverdienen durch Jobs (Schülerbefragung in Prozent)

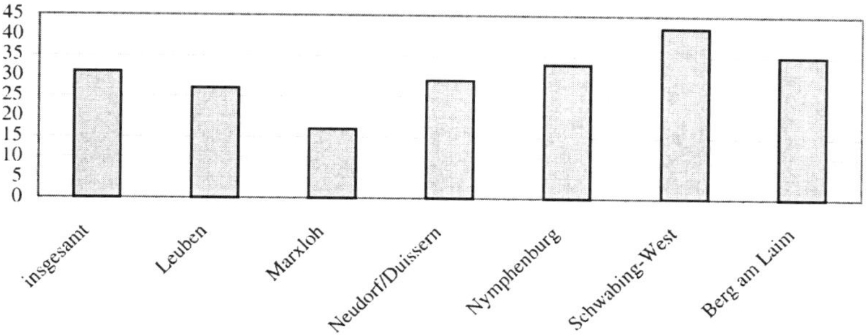

Neben den bereits genannten Faktoren hängt Arbeiten und Geldverdienen von Jugendlichen schon während ihrer Schulzeit auch davon ab, ob es im Stadtteil oder in erreichbarer Nähe ein ausreichendes Angebot an geeigneten Jobs gibt. Das zeigt die Aufschlüsselung nach Stadtteilen (vgl. Abb. 10). Auch dadurch werden andere Einflüsse deutlich überlagert.

Insofern bildet sich auch hier die bekannte Teilung zwischen den unterschiedlichen Paradigmen von Jugend ab. Einer langen Jugendphase für Jugendliche mit höheren Bildungserwartungen und einem familiären Hintergrund, in dem diese Orientierungen auch von den Eltern mit getragen werden, die die soziale und ökonomische Absicherung dieser langen Jugend gewährleisten, steht eine eher kurze Jugend gegenüber, die bereits in der ersten Hälfte des zweiten Lebensjahrzehnts weitgehend durch die Anforderungen und Erwartungen der Berufs- und Arbeitswelt geprägt ist.

6 Die Eltern

Im Rahmen der standardisierten Elternbefragung wurden auch die wichtigsten sozialdemographischen Daten der Eltern der von uns befragten Jugendlichen erhoben – Alter, Staatsangehörigkeit, Familienzusammensetzung, Bildungsabschluss und Erwerbstätigkeit. Die Auswertung dieser Daten ergibt folgendes Bild der 888 Personen umfassenden Untersuchungsgruppe:

Die Mütter der 14-16jährigen Jugendlichen sind zu jeweils einem Drittel jünger als 41 Jahre, im Alter von 41-45 und älter als 45 Jahre. Die Väter sind älter; knapp ein Viertel von ihnen ist unter 41, gut ein Viertel zwischen 41 und 45 und die Hälfte älter als 45 Jahre.

Bei 70% der in die Untersuchung einbezogenen Jugendlichen sind beide Elternteile bzw. der alleinerziehende Elternteil deutsche Staatsangehörige, die übrigen 30% haben mindestens einen nichtdeutschen Elternteil, bei knapp der Hälfte sind beide Eltern nicht deutscher Nationalität. Wenn beide Elternteile Ausländer sind, haben die Kinder nur in Einzelfällen die deutsche Staatsangehörigkeit, wohingegen die Kinder mit nur einem nichtdeutschen Elternteil ganz überwiegend Deutsche sind.

15% der in die Untersuchung einbezogenen Jugendlichen leben mit einem alleinerziehenden Elternteil. Ein Viertel der Eltern hat nur ein Kind, etwa die Hälfte haben zwei und die übrigen – wiederum ein Viertel – haben drei und mehr Kinder.

Bei knapp der Hälfte der Befragten verfügt mindestens ein Elternteil über das Abitur als höchsten Schulabschluss, bei gut einem Viertel ist dies die mittlere Reife und höchstens einen Hauptschulabschluss haben etwa 20% der Eltern.

Bei jedem vierten Jugendlichen ist ein Elternteil voll und der andere nicht erwerbstätig; bei jeweils etwa 30% sind beide Elternteile (bzw. das alleinerziehende) voll erwerbstätig oder eines voll und das andere teilzeitbeschäftigt. Nicht vollerwerbstätige Eltern haben 13% der befragten Jugendlichen.

6.1 Eltern über Schule – viel Zustimmung, wenig Kritik

Zufriedenheit mit der Schule

Wie schon bei den Jugendlichen selbst fällt auch bei ihren Eltern ganz allgemein ein sehr hohes Maß an Zufriedenheit mit der Schule ihres Sohnes oder ihrer Tochter auf. Nur jeder zehnte Befragte äußert sich eher unzufrieden, jeder dritte hingegen ist sehr zufrieden mit der Schule, die sein Kind besucht. Bemerkenswert ist, dass sich die Bewertungen nach Schularten kaum unterscheiden. Auch sonst zeigen sich fast keine diskriminierenden Faktoren – weder nach Regionen, Nationalitäten, Bildungsniveaus oder Erwerbsstatus. Nur eine kleine Gruppe befragter Eltern (3%) beklagt das niedrige Anforderungsniveau der Schule und ist deshalb auch überdurchschnittlich unzufrieden. Für 18% der Eltern ist die Schule, die ihr Kind derzeit besucht, nicht die Wunschschule, sie würden es lieber sehen, wenn ihr Kind auf eine andere Schule ginge – bei Söhnen kommt dies häufiger vor als bei Töchtern; dennoch äußert sich auch ein erheblicher Teil dieser Eltern zufrieden mit der Schule.

Eine andere Schule für ihr Kind hätten sich erwartungsgemäß die Eltern von Haupt- und Sonderschülern gewünscht. Darüber hinaus gibt es auch hier nur geringe Unterschiede. Nur 7% der Eltern erklären, dass sie sich bei einer anderen Schule als der besuchten um die Aufnahme ihres Kindes beworben haben, aber nicht angenommen wurden – auch hier wieder überproportional häufig die Eltern von Hauptschülern (18%). Mehr als zwei Drittel der Eltern und drei Viertel der Jugendlichen erklären aber, dass die besuchte Schule auch die Schule ihrer Wahl ist.

Zu den Leistungsanforderungen, die die Schule an ihre Schüler stellt, äußert sich nur eine kleine Gruppe von Eltern kritisch und hält diese für niedrig oder sehr niedrig. Weit mehr als die Hälfte dagegen findet, dass die schulischen Anforderungen hoch (44%) bis sehr hoch (15%) sind. Sehr hohe Leistungsanforderungen sehen vorwiegend Eltern von Gymnasiasten – fast jeder Vierte – gefolgt von Realschülereltern; bei den anderen Schularten überwiegen die Urteile mittel bis hoch.

Die vorgestellten Zahlen lassen bei der überwiegenden Mehrheit der Eltern nur wenig Unmut oder gar Kritik an der Schule erkennen. Ganz offensichtlich akzeptieren die Eltern die Schule so wie sie ist. Dieser Eindruck wird bestätigt, wenn man fragt, welche zusätzlichen Leistungen sich Eltern von Schule über den Unterricht hinaus erwarten.

Außerunterrichtliche Angebote

Wir haben gefragt, wie wichtig den Eltern außerunterrichtliche Angebote sind, die wir dem Bereich „Schulleben" zuordnen. Dazu gehören Schullandheimaufenthalte, Ausflüge, Wandertage, Schülerzeitung, Schulchor und Schulorchester. In diesem traditionellen schulkulturellen Bereich finden wir auf hohem Niveau – im Bereich von 75% – eine weitgehende Übereinstimmung des Angebots der Schule mit dem Stellenwert, den die Eltern solchen Angeboten zuschreiben, und zwar im Unterschied zu ihren Kindern, die einen Teil dieser Angebote für weit weniger wichtig halten. Unterschiede zeigen sich ausschließlich bezogen auf die Angebote Schulchor, Schulorchester und Schülerzeitung, die die Eltern als schulisches Angebot für ihre Kinder fast doppelt so häufig als wichtig erachten wie diese selbst. Schullandheimaufenthalte und Ausflüge werden von fast allen Eltern und Jugendlichen als unverzichtbares schulisches Angebot bewertet. Beim Chor und beim Orchester gibt es die erwarteten schulart- und stadtteilspezifischen Unterschiede – als wichtig werden sie am häufigsten von Gymnasialeltern und von Eltern in Nymphenburg eingeschätzt, für Mittelschuleltern in Leuben und Hauptschuleltern in Berg am Laim sind sie weniger wichtig (vgl. Kap.7).

Neben der relativen Konkordanz von Eltern und Schule bezüglich des Angebots und der Bedeutung der kulturellen Angebote finden wir aber in allen anderen Bereichen außerunterrichtlicher Angebote, die wir zusätzlich nachgefragt haben, eher eine Divergenz zwischen zu wenig Angeboten der Schule auf der einen Seite und einer höheren Nachfrage und Bedeutung dafür bei Eltern und Jugendlichen auf der anderen Seite (vgl. Abb. 11). Dies sind in erster Linie Berufsvorbereitungsangebote (Betriebspraktika und Berufsberatung – zu 57% vorhanden, aber von 93% der Eltern und 59% der Jugendlichen für wichtig gehalten), aber auch sozialpädagogische und psychosoziale Angebote (Drogenberatung, Schulpsychologen und Schulsozialarbeit – nur zu 37% vorhanden, aber für 87% der Eltern bzw. 63% der Jugendlichen wichtig), schulische Förderung (Hausaufgabenhilfen – 55% gegenüber 81% bzw. 66%) und Betreuungs- und Versorgungsangebote (Mittagstisch, Cafeteria, Freizeit – 56% gegenüber 64% bzw. 59%).

Abb.11: Bewertung außerschulischer Angebote durch Eltern und Jugendliche
(Elternbefragung und Schülerbefragung in Prozent)

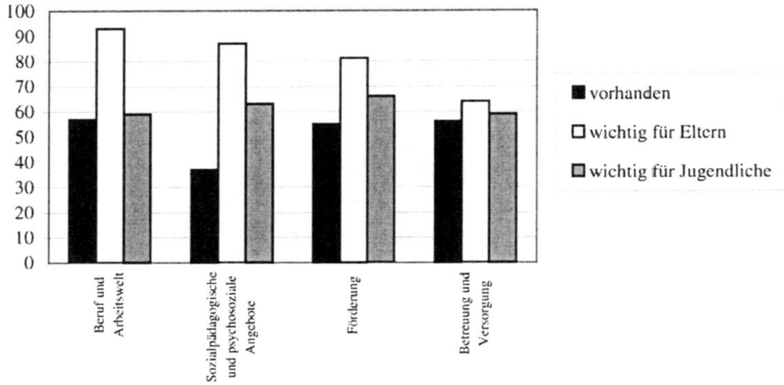

Schulart- und stadtteilspezifische Unterschiede gibt es dabei wieder bei den Hausaufgabenhilfen, die von fast allen Hauptschülereltern, aber „nur“ von drei Viertel der Gymnasialeltern als wichtig bewertet werden. Die Nymphenburger Eltern können darauf weit häufiger verzichten als die Marxloher. Auch die Schulsozialarbeit wird erwartungsgemäß von den Gymnasialeltern häufiger als nicht wichtig eingeschätzt als von Hauptschuleltern. Schulpsychologen dagegen halten insgesamt 81% der Eltern für erforderlich; nur in Leuben meint jeder Dritte, darauf verzichten zu können.

Überraschenderweise am geringsten ist die Diskrepanz zwischen vorhandenen und nachgefragten Angeboten bei den Betreuungs- und Versorgungsleistungen (Cafeteria, Mittagstisch, Freizeitangebot). Solche Leistungen werden zusammengefaßt im Mittelwert in 57% der Fälle angeboten, als wichtig betrachtet werden sie von 64% der Eltern und von 59% der Jugendlichen. Die seit etwa einem Jahr wieder neu aufgeflammte öffentliche und politische Debatte um Ganztagsbetreuung und Ganztagsschule kann dieses Ergebnis – Befragungszeitpunkt Ende 1998 – noch nicht beeinflußt haben. Der Mittagstisch wird dort, wo er angeboten wird, auch am häufigsten geschätzt, nämlich von etwa drei Viertel der Leubener Eltern und einem gleich hohen Anteil der Gesamtschuleltern. Fast alle Leubener halten auch Freizeitangebote in der Schule für wichtig, für weniger wichtig allerdings ein Schülercafe oder eine Cafeteria.

Interesse der Eltern an Schule

Zwei weitere Fragen an die Eltern betrafen deren Interesse an den schulischen Angelegenheiten und den Grad ihrer Informiertheit über die Schule ihres Kindes. 42% der Eltern gaben an, "sich sehr um die schulischen Angelegenheiten zu kümmern", 44% "schauen gelegentlich nach" und 14% "mischen sich da lieber weniger ein" (vgl. Abb. 12, Abb. 13, Abb. 14 und Abb. 15). Weniger mischen sich ältere über 45-jährige Eltern ein, ebenso Eltern von älteren befragten Jugendlichen (16-Jährige), die Eltern von Gymnasiasten, Eltern mit mehr als drei Kindern und Eltern in Schwabing- West (20% gegenüber Dresden-Leuben mit nur 7%).

Abb. 12: Interesse der Eltern an schulischen Angelegenheiten (Elternbefragung in Prozent)

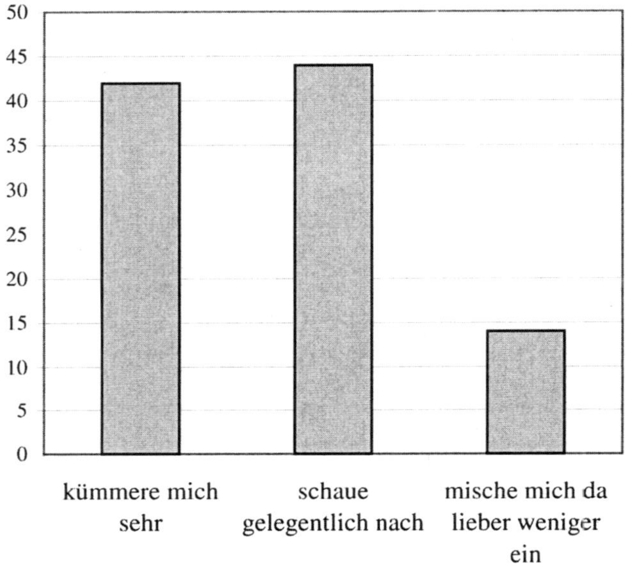

Abb. 13: Interesse der Eltern an Schule nach Stadtteil (Elternbefragung in Prozent)

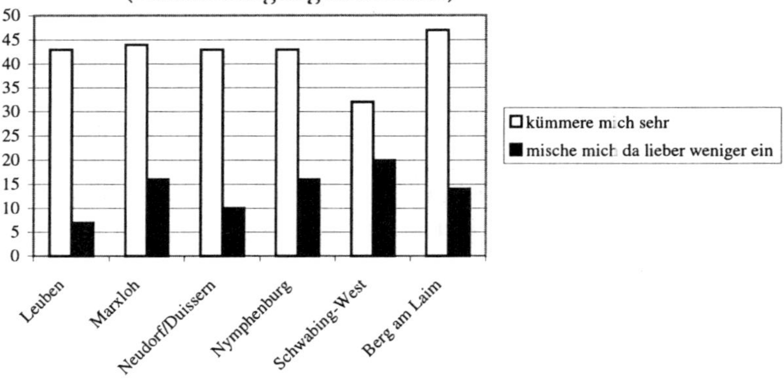

Abb. 14: Interesse der Eltern an Schule nach Schulabschluss (Elternbefragung in Prozent)

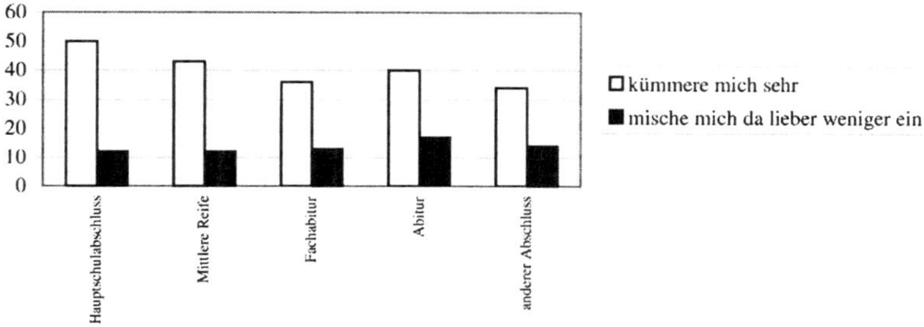

Abb. 15: Interesse der Eltern an Schule nach Nationalität (Elternbefragung in Prozent)

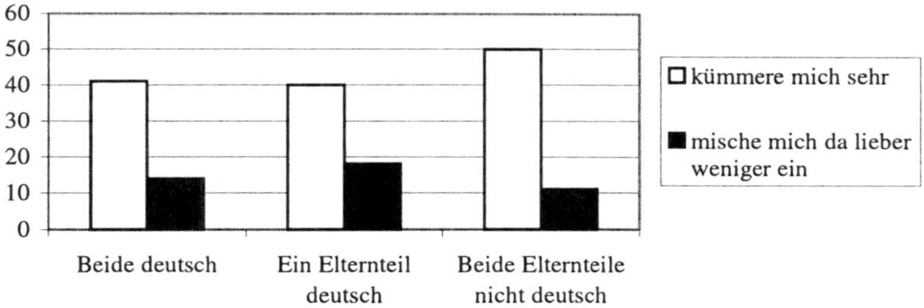

Umgekehrt geben Eltern von Hauptschülern, Eltern mit einfachem Bildungsabschluss und beiderseits ausländische Eltern überdurchschnittlich häufig an, sich sehr um die schulischen Angelegenheiten zu kümmern. Ein zunächst durchaus überraschendes Ergebnis, das aber so gedeutet werden kann, dass darin nicht unbedingt der tatsächliche Aufwand des sich Kümmerns zum Ausdruck kommt, sondern eher der Grad der Besorgtheit dieser Eltern um das schulische Schicksal ihrer Kinder. Eine Schlussfolgerung, die durch viele Experteninterviews bestätigt wird, in denen gerade bei diesen Eltern das schulische Engagement nicht wahrgenommen und sein Fehlen beklagt wird. Dies sollte durchaus als Hinweis darauf ernst genommen werden, dass auch benachteiligte Eltern ein erhebliches Interesse daran haben, dass ihre Kinder gut und erfolgreich heranwachsen, der Schule es aber bisher nicht gelingt, dieses ‚verborgene' Interesse für eine Zusammenarbeit mit dem Ziel des Schulerfogs ihrer Kinder zu nutzen.

Nur ein kleine Gruppe der Eltern (15%) antworten auf die Frage, wie gut sie die Schule ihres Sohnes oder ihrer Tochter kennen, mit „weniger gut“ oder „fast gar nicht“ (vgl. Abb. 16). Mehr als die Hälfte fühlen sich gut und mehr als ein weiteres Viertel sogar sehr gut informiert. Deutlich am wenigsten bekannt sind die Schulen den ausländischen Eltern (vgl. Abb. 17); jedes Dritte von ihnen gibt an, sie nicht gut zu kennen. Daneben gibt es bezüglich der Informiertheit über die Schule nur geringe Unterschiede zwischen den Gruppen – aber Mütter fühlen sich im Durchschnitt etwas besser informiert als Väter.

Abb. 16: Informiertheit der Eltern über die Schule (Elternbefragung in Prozent)

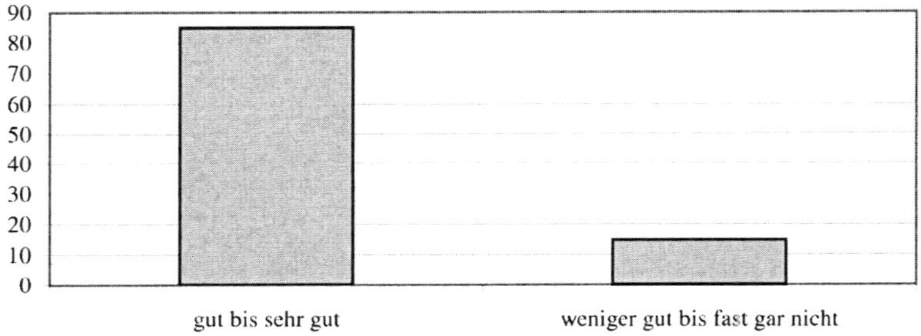

Abb. 17: Informiertheit der Eltern über Schule nach Nationalität (Elternbefragung in Prozent)

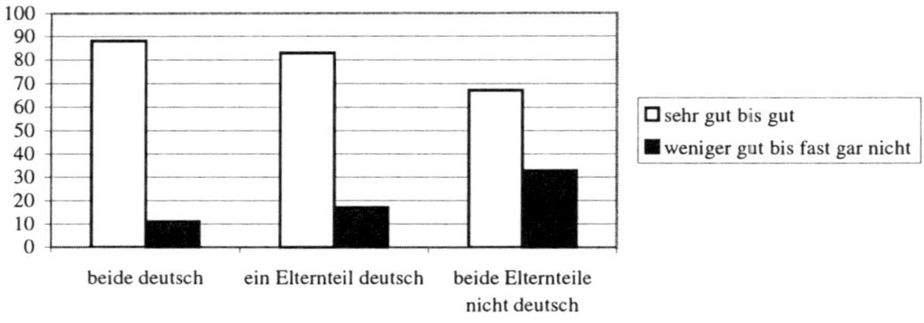

Ein die Einzelergebnisse der Elternbefragung zusammenfassendes Fazit lautet deshalb:

Die Schule des eigenen Kindes genießt bei den Eltern einen hohen Aufmerksamkeits- und Stellenwert. Es gibt einige zwar relativ bescheiden vorgetragene, aber nicht unwichtige Wünsche nach zusätzlichen Leistungen vor allem im außerunterrichtlichen Bereich;

aber alles in allem herrscht eine große Zufriedenheit mit der Schule oder mindestens ein hohes Maß an grundsätzlicher Akzeptanz durch die Eltern. Explizit schulkritische Stimmen kann man allenfalls bei einer ganz kleinen Gruppe von Eltern heraushören, deren Unzufriedenheit mit der Schule sich in erster Linie auf die als zu gering eingeschätzten Leistungsanforderungen bezieht und nicht auf das Fehlen lebensweltorientierter schulischer Angebote.

Eine tendenziell noch höhere Zustimmung zur Schule oder Übereinstimmung mit der Schule erbrachten die Experteninterviews mit den Elternvertretungen der Schulen. Schulleitungen und Elternvertretungen wurden mit Hilfe des gleichen Interviewleitfadens befragt. Die Bilder, die beide von ihrer Schule entwarfen, weisen ein hohes Maß an Übereinstimmung auf. Dies trifft auf die Beschreibung und Bewertung der objektiven Rahmenbedingungen der Schulen – Ausstattung, Personal, Schülerschaft – genauso zu wie auf ihre Angebote, ihre inhaltlichen Schwerpunkte, ihre thematische Ausrichtung und ihr Selbstverständnis. Nur vereinzelt gab es Hinweise auf unterschiedliche Vorstellungen. Bezeichnenderweise betrifft die einzige wirklich bemerkenswerte Diskrepanz bei der Frage nach den Problembelastungen der Schule das Schwänzen – dies wird von den Elternvertretern eher als kein oder allenfalls als ein geringes, von den Schulleitungen hingegen als ein großes Problem gesehen. Etwas unterschiedlich fallen auch die Antworten auf die Frage nach dem Stadtteilbezug der Schule aus, der von den Schulleitungen häufiger behauptet als von den Eltern wahrgenommen wird.

Dass Eltern in besonderer Weise als Mittler zwischen Stadtteil oder sozialräumlicher Lebenswelt ihrer Kinder und deren Schule wirken, kann man aus den Ergebnissen unserer Befragungen nicht ableiten. Ganz offensichtlich ist den meisten Eltern die antizipierte funktionale Bedeutung der Schule für die Zukunft ihrer Kinder wichtiger als ihr alltags- und gegenwartsbezogener Lebensweltbezug. Letzteres ist für die „gehobenere" Elternschaft ohnehin von geringerer Bedeutung; bei den anderen, die eigentlich darauf angewiesen wären, kann wohl unterstellt werden, dass sie sich nur selten in der Lage sehen, entsprechende weitergehende Anforderungen an Schule zu artikulieren und durchzusetzen.

In den Experteninterviews wurde aber auch das Erziehungsverhalten der Eltern, ihr Engagement in der Schule und die Arbeit der Elternvertretungen selbst thematisiert.

Eltern in der Kritik

Die meisten Befragten stimmten darin überein – die Elternvertreter sogar noch häufiger als die Schulleiter –, dass viele Eltern einen erheblichen Teil ihrer erzieherischen Verantwortung an die Schule abtreten.

> „Was ich uns als Eltern oft ankreiden muss, ist das Delegationsprinzip. Das heißt, viele Eltern sagen ja, geht nur mal in die Schule und du, liebe Schule, mach mal. Die Lehrer sollen das machen. Die Schule soll Leistungen erbringen, für die sie eigentlich gar nicht da ist. Denn der Erziehungsauftrag ist ein gemeinsamer und braucht das Erziehen zu sozialer Kompetenz, aber das kann nicht durch die Schule in den paar Stunden vermittelt werden, denn die Schule vermittelt ja eigentlich im wesentlichen vorgeschriebenes Wissen. Und darüber hinaus natürlich, über die Art und Weise, wie das Schulleben gelebt wird, soziale Kompetenz. Nur die Ansprüche dürfen nicht zu hoch wachsen. Und das ist oft bei der Elternschaft der Fall, die haben zu hohe Ansprüche, nicht nur im Leistungsbereich, sondern auch im Bereich der sozialen Kompetenz“ (ein Elternvertreter).

Noch deutlicher drückt es ein anderer Elternvertreter aus:

> „Die Erziehung den Lehrern hinzuschieben ist schon stark festzustellen. Die Eltern sagen, ich erziehe nicht, da sollen sich die anderen ’rumärgern. Wir zahlen unsere Steuern, also haben wir auch gute Pädagogen, die sollen das machen.“

Aus der Schulleitung einer Privatschule wird berichtet:

> „Eltern kommen zu uns, legen ein Bündel Geldscheine hin, schieben mir das rüber und sagen: Und jetzt möchte ich gerne, dass er mit dem Abitur wiederkommt. Und in der Zwischenzeit möchte ich am liebsten gar nichts hören.“

Derart drastische Beispiele von Kritik an Eltern sind allerdings die Ausnahme und beziehen sich auch nicht auf die Elternschaft schlechthin, sondern auf Einzelfälle.

> „Dass Eltern ihre Erziehungsprobleme delegieren, kommt natürlich immer wieder vor. Aber das sind Einzelfälle, absolute Ausreißer“ (eine Elternvertreterin).

In vielen Fällen äußern die befragten Schulleiter und Elternvertreter aber durchaus Verständnis für das beschriebene Elternverhalten.

> „Wir haben ein große Menge von Eltern, die einfach wollen, dass das läuft und dass sich die Schule auch um die Erziehung zu kümmern hat, weil bei ihnen selber nicht allzu viel Zeit für das Kind übrig bleibt durch die Berufstätigkeit“(eine Schulleiterin).

„Wenn Alleinerziehende von ihrer beruflichen Seite her schon überfordert sind, geben sie gerne die Verantwortung an die Schule ab“ (eine Schulleiterin).

„Kinder werden sich selber überlassen und man vertraut darauf, dass die Schule Aufgaben übernimmt, die eigentlich im Elternhaus erledigt werden müssen. Es fehlt den Eltern die Zeit, sich darum zu kümmern und es ist auch eine gewisse Unbekümmertheit bei den Eltern und in manchen Fällen auch eine Überforderung. Wir haben natürlich auch viele kaputte Elternhäuser“ (eine Schulleiterin).

Sehr oft zeigen sich Eltern und auch Schulleitungen nicht nur verständnisvoll für diese Eltern, sondern sehen in diesem Zusammenhang auch für sich eine neue Verantwortung.

„Ich kann nicht sagen, dass sie ihre Kinder direkt abschieben, aber sie wünschen sich, dass wir die Kinder erziehen. Laut Kultusministerium gehört das zu unserem Auftrag“ (eine Schulleiterin).

„Wir haben manchmal schon den Eindruck, dass man uns als Kinderbewahranstalt betrachtet. Auf der anderen Seite sehen wir es auch als unsere Aufgabe an. Wir würden uns nur wünschen, dass die Eltern im erzieherischen Bereich stärker mit uns kooperieren“ (eine Schulleiterin).

Einige Elternvertreter leiten aus den schwieriger gewordenen sozialen Verhältnissen der Familien sogar einen Anspruch an die Schule ab.

„Die Kinder kommen mit den häuslichen Problemen in der Schule an, und die Schule muss sich damit auseinandersetzen. Es ist objektiv so, da kann sie nicht umhin. Weil die Einkommen hier nicht so hoch sind, die Mieten teilweise sehr hoch sind, gibt es kaum eine Familie, wo nicht beide berufstätig sein müssen“ (eine Elternvertreterin).

6.2 Elternbeteiligung – nach wie vor entwicklungsbedürftig

Die konkrete Beteiligung und Mitwirkung von Eltern in der Schule wird von der Mehrheit der Schulleitungen als durchaus gut beschrieben.

„Ich glaube, die Elternbeteiligung ist sehr gut. Die Klassenelternabende werden sehr zahlreich besucht und die Eltern sind schon interessiert am Geschehen der Schule“ (eine Schulleiterin).

Die Elternvertreter selbst bewerten die Elternbeteiligung mehrheitlich als mangelhaft, es sei denn, es ginge konkret um das Fortkommen des eigenen Kindes.

„Da ist nicht viel. An den Elternabenden sind dann Fünfe da, da ist wenig Interesse. Ich habe so den Eindruck, dass viele Eltern meinen, die Schule wird das schon machen. Es ist schon teilweise schwierig, überhaupt einen Klassenelternsprecher zu wählen“ (eine Elternvertreterin).

„Elternsprechabende werden gut besucht, wenn es darum geht, die Lehrer zu befragen, wie die Leistung der Kinder ist. Auch die Informationsabende am Anfang des Schuljahres, oder wenn es darum geht, welche Wahlpflichtfächergruppe gewählt werden soll, die werden auch gut besucht. Ansonsten ist das Engagement der Eltern sehr gering“ (ein Elternvertreter).

Gelegentlich sind die Erwartungen der Schule an den Beitrag der Eltern auch von eigener Art:

„Wir haben jetzt eine Aktion gestartet, ein Schreiben rausgeschickt, dass es schön wäre, wenn pro Klasse sich zwei oder drei finden würden, die die Vorhänge waschen. Von 27 Klassen ist es nur einer gelungen, dass die Vorhänge gewaschen worden sind, das war genau die Klasse, wo die Elternbeiräte drin waren“ (eine Elternvertreterin).

Dass Eltern sich mobilisieren lassen und aktiv Einfluss auf die Schule nehmen wollen, kommt schon vor, bedarf aber in der Regel eines besonderen Anlasses bzw. Mißstands.

„Vor ungefähr fünf Jahren hatten wir eine Flaute an der Schule, weil keine Leitung da war. Da ging es drunter und drüber. Da haben viele Eltern überlegt, ihre Kinder abzumelden und einige haben es auch getan. Da hat sich dann eine Elterninitiative gebildet, und Eltern haben daran wirklich aktiv mitgemacht. Wir haben uns nachdrücklich dafür eingesetzt, einen Schulleiter zu bekommen, der noch Visionen hat und aus der Schule noch etwas machen will“ (eine Elternvertreterin).

Die Aussagen zur Elternbeteiligung unterscheiden sich auch nach Schularten und Stadtteilen. An den in die Untersuchung einbezogenen privaten Schulen ist man damit deutlich zufriedener als an den öffentlichen Schulen. Unzufrieden mit der Elternbeteiligung ist man vor allem an den Hauptschulen.

„Die Elternbeteiligung ist an den Hauptschulen immer ein Problem. Die Erfahrung zeigt, dass je höher die Jahrgangsstufe ist, um so geringer ist die Elternbeteiligung. Es gibt Klassen, die nicht einmal Klassenelternsprecher zusammenbringen, so dass die Bildung des Elternbeirats schon manchmal ein Kunststück ist. Der Elternbeirat tut schon was. Aber die große Aktivität wie an den Gymnasien oder an der Grundschule ist das ganz bestimmt nicht. Es gibt keinen Förderverein, da wären die Eltern auch überfordert“ (ein Schulleiter).

Als ein besonders brisantes Thema hat sich die Frage der Elternbeteiligung in den Experteninterviews in Leuben herausgestellt. Hier spielt der Vergleich mit den Verhältnissen zu DDR-Zeiten eine besondere Rolle.

„Wir laden ein zum Elternabend. Wir erwarten, dass 100% unserer Eltern am Elternabend teilnehmen. Von denen, die nicht kommen können, möchten wir das vorher mitgeteilt bekommen. Von denen wir nichts hören, da sind wir hinterher, das gehört sich nicht“ (ein Schulleiter).

„Das steckt bei uns als DDR-Lehrer noch immer drin, dass die Zusammenarbeit mit den Eltern wichtig ist. Wir sind traurig darüber, dass das so nachgelassen hat. Man kann nur im gemeinsamen Handeln das Optimale für die Schüler herausholen. Wir haben den Eindruck, dass eine zunehmende Gleichgültigkeit bei den Eltern eingetreten ist. Leider kommen wir nur dazu, uns mit den Eltern in Verbindung zu setzen, deren Kinder uns besondere Schwierigkeiten machen. Zwar machen wir regelmäßig Elternabende und es gibt auch regelmäßige Elternvertretersitzungen. Von elf Klassen haben aber nur acht einen Elternvertreter und zwar die Realschulklassen. Wir haben das Gefühl, dass sich die Eltern mehr zurückziehen, auch aus Gründen, dass sie persönliche Probleme haben“ (ein anderer Schulleiter).

„Bei der Elternbeteiligung hat es eine Trendwende gegeben. Als ich Elternvertreterin zu DDR-Zeiten war, war dort jeder, der was auf sich hielt, im Elternrat. Gemacht haben sie dann zwar nichts. Kartoffelsalat machen, Wandern gehen, dabei bin ich meistens alleine gewesen. Nach der Wende entstand dann ein regelrechter Boom, da wollte jeder in den Elternrat, weil jetzt bin ich auch wer, und jetzt kann ich was sagen, jetzt habe ich Macht, und jetzt kann ich das beeinflussen. Da hat es bei Vielen dann auch Enttäuschungen gegeben, weil sie Illusionen hatten über ihre Einflussmöglichkeiten. Die, die jetzt noch dabei sind, sind unheimlich engagiert und stehen dahinter, sind so etwas wie ein harter Kern“ (eine Elternvertreterin).

Als ganz besonders schwierig wird auch die Elternarbeit mit manchen ausländischen Eltern in Duisburg-Marxloh beschrieben.

„Die Schwierigkeit bei der türkischen Klientel ist die, dass die wenig institutionell denken und auf Briefe nicht reagieren und im Einzelfall persönlich angesprochen werden müssen. Die türkischen Eltern kriegen wir halt nur schwer. Die Väter arbeiten bei Thyssen in der Schicht, und die Mütter dürfen das Haus ohne männliche Begleitung abends nicht verlassen“ (ein Schulleiter).

Die Elternvertretung

Die Arbeit und der Einsatz der Elternvertretungen selbst und ihre Zusammenarbeit mit der Schule wird insbesondere von den Schulleitungen ganz überwiegend positiv bewertet.

> „Wir haben eine sehr aktive Elternbeiratsvorsitzende, die sehr kooperativ ist." – „Der Elternbeirat setzt sich sehr vehement ein. Z.B. hat der Vorsitzende sehr daran mitgewirkt, dass wir diese drei tollen Turnhallen gekriegt haben" (eine Schulleiterin).

Die Beziehungen zwischen Elternvertretungen und Schulleitungen werden von beiden Seiten durchgängig sehr positiv dargestellt.

> „Die Zusammenarbeit mit dem Elternbeirat ist ausgezeichnet. Die Elternbeiratsvorsitzende kommt jeden Freitag auf meine Einladung hin auf eine Tasse Kaffee und dann unterhalten wir uns über alles, was es gibt, dann sprechen wir zwei eine Stunde lang über alles, was ansteht, was erwähnenswert ist" (ein Schulleiter).

Schulkritische Töne sind in den Interviews mit den Elternvertretern nur sehr selten zu hören. In der Regel verstehen sie sich als Partner der Schulleitungen und stellen ihre Arbeit in den Dienst der Schule. Dass sie dabei auch eine Kontrollfunktion wahrnehmen oder gar als Interessenvertreter aller Eltern und Schüler gegenüber der Schule auftreten, ist eher selten. Dass es in Bezug auf ganz praktische Fragen der Raumnutzung etwa oder des Bedarfs und der Machbarkeit einer Cafeteria oder eines Ganztagsangebots mit Mittagstisch und Freizeiten Meinungsunterschiede zwischen Schulleitungen und Elternvertretungen gibt, kommt dagegen vor.

Besonders bei der Frage der Ausweitung von Einfluss- und Mitbestimmungsmöglichkeiten der Eltern sind unterschiedliche Positionen von Schulleitungen und Elternvertretungen zu erkennen. Waren sich beide noch weitgehend darin einig, dass die Elternbeteiligung an den Schulen ganz generell verbesserungsbedürftig ist, so ist man über Art und Ausmaß der elterlichen Einflussnahme häufiger verschiedener Meinung.

> „Bei Exkursionen, Wanderungen, Landheimaufenthalten fahren Eltern mit. Aber dass jetzt die Eltern mir direkt ins Zeug reinpfuschen hier, das will ich nicht. Das versuchen manche, dann sagen wir auch deutlich, das ist unsere Aufgabe" (ein Schulleiter).

> „Wir haben einen Fragebogen erarbeitet, haben damit aber das Kollegium oder den größten Teil des Kollegiums sehr verprellt, weil da eben kritische Fragen in Bezug auf die Lehrer waren. Das wurde uns sehr übel genommen.

> Von daher kann ich nur sagen, von vielen Lehrern ist Einmischung der Eltern unerwünscht. Und schon gar keine Kritik“ (eine Elternvertreterin).

Dass der Elterneinfluss in der Schule ausgeweitet werden sollte, meinen nur einzelne Schulleiter, aber die überwiegende Mehrheit der Elternvertreter. Dass dazu auch die formalen Mitbestimmungsrechte von Eltern erhöht werden müssen, finden ebenfalls nur wenige Schulleiter, aber auch nur die Hälfte der Eltern.

> „Die Möglichkeiten, sich an der Schule zu engagieren, sind für die Eltern schon relativ gut. Ich habe keinen Ansatz, wo man da noch was verbessern könnte. Die Mitbestimmungsmöglichkeiten der Eltern sind auf alle Fälle ausreichend. Es ist die Frage, in wie weit sie das nutzen“ (eine Elternvertreterin).

In welche Richtung die Zusammenarbeit von Eltern und Schule weiterentwickelt werden sollte, sei abschließend anhand zweier Zitate – aus Schulleiterperspektive und Elternperspektive – angedeutet. Ein Schulleiter:

> „Ich wünschte mir u.a. Lehrer, die nichts anderes machen würden als Elternarbeit. Ich möchte gerne diese Eltern-Cafe-Arbeit ausbauen, die im Grunde eine Beratungsarbeit ist. Die dürfen da gerne Tee trinken, das darf auch ein türkischer Tee sein, aber man muß mit den Leuten im Gespräch bleiben, viel mehr als wir das sonst können. So ein niedrigschwelliges Angebot, praktisch so wie ein Stadtteilzentrum, das würde mir vorschweben.“

Und eine Elternvertreterin:

> „Ich bin der Meinung, dass eine Kultur des Dialogs entwickelt werden muss. Aber dazu müssen die Eltern auch auf einer bestimmten Ebene dialogfähig sein beziehungsweise es muß auch von Seiten der Lehrerschaft eine Bereitschaft da sein, nicht nur Klagen rüberzubringen, sondern in den Dialog einzutreten. Die Zurückhaltung von der Lehrerschaft her, wo eine Kontrolle befürchtet wird, und vielleicht auch das Vorurteil der Elternseite, dass man davon nichts versteht, lässt sich überwinden. Das ist aber ein Projekt für die ganz ferne Zukunft.“

7 Die Schulen – Anforderungen, Aufgaben, Angebote

Mit Ausnahme von Sonder- oder Förderschulen wurden alle in unseren Stadtteilen vorkommenden allgemeinbildenden Schulen, die von der Altersgruppe der 14-16jährigen besucht werden, in die Untersuchung einbezogen. Die Schulen unterschieden sich dabei in vielerlei Hinsicht – etwa nach Schularten, Größe, Zusammensetzung der Schülerschaften und Unterrichtsangeboten.

In Leuben finden wir die beiden sächsischen Sekundarschularten vor, das Gymnasium und die Mittelschule. Das Gymnasium umfasst die Schuljahre 5 bis 12 wie in den meisten neuen Bundesländern. Die Mittelschule umfasst die Schuljahre 5 bis 10 und fasst ähnlich wie die Regelschule in Thüringen und die Sekundarschule in Sachsen-Anhalt die Bildungsgänge der Hauptschule und der Realschule in einer Schulart zusammen. Die Vollzeit-Schulpflicht beträgt in Sachsen neun Jahre, so dass die Hauptschulabschlüsse (der einfache Hauptschulabschluss und der qualifizierende Hauptschulabschluss) nach neun Jahren, der Realschulabschluss wie überall sonst auch nach zehn Schuljahren erreicht werden. Eines der Kennzeichen der sächsischen Form der Mittelschule ist die Vorgabe, dass Schulen durch das Angebot von Profilen Schwerpunkte ihres Unterrichtsangebots definieren. Die Liste der Profile, aus der die Schulen wählen können, ist vorgegeben. Das Profilangebot hat zur Folge, dass es für die sächsischen Mittelschulen keine Schulsprengel (definierte Schuleinzugsbereiche) gibt, denn wenn Schulen absichtlich unterschiedlich sind, dann ist die Wahlfreiheit auf der Seite der Schulnutzer die notwendige Folge.

Duisburg weist das vielfältigste Schulangebot auf. Neben den drei herkömmlichen Schulen des gegliederten Systems – Hauptschule, Realschule und Gymnasium – gibt es in den beiden in die Untersuchung einbezogenen Duisburger Stadtteilen jeweils noch als vierte Schulform die Gesamtschule. In Nordrhein-Westfalen dauert die Vollzeit-Schulpflicht 10 Jahre. Am Ende der Sekundarstufe I sind in allen Schularten alle Abschlüsse (außer der Hochschulreife) möglich. So können auch in der Hauptschule die mittlere Reife und die Versetzung in die Klasse 11 der gymnasialen Oberstufe erreicht werden. Der in den letzten Jahrzehnten erfolgte Ausbau der Gesamtschulen hatte allerdings zur Folge, dass die Übergangsquoten an die Hauptschule drastisch zurückgegangen sind, weshalb die Sprengelbindung auch für diese Schulart keine Bedeutung mehr hat.

In den drei Münchener Stadtteilen finden wir das dreigliedrige Schulsystem noch in Reinform mit der Besonderheit, dass die Realschule zum Zeitpunkt der Befragung noch mit der Klasse 7 anfängt und die Jahrgangsstufen 7 bis 10 umfasst – gegenwärtig erfolgt aber in Bayern die Umstellung auf eine sechsstufige Realschule. Die allgemeine Schulpflicht beträgt wie in Sachsen 9 Jahre. Die Hauptschule ist eine Sprengelschule und bietet neben dem einfachen die Möglichkeit eines besonderen qualifizierenden Hauptschulabschlusses. Auch hier wird heute ein freiwilliges 10. Schuljahr angeboten, in dem nach einem bestimmten Notendurchschnitt beim qualifizierenden Abschluss der Realschulabschluss erreicht werden kann. Auch diese Reformentwicklung im Bayerischen Schulwesen aber betraf die in die Untersuchung einbezogenen Hauptschulen noch nicht.

Einzeldarstellungen aller in den Stadtteilen vorhandenen und in die Untersuchung einbezogenen Schulen finden sich im Kapitel Schulporträts im Anhang.

7.1 Leistungsanforderungen ambivalent, Schulzufriedenheit hoch

In der Beantwortung der ganz allgemeinen Frage, ob Schule heute von Schülerinnen und Schülern eher zuviel oder eher zu wenig verlangt, meint die Hälfte aller befragten Stadtteilbewohner, die sich darüber ein Urteil zutrauen – lange vor der Veröffentlichung der Ergebnisse der PISA-Studie: eher zu wenig. Nur gut halb so viele halten die schulischen Anforderungen für zu hoch; eine Minderheit meint, in der Schule wird das Falsche verlangt; und nur 10% aller Befragten halten die schulischen Anforderungen für genau richtig (vgl. Abb. 18).

Abb. 18: Bewertung der schulischen Anforderungen an Schüler (Einwohnerbefragung in Prozent)

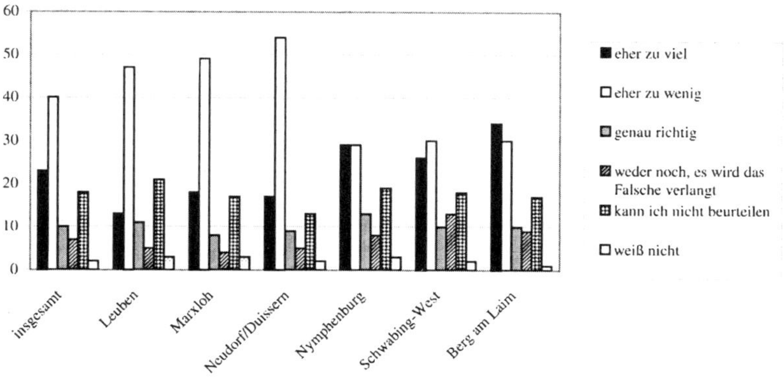

Die Jugendlichen wurden gefragt, wie sie die Leistungsanforderungen ihrer Schule auf einer Skala zwischen „sehr schwer“ und „sehr leicht“ einschätzen. Dabei ergibt sich eine Verteilung mit einem Schwerpunkt der Einschätzungen im mittleren Bereich (vgl. Abb. 19). Aber immerhin jeder vierte befragte Jugendliche hält seine

Schule für eher schwer; eine Minderheit von 6% sogar für sehr schwer. Bei der Bewertung der Leistungsanforderungen werden schulartspezifische Unterschiede deutlich: Fast jeder zweite Gymnasiast, aber nur weniger als jeder zehnte Hauptschüler hält die Anforderungen seiner Schule für „eher schwer" oder „sehr schwer". Dementsprechend wird die Hauptschule häufiger, nämlich von fast einem Viertel der sie besuchenden Befragten, als „eher leicht" eingestuft .

Abb. 19: Beurteilung der schulischen Leistungsanforderungen (Schülerbefragung und Elternbefragung in Prozent)

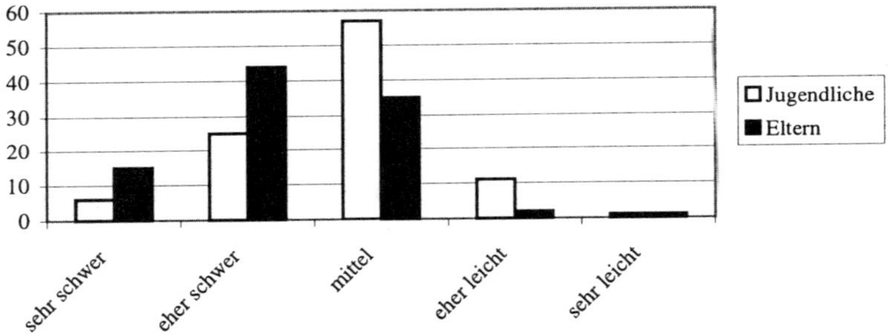

Die dazu befragten Eltern schätzen die Anforderungen der Schulen zu deutlich höheren Anteilen als ihre Kinder als schwer ein. Von ihnen beurteilt kaum jemand die Leistungsforderungen, die die Schule an ihre Kinder stellt, als „niedrig", nur gut ein Drittel für mittelschwer, aber knapp zwei Drittel für „schwer" oder „sehr schwer".

Festzustellen ist also eine deutliche Diskrepanz zwischen dem öffentlichen Bild vom Leistungsniveau der Schule als in der Tendenz zu niedrig – und der Meinung der betroffenen Jugendlichen und ihrer Eltern, die die Leistungsanforderungen für hoch halten.

Letzteres bedeutet nun aber nicht, dass darunter die Schulzufriedenheit leidet. Im Gegenteil: über die Hälfte der Jugendlichen geht nach eigener Auskunft „eher gerne" (56%) ein Drittel sogar „sehr gerne" in die besuchte Schule; nur jeder Zehnte äußert sich skeptisch (vgl. Abb. 20). Dazu passt, dass jeweils zwei Drittel der Jugendlichen angeben, dass die Schule, die sie besuchen, die Schule ihrer Wahl ist, die auch Geschwister oder Freunde schon besucht haben; nur eine kleine Minderheit von weniger als einem Zehntel hätte lieber eine andere Schule besucht, wurde aber dort nicht angenommen.

Natürlich bedürfen derart hohe positive Werte – die Durchschnittsnote, die die Jugendlichen ihrer Schule geben, ist 2,5 – für den Schulbesuch skeptischer Interpretation. Bedenkt man die hohe Diskrepanz zwischen der Bildungsaspiration der Eltern, wie sie die regelmäßigen Erhebungen des Instituts für Schulentwicklungsforschung der Universität Dortmund belegen, und den tatsächlich in Deutschland realisierten Bildungsverläufen, so muss man unterstellen, dass viele sich mit dem, was ist, mit der Schule, in der man letztendlich gelandet ist, arrangiert haben. Möglicherweise gilt Letzteres auch für die Eltern, denn auch diese zeigen hohe Anteile von Zufriedenheit mit der Schule ihres Kindes. Unzufrieden mit ihr ist nur etwa jedes zehnte befragte Elternteil. Die überwältigende Mehrheit hingegen ist zufrieden, jeder Dritte äußert sich sogar als sehr zufrieden mit der Schule des Kindes. Diese deutliche Zustimmung ist ein bemerkenswertes Ergebnis, selbst wenn man berücksichtigt, dass eher schulkritische Eltern in unserer Stichprobe etwas unterrepräsentiert waren.

Abb.20: Bewertung des Besuchs der Schule (Schülerbefragung in Prozent)

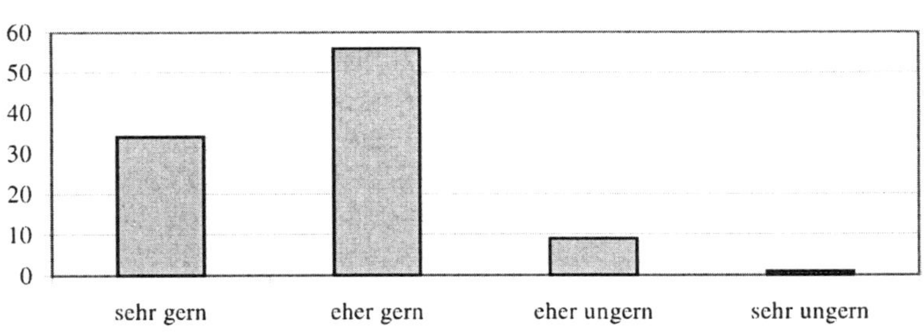

Eine in der Tendenz insgesamt positive Bewertung der Schule kommt auch in den meisten Experteninterviews zum Ausdruck. Die Schulen sind nicht überfüllt; nur wenige sind nach Auskunft der befragten Schulexperten – Mitglieder der Schulleitungen und gewählter Elternvertreter – überlastet; die überwiegende Mehrheit sieht ihre Schule als gut ausgelastet an, und mehr als ein Drittel sieht sogar freie Kapazitäten.

Die Lehrerkollegien werden demgegenüber etwas kritischer beurteilt. Zwar wird kein Lehrermangel beklagt, aber die Alterszusammensetzung bzw. Überalterung der Kollegien stellt für viele ein Problem dar. Auch der geringe Anteil männlicher Lehrkräfte wird oft als ein Mangel empfunden. Schließlich wird hin und wieder auch beklagt, dass die musischen Fächer unterbesetzt und deshalb zu wenig angeboten werden.

Ein eher positives Bild ergibt sich in Bezug auf die räumliche Ausstattung der Schulen. Klagen über einen schlechten Zustand von Gebäuden und Räumlichkeiten sind selten. Mehr als 80% geben dementsprechend auch an, dass sich die Schüler nach ihrer Einschätzung gerne oder auch sehr gerne in der Schule und auf dem Schulgelände aufhalten.

Auch von besonderen Problembelastungen einzelner Schulen ist kaum die Rede. Erhebliche Gewalt-, Kriminalitäts- und Drogenprobleme werden kaum wahrgenommen – leichte Störungen dieser Art dagegen von etwa zwei Dritteln der befragten Experten. Mehr als jeder Dritte meint, „seine" Schule hätte in dieser Hinsicht keine Probleme. Etwas anders fallen die Antworten zum Schulschwänzen aus. Hier sehen zwar auch 60% der Eltern unter den befragten Experten keine Probleme. Für die Schulleiterinnen und Schulleiter stellt sich dies aber anders dar: Ein Fünftel unter ihnen sieht im Schulschwänzen ein erhebliches Problem an der eigenen Schule und drei Viertel machen sich deswegen mindestens leichte Sorgen.

7.2 Aufgaben von Schule

Die erwachsene Wohnbevölkerung in den Stadtteilen haben wir nach ihren Vorstellungen von den Aufgaben der Schule befragt und dabei Antwortmöglichkeiten vorgegeben. Die Befragten konnten für jeden Bereich auf einer Skala zwischen 1 und 10 angeben, in welchem Maße sich Schule nach ihrer Ansicht der jeweiligen Aufgabe annehmen sollte (der Wert 1 bedeutet, Schule soll sich gar nicht, der Wert 10 bedeutet, Schule soll sich sehr darum kümmern).

Vorgegeben waren: die Vermittlung von Wissen und Leistung, Gemeinschaftssinn und Toleranz, Sport und Fitness, Kultur (z.B. Musik, Theater, Malerei), Umgang mit Computern und neuen Medien, ökologisches Bewusstsein und Umweltschutz, Berufsorientierung für Schüler, Verständigung zwischen verschiedenen Kulturen, christliche Werte und Religiosität sowie Fremdsprachenkenntnisse. Diese Aufgaben zählen zum Bereich der unterrichtlichen Aufgaben und betreffen sowohl Bildungsinhalte (Wissen und

Können) als auch normative Orientierungen (vgl. Tab.17). Weitere mögliche Aufgabenbereiche, die ebenfalls vorgegeben und in der Befragung zwischen die anderen Antwortvorgaben gemischt waren, betreffen soziale und kulturelle Aufgaben und Angebote außerhalb des Unterrichts: Freizeitangebote außerhalb der Schulzeit, Mittagstisch sowie Ganztagsbetreuung für Schüler und die Funktion der Schule als Kulturzentrum für den gesamten Stadtteil.

Tab.17: Aufgaben der Schule nach Geschlecht und Nationalität (Mittelwerte* aus Einwohnerbefragung)

	insgesamt	männlich	weiblich	deutsch	andere Nationalität
Wissen und Leistung	8,6	8,4	8,7	8,6	8,4
Gemeinschaftssinn und Toleranz	8,7	8,5	8,8	8,7	8,4
Sport und Fitness	7,4	7,3	7,5	7,3	7,7
Kultur, z.B. Musik, Theater, Malerei	7,2	6,9	7,5	7,2	7,4
Freizeitgestaltung für Schüler außerhalb der Schulzeit	6,2	5,9	6,4	6,1	6,5
Umgang mit Computern und neuen Medien	8,6	8,5	8,6	8,6	8,7
Ökologisches Bewusstsein und Umweltschutz	8,2	8	8,5	8,2	8,3
Berufsorientierung der Schüler	8,2	8	8,5	8,2	8,6
Verständigung zwischen verschiedenen Kulturen	8	7,9	8,1	8	8,4
Christliche Werte und Religiosität	5,1	4,9	5,4	5,1	5,2
Mittagstisch für Schüler oder Ganztagsbetreuung	6,7	6,2	7,1	6,7	6,9
Schule als ein Kulturzentrum für den gesamten Stadtteil	6,2	5,7	6,6	6,2	6,7
Fremdsprachenkenntnisse	8,6	8,6	8,7	8,6	8,7

* Mittelwerte aus einer Skala von 1 (Schule soll sich gar nicht darum kümmern) bis 10 (Schule soll sich sehr darum kümmern)

Bei der Bewertung der Aufgaben durch die Befragten (vgl. Tab. 17) können zwei Gruppen klar gegeneinander abgegrenzt werden, solche die als schulische Aufgaben hoch bewertet werden und solche, denen lediglich ein mittlerer Stellenwert zugeschrieben wird. Die Aufgaben, die als sehr wichtig bewertet werden, gehören ausnahmslos zum engeren Bereich der unterrichtlichen Aufgaben. Sowohl normative wie auch fachlich-inhaltliche Aufgabenbereiche erhalten hohe Bewertungen. Unter den unterrichtlichen Aufgaben der Schule werden Sport und Kultur etwas weniger wichtig eingeschätzt, unter den normativen erfährt die Förderung christlicher Werte und Religiosität die geringste Wertschätzung. Letzteres ist insofern erstaunlich, als die Förderung von Gemeinschaftssinn und Toleranz den höchsten Wert erhält und zwischen beiden starke inhaltliche Bezüge gesehen werden könnten, denn Gemeinschaftssinn und Toleranz können durchaus als säkularisierte Versionen christlicher Werte und Religiosität aufgefasst werden. Aber genau diese Differenz zwischen Weltlichkeit und Religiosität könnte die unterschiedliche Bewertung erklären. Die Ergebnisse sagen selbstverständlich nichts über die persönlichen Wertorientierungen der Befragten aus, aber sie weisen doch auf eine erhebliche Zurückhaltung gegenüber der Vermittlung von Religiosität als Auftrag einer staatlichen Schule hin.

Im Vergleich mit den unterrichtlichen Aufgaben werden außerunterrichtliche soziale und kulturelle Aufgaben durchaus als weniger wichtig erachtet. Freizeitgestaltung für Schülerinnen und Schüler an der Schule, Mittagessen und Ganztagsbetreuung an der Schule gehören ebensowenig wie die Funktion der Schule als Kulturzentrum im Stadtteil zum traditionellen Kernbereich schulischer Aufgaben. Sie wurden in Deutschland vor allem im Zuge von Reformbemühungen der 60er und frühen 70er Jahre in die bildungspolitische Debatte eingebracht und sollten herkunftsbedingte Benachteiligung abbauen helfen und damit die Chancengleichheit im Bildungssystem fördern. Seit den 80er Jahren wird diese Aufgabe von Schule neu, aber weniger bildungs- als sozialpolitisch mit veränderten Bedingungen des Aufwachsens von Kindern und Jugendlichen begründet. Solche bildungs- und sozialpolitischen Ziele sind bisher nur in wenigen Schulen aufgegriffen worden und die entsprechenden reformpädagogischen Konzepte haben die Schulen bisher nur ansatzweise erreicht. Die neuen Debatten um die verlässliche Halbtagsschule, um die Ganztagsschule und die Schulsozialarbeit greifen solche Reformkonzepte in aktualisierter Form auf, haben aber ebenfalls das Schulwesen in seiner Gesamtheit bisher kaum verändert. Insofern zeigt die Einwohnerbefragung eine erstaunlich hohe Zustimmung zu diesen sozialen und kulturellen Aufgabenbereichen von Schule.

Die Differenzierungen nach Geschlecht, Alter und sozialem Status zeigen keine großen Unterschiede:

1. Bei der Differenzierung nach Geschlechtern fällt allenfalls auf, dass bei insgesamt geringen Unterschieden Frauen alle Aufgaben durchgängig als wichtiger einstufen als die Männer.

2. Auch bei der Differenzierung nach der Nationalität der Befragten fällt auf, dass alle Aufgaben, mit Ausnahme der Vermittlung von Wissen und Leistung sowie von Gemeinschaftssinn und Toleranz, von den Befragten nicht deutscher Herkunft als etwas wichtiger eingestuft werden als von den Deutschen.
3. Die in der Tabelle nicht dargestellten geringen Unterschiede der Bewertungen zwischen unterschiedlichen Altersgruppen lassen erkennen, dass die Jüngeren etwas weniger Wert auf die Förderung des ökologischen Bewusstseins durch die Schulen legen, auch die Vermittlung christlicher Werte und Religiosität ist ihnen als Angebot und Leistung der Schule weniger wichtig, ebenso das Mittagessen und eine Ganztagsbetreuung. Auch wenn die Älteren die Vermittlung von christlichen Werten und Religiosität als etwas wichtiger einschätzen, rangiert sie auch bei ihnen im Vergleich zu anderen Aufgaben an letzter Stelle.
4. Auch bei der Differenzierung nach Schul- und Ausbildungsabschlüssen sind die Unterschiede zwischen den Gruppen minimal. Außerunterrichtliche soziale und kulturelle Aufgaben von Schule sind den Befragten mit niedrigeren Schulabschlüssen wichtiger als denen mit höheren. Sie legen auch eher Wert auf die Förderung von christlichen Werten und Religiosität. Diese Relationen zeigen sich in ähnlicher Weise auch bei der Differenzierung nach Ausbildungsabschlüssen. Allerdings fallen auch hier wieder Befragte auf, die sich noch in einer Ausbildung oder im Studium befinden: alltagsbezogene Dienstleistungen haben für sie einen geringeren Stellenwert, dafür fordern sie von der Schule, sie solle den Umgang mit Computern und neuen Medien stärker fördern und mehr für die Verständigung zwischen unterschiedlichen Kulturen tun. Befragte ohne abgeschlossene Ausbildung stellen demgegenüber geringere Ansprüche an die Schule in Bezug auf Leistung und Wissensvermittlung.
5. Bezogen auf die berufliche Stellung, den Erwerbsstatus und das monatliche Einkommen der Befragten bestehen ebenfalls kaum Unterschiede in den Bewertungen der schulischen Aufgaben. Von Befragten in höheren beruflichen Positionen und mit höherem Einkommen werden alltagsbezogene Leistungen der Schule jedoch als weniger wichtig eingestuft – ein immerhin plausibles Ergebnis, denn sie sind eher in der Lage als andere, diese aus privaten Ressourcen zu erbringen. Überraschend sind deshalb auch hier eher die geringen Unterschiede als die Gemeinsamkeiten in den Bewertungen durch unterschiedliche Gruppen.

Als Ergebnis kann somit festgehalten werden: Bei der Bewertung der Aufgaben von Schule bestehen kaum schicht- und milieuspezifische Unterschiede. Alles deutet darauf hin, dass es in der Gesellschaft einen breiten Konsens hinsichtlich der Aufgaben von Schule gibt. Unstrittig sind dabei auch die neu in die Diskussion gebrachten außerunterrichtlichen Aufgaben von Schule. Sie werden zwar insgesamt etwas weniger wichtig eingestuft, sind dennoch in allen sozialen Gruppen mit geringen Unterschieden in ihrer Gewichtung anerkannt.

Tab. 18: Bewertung schulischer Aufgaben nach Stadtteilen (Mittelwerte* aus Einwohnerbefragung)

	Leuben	Marxloh	Neudorf/ Duissern	Nymphenburg	Schwabing-West	Berg am Laim
Wissen und Leistung	8,9	8,8	8,7	8,4	8,3	8,4
Gemeinschaftssinn und Toleranz	8,5	8,5	8,7	9	8,7	8,6
Sport und Fitness	7,5	7,7	7,2	7,4	7,2	7,1
Kultur, z.B. Musik, Theater, Malerei	7,1	6,9	7,1	7,6	7,5	7,1
Freizeitgestaltung für Schüler außerhalb der Schulzeit	7	6,4	6,2	5,7	5,5	6,1
Umgang mit Computern und neuen Medien	8,5	8,8	8,6	8,4	8,5	8,6
Ökologisches Bewusstsein und Umweltschutz	8,1	8,3	8,4	8,2	8,1	8,3
Berufsorientierung der Schüler	8,2	8,7	8,2	8,1	8	8,2
Verständigung zwischen verschiedenen Kulturen	7,7	7,9	8	8,3	8,4	7,8
Christliche Werte und Religiosität	4,5	5,7	5,1	5,7	4,9	5
Mittagstisch für Schüler oder Ganztagsbetreuung	7,2	6,5	6,3	6,7	6,6	6,8
Schule als ein Kulturzentrum für den gesamten Stadtteil	5,9	6,7	6,2	6,1	6	6,2
Fremdsprachenkenntnisse	8,5	8,6	8,6	8,8	8,9	8,5

* Mittelwerte aus einer Skala von 1 (Schule soll sich gar nicht darum kümmern) bis 10 (Schule soll sich sehr darum kümmern)

Auch der Stadtteilvergleich zeigt trotz der Unterschiedlichkeit der Lebensverhältnisse in den Stadtteilen kaum Unterschiede in den Erwartungen der Befragten an Schule (vgl. Tab. 18). Schicht- und milieu- sowie regionalspezifische Faktoren haben offensichtlich fast keinen Einfluss auf die Erwartungen an Schule. Von ihr wird offensichtlich die Kompensation unterschiedlicher Leistungsfähigkeiten von Familien und unterschiedlicher Partizipationsmöglichkeiten für Jugendliche in den Bereichen von Kultur und Freizeit in Stadtteilen, die in dieser Hinsicht erhebliche Unterschiede aufweisen, nicht erwartet. Vielmehr dominiert auch bezogen auf außerunterrichtliche Angebote und Leistungen der Schule die Vorstellung einer weitgehenden Einheitlichkeit.

7.3 Förderschwerpunkte

Um die Art und Weise zu bestimmen, wie sich Schulen den genannten Aufgabenstellungen widmen und in welchem Umfang sie ihnen nachkommen, haben wir die Schülerinnen und Schüler mit Hilfe eines vergleichbaren, aber auf sie zugeschnittenen Fragenkatalogs befragt. Dabei geht es darum, von ihnen wahrgenommene Schwerpunktsetzungen in der pädagogischen Arbeit der Schulen zu ermitteln. Die Ergebnisse geben insbesondere Hinweise darauf, mit welchem pädagogischen Profil die Schulen bei den Jugendlichen wahrgenommen werden und sind damit wichtige Informationen zur Kennzeichnung der Schullandschaft in der Region. Wir haben die Jugendlichen gefragt, was in ihrer Schule besonders gefördert wird und was nicht. Abbildung 21 gibt die Rangfolge der Themen nach dem Durchschnittswert der Einschätzung aller befragten Jugendlichen wieder, die sie als in ihrer Schule besonders gefördert wahrnehmen.

Die besondere Förderung der schulischen Leistungen nennen die befragten Jugendlichen am häufigsten. Fast drei Viertel der befragten Jugendlichen teilen diese Einschätzung. Fast ebenso oft werden die besondere kulturelle Förderung in den Bereichen Musik, Theater und Malerei und die besondere Förderung von Sport und Fitness von den Jugendlichen genannt. Eine relativ hohe Bedeutung schreiben die befragten Jugendlichen der schulischen Förderung von Gemeinschaftssinn und Toleranz zu: mit einem Anteil von zwei Dritteln steht diese Aufgabe an vierter Stelle. Fast ebenso viele der Jugendlichen meinen, dass sie im Umgang mit Computern und neuen Medien besonders gefördert werden; bezogen auf die Berufsorientierung sagen dies noch über 60%. Deutlich geringere Werte erhalten dagegen die Bereiche „Verständigung zwischen den Kulturen“, sowie „Ökologisches Bewusstsein und Umweltschutz“ mit etwas mehr als der Hälfte. Am niedrigsten sind auch hier mit gerade einem Drittel der Jugendlichen die Anteile derer, die „Christliche

Werte und Religiosität“ als einen Schwerpunkt an ihrer Schule wahrnehmen.

Abb.21: Besonders geförderte Schwerpunkte der Schulen nach Geschlecht und Nationalität (Schülerbefragung in Prozent)

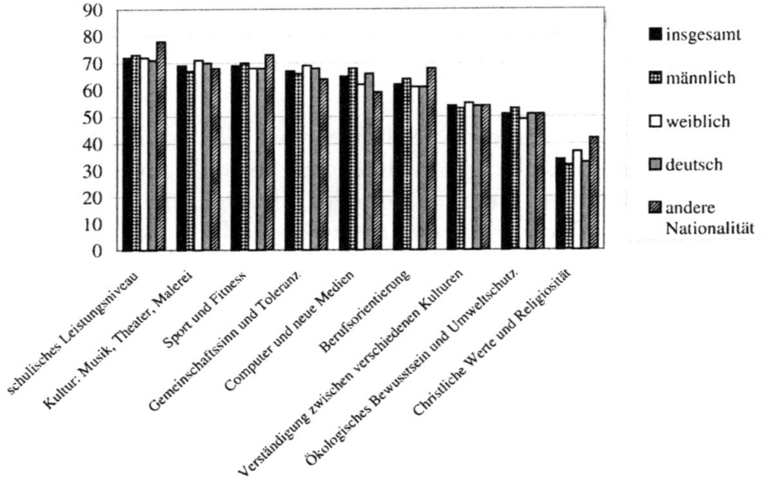

Die Unterschiede in den Einschätzungen von Jungen und Mädchen sind gering, dennoch ist ein Vergleich interessant. Etwas mehr Jungen als Mädchen sehen die Bereiche Leistung, Sport und Fitness, Computer und neue Medien, Berufsorientierung und ökologisches Bewusstsein/Umweltschutz als Förderschwerpunkte ihrer Schulen. Bei den Mädchen dagegen sind es höhere Anteile bei den Aufgaben Kultur, Gemeinschaftssinn und Toleranz, Verständigung zwischen den Kulturen und christliche Werte und Religiosität. Bei den Jungen erhalten durchgängig solche Aufgaben, bei denen ein technisch-instrumenteller Aspekt im Vordergrund steht, höhere Werte, bei den Mädchen solche, bei denen kommunikative und soziale Aspekte im Vordergrund stehen. Diese Unterschiede legen die Vermutung nahe, dass in die Bewertungen für die jeweiligen Schwerpunkte der Jugendlichen persönliche Präferenzen und geschlechtsspezifische Wahrnehmungsmuster einfließen, die Ergebnisse also die objektive Bedeutung der jeweiligen Schwerpunkte im Angebot der Schulen – in welchem Maße auch immer es ausformuliert vorliegt – nicht getreu abbilden.

Deutliche Unterschiede der Einschätzungen gibt es bezogen auf die Klassenstufen der befragten Jugendlichen. Die Wahrnehmung der Aufgaben „schulisches Leistungsniveau“, „Sport und Fitness“ und „ökologisches Bewusstsein und Umweltschutz“ als Schwerpunkte schulischer Förderung nimmt mit steigender Klassenstufe deutlich ab. Ebenso sinken auch die Anteile derer geringfügig, die „Computer und neue Medien“ sowie „christliche Werte und Religiosität“ als Schwerpunkte nennen, während sie für „Kultur: Musik, Theater, Malerei“ und „Berufsorientierung“ ansteigen.

Abb.22: Besonders geförderte Schwerpunkte der Schulen nach Schulart (Schülerbefragung in Prozent)

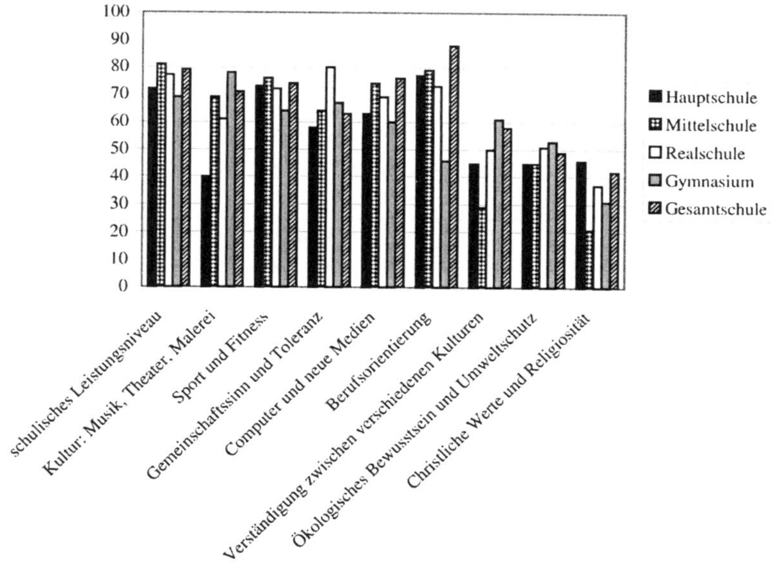

Hinter den bisher berichteten geringen Unterschieden schulischer Förderschwerpunkte in der Wahrnehmung unterschiedlicher sozialer Gruppen verbergen sich allerdings deutliche Unterschiede nach den Schularten, die die Jugendlichen besuchen (vgl. Abb. 22). Besonders aufschlussreich ist der Vergleich der niedrigsten und höchsten Werte für die Förderangebote bezogen auf die Schularten (vgl. Tab. 19).

Das schulische Leistungsniveau sehen die Schülerinnen und Schüler der Mittelschule – sie ist nur in Dresden in der Untersuchung vertreten – besonders gefördert, das Gymnasium erreicht den niedrigsten Wert. Ähnlich sind die Anteile unter den Hauptschülerinnen und -schülern, etwas höher dagegen liegen die Anteile der Jugendlichen an Realschulen und Gesamtschulen. In der Schulart, der mit Abstand die höchsten Leistungsanforderungen unterstellt werden, wird die Förderung des Leistungsniveaus von den niedrigsten Anteilen Jugendlicher als ein Schwerpunkt der schulischen Aufgaben wahrgenommen. Es muss offen bleiben, ob diejenigen gut 30% der Gymnasiasten, die die Förderung des schulischen Leistungsniveaus nicht als Schwerpunktaufgabe ihrer Schule wahrnehmen, damit Kritik äußern oder ob die Kluft zwischen Leistungsanspruch und Leistungsförderung als Kennzeichen dieser Schulart hingenommen wird. Vergleicht man die Werte für die zur Bewertung angebotenen schulischen Aufgaben innerhalb des Gymnasiums, so fällt immerhin auf, dass die Förderung der Leistungsfähigkeit den zweithöchsten Wert erhält.

Tab. 19: Besonders geförderte Schwerpunkte – minimale und maximale Werte nach Schularten (Schülerbefragung in Prozent)

	Durchschnittswert für alle Schularten	niedrigster Wert	höchster Wert
schulisches Leistungsniveau	72	69 Gymnasium	81 Mittelschule
Gemeinschaftssinn und Toleranz	67	58 Hauptschule	80 Realschule
Sport und Fitness	69	64 Gymnasium	76 Mittelschule
Kultur: Musik, Theater, Malerei	69	40 Hauptschule	78 Gymnasium
Computer und neue Medien	65	60 Gymnasium	76 Gesamtschule
ökologisches Bewusstsein und Umweltschutz	51	45 Mittelschule	53 Gymnasium
Berufsorientierung	62	46 Gymnasium	88 Gesamtschule
Verständigung zwischen verschiedenen Kulturen	54	30 Mittelschule	61 Gymnasium
Christliche Werte und Religiosität	34	21 Mittelschule	47 Hauptschule

Der Anteil der Jugendlichen, die an ihrer Schule einen Schwerpunkt in der Förderung des Gemeinschaftssinns wahrnehmen, ist am höchsten in der Realschule, am niedrigsten in der Hauptschule; alle anderen Schularten liegen mit Anteilen von etwa zwei Dritteln relativ dicht beieinander. Die Förderung von Sport und Fitness erreicht unter den Leubener Mittelschülern die höchsten Anteile, unter Gymnasien die niedrigsten, aber immerhin fast zwei Drittel aller Jugendlichen, die ein Gymnasium besuchen, nennen dies als einen Förderschwerpunkt ihrer Schule. Erwartungsgemäß ist das Gymnasium Spitzenreiter bei der kulturellen Bildung, die mehr als drei Viertel seiner Schüler als Förderschwerpunkt nennen. Die Hauptschule belegt hier mit 40% den letzten Rang. Es wurde bereits darauf hingewiesen, dass die subjektiven Einschätzungen der Jugendlichen von den Bemühungen und programmatischen Intentionen der Schulen selbstverständlich abweichen können, die Bemühungen der Hauptschulen im Bereich kultureller Bildung also möglicherweise wesentlich größer sind, sie von den Jugendlichen aber weniger geschätzt und möglicherweise deshalb auch weniger wahrgenommen werden. Um den geringen Wert, den die Hauptschule bezogen auf diese Aufgabe erzielt, besser einschätzen zu können, ist jedoch ein Vergleich mit den anderen Werten für die Hauptschule sinnvoll. Dabei zeigt sich, dass die Förderung kultureller Bildung in der Hauptschule im Vergleich mit den anderen Aufgaben mit Abstand an letzter Stelle rangiert.

Dieses Ergebnis kann auch als Widerspiegelung der kulturellen Orientierungen in den unterschiedlichen Lebensverhältnissen gedeutet werden, aus denen das Gymnasium und die Hauptschule ihre Schülerschaften rekrutieren. Insofern weist der Befund auf die Nähe der Schulen zu den Milieus und den Lebenswelten ihrer Schülerinnen und Schüler hin.

Die geringe Bedeutung von kultureller Bildung in der Hauptschule kann ernsthaft jedoch nicht als Orientierung dieser Schulart an den Lebenswelten ihrer Schülerinnen und Schüler aufgefaßt werden. Die Daten geben vielmehr Anlass zur Vermutung, dass die Schule herkunfts- und milieubedingte Ungleichheiten und Benachteiligungen nicht zu kompensieren in der Lage ist. Damit stellt sich die Frage, wie die Schulen im unteren Bildungsbereich ihren Bildungsauftrag und die pädagogische Forderung nach einem größeren Lebensweltbezug aufeinander abstimmen und in einem pädagogisch überzeugenden Konzept verbinden können.

Den Umgang mit Computern und neuen Medien nehmen als schulisches Angebot etwa drei Viertel der Jugendlichen in der Gesamtschule, aber weniger als zwei Drittel im Gymnasium wahr. Die Streuung ist hier aber wesentlich geringer als bei der kulturellen Bildung. Ökologie und Umweltschutz sind nach Einschätzung der befragten Jugendlichen von den Schulen eher vernachlässigte Themen, die wenigsten nehmen sie in der Mittelschule, die meisten am

Gymnasium als einen Schwerpunkt schulischer Förderung wahr, auch hier ist allerdings die Streuung sehr gering.

Im Bereich der Berufsorientierung, einem zentralen Thema im Blick auf die Alltags- und Lebensweltorientierung der Schulen im Sekundarbereich, ist die Gesamtschule mit annähernd 90% führend, der Anteil derer, die dies als einen Schwerpunkt am Gymnasium sehen, liegt gerade einmal halb so hoch. Nun waren allerdings Gesamtschulen nur in Duisburg in die Untersuchung einbezogen, einer Region, in der die vorberufliche Bildung in der Schule und die Förderung junger Menschen bei der Bewältigung der Anforderungen des Übergangs in die Arbeitswelt aufgrund der hier seit Jahrzehnten besonders prekären Arbeitsmarktsituation zu besonderen Anstrengungen geführt haben. Aber auch in Duisburg waren mehrere Gymnasien einbezogen, so dass diese Werte für die Berufsorientierung an Gesamtschulen nicht nur als ein Regionaleffekt, sondern durchaus auch als ein Schularteneffekt gedeutet werden dürfen, denn die Anteile für die Mittelschule und die Hauptschule liegen nur wenig unter denen für die Gesamtschule. Die niedrigen Anteile für das Gymnasium sind wenig verwunderlich, denn solange das Gymnasium als Normalfall davon ausgehen kann, dass seine Schülerinnen und Schüler das Abitur erreichen und solange alle anderen, die das Gymnasium früher verlassen (müssen), die pädagogische Arbeit dieser Schule nicht stören, stellen sich entsprechende Anforderungen hier weniger oder deutlich später in der Sekundarstufe II.

Im Gymnasium sehen die meisten Jugendlichen die Verständigung zwischen den Kulturen gefördert, ein Thema, das in der sächsischen Mittelschule angesichts des weitgehenden Fehlens von ethnischen Minderheiten einen deutlich niedrigeren Stellenwert hat. Es bilden sich folglich hier, soweit das die Mittelschule betrifft, nicht schulartspezifische Unterschiede in den Ergebnissen ab, sondern regionalspezifische. Das bestätigt ein Vergleich nach Stadtteilen: In Dresden finden 43% aller befragten Jugendlichen, dem Thema würde an der Schule besondere Aufmerksamkeit gewidmet, in Duisburg und München dagegen sind es zwischen 53% und 61% (Schwabing-West).

Auch in den Anteilen derer, die christliche Werte und Religiosität in ihrer Schule besonders gefördert sehen, werden vor allem regionale Unterschiede deutlich. Auch hier liegen die Anteile für Leuben mit 23% unter dem Durchschnitt von 34%. Der Anteil für die Mittelschule liegt mit 21% noch etwas unter dem Anteil für Leuben insgesamt. Unter den Hauptschülern dagegen nehmen fast die Hälfte (47%) die Förderung christlicher Werte und Religiosität als einen Schwerpunkt wahr. Ob dieses Ergebnis für die Hauptschule angesichts ihres hohen Anteils an Schülerinnen und Schülern muslimischen Glaubens bereits eine ausgeprägte und selbstverständliche Praxis interreligiöser Erziehung widerspiegelt, oder ob die christliche Tradition im Spiegel des Fremden deutlicher zum Vorschein kommt, muß hier offen bleiben. Möglicherweise ist aber auch die Tradition der alten Volksschule noch stärker wirksam als vielfach angenommen.

Abb.23: Besonders geförderte Schwerpunkte der Schulen nach Stadtteilen (Schülerbefragung in Prozent)

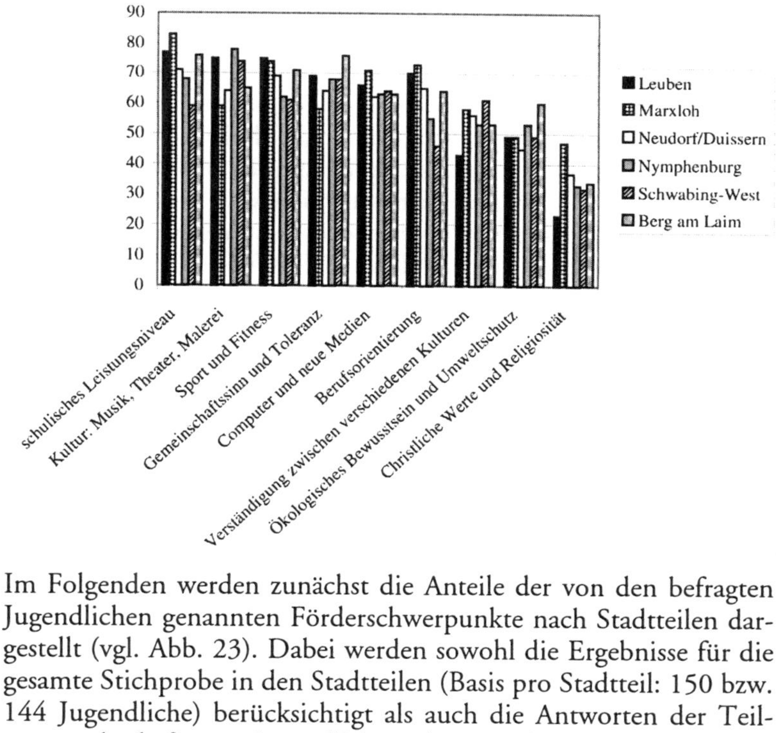

Im Folgenden werden zunächst die Anteile der von den befragten Jugendlichen genannten Förderschwerpunkte nach Stadtteilen dargestellt (vgl. Abb. 23). Dabei werden sowohl die Ergebnisse für die gesamte Stichprobe in den Stadtteilen (Basis pro Stadtteil: 150 bzw. 144 Jugendliche) berücksichtigt als auch die Antworten der Teilgruppe der befragten Jugendlichen, die eine der Schulen im Stadtteil besuchen. Die Teilgruppe hat in den Stadtteilen unterschiedlich hohe Anteile zwischen etwa einem Drittel der Befragten in Marxloh und Nymphenburg, knapp der Hälfte in Berg am Laim, fast zwei Dritteln in Leuben und Schwabing-West sowie bis zu vier Fünfteln in Neudorf/Duissern.

Die Förderung des schulischen Leistungsniveaus wird der Schule von den Jugendlichen in Marxloh am häufigsten zugeschrieben (83%), am wenigsten häufig von den Jugendlichen in Schwabing-West (59%). Auch von den Jugendlichen, die eine der Schulen in den Stadtteilen besuchen, ist der entsprechende Anteil in Marxloh am höchsten, aber etwas niedriger als in der gesamten Marxloher Stichprobe (80%). In Schwabing-West liegt der Anteil der Jugendlichen, die die Förderung des Leistungsniveaus als schulischen Schwerpunkt sehen, am niedrigsten; unter den Schülern der Schwabinger Schulen sind es sogar noch weniger. In allen Stadtteilen, in denen der Anteil der Befragten, die ein Gymnasium besuchen, hoch ist (über 50%), liegen die Anteile der Jugendlichen, die ihren Schulen die Förderung des Leistungsniveaus zuschreiben, niedrig. In Berg am Laim und Marxloh dagegen, den Stadtteilen mit den geringsten Quoten für das Gymnasium, wird die Förderung der Leistung als schulischer Schwerpunkt am häufigsten genannt.

Das Ergebnis kann bedeuten, dass hohe schulische Leistungen in Gymnasien selbstverständlich gefordert werden, und dass dies von den Jugendlichen auch akzeptiert wird. Dieses Ergebnis kann aber auch auf eine Diskrepanz zwischen den Leistungserwartungen der Schulen und ihrer Leistungsförderung hinweisen. Schließlich kann es auch bedeuten, dass die Jugendlichen im Gymnasium, einer Schulart, die ihre Leistungsansprüche nicht zuletzt auch wesentlich durch Auslese realisiert, ein Bemühen der Schule um Leistungsförderung weniger wahrnehmen als in der Hauptschule, die auf Auslese weitgehend verzichten muss.

Im Stadtteilvergleich zeigen sich allerdings zusätzliche regionale Unterschiede: Die Jugendlichen aus Marxloh, die ein Gymnasium besuchen, bestätigen ihren Schulen fast alle eine besondere Förderung schulischer Leistungen (94%), in Schwabing dagegen sind es nur wenig mehr als die Hälfte. Die Förderung der schulischen Leistungen hat in Marxloh eine hohe Bedeutung, und sie wird von den Schulen anscheinend auch erbracht. Dagegen spielen schulische Leistungen und ihre Förderung in Schwabing-West und in Nymphenburg keine so große Rolle. Ob dies an den Schulen liegt oder auch an den unterschiedlichen Schülerschaften mit unterschiedlicher Verteilung nach ihrer sozialen Herkunft kann hier nicht geklärt werden. Denkbar wäre allerdings, dass Marxloher Gymnasiasten wegen des geringeren kulturellen Kapitals, über das sie verfügen, auf schulische Leistungsförderung stärker angewiesen sind, und die Schulen diese auch bieten müssen, wenn sie ihre Schüler nicht verlieren wollen. Mit dem Clauberg-Gymnasium verfügt Marxloh zudem auch über eine Schule, die die schulischen Leistungsförderung in geradezu einzigartiger Weise zum Hauptzweck ihrer schulischen Bemühungen gemacht hat.

Die Antworten in Bezug auf die Förderung kultureller Bildung und der Berufsorientierung bestätigen diese Einschätzungen. In Stadtteilen und Regionen mit einer angespannten oder krisenhaften Situation des Arbeitsmarkts und, damit einhergehend, mit sozialen und ökonomisch eher schwierigen Verhältnissen, erhält die Förderung der Berufsorientierung deutlich höhere (Leuben und Marxloh, aber auch Neudorf/Duissern und Berg am Laim), in wirtschaftlich prosperierenden Regionen und Stadtteilen mit einem hohen sozialen und ökonomischen Status dagegen deutlich geringe Werte (Nymphenburg und Schwabing-West). Dafür erhält die Förderung kultureller Bildung in diesen Stadtteilen hohe Werte. Eine Ausnahme bildet allerdings Leuben, wo die Anteile für die Förderung kultureller Bildung als schulische Aufgabe etwa ebenso hoch liegen wie in Nymphenburg und Schwabing, die Anteile für die Förderung der Berufsorientierung aber ebenfalls sehr hoch sind nur wenig geringer als in Marxloh.

Interessant sind die Ergebnisse der Befragung zur Förderung von Gemeinschaftssinn und Toleranz. Auch hier fällt wieder besonders Marxloh auf, das bei dieser Frage mit einem Anteil von 58% der Nennungen den niedrigsten Wert erhält. Den höchsten erreicht Berg am Laim (76%). In Marxloh sind jedoch die Unterschiede zwischen den im Stadtteil befragten Jugendlichen und denen, die eine Schule im Stadtteil besuchen, besonders groß. Bezogen auf diese Gruppe der Befragten erhält Marxloh einen durchschnittlichen Wert (67%). Das bedeutet, dass in den Schulen in Marxloh auf die Förderung von Gemeinschaftssinn und Toleranz offensichtlich ein größerer Wert gelegt wird, als dies die Befragung der marxloher Jugendlichen insgesamt erkennen lässt. Diese Interpretation wird gestützt durch den relativ hohen Wert für die „Verständigung zwischen verschiedenen Kulturen“.

Förderschwerpunkte nach Stadtteilen

Welche Prioritäten der schulischen Förderung ergeben sich in den einzelnen Stadtteilen und welche Unterschiede zwischen den Stadtteilen zeigen sich dabei? In Leuben steht die Förderung des schulischen Leistungsniveaus an erster Stelle (77%), gefolgt von der Förderung von Sport und Fitness und Kultur (jeweils 75%). Schulische Leistungen stehen auch in Marxloh an erster Stelle (82%), Sport und Fitness an zweiter (74%) und Berufsorientierung an dritter (73%). Auch in Neudorf/Duissern steht die schulische Leistung an erster Stelle (71%), wenn auch mit geringeren Anteilen als in Leuben und Marxloh, an zweiter und dritter ebenfalls Sport und Fitness (69%) sowie Berufsorientierung (65%), auch hier allerdings mit geringeren Werten als in Marxloh. In den drei Münchner Stadtteilen steht nur in Berg am Laim die Förderung schulischer Leistung an erster Stelle (76%), in Nymphenburg und Schwabing-West erreicht die Förderung kultureller Aktivitäten die höchsten Werte (Nymphenburg 78%, Schwabing-West 74%). Ebenfalls 76% erhält die Förderung von Gemeinschaftssinn und Toleranz in Berg am Laim, an dritter Stelle gefolgt von der Förderung von Sport und Fitness (71%). In Nymphenburg erhalten die Förderung schulischer Leistungen und von Gemeinschaftssinn und Toleranz jeweils 68%, in Schwabing-West rangiert die Förderung von Gemeinschaftssinn und Toleranz an zweiter (69%) und Computer und neue Medien an dritter (64%) Stelle.

Die Rangfolge der Inhalte schulischer Förderung in den Stadtteilen bestätigt die bisherigen Deutungen: Schulische Leistung wird vor allem dort von vielen Schülern als Schwerpunkt schulischer Förderung wahrgenommen, wo entweder die ökonomischen Bedingungen in der Region relativ ungünstig sind oder wo – und dies geht in einigen unserer Stadtteile miteinander einher – eine Verbesserung der sozialen Stellung aus mittleren oder unteren gesellschaftlichen Herkunftsverhältnissen vor allem durch bessere und höhere Schulabschlüsse erreichbar ist. Dagegen spielt die schulische Leistung eine eher nachgeordnete Rolle, wo die ökonomische Situation relativ gut ist und die Behauptung des bereits erreichten gehobenen sozialen Status die schulische Leistung zwar als notwendige Voraussetzung hat, Leistungsorientierung deshalb auch weitgehend selbstverständlicher Bestandteil der Lebensführung geworden ist, aber ansonsten Persönlichkeitsentwicklung und die Partizipation in unterschiedlichen gesellschaftlichen Feldern wesentliche zusätzliche Bedingungen für soziale Anerkennung sind. Hier verliert die Institution Schule als Zuteilungsagentur von sozialen Positionen an Bedeutung, da die lebensweltlichen Bedingungen Statuserhalt und sozialen Aufstieg relativ ungefährdet ermöglichen. In Nymphenburg und Schwabing-West können deshalb andere Schwerpunkte gesetzt werden. Die kulturelle Bildung erhält hier deshalb eine besondere Bedeutung, während die Berufsorientierung vor allem in den Regionen eine große Bedeutung hat, in denen die beruflichen Perspektiven für Jugendliche aufgrund der regionalen Arbeitsmarktlage eingeschränkt sind, Jugendliche für die Bewältigung der Anforderungen einer Einmündung in Arbeit und Beschäftigung aus ihren Herkunftsfamilien weniger Ressourcen verfügbar haben und deshalb verstärkt auf schulische Förderung angewiesen sind.

7.4 Außerunterrichtliche Aktivitäten

Die Jugendlichen und ihre Eltern wurden auch danach gefragt, welche außerunterrichtlichen Aktivitäten es an ihrer Schule bzw. der Schule ihres Kindes gibt. Im Interview waren einige mögliche Aktivitäten vorgegeben und es wurde gefragt, ob diese Angebote an den Schulen vorhanden sind. Tabelle 20 zeigt die Anteile der Nennungen für die einzelnen Angebote nach der Rangfolge der Häufigkeiten. Zusätzlich sind die Ergebnisse nach Geschlecht und Nationalität differenziert.

Die Übersicht zeigt, dass Klassenreisen und Schullandheimaufenthalte sowie Ausflüge und Wandertage heute an allen Schulen selbstverständlich sind. Schülerzeitungen dagegen kommen ebenso wie der Schulchor und Freizeitangebote zwar an vielen, aber doch nicht an allen Schulen vor. Die Werte für die Berufsberatung, die an allen Schulen der Sekundarstufe I heute zumindest ihre Angebote vorstellt, zu Terminvereinbarungen einlädt und in vielen Schulen – auch solchen, die in die Untersuchung einbezogen waren – regelmäßige Sprechstunden abhält, sind nur deshalb so niedrig, weil ein erheblicher Teil der befragten Jugendlichen dieses Angebot, das üblicherweise im vorletzten Schuljahr gemacht wird, noch nicht kennen lernen konnte. Ähnliches gilt für die Betriebspraktika – allerdings mit dem Unterschied, dass sie an den Gymnasien in Bayern und Sachsen jedenfalls in der Sekundarstufe I nicht üblich sind. Die übrigen Angebote sind offensichtlich nur an einem Teil der Schulen vorhanden, wobei die Anteile für Hausaufgabenhilfen, Cafeteria und Schülercafe, den Mittagstisch, das Schulorchester und die Drogenberatung von etwa der Hälfte der befragten Jugendlichen als an ihrer Schule vorhanden genannt werden, während die Angebote schulpsychologischer Beratung und der Schulsozialarbeit deutlich seltener genannt werden und bei einem Anteil von etwa einem Drittel liegen – und dieser Wert erscheint dann wieder überraschend hoch.

Die Unterschiede zwischen den Geschlechtern sind in der Regel gering, bis auf die Schülerzeitung, den Schulchor, das Schulorchester und die Drogenberatung, bei denen die Anteile zwischen 7% und 18% voneinander abweichen. Dabei sind jeweils die Anteile der Mädchen höher, die das jeweilige Angebot an ihrer Schule nennen. Diese Unterschiede können Folge unterschiedlicher Wahrnehmungen und Präferenzen von Jungen und Mädchen sein, sie können aber auch daraus resultieren, dass Mädchen und Jungen sich unterschiedlich auf Schulen mit unterschiedlichen Angeboten verteilen. In Duisburg und München waren Mädchenschulen, aber keine reinen Jungenschulen in die Untersuchung einbezogen.

Tab.20: An der Schule vorhandene außerunterrichtliche Angebote nach Geschlecht und Nationalität (Schülerbefragung in Prozent)

	insgesamt	männlich	weiblich	deutsche	andere Nationalität
Schullandheimaufenthalte/Klassenreisen	98	97	99	98	92
Ausflüge/Wandertage	96	97	96	96	98
Schülerzeitung	80	76	84	82	69
Freizeitangebote	68	66	70	70	55
Schulchor	64	56	74	66	57
Berufsberatung	62	61	63	62	61
Hausaufgabenhilfe	55	55	55	55	57
Cafeteria/Schülercafe	53	55	51	52	57
Betriebspraktika	53	53	52	52	54
Mittagstisch	49	49	49	48	53
Schulorchester	47	43	52	49	39
Drogenberatung	47	43	50	49	32
Schulpsychologe	36	35	36	37	28
Schulsozialarbeit	29	30	28	29	28

Auch bei der Differenzierung zwischen Jugendlichen mit und ohne deutsche Staatsbürgerschaft gibt es teilweise erhebliche Unterschiede bei den Antworten. Die Ursachen können ähnlich wie bei den geschlechtsspezifischen Unterschieden in unterschiedlichen Wahrnehmungen und Präferenzen liegen, sie können auch darauf zurückzuführen sein, dass Jugendliche ausländischer Herkunft aufgrund von Sprachbarrieren oder von kulturell geprägten Orientierungen und Einstellungen schwerer Zugang zu einigen der Angebote finden. Sie können aber auch Hinweis darauf sein, dass die Schulen, die von der Mehrheit der Jugendlichen ausländischer Herkunft besucht werden, andere Angebot machen.

Im Folgenden werden die Angebote, die neben dem Unterricht heute an Schulen verbreitet sind, nach den Kategorien ‚Schulleben', „Berufs- und Arbeitsweltbezüge", „Lernförderung", „psychosoziale Unterstützungsleistungen" sowie „Betreuung und Versorgung" zusammengefasst.

Der Kategorie „Schulleben" werden außerunterrichtliche Veranstaltungen zugerechnet, die Schulen weitgehend in eigener Zuständigkeit und mit ihnen in der Regel zugänglichen Ressourcen durchführen können. Dies sind Ausflüge, Klassenfahrten, Schullandheimaufenthalte, Wanderungen, Exkursionen, Schulchor und Schulorchester sowie die Schülerzeitung. Darüber hinaus sind in vielen Schulen seit langem Veranstaltungen und Angebote institutionalisiert, die den Bezug zur Berufs- und Arbeitswelt zum Thema haben, Berufsberatungen des Arbeitsamtes und Betriebspraktika zum Beispiel, und die im Unterschied zu den Angeboten des Schullebens nur mit außerschulischen Partnern verwirklicht werden können. Unter die Kategorie der Lernförderung fallen allein die Hausaufgabenhilfen, auch wenn dabei häufig andere Probleme sichtbar werden, die einen sozialpädagogischen oder psychosozialen Unterstützungsbedarf erkennbar machen. Unter diese Kategorie fallen Angebote und Aktivitäten, wie Schulsozialarbeit, Schulpsychologischer Dienst und Drogenberatung. Sie sind bisher an Schulen noch eher selten zu finden und auf bestimmte Schularten oder auf Schulen in einem sozial schwierigen Umfeld beschränkt. Auch Angebote der Kategorie Betreuung und Versorgung: Freizeitangebote in der Schule, Cafeterien und Mittagessen sind bisher selten.[7]

Aufschlussreich sind die Mittelwerte der Häufigkeiten, mit denen die Angebote der drei Kategorien von den Befragten genannt werden. Für Angebote des Schullebens beträgt der Mittelwert 77%. Für die Vorbereitung auf die Berufs- und Arbeitswelt beträgt er 57%, für Angebote der (Lern-)Förderung 55%, für Betreuung und Versorgung 57% und bei den sozialpädagogischen und psychosozialen Angeboten im engeren Sinn 37%. Den höchsten Wert erreichen also die außerunterrichtlichen Angebote im Bereich des klassischen Schullebens, für die ein Bezug zur außerschulischen Lebenswelt der Schülerinnen und Schüler nicht unbedingt erforderlich ist. Immerhin mehr als die Hälfte der befragten Jugendlichen nennen an ihrer Schule Berufsbe-

7 Die Zuordnungen sind nicht immer trennscharf: Freizeitangebote, Cafeteria und Mensen können auch zum „Schulleben" gerechnet werden. Entstehungsbedingungen und -hintergründe legen es in den meisten Fällen jedoch nahe, diese Einrichtungen den genannten Bereichen zuzuordnen.

ratung und Betriebspraktika; das ist, wie die Antworten über die Berufsorientierung als Schwerpunkt schulischer Aktivitäten bereits gezeigt haben, angesichts des hohen gymnasialen Anteils der untersuchten Gruppe und der Tatsache, daß ein erheblicher Anteil der befragten Jugendlichen Jahrgangsstufen angehört, in denen die Berufberatung noch kein Thema ist, erstaunlich hoch. Hausaufgabenhilfen nennt ebenfalls die Mehrzahl der Befragten, und sogar noch etwas höher liegt der Anteil derjenigen, die Angebote der Betreuung und Versorgung an ihrer Schule nennen. Dagegen nennen weniger als die Hälfte der befragten Jugendlichen sozialpädagogische oder psychosoziale Angebote an ihrer Schule.

Im Bereich des Schullebens erhalten Schullandheimaufenthalte bzw. Klassenreisen und Ausflüge bzw. Wandertage die höchsten Werte. Sie sind nach den Angaben der Jugendlichen in allen Schularten vorhanden; die Werte betragen in der Regel weit über 90% (vgl. Tab. 21). An dritter Stelle im Bereich des Schullebens folgt die Schülerzeitung, mit dem höchsten Wert im Gymnasium (94%) und dem geringsten in der Hauptschule (55%); seltener genannt werden der Schulchor (höchster Wert mit 83% im Gymnasium und niedrigster Wert mit 18% in der Mittelschule) und das Schulorchester (Gymnasium 68%, Mittelschule 4%).

Tab. 21: Vorhandene außerunterrichtliche Angebote nach Schularten (Schülerbefragung in Prozent)

Kategorie*		Hauptschule	Mittelschule	Realschule	Gymnasium	Gesamtschule
1	Schullandheimaufenthalte/Klassenreisen	93	96	98	99	98
1	Ausflüge/Wandertage	97	96	99	96	97
1	Schülerzeitung	55	68	83	94	60
1	Schulchor	42	18	52	83	65
1	Schulorchester	12	4	41	68	40
2	Berufsberatung	66	72	77	51	80
2	Betriebspraktika	80	72	46	40	74
3	Hausaufgabenhilfe	36	36	77	54	71
4	Freizeitangebote	46	76	52	74	84
4	Cafeteria/Schülercafe	33	21	39	58	100
4	Mittagstisch	25	92	41	39	91
5	Drogenberatung	28	42	57	54	28
5	Schulpsychologen	29	15	40	41	34
5	Schulsozialarbeit	24	17	30	28	40

* 1= Schulleben; 2= Beruf und Arbeitswelt; 3= Förderung; 4= Betreuung und Versorgung; 5= sozialpädagogische und psychosoziale Angebote

Von den die Berufs- und Arbeitswelt betreffenden Angeboten wird die Berufsberatung etwas häufiger von den Jugendlichen genannt als Betriebspraktika. Angebote der Berufsberatung nennen 80% aller Schülerinnen und Schüler an Gesamtschulen. Das Gymnasium erreicht den geringsten Wert, aber immerhin geben auch hier etwas mehr als die Hälfte der Schülerinnen und Schüler an, dass es an ihrer Schule ein solches Angebot gibt. Betriebspraktika sind nach der Kenntnis der Jugendlichen nicht allgemein verbreitet, doch vier Fünftel aller Schülerinnen und Schüler an Hauptschulen kennen solche Angebote an ihrer Schule, der entsprechende Anteil am Gymnasium ist gerade halb so hoch. Auch wenn das Gymnasium hier den niedrigsten Wert erreicht, so fällt er überraschend hoch aus für eine Schulart, die traditionell in der Sekundarstufe I durch eine große Distanz zur Arbeits- und Berufswelt gekennzeichnet ist.

Bei den Hausaufgabenhilfen, die wir der Rubrik „Förderung“ zugeordnet haben, erreicht die Realschule den höchsten, Haupt- und Mittelschule den geringsten Wert.

Von den Angeboten im Bereich „Betreuung und Versorgung“ sagen etwas über die Hälfte aller befragten Jugendlichen, es gebe eine Cafeteria an ihrer Schule; in den Gesamtschulen sind Cafeterien nach den Antworten der Jugendlichen flächendeckend vorhanden, in den Mittelschulen dagegen kennt sie nur jeder fünfte befragte Jugendliche. Etwas seltener, aber doch von fast der Hälfte genannt, gibt es ein Angebot für ein Mittagessen; hier ist die Mittelschule führend, die diese Leistung für ihre Schüler aus der Tradition der Polytechnischen Oberschule beibehalten hat, die aber nicht zuletzt wegen der für die Schüler anfallenden Kosten längst nicht mehr von allen in Anspruch genommen wird. An der Hauptschule dagegen nennt nur jeder vierte Jugendliche dieses Angebot. Bei den zusätzlichen Freizeitangeboten erzielt die Gesamtschule, die ausschließlich in Duisburg einbezogen war, die höchsten Werte, die niedrigsten die Hauptschule.

Von den ‚sozialpädagogischen und psychosozialen Angeboten im engeren Sinn wird die Drogenberatung von den Jugendlichen zwar am häufigsten, insgesamt aber von weniger als der Hälfte aller Jugendlichen genannt. Schulpsychologische Angebote werden von einem Drittel der Jugendlichen an ihren Schulen genannt, am häufigsten im Gymnasium, am seltensten in der Mittelschule. Etwas darunter liegen die Werte für Schulsozialarbeit.

Die Mittelwerte für die Angebotskategorien nach Schularten (vgl. Tab. 22) ergeben das folgende Bild:

Tab.22: Mittelwerte der vorhandenen Angebotsbereiche nach Schularten (Schülerbefragung in Prozent)

	Schulleben	Beruf und Arbeitswelt	Förderung	Betreuung und Versorgung	Sozialpädagogische und psychosoziale Angebote
Hauptschule	60	73	36	35	27
Mittelschule	56	72	36	63	25
Realschule	75	61	77	44	43
Gymnasium	88	45	54	57	41
Gesamtschule	72	77	71	92	34

Das Gymnasium erhält nicht nur die höchsten Werte bei den Angeboten der Kategorie "Schulleben', es erreicht auch für die Kategorien ,Betreuung und Versorgung' und ,sozialpädagogische und psychosoziale Angebote' hohe Werte. Die Gesamtschule erreicht die höchsten Werte für die Kategorie ,Betreuung und Versorgung', sie erzielt aber auch hohe Werte in den Bereichen ,Schulleben', ,Berufsorientierung' und ,Förderung'. Bei den psychosozialen Diensten dagegen erscheint die Gesamtschule schlechter ausgestattet als Realschule und Gymnasium. Die Realschule erhält insgesamt mittlere Werte, in den Kategorien ,Förderung' und ,sozialpädagogische und psychosoziale Angebote' schneidet sie dagegen am besten ab. Bei der Mittelschule fallen die niedrigen Werte in den Bereichen ,Schulleben' und ,Förderung' auf, dagegen erhält sie hohe Werte bei der ,Berufsvorbereitung und -orientierung' sowie für ,Betreuung und Versorgung', was vor allem auf das in Mittelschulen angebotene Mittagessen zurückzuführen ist. Sozialpädagogische und psychosoziale Angebote dagegen werden für die Mittelschule am seltensten genannt.

Für die Hauptschulen nennen die Jugendlichen in allen Bereichen ein eher bescheidenes Angebot. Lediglich bei der Vorbereitung auf die Berufs- und Arbeitswelt kommen die entsprechenden Angebote häufig vor. Dass die Hauptschule im Bereich des Schullebens nicht mit dem Gymnasium konkurrieren kann, überrascht nicht, aber dass sozialpädagogische und psychosoziale Angebote hier von den Jugendlichen seltener genannt werden als für das Gymnasium dürfte kaum der Verteilung eines entsprechenden Bedarfs auf die Schularten entsprechen. Ähnliches gilt für die Angebote zur ,Betreuung und Versorgung'.

Insgesamt nehmen also die Jugendlichen im Gymnasium eine Vielzahl außerunterrichtlicher Angebote im Bereich des ,Schullebens‘ wahr, finden aber nach eigenen Angaben auch häufig Angebote in den Bereichen ‚Betreuung und Versorgung‘ und ‚sozialpädagogische und psychosoziale Angebote‘ vor. Sehr oft genannt werden außerunterrichtliche Angebote auch in der Gesamtschule und in der Realschule; dagegen fallen die Mittelschule und die Hauptschule deutlich ab.

Die Verteilung der unterschiedlichen außerunterrichtlichen Angebote nach Schularten zeigt also erhebliche Unterschiede. Sie scheinen aber eher aus unterschiedlichen Traditionen (Mittelschule) oder spezifischen bildungspolitischen Bedingungen (Gesamtschule als Ganztagsschule in Nordrhein-Westfalen) erklärbar, denn aus unterschiedlichen Bedarfslagen der die jeweiligen Schularten besuchenden Schüler. Insbesondere die geringen Anteile der Hauptschule in den Kategorien Förderung, Betreuung und Versorgung sowie sozialpädagogische und psychosoziale Angebote deuten darauf hin, dass ungleiche Chancen, die die verschiedenen Schularten durch ihre Unterrichtsangebote realisieren, im Bereich der außerunterrichtlichen Angebote tendenziell verstärkt und nicht kompensiert werden. Lediglich hinsichtlich berufs- und arbeitsweltbezogener Angebote erfahren die Hauptschülerinnen und -schüler eine auf die veränderten Bedingungen des Übergangs in die Arbeitswelt bezogene Förderung, die allerdings – abgesehen vom Gymnasium – auch in den anderen Schularten zunehmend verbreitet ist.

Der Stellenwert außerunterrichtlicher Angebote

In den Interviews wurden die Jugendlichen und ihre Eltern auch danach gefragt, wie wichtig für sie die außerunterrichtlichen Angebote der Schule sind. Dabei sollten sie die Angebote auf einer Skala zwischen „sehr wichtig“, „wichtig“, „nicht so wichtig“ und „überhaupt nicht wichtig“ einordnen..

Die Ergebnisse der Elternbefragung (vgl. Tab. 23) zeigen, dass für sie die Drogenberatung das wichtigste zusätzliche Angebot der Schule ist. Fast alle befragten Eltern stufen sie als „sehr wichtig“ oder „wichtig“ ein. Fast genauso wichtig ist den Eltern die Berufsberatung an der Schule. Erst dann folgen mit immer noch über 90% die etablierten Angebote aus dem Bereich des Schullebens: Schullandheimaufenthalte/Exkursionen und Ausflüge/Wandertage. Neun von zehn befragten Eltern finden Betriebspraktika wichtig, und immerhin noch mehr als vier Fünftel der Eltern nennen Schulsozialarbeit, Schulpsychologen, Hausaufgabenhilfen und eine Schülerzeitung als wichtig oder sehr wichtig. Die Schülerzeitung steht damit in der Wertung der Eltern an neunter Stelle auf der Skala der wichtigsten außerunterrichtlichen Angebote der Schule. Es folgen Freizeitangebote, Mittagstisch und Cafeteria. Nur von knapp der Hälfte werden Schulchor (48%) und Schulorchester (48%) als mindestens wichtig angesehen.

Tab.23: Bewertung schulischer Angebote durch die Eltern nach Geschlecht und Nationalität (Elternbefragung in Prozent)

Angebote sind „sehr wichtig" oder „wichtig"	insgesamt	weiblich	männlich	beide deutsch	deutsch und andere Nation	beide andere Nation
Drogenberatung	96	97	96	96	96	96
Berufsberatung	95	95	94	94	96	95
Schullandheimaufenthalte/ Klassenreisen	93	94	91	95	96	82
Ausflüge, Wandertage	92	92	92	93	90	87
Betriebspraktika	91	91	91	91	88	92
Schulsozialarbeit	84	86	78	85	87	79
Schulpsychologen	81	83	75	80	86	85
Hausaufgabenhilfe	81	80	83	79	82	91
Schülerzeitung	80	80	80	80	81	78
Freizeitangebote	77	78	74	76	82	76
Mittagstisch	58	58	55	56	64	58
Cafeteria/Schülercafe	56	56	57	55	61	59
Schulchor	48	46	53	46	53	51
Schulorchester	48	49	48	48	51	48

Unterschiede zwischen den Antworten von Müttern und Vätern gibt es kaum, nur Schulsozialarbeit und Schulpsychologen finden mehr Mütter als Väter mindestens wichtig. Auch bei der Differenzierung nach der Nationalität der Eltern (beide deutsch, ein Elternteil deutsch, beide Eltern ohne deutschen Paß) gibt es keine großen Unterschiede. Ausländische Eltern bewerten jedoch Schullandheimaufenthalte und Ausflüge zu geringeren, dafür Hausaufgabenhilfe zu deutlich höheren Anteilen als wichtig oder sehr wichtig.

Etwas anders sieht die Rangfolge der Bewertungen bei den befragten Jugendlichen aus (vgl. Tab. 24). Auch hier werden Aspekte der Berufswahl und -orientierung insgesamt zu deutlich höheren Anteilen als mindestens wichtig eingeschätzt und auch sozialpädagogische und psychosoziale Angebote halten mehr Jugendliche für wichtig, als sie vorhandene Angebote kennen. Bei den Angeboten im Bereich des Schullebens haben Schullandheimaufhalte/Exkursionen und Ausflüge/Wandertage einen hohen Stellenwert, dagegen erscheinen die Schülerzeitung, der Schulchor und das Schulorchester als weniger wichtig. Auffallend ist, dass die befragten Mädchen durchgängig alle Angebote zu höheren Anteilen als mindestens wichtig einschätzen als die befragten Jungen. Besonders große Unterschiede zwischen den Geschlechtern gibt es bei der Drogenberatung, der Schülerzeitung und der Schulsozialarbeit. Die Einschätzungen von deutschen und ausländischen Jugendlichen weichen dagegen kaum voneinander ab; die Jugendlichen ausländischer Herkunft finden allerdings die meisten Angebote zu geringfügig höheren Anteilen mindestens wichtig als die deutschen Jugendlichen. Bei den schullebenbezogenen Angeboten und der Berufsvorbereitung gibt es jedoch kaum Unterschiede; Hausaufgabenhilfen, Betreuungs- und Versorgungsleistungen – Mittagstisch, Cafeteria und Freizeitangebote – werden von den ausländischen Jugendlichen dagegen schon deutlich wichtiger gesehen.

Tab.24: Bewertung schulischer Angebote durch die Jugendlichen nach Geschlecht und Nationalität (Schülerbefragung in Prozent)

Angebote sind „sehr wichtig“ oder „wichtig“	insgesamt	männlich	weiblich	deutsch	andere Nation
Schullandheimaufenthalte/ Klassenreisen	96	97	96	96	95
Berufsberatung	95	94	96	94	96
Ausflüge, Wandertage	91	89	92	91	90
Betriebspraktika	80	77	84	80	82
Drogenberatung	77	70	85	77	79
Freizeitangebote	71	69	75	70	77
Cafeteria/Schülercafe	62	59	65	61	68
Hausaufgabenhilfe	61	57	65	60	65
Schülerzeitung	59	52	66	59	58
Schulpsychologen	56	50	63	54	66
Schulsozialarbeit	56	47	66	56	58
Mittagstisch	44	39	48	42	54
Schulchor	25	16	34	25	23
Schulorchester	25	19	30	25	24

Die Unterschiede zwischen vorhandenem Angebot und subjektiver Wichtigkeit werden besser sichtbar bei einem Vergleich der einzelnen Angebote nach Kategorien. In Tabelle 25 sind die Mittelwerte der Anteile für die Bewertung als „sehr wichtig“ oder „wichtig“ durch Eltern und Jugendliche aufgeführt.

Tab.25: Vorhandene Angebotsbereiche und ihre Bedeutung für Eltern und Jugendliche (Elternbefragung und Schülerbefragung – Mittelwerte für Angebotsbereiche in Prozent)

Angebote sind „sehr wichtig" oder „wichtig"	Eltern	Jugendliche	Vorhandene Angebote[1]
Schulleben	72	59	77
Beruf und Arbeitswelt	93	88	57
Förderung	81	61	55
Betreuung und Versorgung	64	59	57
Sozialpädagogische und psychosoziale Angebote	87	63	37

1 Angaben aus der Schülerbefragung

An erster Stelle stehen bei den Jugendlichen und den Eltern auf die Berufs- und Arbeitswelt bezogene Angebote, dann folgen sozialpädagogische und psychosoziale Angebote. An dritter Stelle rangieren bei beiden Gruppen Angebote zur Lernförderung; unterschiedliche Rangplätze nehmen die Bereiche „Schulleben" und „Betreuung und Förderung" bei Jugendlichen und ihren Eltern ein. Auffallend ist dabei vor allem zweierlei:

1. Insbesondere für berufs- und arbeitsweltbezogene sowie sozialpädagogische und psychosoziale Angebote sind bei Jugendlichen und Eltern die Mittelwerte zur Wichtigkeit der Angebote sehr viel höher als die Mittelwerte für vorhandene Angebote. Diese Aufgaben und Bereiche gelten Eltern und Jugendlichen als besonders wichtig. Vor allem bei den sozialpädagogischen und psychosozialen Angeboten zeigen sich die größten Differenzen zwischen den Mittelwerten der Angaben zum Vorhandensein der Angebote und der Einschätzung ihrer Wichtigkeit.
2. In allen Bereichen liegen die Mittelwerte der Elternbefragung über denen der Schülerbefragung; die größten Unterschiede gibt es in den Bereichen ‚Förderung' und ‚sozialpädagogische und psychosoziale Angebote'. Die Mittelwerte für die Wichtigkeit der Angebote sind bei beiden Gruppen in allen Bereichen, ausgenommen ‚Schulleben', höher als die Mittelwerte bei der Nennung der Angebote. Auf unterschiedliche Einschätzungen weisen die Mittelwerte der Eltern- und der Schülerbefragung für den Bereich ‚Schulleben' hin. Vor allem die kulturellen Angebote der Schule sind den Eltern wichtiger als ihren Kindern. In diesem Bereich, in dem es um zentrale Fragen von Bildung und Erziehung geht, um die Weitervermittlung des kulturellen Erbes, be-

stehen, so können die Daten auch interpretiert werden, die größten Übereinstimmungen zwischen den Erwartungen der Eltern und den Angeboten der Schule, hier werden also eher Unterschiede in den Erwartungen und Haltungen der Generationen sichtbar. In allen anderen Kategorien zeigen sich viele Diskrepanzen zwischen der Schule und ihren Angeboten auf der einen Seite und den Interessen und Erwartungen der Jugendlichen und ihrer Eltern auf der anderen Seite. Dies kann auch als Diskrepanz oder tendenziell prekäres Verhältnis zwischen Schule und außerschulischen Lebenswelten interpretiert werden.

Die Eltern der verschiedenen Schularten bewerten die Angebote tendenziell unterschiedlich (vgl. Tab. 26). Die Wichtigkeit der auf das Schulleben bezogenen Angebote wird besonders von Eltern von Gymnasiasten betont, im Vergleich mit den Eltern der anderen Schularten werden die übrigen Angebotsbereiche von ihnen für weniger wichtig gehalten. Hausaufgabenhilfen finden Hauptschülereltern besonders wichtig. Auf Betreuungs- und Versorgungsleistungen – Mittagstisch, Cafeteria und Freizeitangebote in der Schule – können am ehesten Realschuleltern verzichten, die Eltern von Gesamtschülern legen hierauf hingegen den größten Wert. Möglicherweise war dies auch ein wesentlicher Gesichtspunkt für ihre Schulwahl, denn dort, wo es die Gesamtschule gibt, bieten alle anderen Schularten dergleichen nur ausnahmsweise oder eingeschränkt an.

Tab.26: Einschätzung schulischer Angebotsbereiche durch die Eltern nach Schularten (Elternbefragung – Mittelwerte für Angebotsbereiche in Prozent)

Angebote sind „sehr wichtig" oder „wichtig"	Schulleben	Beruf und Arbeitswelt	Förderung	Betreuung und Versorgung	Sozialpädagogische und psychosoziale Angebote
Hauptschule	64	96	96	65	90
Mittelschule	66	96	81	67	86
Realschule	67	93	89	57	90
Gymnasium	77	90	73	62	85
Gesamtschule	71	99	89	80	90

Tab.27: Einschätzung schulischer Angebotsbereiche durch die Jugendlichen nach Schularten (Schülerbefragung – Mittelwerte für Angebotsbereiche in Prozent)

Angebote sind „sehr wichtig" oder „wichtig"	Schulleben	Beruf und Arbeitswelt	Förderung	Betreuung und Versorgung	Sozialpädagogische und psychosoziale Angebote
Hauptschule	52	93	72	50	65
Mittelschule	52	91	72	63	56
Realschule	57	91	77	51	70
Gymnasium	64	84	50	60	62
Gesamtschule	51	90	65	76	63

Die schulartspezifische Bewertung der außerunterrichtlichen Angebote durch die Eltern spiegelt sich tendenziell auch in den Einschätzungen der Jugendlichen wider – ganz besonders bei den Gymnasiasten –, wenn auch auf deutlich niederem Niveau (vgl. Tab. 27).

Den Angeboten mit Bezug zur Berufs- und Arbeitswelt, zur schulischen Förderung, zur Betreuung und Förderung sowie den sozialpädagogischen und psychosozialen Angeboten ist gemeinsam, dass sie auf einen Bedarf reagieren, der zu einem großen Teil aus den Bedingungen der außerschulischen Lebenswelten resultiert. Faßt man die Werte der Angebote dieser Kategorien zusammen und vergleicht das Verhältnis zwischen vorhandenen Angeboten und den Bewertungen ihrer Wichtigkeit, ergibt sich folgendes Bild (vgl. Tab. 28): Nach den Angaben der Jugendlichen sind derartige lebensweltorientierte Angebote am seltensten in der Hauptschule vorhanden, am häufigsten an der Gesamtschule; Mittelschule, Realschule und auch das Gymnasium erreichen mittlere Werte. Die Unterschiede zwischen den Schularten sind insgesamt relativ gering; lediglich die Gesamtschule fällt mit ihrem vergleichsweise guten Angebot besonders auf.

Tab.28: Lebensweltorientierte Angebote und ihre Bedeutung für Eltern und Jugendliche nach Schulart (Schülerbefragung und Elternbefragung in Prozent)

	vorhanden[1]	wichtig für Eltern	Differenz	wichtig für Jugendliche	Differenz
Hauptschule	43	87	44	70	27
Mittelschule	49	82	34	71	22
Realschule	56	82	26	72	16
Gymnasium	49	77	28	64	15
Gesamtschule	68	89	21	73	5

1 Angaben aus der Schülerbefragung

Betrachtet man jedoch die Relation zwischen Angebot und subjektiver Bedeutsamkeit für die Jugendlichen, differenziert sich das Bild. Der Lebensweltbezug der Gesamtschule scheint sehr ausgeprägt zu sein, die Differenz zwischen den Angaben zum Angebot und denen zur Einschätzung der Wichtigkeit beträgt hier lediglich 5%. Bei Mittelschule, Realschule und Gymnasium bewegen sich die Differenzen zwischen Angebot und seiner Bewertung als „wichtig" oder „sehr wichtig" zwischen 15% und 22%. Auffällig ist, dass das Gymnasium relativ gut abschneidet. Dagegen fällt die Hauptschule weit ab, die Differenz zwischen Angebot und seiner Bewertung beträgt hier 27%.

Außerunterrichtliche Angebote im Stadtteilvergleich

Zwischen den Stadtteilen gibt es teilweise erhebliche Unterschiede bei den außerunterrichtlichen Angeboten. Auch die Bewertungen dieser Angebote durch die Jugendlichen differieren teilweise stark. In der Schülerbefragung wurden besonders bei Hausaufgabenhilfen, Cafeteria, Mittagstisch, Freizeitangeboten, Betriebspraktikum, Drogenberatung und Schulpsychologen große Unterschiede sichtbar:

- Hausaufgabenhilfen als vorhandenes Angebot nennen die befragten Jugendlichen in Marxloh, Nymphenburg und Schwabing-West überdurchschnittlich häufig. Jeweils fast zwei Drittel sagen, dass es an ihrer Schule Hausaufgabenhilfen gibt. Am wenigsten ist dieses Angebot in Leuben bekannt, nur ein Drittel der Jugendlichen kennt hier Hausaufgabenhilfen an der eigenen Schule.
- An ihrer Schule bestehende Cafeterien oder Schülercafes kennen am häufigsten die Jugendlichen in Neudorf/Duissern. Marxloh und Nymphenburg liegen über dem Durchschnitt. Insgesamt sind bei diesem Angebot die Unterschiede sehr groß, ungefähr 70% der befragten Duisburger, dagegen nur ein Drittel der Jugendlichen Schwabing und Berg am Laim kennen solche Angebote an ihrer Schule.
- Ein Mittagessen an ihrer Schule kennen fast alle Leubener und ungefähr die Hälfte der Marxloher und Schwabinger Jugendlichen. In Neudorf/Duissern sind es nur etwas mehr als ein Viertel, in Nymphenburg und Berg am Laim ungefähr ein Drittel.
- Freizeitangebote an Schulen sind offensichtlich mittlerweile verbreitet. Vier Fünftel der Leubener Jugendlichen und fast drei Viertel der Duisburger Jugendlichen geben an, dass es sie an ihrer Schule gibt. Aber auch in anderen Stadtteilen kennen etwa 60% der Jugendlichen solche Angebote an ihren Schulen.

- Betriebspraktika als Angebot der Schule werden vor allem in Dresden und Duisburg mit Anteilen von 70% und darüber genannt, in München dagegen sind die Anteile nur etwa halb so hoch.
- Dafür ist die Drogenberatung in München bekannter als in Dresden und Duisburg; in allen drei Münchner Stadtteilen geben ungefähr 60% der Jugendlichen an, dass dieses Angebot an ihrer Schule besteht; in Leuben sind es ungefähr 40%, in den Duisburger Stadtteilen nur ca. 30%.
- Überdurchschnittlich häufig werden in München auch Schulpsychologen als schulisches Angebot genannt (Nymphenburg 41%, Schwabing-West 62%, Berg am Laim 55%); in Marxloh kennt jeder dritte, in Leuben nur jeder vierte und in Neudorf/Duissern sogar nur jeder zehnte Jugendliche ein derartiges Angebot an seiner Schule.

Es zeigen sich Ähnlichkeiten zwischen der Bewertung eines Angebots und seinem Vorhandensein. Das kann bedeuten, dass die Bereitstellung des Angebots auf einen vorhandenen Bedarf bezogen ist oder es kann heißen, dass vorhandene Angebote tendenziell eher positiv bewertet werden als fehlende. So ist z.B. eine Cafeteria an der Schule für die Jugendlichen in Marxloh, Neudorf/Duissern und Nymphenburg wichtiger als für die Jugendlichen in den übrigen Stadtteilen und die Angaben verteilen sich entsprechend. Auch bei der Bewertung der Möglichkeit, an der Schule ein Mittagessen zu bekommen und ihre Freizeitangebote zu nutzen, zeigen sich in ähnlichen Relationen zwischen den Angeboten und der Bewertung ihrer Wichtigkeit in den Stadtteilen. Der Anteil derer, die sie als „sehr wichtig" oder „wichtig" einstufen, ist fast durchgängig höher als der Anteil derer, die angeben, dass es ein solches Angebot an ihrer Schule gibt. Eine Ausnahme stellt nur das Mittagessen an den Schulen in Leuben dar: „Nur" ein Drittel der Jugendlichen in Leuben findet dies wichtig oder sehr wichtig.

Von den Jugendlichen durchweg als weniger wichtig eingestuft werden dagegen die Schülerzeitung, der Schulchor und das Schulorchester. Die Werte für die Bedeutung dieser Angebote liegen in allen Stadtteilen unter denen ihrer Bekanntheit.

Abweichungen zwischen der Bekanntheit der Angebote in den Stadtteilen und ihrer Bewertung gibt es bei folgenden Angeboten:

- Hausaufgabenhilfen werden überdurchschnittlich in Leuben, Marxloh und Berg am Laim als sehr wichtig oder wichtig eingestuft. In Marxloh gibt es Hausaufgabenhilfen an den Schulen ebenfalls relativ häufig, dagegen zeigen sich in Leuben und Berg am Laim große Unterschiede zwischen dem Vorhandensein des Angebots und seiner Bewertung.

- Über Betriebspraktika an ihrer Schule berichten die Münchner Jugendlichen selten, der weitaus größte Teil von ihnen schätzt sie aber als sehr wichtig oder wichtig ein (Nymphenburg 71%, Schwabing-West 72%, Berg am Laim 81%). In den Einschätzungen der Betriebspraktika bestehen dabei keine großen Unterschiede zwischen den Jugendlichen insgesamt; in Leuben, Marxloh und Neudorf/Duissern werden sie sogar von höheren Anteilen der Befragten für sehr wichtig oder mindestens für wichtig gehalten (87%, 85% bzw.86%) als in München.
- Ähnlich verhält es sich mit der Bewertung der Drogenberatung und der Schulpsychologen. Hier gibt es kaum Unterschiede zwischen den Jugendlichen in Dresden, Duisburg und München, obwohl diese Angebote in den drei Städten sehr unterschiedlich ausgebaut sind.

Bei der Bewertung der lebensweltorientierten Angebote der Schulen (alle Angebote mit Ausnahme der schullebenbezogenen, vgl. Tab. 21) bestätigt sich in der Tendenz das vom Schulartvergleich her bekannte Bild (vgl. Tab. 29). Die Angebote werden von einer großen Mehrheit der Jugendlichen und ihren Eltern als sehr wichtig oder wichtig eingestuft, von den Eltern durchgängig zu etwas höheren Anteilen als von den Jugendlichen. Dass diese Angebote an ihrer Schule bzw. an der Schule ihres Kindes aber auch vorhanden sind, wird durchgängig in allen Stadtteilen seltener berichtet. Im Vergleich zwischen den Stadtteilen sind die Unterschiede in den Bewertungen nicht besonders groß, vor allem nicht bei den Eltern. In Leuben, Marxloh und Berg am Laim werden diese Angebote bei den Jugendlichen und ihren Eltern geringfügig wichtiger eingeschätzt als in den anderen Stadtteilen.

Tab.29: Lebensweltorientierte Angebote und ihre Bedeutung für Jugendliche und Eltern nach Stadtteilen (Schülerbefragung und Elternbefragung in Prozent)

	vorhanden[1]	wichtig für Jugendliche	Differenz	vorhanden[2]	wichtig für Eltern	Differenz
insgesamt	52	68	16	50	79	29
Leuben	51	70	19	53	81	28
Marxloh	59	73	14	54	84	30
Neudorf/Duissern	48	65	17	49	79	30
Nymphenburg	50	63	13	49	78	27
Schwabing-West	52	65	13	52	83	31
Berg am Laim	50	70	20	47	82	35

1 Angaben aus der Schülerbefragung
2 Angaben aus der Elternbefragung

8 Schulprogramme und Schulprofile

Die Schulportraits (siehe Anhang) und die Darstellung der unterschiedlichen Förderbereiche lassen erkennen, dass jede Schule ein durchaus spezifisches Profil aufweist. Viele Schulleiter verweisen – auch in Abwehr von neueren schulentwicklungspolitischen Anforderungen an sie, sich verstärkt um eine Schulprofilierung oder Schulprogrammentwicklung zu bemühen – darauf, dass ihre Schule schon immer über ein gleichsam natürlich gewachsenes Profil verfüge. Häufig ist die Schule einer bestimmten Tradition verpflichtet, was unter anderem beispielsweise in ihren unterschiedlichen außerunterrichtlichen Angeboten und Leistungen zum Ausdruck kommt. Darüber hinaus ist das Schulprofil auch strukturell definiert durch die jeweiligen Schulzweige des Gymnasiums, die vorgegebenen Profile der sächsischen Mittelschule oder die mögliche Fächergruppenkombination der bayerischen Realschule.

Hier interessiert, ob und wie sich Schulen für eine über ihre Traditionsbindung und ihre unterrichtsstrukturellen Vorgaben hinausreichende bewusste Schulprofildiskussion und Schulprogrammentwicklung engagieren, welche Inhalte und Themen dabei eine Rolle spielen und welche Widerstände und Chancen dafür gesehen werden

8.1 Profilierung als Anforderung

Profilbildung und Schulprogrammentwicklung waren eine zentrale Fragestellung, die in den Experteninterviews ausführlich erörtert wurde. Ein Ergebnis kann vorweg mitgeteilt werden: Bei den befragten Schulleiterinnen und Schulleitern wie auch den Elternvertretern herrschte Einmütigkeit darüber, dass Schulen ein entwickeltes Profil brauchen, in dem die Schwerpunkte ihrer Arbeit deutlich werden. Und es werden auch konkrete Vorschläge gemacht und Beispiele genannt, wie dies geschehen kann.

> „Wir haben im letzten Jahr ein sogenanntes Schulprofil entwickelt, in dem wir das Typische herausgearbeitet haben im Kollegium, was unsere Schule unserer Meinung nach ausmacht. Das ist ein Prozeß, der sich fortsetzen wird, denn ich glaube, dass die Schule auch in Zukunft mehr Selbständigkeit braucht" (ein Schulleiter).

> „Die Schule ist gemeinsam mit dem Elternbeirat gerade dabei, ihr Profil zu verändern. Wir wollen wegkommen von dem Hauswirtschaftlichen und mehr Computer, Medien, Wirtschaft, Politik und Sozialkunde anbieten, und das Kochen und solche Dinge streichen und dafür politische Fächer anbieten" (eine Schulleiterin).

> „Wir haben ein eigenes Schullprofil entwickelt, und daraus werden natürlich die Schwerpunkte unserer Arbeit sichtbar. Ein Schwerpunkt liegt tatsächlich im Bereich der Betreuung von Kindern, was in einer Ganztagsschule eigentlich eine Grundnotwendigkeit ist. Das erzieherische Element ist stark betont. Wir haben im Profil einen eigenen Bereich Suchtprävention, der bei uns auch sehr intensiv gepflegt wird" (ein Schulleiter).

Es wird aber auch immer wieder Kritik und Skepsis geäußert, wenn diese Programmentwicklung unter Druck von außen erfolgt.

> „Schulen müssen sich stärker profilieren, das ist schon wichtig. Bloß fatal ist es, wenn es unter Zeitdruck geschieht. Meine Lehrerschaft hat, wenn es um das Schulprofil ging, schon rot gesehen. Da muß man auch maßvoll damit umgehen" (eine Schulleiterin).

Es ist nicht in erster Linie der Konkurrenzdruck im Zusammenhang mit der Rekrutierung von Schülern, der die Schulen zu besonderen Anstrengungen, zu Profilierung und Öffentlichkeitsarbeit nötigt. Weniger als jeder dritte Befragte sieht hierbei ein Problem – in München Schwabing überhaupt keiner, in Dresden Leuben aber immerhin die Hälfte der Befragten. Wenn sich Schulen unter Profilierungsdruck gesetzt fühlen, dann wird dies vorwiegend als von der Schulaufsicht ausgehend empfunden.

Die überwiegende Mehrheit der Experten ist sich auch darin einig, dass eine Schule, die Profil zeigen und sich weiterentwickeln soll, dafür die notwendige Gestaltungsfreiheit braucht. Drei Viertel sind der Meinung, dass diese sogar ausreichend vorhanden ist, auch wenn immer wieder vorwiegend finanzielle, personelle oder durch Vorschriften bedingte Einschränkungen angeführt werden.

„ Ich fühle mich durch nichts eingeschränkt. Man redet mir relativ wenig rein. Wenn ich im Rahmen meiner sehr beschränkten Mittel das abwickeln kann, habe ich durchaus meine Freiheit. Aber die Grenze wird eben durch die finanziellen Mittel gesetzt. Das Budget ist die Einschränkung. Auch wenn man sich sonst im Rahmen der Lehrpläne und des Grundgesetzes bewegt, hat man durchaus seine Freiheit. Auch das Kollegium ist aktionsfreudig. Solange der Aufwand in einem vertretbaren Rahmen bleibt, habe ich noch nie Probleme gehabt, hier irgend etwas auf die Beine zu stellen“ (ein Schulleiter).

„Wenn eine Einschränkung da ist, dann finanziell. Aber die ist im Moment nicht so schlimm. Aber schulaufsichtsmäßig, was immer ich anschmeißen wollte, ich hatte nie Probleme, ich habe immer offene Ohren gefunden. Einschränkungen ergeben sich aus unseren Lehrplänen. Was ich mir wünschen würde, wenn ich jemand zur Selbständigkeit, Zusammenarbeit usw. erziehen soll, dann müßte ich sehr viel freier sein in den Lerninhalten“ (ein Schulleiter).

„Es gab ja lange den Vorwurf, dass man gegängelt wird. Das stimmt in diesem Sinne nicht. Natürlich haben wir Lehrpläne, Vorgaben, Prüfungsordnungen, aber es hat sich inzwischen flächendeckend herumgesprochen, dass jede Schule für sich bemüht sein muß, ihr eigenes Wesen zu entdecken und in diesem Wesen die Stärken und diese Stärken auch weiterzuentwickeln“ (ein Schulleiter).

Vereinzelt gibt es aber auch bittere Stimmen.

„Wir sind als Schule eine nicht rechtsfähige Anstalt des öffentlichen Rechts, das heißt, wir brauchen für allen Killefit ein Schulverwaltungsamt. Ich darf dann entscheiden, wo ich den Mangel hinschieben darf“ (ein Schulleiter).

Und es gibt auch explizit kritische Stimmen.

„Ich sehe Hemmnisse bei der Schulaufsicht. Das andere, die finanziellen Mittel, das ist einfach ein Handicap. Vieles steht und fällt in der Profilierung mit den finanziellen Mitteln. Der dritte Punkt: Das veraltete Kollegium. Ich möchte nicht sagen, dass das Alter proportional oder umgekehrt proportional ist zum Engagement. Aber in der Tat ist es so, dass ab einem gewissen Alter die Kräfte nachlassen und mit den nachlassenden Kräften wird jede Veranstaltung, jede zusätzliche Sitzung unter dem Aspekt gesehen, muß denn das sein? Das schränkt einen ein“ (eine Schulleiterin).

„Wir haben bis jetzt absolut nicht genügend Gestaltungsfreiheiten. Es liegt an der gesamten Schulorganisation. Wenn man das weiterentwickeln möchte und konsequent durchführen möchte, dann müssen auch die Arbeitsbedingungen anders sein, denn man braucht mehr Verwaltungspersonal, sprich mehr Sekretärinnenstunden. Das Budget muß ausgebaut werden. Da muß auch rein stundenmäßig mehr Freiheit da sein, dass das Schulprofil nicht in der Freizeit der Lehrkräfte erarbeitet werden muss. Dafür gibt es keine Stunde, kein Garnichts gibt es da, weder Geld noch irgendwelche sonstigen Leistungen" (ein Schulleiter).

Wenn Schule mehr Profil zeigen soll, dann, so wird gefordert, braucht sie mehr Autonomie. Damit verbunden, und das wird ebenfalls von den meisten Befragten zugestanden, ist aber auch eine regelmäßige Rechenschaftslegung über ihre Arbeit erforderlich.

„Stichwort Evaluation und all dieses: Da bin ich sehr dafür. Das geht hin bis zum Qualitätsmanagement und zur Öffentlichkeitsarbeit. Da kommt man nicht drum rum. Dies waren ja Fremdworte im Schulbereich. Wenn man so ein bißchen über den Tellerrand Deutschlands rausschaut, da findet man ganz tolle Sachen im Ausland, wo vieles über eine Schule bewusst öffentlich diskutiert wird, während bei uns alles streng geheim ist" (ein Schulleiter).

„Konkurrenz ist immer da. Zwischen Nachbarschulen wird es immer einen Konkurrenzdruck geben. Ich versuche diesen Konkurrenzdruck rauszunehmen und die Kooperation zwischen Schulen aufzubauen. Ansonsten habe ich kein Problem mit Evaluation. Man will ja auch wissen, wie man dasteht" (eine Schulleiterin).

„Wir haben vor kurzem eine Schulpflegschaftssitzung gehabt, da ging es um das Thema Schulprogramm. Da haben sich die Eltern getroffen, um eine Bestandsaufnahme zu machen, was sie gut und schlecht an der Schule finden. Solche Initiativen finde ich enorm wichtig, weil wir nämlich da die Rückkopplung bekommen, wie wir eigentlich bei unseren Kunden ankommen" (ein Schulleiter).

Nur jeder vierte Befragte befürchtet, dass es mit dieser öffentlichen Rechenschaftslegung über seine Arbeit auch zu unerwünschten Konkurrenzen zwischen den Schulen kommt. Dass damit aber mehr Arbeitsaufwand für Lehrer verbunden ist, wird schon beklagt.

„Das ganze bewirkt ein wahnsinniges Berichtswesen. Es müssen ständig Berichte geschrieben werden und Statistiken ausgefüllt und abgegeben werden. Die Kollegen haben das Gefühl, dass gleichzeitig unheimlich viel Zusätzliches für die Schüler gemacht werden soll, aber kein Unterricht ausfallen darf. Da fühlen sich die Lehrer im Würgegriff. Das kommt bei den Kollegen als ständig zunehmende Kontrolle an. Es ist wahnsinnig schwer zu vermitteln, dass es sein muss. Die Kollegen bremsen bei der Selbstevaluation. Sie wollen sich nicht beurteilen lassen, aber sie wollen auch die Schulleitung nicht beurteilen. Sie sind außerstande, das anständig zu lösen. Ich bin dafür, dass man sich selber evaluieren lässt. Ich persönlich habe kein Problem mit dem Berichtswesen, aber das ist wirklich ein Kampf" (eine Schulleiterin).

8.2 Zwischen „Wohlfühlschule" und Unterrichtsanstalt

Was sind nun die Bestandteile, die Inhalte und Themen, die neben dem unterrichtlichen und außerunterrichtlichen Angeboten einer Schule ihr spezifisches Profil ausmachen? Bevor dieser Frage im Detail nachgegangen wird, seien anhand einiger Zitate so etwas wie Extrempositionen des Spektrums möglicher Typen schulischen Selbstverständnisses angedeutet.

> „Ich in der Meinung, dass eine gute Schule ganz wesentlich dadurch gekennzeichnet ist, dass die Atmosphäre in der Schule stimmt. Und wann stimmt die Atmosphäre? Sie stimmt dann, wenn man so weit es irgend geht, die Eltern in die schulische Arbeit hineinnimmt. Und dann muss die Stimmung im Kollegium natürlich stimmen. Und dann müssen sich die Schüler an der Schule wohlfühlen. Das heißt, da muß ein Vertrauensverhältnis vorhanden sein. Die Schüler müssen einfach das Gefühl haben, dass man sie mag" (ein Schulleiter).

> „Ein Wunschziel wäre das Eingebundensein, das sich Wohlfühlen, das sich identifizieren mit der Schule auf breiter Ebene. Für mich wäre es wünschenswert, wenn die Kinder, die zu Hause nicht so beschützt werden, einfach das Gefühl hätten, hier in der Schule kann ich mich aufhalten und hier bin ich geborgen und hier fühle ich mich wirklich wohl" (eine Schulleiterin).

> „Die Schule hat einen ziemlich familiären Charakter. Ich habe an dieser Schule eine Tochter und einen Sohn an einem anderen Gymnasium. Und für mich als Elternteil ist das Gefühl ein völlig unterschiedliches. Ich fühle mich hier sehr wohl, obwohl es eigentlich nicht so wichtig ist, dass ich mich hier als Mutter wohlfühle, die Kinder sollen sich wohlfühlen. Meine Tochter hat einen viel intensiveren Bezug zu ihrer Schule, mein Sohn geht halt hin, weil man da was lernen muss. Hier herrscht eben ein familiärer Charakter, überschaubar, einfach eine Wohlfühlschule" (eine Elternvertreterin).

Als das Gegenteil einer „Wohlfühlschule" stellt sich eine Schule dar, deren Selbstverständnis folgendermaßen zum Ausdruck gebracht wird – in dieser Eindeutigkeit und Klarheit allerdings ein Einzelfall unter den Schulen in der Untersuchung:

„Wir sind ein Dienstleistungsbetrieb und haben junge Menschen zu bilden. Wir sagen unseren Schülern immer wieder: Schule ist keine Freizeit, Schule ist Schwerstarbeit...Die Sozialbetreuer denken mir zu sehr, dass man einen jungen Menschen, der gestrauchelt ist, nur durch Liebe und durch Nachsicht wieder in die richtigen Gleise bringt. Dann sage ich immer, nennen Sie mir Erfolge. Nennen Sie mir Beispiele, wo das gelungen ist. Ich würde sagen, es muß auch Härte her“ (ein Schulleiter).

Diese beiden unterschiedlichen Selbstbilder von Schule sind zunächst auf ganz unterschiedliche pädagogische Traditionen zurückzuführen, sie sind aber auch Ausdruck unterschiedlicher Schulverständnisse in verschiedenen sozialräumlichen Milieus: die bedürfnis- und schülerorientierte Schule in einem modernen und die fürsorgeorientierte Schule im eher kleinbürgerlichen Milieu.

Schulleiter und Elternvertreter wurden in den Experteninterviews gefragt, wie wichtig ihre Schule ihren Bildungsauftrag nimmt, welchen Stellenwert der Erziehungsauftrag hat, in wie weit ihre Schule soziales Lernen pflegt, ob sie sich als eine Art Kulturzentrum versteht oder auch die Merkmale eines Jugendzentrums angenommen hat.

Dass die Schule in erster Linie eine Bildungseinrichtung ist, in der sehr viel Wert darauf gelegt wird, dass durch Unterricht und Lernen fachliches Wissen und Leistungsfähigkeit vermittelt werden, wird von fast allen Befragten bestätigt. Drei Viertel von ihnen – darunter alle Schulleiter – bescheinigen ihrer Schule, dass sie diesen Auftrag der Bildung und der Wissensvermittlung sehr ernst nimmt.

Als kaum weniger bedeutsam wird der erzieherische Auftrag der Schule wahrgenommen, die Persönlichkeitsentwicklung ihre Schülerinnen und Schüler zu fördern. Auch, dass sich die Schule als eine soziale Einrichtung verstehen sollte, in der soziales Miteinander praktiziert und Solidarität mit den Schwächeren eingeübt wird, schreiben ihr noch die meisten Experten als Auftrag zu. Allerdings nurmehr knapp die Hälfte meint, dass diesem sozialen Auftrag eine hinreichend hohe Aufmerksamkeit gewidmet wird.

Der Bildungsauftrag nicht zuletzt in Form der Wissensvermittlung bestimmt demnach zu allererst die Schule.

„Schule ist Schule“ (eine Elternvertreterin).

„Der Schwerpunkt der Schule liegt durchaus auf der Wissensvermittlung“ (ein Schulleiter).

„Die Schule ist mit Sicherheit eine Institution, die zunächst Wissen vermittelt. Das steht nun einmal im Vordergrund, die Lehrpläne. Die Schule hat ja auch bestimmte Verpflichtungen, die müssen zunächst einmal erfüllt werden“ (ein Schulleiter).

„Ich würde schon sagen, die Schule ist in erster Linie Bildungseinrichtung. Darüber hinaus ist relativ wenig“ (eine Elternvertreterin).

„Wir sind eine Schule, und an einer Schule wird an erster Stelle gelernt“ (ein Schulleiter).

„Wir legen sehr großen Wert darauf, dass unsere Schüler das Ziel der Schule schaffen. Wir sind eine Arbeitsschule, die wirklich darauf hinstrebt, dass die Schüler, wenn sie rauskommen, in den Berufsschulen keine Schwierigkeiten haben, dass sie eine gute Lehrstelle bekommen“ (ein Schulleiter).

Die Konzentration und oft auch die Beschränkung der Schule auf den Unterricht wird allerdings auch immer wieder kritisiert.

„Der Unterricht steht im Mittelpunkt und ansonsten vermisse ich alles andere. Das ist es ja, was mich so furchtbar ärgert und was wir jetzt ein bisschen ändern wollen“ (eine Elternvertreterin).

Auch wenn der Bildungsauftrag, die Wissensvermittlung im Unterricht, für die meisten Befragten die Hauptaufgabe von Schule ist, so sehen sie damit aber in der Regel auch andere Aufgaben verbunden.

„Es gibt durchaus Situationen, wo wir zu erziehen versuchen und den Erziehungsauftrag auch teilweise vor den Bildungsauftrag setzen, wenn Gefahr im Verzug ist. Allerdings sind den Möglichkeiten, die eine Schule hat, zu erziehen, ganz klare Grenzen gesetzt“ (ein Schulleiter).

Gerade der Erziehungsauftrag wird häufig als mit dem Bildungsauftrag untrennbar verbunden gesehen, und auch eine sozialpädagogische oder gar sozialpolitische Aufgabenstellung von Schule wird häufig mitbedacht. Dieses wird von den Schulleitern sogar ebenso häufig wie von Elternvertretern eingefordert.

„Der Unterricht muß laufen. Das allein ist es aber nicht. Wir haben hier an der Hauptschule stärker eine erzieherische Aufgabe, denn wir haben ein Schülerpotential, das doch sehr unterschiedlich ist von dem anderer Schulen – eindeutig, auch im Hinblick auf die Elternhäuser, die nicht mehr so gut funktionieren. Wir Hauptschullehrer sind Pädagogen durch unsere Ausbildung; wir sind aber eigentlich Erzieher“ (ein Schulleiter).

„Was hier wirklich sehr ernst genommen wird ist, dass die Kinder nicht nur belehrt werden, sondern dass hier wirklich auch eine Erziehung stattfindet, auch eine Wertevermittlung, auch ein sehr persönlicher Kontakt zu den Kindern gesucht wird. Es wird sich darum gekümmert, wenn Problemfälle vorhanden sind. Man bemüht sich schon zu schauen, wie es den Kindern geht, und man sucht nach Hilfestellungen“ (eine Schulleiterin).

„Wir sind selbstverständlich eine Bildungseinrichtung und das erste Ziel ist, dass wir unsere Schülerinnen zu Leistung motivieren und zu einem erfolgreichen Schulabschluss. Ich denke, dass die Schule aber ganz sicherlich in irgendeiner Weise auch eine Sozialstation ist. Wir haben hier schon jede Menge von schwierigen Familienverhältnissen, sei es Einzelerziehung, vor allem, dass die Kinder alleine bei der Mutter aufwachsen, oder von Familienbeziehungen, die sehr durchmischt, durchwachsen sind mit Stiefeltern, Stiefgeschwistern, lockeren Familienbanden. Und das müssen die Kinder erst einmal verkraften. Auch da versuchen wir ihnen tatkräftig Hilfe zu geben, Verständnis entgegenzubringen und sie auch irgendwie liebevoll aufzunehmen. Insofern auch Sozialstation“ (eine Schulleiterin).

„Bezüglich der Frage Bildungseinrichtung, Erziehungseinrichtung usw. trifft eigentlich jeder Aspekt ein bisschen zu. Ich möchte es so beantworten: Unser Berufsbild hat sich geändert. Ich bin jetzt 30 Jahre im Dienst. Wir sind vom Lehrer, der überwiegend Wissensvermittler war und natürlich auch Kulturdinge vermittelt hat, mehr zum Sozialarbeiter geworden. Ein Großteil unserer Arbeitskraft und Zeit ist eigentlich im Sozialbereich angesiedelt. Das hat sich total gewandelt durch die Probleme in der Gesellschaft, die alle in die Schule reinkommen“ (ein Schulleiter).

Zuweilen wird sogar, wie es in den Zitaten zur „Wohlfühlschule“ zum Ausdruck kam, das soziale Klima, ein harmonisches Schulleben in den Vordergrund gerückt.

„Ein soziales Klima schaffen ohne Angst und Streß“ (ein Schulleiter).

„Die Schule als Lebensraum für die Kinder. Wir haben die allerschönste Turnhalle. Dann haben wir auch eine wunderbare Bibliothek. Ihr müsstet mal die Bibliothek anschauen, wie die da drin arbeiten. Und die Kinder lieben ihre Schule und gehen auch meistens gar nicht heim“ (eine Schulleiterin).

„Die Schule arbeitet insgesamt sehr schülerorientiert. Sie legt ein großes Gewicht darauf, dass die Schüler hier gut zusammenleben, dass die soziale Kompetenz der Kinder gefördert und gestärkt wird“ (eine Elternvertreterin).

Die Schule als Lebensraum, dies leitet über zu ihrer möglichen Funktion als Freizeitraum oder Jugendzentrum. Hierzu meinen die Hälfte der Befragten und sogar zwei Drittel der Elternvertreter, dass diese Aufgabe in ihrer Schule weniger wichtig genommen wird. Teilweise wird dies auch gar nicht gewünscht.

„Die Schule ist kein Freizeitort für Jugendliche. In Richtung Freizeit ist hier nichts“ (ein Schulleiter).

„Die Schüler gehen nach der Schule nach Hause. Es finden dann noch Arbeitsgemeinschaften statt, aber danach ist Schluss. Ein Problem ist, dass die Fünft- und Sechstklässler schon gerne früher zur Schule kommen, eine

Stunde früher, um dann miteinander zu spielen. Da geht es dann um die Frage, wo können die sich aufhalten. Einige Lehrer scheuchen sie vom Schulhof, andere lassen sie da. Grundsätzlich war die Frage, wo sollen die sich aufhalten" (eine Elternvertreterin).

„Schule als Jugendzentrum, als Treffpunkt, ist eigentlich nicht der Fall, weil die Schule am Nachmittag zu ist" (eine Elternvertreterin).

„Meine Söhne halten sich gerne in der Schule auf, aber ich habe schon öfter mal gesagt, sie sollen in die Schule zum Lernen gehen und nicht als Freizeitheim" (eine Elternvertreterin).

Wichtiger als die Übernahme von Aufgaben eines Jugendzentrums ist den meisten Schulen ihre Funktion als eine Art Kulturzentrum. Nur jeder Fünfte der befragten Experten meint, dass musische und künstlerische Aktivitäten in ihrer Schule eher unwichtig seien. Jeder Dritte – Eltern wie Schulleiter gleichermaßen – hält dies sogar für eine sehr wichtige Aufgabe seiner Schule.

„Ich sehe die Aufgabe einer Schule darin, den jungen Menschen zu formen, dass er für eine Gesellschaft, ein Leben in der heutigen Gesellschaft gewappnet ist. Dazu gehört Bildung genauso wie die Erziehung des Menschen, sozialer Umgang miteinander, und es gehört dazu Kultur. Das ist hier an dieser Schule außerordentlich gut ausgeprägt" (ein Elternvertreter).

„Bildung und Erziehung sind der Schwerpunkt, das Kulturelle ist damit sowieso gegeben. Bildung vermittelt immer auch kulturelle Werte" (eine Schulleiterin).

„Also Leistung ist nicht so das zentrale Thema. Die Eltern gehen davon aus, dass wir eine ordentliche Arbeit leisten. Aber die Besonderheiten an unserer Schule sind das Theater, die Konzerte, die Künstlerabende" (eine Schulleiterin).

„Ein Schwerpunkt liegt im Bereich Theater und Musik auf einem etwas gehobenen Niveau und eher im traditionellen Rahmen mit der Zielgruppe Kinder, die ein Musikinstrument spielen können oder die Theater spielen wollen. Angebote wie Skaten, Basketball oder ähnliches sind demgegenüber weniger wichtig" (eine Elternvertreterin).

Schule als Kulturzentrum meint aber bisher fast ausschließlich einen lebendigen innerschulischen Kulturbetrieb, beziehungsweise allenfalls Exkursionen in kulturelle Einrichtungen der Stadt und nicht die Schule als ein offenes Kulturhaus des Stadtteils.

„Es gehört zu unserem Bildungsauftrag, den Schülern die Kultur in einer Stadt zugänglich zu machen. Ich gehe davon aus, dass die Galeriebestände der Stadt mit den Schülern zweimal im Jahr besucht werden" (ein Schulleiter).

„Ich würde sagen, die Schule fühlt sich als Vermittler von Bildung. Sie ist eine Bildungseinrichtung und kein offener Freizeitbetrieb am Nachmittag, also kein Jugendzentrum und kein Kulturzentrum im Stadtteil" (eine Jugendarbeiterin).

Eine stadtteilspezifische Auswertung der Expertenmeinungen zum spezifischen Selbstverständnis ihrer jeweiligen Schule ergibt zwar keine gravierenden, aber doch einige bemerkenswerte Akzentunterschiede. Bildung als Auftrag ihrer Schule betonen vor allem die Schulleiter und Elternvertreter aus Leuben und Berg am Laim. Die Schulen in Berg am Laim werden darüber hinaus auch vergleichsweise deutlicher als Erziehungseinrichtungen, als soziale Einrichtungen oder als Kulturzentren beschrieben. Demgegenüber sehen die Schwabinger ihre Schulen in Bezug auf keines der angeführten Merkmale besonders profiliert – keine der Aufgaben wird als vorrangig herausgehoben. Schwabinger Schulen können sich offensichtlich einer spezifischen Inpflichtnahme für besondere Aufgaben entziehen, oder sie werden ihnen angesichts der vielfältigen außerschulischen Alternativen in allen Bereichen gar nicht abverlangt.

Das Soziale wird neben Berg am Laim besonders in Marxloh wichtig genommen, das Kulturelle in den Nymphenburger Schulen. Schulen als Jugend- und Freizeiträume sind insbesondere in Leuben, aber auch in den beiden Duisburger Stadtteilen ein Anliegen, in den drei Münchener Stadtbezirken dagegen nicht.

8.3 Profilbildende Inhalte

In den Interviews mit den Schulexperten – Schulleitern und Elternvertretern – wurde auch danach gefragt, ob es an ihrer Schule besondere Themen oder thematische Schwerpunkte über den Unterricht hinaus gibt, die das Profil ihrer Schule mitbestimmen.

Von zehn vorgegebenen Bereichen wurde das Thema Beruf und Arbeitswelt am häufigsten, und zwar von fast zwei Dritteln der Befragten als an ihrer Schule besonders wichtig genommen genannt, und zwar auch dann, wenn entsprechende Inhalte wie das Betriebspraktikum im Lehrplan der Schule nicht vorkommen.

„Da machen wir eine ganze Menge. In den achten Klassen vierzehntägige Betriebspraktika. Wir haben sehr guten Kontakt zum Arbeitsamt. Die kommen schon in der siebten Klasse, achten und neunten sowieso regelmäßig zur Beratung. Wir haben Kontakt zu vielen Firmen. Die Arbeitswelt ist seit 15 Jahren durch die Betriebspraktika in die Schule integriert worden. Heuer machen alle neunten Klassen freiwillig noch einmal eine Woche ein Betriebspraktikum" (ein Schulleiter).

Bei aller Betonung der Wichtigkeit des Themas handelt es sich bei den dafür angeführten Beispielen von Angeboten in der Regel um die bereits seit langem üblichen Formen – Betriebspraktika, Arbeitslehre, Berufsberater in der Schule und Besuche im Berufsinformationszentrum. Deshalb verwundert nicht, dass dazu immer wieder auch kritische Stimmen zu hören sind.

„Was da stattfindet halte ich für das Minimum. Es gibt den Beratungslehrer, der mit den Schülern spricht. Der hat seine Broschüren verteilt, die hat er vom Arbeitsamt und da hat er wohl ein paar Stunden reingehängt. Aber so, dass man dem Schüler z.B. mal ganz konkret zeigen würde, wie es in einem Büro oder Betrieb zugeht, da ist gar nichts. Also so ist das eigentlich das Minimum und ich denke, die Schüler müssen das einfach selbst in die Hand nehmen. Und das tun sie auch“ (eine Elternvertreterin).

Gelegentlich gibt es aber auch Hinweise auf phantasievolle neue Projekte zur Berufsvorbereitung.

„Das Thema hat einen extrem hohen Stellenwert. Unsere Eltern kommen häufig aus dem Bereich Wirtschaft und stellen hohe Anforderungen an die Schule, was den Kontakt fürs spätere Berufsleben angeht. Deshalb haben wir unter anderem das vierzehntägige Wirtschaftspraktikum eingeführt. Wir haben sehr viele Veranstaltungen, wo man unmittelbar Praxisbezug herstellen kann. Wir haben mit dem Rotary-Club ein Projekt ‚Über die Schulter schauen‘ und da können die Schüler einen ganzen Tag bei einem Manager oder bei einem Chefarzt den Arbeitsalltag erleben“ (ein Schulleiter).

Gleich nach Beruf und Arbeitswelt rangieren an den Schulen eher traditionelle Angebote zu Kultur, Musik und Kunst sowie das relativ neue Thema Umwelt und Ökologie.

„Ein ganz, ganz starkes Thema. Wir haben eine Arbeitsgemeinschaft ‚Umweltdetektive‘, die vom naturwissenschaftlichen und biologischen her fächerübergreifend diese Aspekte bearbeitet. In Planung ist jetzt ein Energiesparkonzept, Wasser und Strom in der Schule sparen“ (ein Schulleiter).

Mehr als die Hälfte der Befragten schreibt auch dem Thema Neue Medien eine große Bedeutung für das Profil ihrer Schule zu. Dazu wird in erster Linie auf die Ausstattung mit Computern und Internetanschlüssen verwiesen.

Der Bereich Sport wird zwar von mehr als der Hälfte der Schulleiter, aber nur von ganz wenigen Elternvertretern als ein wichtiges Betätigungsfeld der Schule gesehen – wichtig gerade in den Arbeitervierteln Marxloh und Berg am Laim, weniger wichtig in den gehobeneren Stadtbezirken.

Das Zusammenleben von Deutschen und Ausländern ist für 40% der Schulen ein wichtiges Thema; in den Leubener Schulen, wo es am wenigsten Ausländer gibt, wird es am wichtigsten eingeschätzt, und umgekehrt wird ihm in Marxloher Schulen, dem Stadtteil mit dem höchsten Ausländeranteil, keine besondere Bedeutung mehr zuerkannt.

Europa und die Dritte Welt werden als wichtiges Thema vorwiegend im Zusammenhang mit Schulpartnerschaften und Schüleraustausch, bzw. mit Dritte-Welt-Projekten einzelner Schulen genannt.

‚Unsere Schule im Stadtteil' ist in zwei Dritteln der Schulen kein Thema – schon gar nicht in den ‚besseren' ‚innerstädtischen' Stadtbezirken Neudorf/Duissern, Schwabing-West und Nymphenburg, sehr wohl aber in Leuben – sechs von sieben Befragten meinen hier, dass dies an ihrer Schule wichtig ist – und in geringerem Umfang auch in den problembelasteteren Stadtteilen Marxloh und Berg am Laim.

Dem Bereich Gesundheit wird, wenn überhaupt, dann meistens nur bezogen auf in den Schulen vorkommende und als Problem empfundene Fälle von Bulimie und Anorexie vor allem bei Mädchen eine größerer Aufmerksamkeit gewidmet.

Auffällig ist – wenn auch nicht ganz plausibel –, dass die befragten Schulleiter den meisten dieser zusätzlich profilbildenden Themenbereiche ihrer Schule ein teilweise erheblich größeres Gewicht zuschreiben als die Elternvertreter es tun. Auf die Unterschiede beim Thema Sport wurde bereits eingegangen. Dem Thema Schule und Stadtteil wird von jedem dritten Schulleiter, aber nur von jedem sechsten Elternvertreter in der Schule eine hohe Bedeutung zugemessen. Ähnlich groß sind die unterschiedlichen Bewertungen der Themen Umwelt, Europa und Ausländer.

Eine Erklärung für die unterschiedliche Gewichtung dieser Themenbereiche könnte darin liegen, dass die Elternvertreter noch stärker an einem traditionellen Bild von Schule orientiert sind, während die Schulleiter dagegen sehr viel stärker durch die gegenwärtige Debatte um eine die Disziplinlogik der Unterrichtsfächer sprengende Fortentwicklung einer allgemeinen pädagogischen Fachlichkeit beeinflusst sind. Ganz offensichtlich sind es weniger die Anforderungen von Eltern, sondern neben dieser Fachdiskussion vor allem die schulpolitisch gewollte und schulaufsichtlich eingeforderte Schulprogrammentwicklung und die dafür teilweise auch zur Verfügung gestellten Gestaltungsmöglichkeiten und Handlungsspielräume, die Schulleiter veranlassen, sich neuen Themen und pädagogischen Arbeitsformen zuzuwenden.

Wie die Experten in den in die Untersuchung einbezogenen Stadtteilen die Schulen sehen und welche Schulprofile dabei andeutungsweise deutlich werden, unterscheidet sich insgesamt nur graduell. Die Schwabinger Experten stehen in einem relativ entspannten Verhältnis zu ihren Schulen, erscheinen weniger auf deren spezifische Leistungen angewiesen als beispielsweise die Berg am Laimer, die mit Ausnahme der Freizeitgestaltung in allen anderen Bereichen besondere Erwartungen an die Schulen benennen. Den Duisburgern hingegen ist gerade die Gestaltung des außerunterrichtlichen Schullebens ein besonderes Anliegen.

Allein das Bild von Schule, das die Leubener Experten zeichnen, weicht deutlich von dem anderer Stadtteile ab. Hier wirkt sich zum einen die drohende und auch schon beschlossene Schließung einzelner Schulen im Stadtgebiet so aus, dass es zu konkurrenzbedingten Profilierungsanstrengungen kommt, die einer relativ unverkrampften und selbstbewusst gelassenen Sichtweise ihrer Schule – wie in Schwabing – entgegenwirken. Hinzu kommen die mit der Wende verbundenen pädagogischen Traditionsbrüche und die damit zusammenhängenden Verunsicherungen bezüglich des Auftrags und der Anforderungen an Schulen. Die Bezugnahme auf die schulische Situation vor der deutschen Vereinigung, der Vergleich zwischen heute und früher, nahm in den Experteninterviews dort einen großen Platz ein. Damit war das Konzept einer disziplinierten Lernschule, aber auch einer jugendfürsorgerischen Verantwortung von Schule besonders auch im außerunterrichtlichen Bereich immer präsent.

Die stadtteilspezifisch unterschiedlichen Sichtweisen von Schulen wurden auch in den Workshops deutlich, die nach den Expertenbefragungen mit Befragten in allen sechs Untersuchungsregionen durchgeführt wurden. Der Leubener Workshop war geprägt durch eine Grundsatzdiskussion um das Phänomen Jugend; dies kann als Ausdruck von Verunsicherung und als Versuch der Neubestimmung des Umgangs von Schule mit Kindern und Jugendlichen interpretiert werden, als Versuch der Selbstvergewisserung darüber, in welcher Beziehung Lehrer und Schule zu ihrer Klientel stehen.

Zentrales Thema des Workshops in Marxloh war die Ausländerfrage – allerdings nicht die Situation ausländischer Schüler in den Schulen, sondern fast ausschließlich die Ausländerproblematik des Stadtteils. Diskutiert wurden Fragen der Infrastrukturentwicklung des Stadtteils, der unterschiedlichen Minderheiten mit ihren unterschiedlichen Kulturen und Religionen, ausländertypische Auffälligkeiten und das Bildungsverhalten von Ausländern. Der Workshop führte weniger eine schulentwicklungspolitische als vielmehr eine stadtentwicklungspolitische Diskussion.

In Neudorf/Duissern konzentrierte sich das Gespräch angesichts fehlender Freizeit- und Kulturangebote in der Duisburger Innenstadt auf die Möglichkeiten, außerunterrichtliche Angebote in den Schulen zu erweitern und attraktiver zu gestalten. Dies war besonders das Interesse der Schulleiter und Elternvertreter der innerstädtischen Duisburger Gymnasien.

Der Nymphenburger Workshop zeichnete sich durch kein akzentuiertes Thema aus. Teilweise war er durch die Vertreter der Privatschulen geprägt, die bezogen auf eine Lebensweltorientierung von Schule keinen besonderen Handlungsbedarf sahen, weil der Lebensweltbezug in diesen Schulen durch das spezifische Interesse und Engagement der Eltern weitgehend gegeben scheint.

Auch in Schwabing-West kristallisierte sich kein besonderes schul- oder schulentwicklungspolitisches Thema heraus. Im Mittelpunkt einer wenig konfliktträchtigen Diskussion standen die ‚modernen Lebensstile' der Schwabinger Jugend und am Rande die damit verbundenen, aber nicht aus einer sozialen Notsituation heraus entstandenen Risiken und Gefahren.

Anders zuletzt der Workshop in Berg am Laim, an dem keine Vertreter der Schulen teilnahmen und der folglich die Jugendarbeit, die Jugendsozialarbeit und die Schulsozialarbeit im Stadtteil selbst thematisierte.

9 Schule und Stadtteil

9.1 Die Schulen im Stadtteil

Das Schulangebot der in die Untersuchung einbezogenen Stadtteile weist erhebliche Unterschiede auf. Insgesamt ist das Angebot, wie in Großstädten zu erwarten, in allen Stadtteilen relativ dicht. Als besonders gut versorgte Schulstandorte können die beiden Stadtbezirke Neudorf/Duissern und Schwabing-West bezeichnet werden. In Neudorf/Duissern gibt es eine Hauptschule, eine Realschule, eine Gesamtschule und drei Gymnasien – eines der Gymnasien ist eine private Mädchenschule, die Gesamtschule ist eine Ganztagsschule.

In Schwabing-West haben wir ebenfalls eine Hauptschule, zwei Realschulen und drei Gymnasien – wiederum eines davon ein reines Mädchengymnasium, allerdings ein städtisches. Hinzu kommt hier, dass direkt an der Peripherie etwas außerhalb der Stadtbezirksgrenzen eine Reihe weiterer Schulen vorhanden sind, darunter zwei traditionsreiche Gymnasien, die ebenfalls von den West-Schwabinger Jugendlichen genutzt werden. Zwei benachbarte Hauptschulen, deren Sprengel in das Stadtbezirksgebiet hineinreichen, sind in der Untersuchung nicht berücksichtigt, weil sich herausgestellt hat, dass sie nur von einzelnen Jugendlichen des Stadtbezirks besucht werden. Auch die einzige in der Untersuchung verbliebene Hauptschule am Bayernplatz hat stark rückläufige Schülerzahlen und damit Schwierigkeiten, sich in der Konkurrenz mit den vielen weiterführenden Schulen im Stadtteil und seiner Nachbarschaft zu behaupten. Keine der Schwabinger Schulen ist eine Ganztagsschule.

Im Dresdner Stadtteil Leuben konkurrieren vier Mittelschulen miteinander. Die Schließung einer dieser Schulen, der 73. Mittelschule an der Zaimenhofstraße, ist wegen rückläufiger Schülerzahlen und eines ganz besonders sanierungsbedürftigen Schulgebäudes bereits beschlossen. Auch das einzige Gymnasium im Stadtteil ist gefährdet, weil stadtteilübergreifend ein Überangebot an Gymnasien besteht. In Leuben gibt es kein Ganztagsschulangebot.

In Marxloh gibt es nur vier Schulen der Sekundarstufe I: Eine Gesamtschule, eine Realschule und zwei Gymnasien. Aber auch hier gilt, dass das Schulangebot des Duisburger Nordens insgesamt ausreichend ist und dieses Angebot auch von den Marxloher Jugendlichen intensiv genutzt wird. Die Gesamtschule ist eine Ganztagsschule; und auch eines der beiden Gymnasien hat einen Ganztagsbetrieb und eine Mittagsversorgung geschaffen.

Der Münchener Stadtteil Berg am Laim bietet zwar auch alle Schularten der Sekundarstufe I, nämlich zwei Hauptschulen, eine Realschule und ein Gymnasium sowie zusätzlich eine private Mädchenrealschule. Die beiden Hauptschulen werden als Sprengelschulen von den Kindern und Jugendlichen des Stadtteils genutzt, während die Realschule und das Gymnasium einerseits von vielen Schüler besucht werden, die in anderen Stadtteilen wohnen, und vor allem die Realschüler aus dem Stadtteil in erheblichem Umfang außerhalb des Stadtteils zur Schule gehen. Ein Ganztagsangebot ist auch hier nicht vorhanden.

Etwas anders sieht die Schulstruktur in Nymphenburg aus. Dort befinden sich nur eine Hauptschule und ein öffentliches Gymnasium. Hinzu kommen zwei private Schulen, die als Kombination von

Realschule und Gymnasium geführt werden. Eine davon ist eine reine Mädchenschule, die andere eine Ganztagsschule. Beide Schulen haben einen überregionalen Einzugsbereich, werden aber auch von den Jugendlichen im Stadtteil genutzt.

Bekanntheit und Ruf der Schulen

Mehr als jeder dritte Stadtteilbewohner gibt zu den in der Befragung namentlich genannten Schulen im Stadtteil an, dass er sie nicht kennt. Und nur jeder Vierte gibt an, die jeweilige Schule gut beziehungsweise mindestens einigermaßen gut zu kennen (vgl. Abb. 24). Die übrigen 40% kennen die Schulen nur dem Namen nach oder vom Hörensagen, ohne mehr damit zu verbinden.

Abb.24: Bekanntheit der Schule im Stadtteil (Einwohnerbefragung in Prozent)

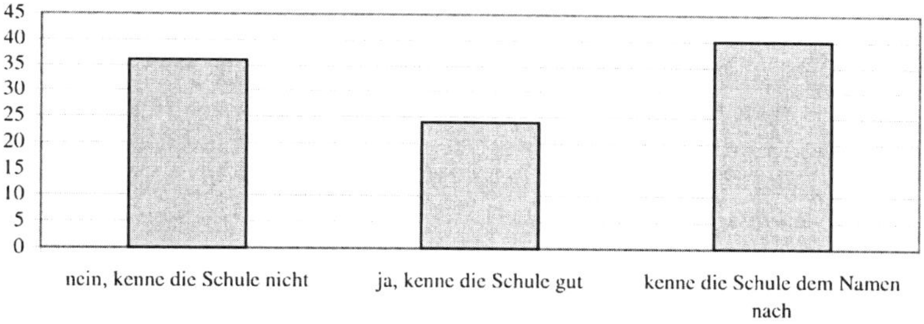

40% der Befragten können darüber, ob die Schule einen guten oder schlechten Ruf genießt, keine Angaben machen, aber jeder Dritte meint, die Schulen haben einen guten Ruf, nur 8% konstatieren einen schlechten Ruf der Schulen, der Rest (19%) spricht von einem durchschnittlichen Ruf (vgl. Abb. 25). Hier gibt es das erwartete deutliche Gefälle zwischen den Schularten: Hauptschulen und die Duisburger Gesamtschulen haben den schlechteren, Gymnasien den besseren Ruf.

Abb.25: Ruf der Schule im Stadtteil (Einwohnerbefragung in Prozent)

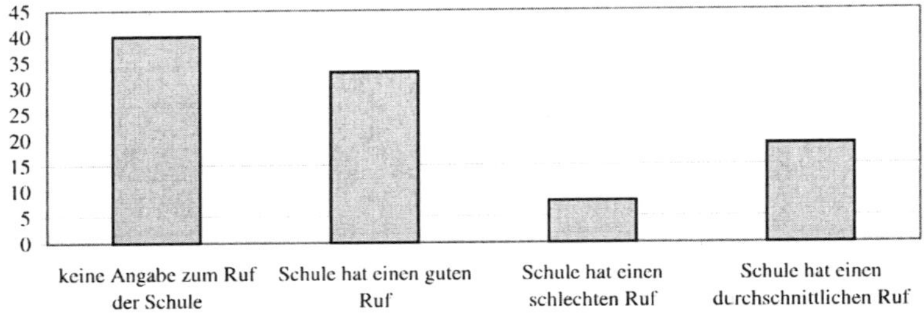

Auch der Bekanntheitsgrad der Schulen hängt von der Schulart ab. Gymnasien sind in der Regel deutlich bekannter als andere Schulen. Auch zwischen den Stadtteilen gibt es erhebliche Unterschiede. Die Leubener Schulen sind fast jedem zweiten Leubener Bürger (48%) unbekannt und nur jeder Fünfte (21%) gibt an, sie einigermaßen gut zu kennen. Dies überrascht, haben doch die relativ kleinen wohnortnahen Leubener Mittelschulen alle eine POS-Tradition. Aber möglicherweise liegt es gerade daran, dass man sich in Leuben nur an die eigene damalige Sprengelschule erinnert und den anderen Schulen wenig Aufmerksamkeit schenkt, aber auch daran, dass die neue Bezeichnung Mittelschule vielen fremd ist. Namensänderungen einer Schule werden offensichtlich von vielen Bewohnern nur langsam bemerkt – was beispielsweise den nach unserer Umfrage sehr geringen Bekanntheitsgrad der Marxloher Gesamtschule erklärt, die aus einer Hauptschule hervorgegangen ist und im Volksmund immer noch als Diesterwegschule läuft.

Unabhängig davon fällt in Leuben auf, dass entgegen dem Trend zwei Mittelschulen noch bekannter sind als das einzige Gymnasium in Großzschachwitz – die 66. Mittelschule als im Ortsamtsbereich zentrale Mittelschule mit Realschulcharakter und die kommunalpolitisch umstrittene und zur Schließung vorgesehene 73. Mittelschule mit ihren besonderen Profilierungsbemühungen im außerunterrichtlichen Bereich. Auch in den Aussagen zum Ruf ihrer Schulen sind die Leubener eher zurückhaltend. Fast die Hälfte kann oder will sich dazu nicht äußern, nur gut jeder Vierte hält den Ruf der Schulen für gut, aber auch nur 5% für schlecht. Den eindeutig schlechtesten Ruf genießt hier die 73. Mittelschule (13%). Der Ruf der anderen drei Mittelschulen ist dafür nur geringfügig schlechter als der des Gymnasiums Großzschachwitz.

Dass neben den Leubener gerade die Schwabinger Schulen ihren Stadtteilbewohnern am wenigsten bekannt sind (45%), ist zunächst überraschend. Von allen Befragten sagen hier die wenigsten (20%), dass sie die Schulen gut kennen, und dies, obwohl es sich bei diesem Stadtteil um einen ausgesprochenen Schulstandort mit vielen Traditionsschulen handelt. Hier wirkt sich offensichtlich die moderne, mobile Stadtteilgesellschaft aus, die traditionelle Bindungen hat erodieren lassen, was sich auch daran zeigt, dass nicht etwa das traditionsreiche Gisela-Gymnasium die bekannteste Schule in Schwabing ist, sondern das jüngere und eher randständige Sophie-Scholl-Mädchengymnasium. Das in seinem Bekanntheitsgrad in der Erwachsenenbevölkerung nur an dritter Stelle rangierende Willy-Graf-Gymnasium liegt allerdings bei den befragten Jugendlichen als wünschenswerte Alternative zu ihrer jetzigen Schule an erster Stelle.

Der Ruf der Schwabinger Schulen liegt in der Nähe des Durchschnitts – 42% der befragten Erwachsenen haben keine Meinung dazu, 32% schreiben ihnen einen guten und 7% einen schlechten Ruf zu. Die höchsten Anteile, die der Schule einen guten Ruf zuschreiben, entfallen auf die Gymnasien – Sophie-Scholl (52%) vor dem Willy-Graf (39%) und dem Gisela-Gymnasium (34%) – dicht gefolgt von der Riccarda-Huch-Realschule (30%) und der Hermann-Frieb-Realschule (23%), und abgeschlagen die Hauptschule am Bayernplatz (nur 15% guter Ruf, 20% schlechter Ruf).

Am bekanntesten sind den Einwohnern die Schulen im Stadtteil Nymphenburg (29% gut bekannt und nur 22% unbekannt), und dies, obwohl diese Schulen am wenigsten von ihren Kindern besucht werden. Gut bekannt sind insbesondere die beiden Nymphenburger Privatschulen. Den besten Ruf im Stadtteil genießt die private Maria-Ward-Mädchenschule (66%) gefolgt vom privaten Nymphenburger Gymnasium (52%) und vom Käthe-Kollwitz-Gymnasium (49%). Weniger gut ist erwartungsgemäß der Ruf der Hauptschule am Winthirplatz (9% gut, 26% schlecht).

Auch die Duisburger Innenstädter (Neudorf/Duissern) kennen ihre Schulen ganz gut (29% gut bekannt gegenüber 26% unbekannt), was hier auch wenig verwundert, konzentriert sich doch der Schulbesuch in diesem Stadtteil fast völlig auf die Schulen im Stadtteil. Gerade die Innenstadtgymnasien haben einen hohen Bekanntheitsgrad – das Landfermann-Gymnasium (42% gut bekannt, nur 14% unbekannt) hat nach dem Berg am Laimer Michaeli-Gymnasium (46% zu 16%) überhaupt den höchsten Bekanntheitsgrad aller in die Untersuchung einbezogenen Schulen. Die Duisburger Innenstadtgymnasien genießen auch mit Abstand das höchste Ansehen aller untersuchten Schulen. Das Steinbarth-Gymnasium hat bei 72% der Bewohner einen guten Ruf, das Landfermann-Gymnasium bei 71% und das St. Hildegardis-Gymnasium bei 65%. Die in Neudorf/Duissern am wenigsten bekannte Gustav-Heinemann-Realschule hat nach Meinung von 22% der Befragten einen guten und von 2% einen schlechten Ruf. Der Gesamtschule Duisburg-Mitte schreiben noch 23% der Befragten einen guten, aber immerhin schon 11% einen schlechten Ruf zu. Und für die Hauptschule an der Gneisenaustraße sind die entsprechenden Werte 12% und 11%.

Dem hohen Bekanntheitsgrad des Michaeli-Gymnasiums, dem einzigen Gymnasiums in Berg am Laim, verdankt der Stadtteil, dass seine Schulen gemessen an ihrer Bekanntheit bei den Stadtteilbewohnern noch knapp im Mittelfeld liegen (22% kennen die Schulen, 38% haben noch nie von ihnen gehört). Alle anderen Schulen des Stadtteils haben hier einen relativ geringen Bekanntheitsgrad. Ähnlich wie die Maria-Ward-Schule in Nymphenburg genießt die ebenfalls katholische Maria-Ward-Mädchenrealschule in Berg am Laim ein vergleichsweise hohes Ansehen. Sie liegt mit 56%, die ihr einen guten Ruf bescheinigen, noch vor dem weitaus bekannteren Michaeli-Gymnasium (50%). Die Ludwig-Thoma-Realschule (20% guter Ruf) und die beiden Hauptschulen am Inzeller Weg (15%) und Echardinger Grünstreifen (10%) fallen dagegen deutlich ab. Die Hauptschule am Inzeller Weg erreicht mit einem Anteil von 26% derer, die ihr einen schlechten Ruf zuschreiben, zusammen mit der Hauptschule am Winthirplatz in Nymphenburg die höchsten Anteile.

Nutzung der Schulen

Obwohl in den sechs beschriebenen Stadtteilen – mit Ausnahme Nymphenburgs, wo eine öffentliche Realschule fehlt, und Marxlohs, wo es keine Hauptschule mehr gibt (sie wurde in die Gesamtschule umgewandelt) – alle in den jeweiligen Ländern bestehenden Schularten der Sekundarstufe I vertreten sind, werden sie von den Jugendlichen im Stadtteil keineswegs in gleicher Weise in Anspruch genommen (vgl. Abb. 26). Dies liegt zum einen an dem erreichbaren Schulangebot in der Umgebung außerhalb des Stadtteils, gibt zum anderen aber Hinweise auf Einschätzungen des schulischen Angebots im Stadtteil selbst durch die Jugendlichen und ihre Eltern.

Abb. 26: Nutzungsgrad der Schulen nach Stadtteil (Schülerbefragung in Prozent)

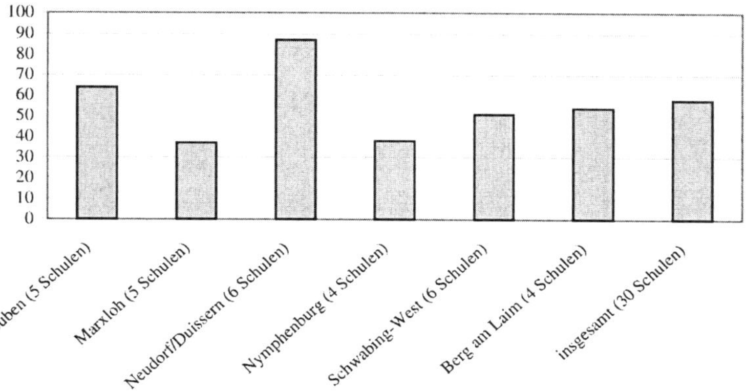

Über alle Untersuchungsregionen hinweg besuchen 58% der befragten Jugendlichen eine der Schulen ihres Stadtteils. Neudorf/Duissern im Duisburger Stadtbezirk Innenstadt weist den höchsten Nutzungsgrad seiner Schulen durch die dort wohnenden Jugendlichen auf. 87% der dort befragten Jugendlichen besuchen eine der sechs Schulen des Stadtteils. Jeder vierte Jugendliche (26%) besucht die Gesamtschule Mitte, fast ebenso hoch (23%) ist der Anteil des Landfermann-Gymnasiums. Das Steinbart-Gymnasium besuchen 16% der dort Befragten und das kirchliche St. Hildegardis-Gymnasium, eine Mädchenschule, 10%. 8% der im Stadtteil befragten Jugendlichen finden wir auf der Gustav-Heinemann-Realschule und nur 4% an der Hauptschule in der Gneisenaustraße. Die übrigen 13% besuchen abgesehen von wenigen Ausnahmen Privatschulen mit einem alternativen Konzept (z.B. private Waldorfschulen); es sind dies ausschließlich Schulen im näheren Innenstadtbereich außerhalb der Stadtteilgrenzen von Neudorf/Duissern. Hier kann man also von einer fast vollständigen Orientierung der Jugendlichen auf das Schulangebot des Stadtteils sprechen.

Auch in Dresden-Leuben besuchen fast zwei Drittel der Jugendlichen die fünf Schulen des Stadtbezirks. Jeder Vierte (25%) besucht das Gymnasium Großzschachwitz, der Rest verteilt sich auf die vier Mittelschulen, wobei die 65. Mittelschule an der Tschierener Straße und die 66. Mittelschule an der Dieselstraße mit 14% bzw. 13% unserer Altersgruppe deutlich vor der 64. Mittelschule an der Linzer Straße und der 73. Mittelschule an der Zaimenhofstraße mit nur 7% bzw. 5% liegen. Bezüglich der 64. Mittelschule muss allerdings angemerkt werden, dass sie fast ausschließlich von Jugendlichen aus ihrem direkten Umfeld, dem relativ abgeschlossenen Leubener Stadtteil Laubegast besucht wird und insofern durchaus als die Schule dieses Stadtteils betrachtet werden muss. Die restlichen 35% verteilen sich überwiegend auf Gymnasien in den Nachbarvierteln. Nur knapp 10% haben weiter entfernte Schulen gewählt; dies sind dann überwiegend Schulen in der Stadtmitte.

In Berg am Laim dagegen besuchen nur gut die Hälfte der Jugendlichen eine Schule im Stadtteil. Es sind dies zum einen die 20% Hauptschüler, die die Schulen Echardinger Grünstreifen (8%) und Inzeller Weg (12%) nutzen. Weitere 18% besuchen das Michaeli-Gymnasium und 6% die Ludwig-Thoma-Realschule; auch die private Maria-Ward-Realschule – eine Mädchenschule – wird von immerhin 10% der Jugendlichen, also 20% der Mädchen im Stadtteil genutzt und ist damit auch eine Schule mit einem bemerkenswerten Stadtteilbezug. Die 46% der Jugendlichen, die Schulen außerhalb des Stadtteils nutzen, finden diese vor allem in den Nachbarstadtteilen Haidhausen und Neuperlach. Es sind vor allem die Realschüler, die mit einem Anteil von 37% im Stadtteil überwiegend Schulen außerhalb ihres Stadtteils in Anspruch nehmen. Jeder sechste Jugendliche (16%) besucht eine Schule außerhalb dieser engen Nachbarschaft, meist eine der renommierten Schulen in der Stadtmitte. Die in den Gesprächen mit den Schulleitern der beiden Hauptschulen beklagte Konkurrenz durch die integrierte Orientierungsstufe im benachbarten Neuperlach schlägt sich in der Befragung der Jugendlichen und ihrer Eltern und damit als Alternative zu den Sekundarschulen im Stadtteil nicht nieder, weil sie nur die Jahrgangsstufen 5 und 6 umfaßt, die die von uns befragten Jugendlichen in der Regel nicht mehr besuchen.

Anders stellt sich die Situation in Schwabing-West dar. Obwohl hier ein breites, das der Duisburger Innenstadt wohl noch übertreffendes Schulangebot vorhanden ist, verbleiben nur die Hälfte (51%) der Schwabinger Jugendlichen auf einer Schule in ihrem Stadtbezirk. 19% besuchen das Willi-Graf-Gymnasium, 11% das Gisela-Gymnasium, 5% das Sophie-Scholl-Gymnasium. Auf die beiden Realschulen verteilen sich 13%, 7% auf die Hermann-Frieb- und 6% auf die Riccarda-Huch-Realschule. Die Hauptschule am Bayernplatz wird gar nur von 3% unserer Befragten besucht. Einige wenige Hauptschüler besuchen die Simmernschule und die

Schwindschule, die außerhalb des Stadtbezirks liegen, deren Sprengel aber in den Stadtbezirk hineinreichen. Etwa 17% besuchen besondere Schulen in Schwabing (Montessori-Schule, Rudolf-Steiner-Schule) oder Gymnasien in der unmittelbaren Nachbarschaft. Aber der große Rest von immerhin etwa 30%, überwiegend Gymnasiasten, verteilt sich stadtweit auf andere Münchener Schulen und darüber hinaus. Ein Großteil der Schwabinger Jugendlichen beziehungsweise ihrer Eltern beschränkt sich also nicht auf das vorhandene breite Schulangebot im Stadtteil, sondern wählt darüber hinaus Schulen in ganz München.

Ähnlich verhält es sich mit dem Schulwahlverhalten der Nymphenburger Jugendlichen und ihrer Familien, allerdings gegenüber einem deutlich anderen, dem Bedarf des Stadtteils keineswegs entsprechenden Schulangebot innerhalb der Stadtteilgrenzen. Hier besuchen nur 38% der Jugendlichen Schulen im Stadtteil. 4% besuchen die Hauptschule am Winthirplatz, nur einzelne besuchen die Fürstenrieder Hauptschule außerhalb des Stadtbezirks. 18% besuchen das örtliche Käthe-Kollwitz-Gymnasium und 16% die beiden Privatschulen, die Nymphenburger Schulen (7%) und die Maria-Ward-Schule für Mädchen (9%). Fast zwei Drittel (63%) der Nymphenburger Jugendlichen besuchen Schulen außerhalb des Stadtteils, die Mehrheit Realschulen und Gymnasien in den Nachbarstadtteilen, vor allem in Neuhausen. Aber fast ein Viertel (24%) besuchen ein entfernteres Gymnasium vorwiegend in der Innenstadt oder in Schwabing.

Mit 37% ist der Anteil der Jugendlichen, die eine Schule des Stadtteils in Marxloh (einschließlich Obermarxloh) besuchen, fast genauso niedrig wie in Nymphenburg, allerdings unter völlig anderen Verhältnissen. 12% besuchen die Gesamtschule Marxloh, 11% die August-Thyssen-Realschule und 14% verteilen sich auf das Elly-Heuss-Knapp- (9%) und das Clauberg-Gymnasium (5%). In Marxloh sind es die Realschüler, die im Stadtteil verbleiben und mit Einschränkungen auch die Gymnasiasten: dies gilt vor allem dann, wenn man das unmittelbar benachbarte Abtei-Gymnasium einbezieht. Es sind vor allem Hauptschüler und Gesamtschüler, die Schulen außerhalb des Stadtteils besuchen. Dabei werden Gesamtschulen im gesamten Stadtbezirk Hamborn und sogar darüber hinaus genutzt. Mit der Ausnahme eines einzigen Jugendlichen, der eine Schule in der Innenstadt besucht, gehen alle Marxloher Jugendlichen in eine Schule des Duisburger Nordens, fast alle im Stadtbezirk Hamborn, einige in Walsum und einige wenige in Meiderich.

Anders als in Nymphenburg oder in Schwabing erklärt sich der hohe Anteil an nicht im engeren Stadtteil beschulten Jugendlichen nicht durch individuelle Auswahlentscheidungen, sondern eher durch eine an den Kapazitäten insbesondere der Gesamtschulen orientierte Steuerung der Schülerverteilung auf die Hamborner Schulen. Der in Marxloh relativ hohe Anteil Jugendlicher, die zunächst lieber eine andere Schule besucht hätten, und der hohe Anteil (54%) derer, die bei ihrer Schulwahl der Empfehlung von Lehrern gefolgt sind, bestätigt diese These.

Der Nutzungsgrad der Schulen in den Stadtteilen, der Anteil von Jugendlichen also, die eine Schule in ihrem Stadtteil besuchen, wird von mehreren Faktoren bestimmt: Zunächst ist es das schulische Angebot im Stadtteil; doch dieses Angebot ist abhängig von den schulstrukturellen Rahmenbedingungen des Landes und der kommunalen Schulpolitik. Weiter wird das Schulwahlverhalten bestimmt durch den sozialen Status, von Aufstiegserwartungen und von kulturellen Orientierungen der Eltern, was auch wiederum Auswirkungen auf das Schulangebot in den Stadtteilen haben kann – je nachdem, wie sensibel die regionale Schulentwicklungsplanung auf solche Gesichtspunkte der Schulnutzer eingeht.

9.2 Der Stadtteil im Schulprogramm

Die Entwicklung und Pflege von Beziehungen zwischen Schulen und den Stadtteilen, in denen sie sich befinden, wurde in den Experteninterviews sowohl mit Schulleitern und Elternvertretern wie mit den nicht-schulischen Experten – Jugendarbeitern, ASD-Mitarbeitern, Berufsberatern und Jugendpolizeibeamten – angesprochen.

Dabei zeigte sich eine grundsätzliche Übereinstimmung darin, dass eine Stadtteilorientierung von Schule wünschenswert ist. Niemand sprach sich explizit gegen eine Öffnung von Schule dem Stadtteil gegenüber aus. Aber nur weniger als jeder Dritte der befragten Schulexperten – die Schulleiter aber doppelt so häufig wie die Elternvertreter – gaben an, dass dem Thema ‚Unsere Schule in unserem Stadtteil' in ihrer Schule eine große Bedeutung zukommt. Die Mehrheit dagegen schrieb diesem Thema für ihre Schule nur eine geringe bis sehr geringe Bedeutung zu.

Stadtteilbezogene Aktivitäten sind selten kodifizierte Bestandteile von Schulprogrammen, sie finden sich aber in fast allen pädagogischen Konzeptionen. Es beginnt damit, dass sich die Schule teils als beschützender Raum, teils als Aufenthaltsort zur Kompensation fehlender oder problematischer Treffpunkte für Jugendliche im Stadtteil versteht.

> „Wir versuchen den Schülern, die in diesem Stadtteil zu Hause sind, so eine Art Zuhause zu geben, dass sie eine Stelle haben, an der sie sich wohl fühlen können, an der sie mit ihren speziellen Problemen ernst genommen werden" (ein Schulleiter).

Alle Schulen berichten auch von Bemühungen, sich in ihrem Stadtteil bekannt zu machen, in der Regel durch Tage der offenen Tür, durch Schulfeste, aber auch durch Veranstaltungen in der Schule und im Stadtteil.

> „Wir machen jeweils um die Weihnachtszeit herum einen Tag der offenen Tür, wo die Kinder mit ihren Eltern ins Haus kommen können, sich den laufenden Betrieb anschauen, in den Unterricht gehen können, durch die Fachräume geführt werden, experimentieren können" (eine Schulleiterin).

> „Am Tag der offenen Tür präsentieren wir uns jedesmal nach außen. Das wird auch in der Presse angekündigt. Und wir machen in den Stadtteilen, aus denen unsere Schülerinnen kommen, Werbung dafür. Früher war das Sommerfest auch nur auf die Schule beschränkt, kein anderer durfte rein, das haben wir jetzt auch geändert. Wir wollen bewußt, dass Leute von außen reinkommen und schauen, wie die Schule ist. Unsere Theateraufführungen sind ja nicht nur für die Eltern und Schülerinnen gedacht, da kann jeder teilnehmen. Uns ist das schon wichtig, dass der Bezug zum Stadtteil da ist und wir uns nicht abschotten und sagen, wir sind eine Insel mitten im Stadtteil" (eine Schulleiterin).

Es sind vor allem kulturelle Veranstaltungen, zu denen Schulen Stadtteilbewohner einladen oder die sie im Stadtteil anbieten.

> „Wir haben einen Chor. Wir haben das Weihnachtskonzert in der Kirche veranstaltet. Die Kirche war rappelvoll. Dies hat jetzt schon Tradition und die Menschen im Stadtteil warten darauf. Das ist auch eine Sache, mit der sich die Schule im Stadtteil bekanntmachen kann" (ein Schulleiter).

> „Jedes Jahr gibt es hier in der Aula eine Theateraufführung, die für alle Bürger dieses Stadtteils offen ist. Wir sind also in gewisser Weise für diesen Stadtteil auch ein Kulturzentrum, weil nämlich die Bürger an diesen Aufführungen selbstverständlich teilnehmen oder zuschauen können" (ein Schulleiter).

Eine über die Tage der offenen Tür und besondere Veranstaltungen hinausgehende generelle Öffnung von Schulen wird in den Experteninterviews immer wieder angesprochen und teilweise versucht.

„Wir haben den Versuch, uns gegenüber dem Stadtteil zu öffnen, hingekriegt. Zunächst haben wir alles, was in der Umgebung da ist, unseren Schülern vorgestellt. Ich habe den Klassen die Möglichkeit gegeben, die Kinder- und Jugendeinrichtungen kennen zu lernen. Es ist mir bestätigt worden, dass diese genutzt werden. Wir sind auch offen gegenüber anderen. Wenn zu unserer Clubarbeit jemand Freunde mitbringt, dürfen die das" (ein Schulleiter).

Öffnung von Schule bleibt aber oft auch eine theoretische Forderung, die in der Praxis zu realisieren als sehr schwierig betrachtet wird.

„Ich würde mir sehr wünschen, dass da mehr an Stadtteilaktivitäten läuft, weil die Schule halt nicht isoliert ist. Sie ist ein Teil des Stadtteils. Da würde ich schon sagen, dass auch Anwohner sich dessen bewußt sind, was für Schulen es da gibt, und auch in die Schule mehr einbezogen werden. Das wäre etwas, das ich mir sehr wünschen würde. Dass die das sehen, was da passiert, nicht bloß die Konzerte, sondern letztendlich auch als Begegnungsstätte" (eine Elternvertreterin).

„Das Gymnasium ist eine Burg, das ist besonders ärgerlich, weil die ein herrliches Grundstück haben, einen riesigen Schulhof. Das Gelände ist wie geschaffen dafür, geöffnet zu werden" (eine Stadtteilpolitikerin).

Daneben gibt es bei allem Verständnis für derartige Forderungen skeptische Äußerungen.

„Eine gewisse Öffnung der Anlagen der Schule sollte sein. Auch für Kinder, die nicht dort zur Schule gehen, finde ich das ganz wichtig. Ich denke aber, dass es nicht ganz unproblematisch ist, weil damit ein gewisses Konfliktpotential auch in die Schule geholt wird. Aber das ist die gesellschaftliche Entwicklung und sich davor abzuschirmen mit Mauern darum herum, das sollte die letzte Möglichkeit sein. Bestimmte Jugendliche sind damit sicherlich nicht erreichbar, aber im Prinzip sollte es gemacht werden. Aber dann gibt es noch das bekannte Problem mit den Hausmeistern" (ein Elternvertreter).

Gegen die Öffnung der Schule werden von einigen aber auch erhebliche Bedenken angeführt.

„Abkapseln soll sich die Schule nicht, aber mehr Öffnung ist fraglich. Es soll nicht so viel von draußen reinkommen. Wenn man da noch mehr öffnet und weiter rausgeht, ob das dem Schulbetrieb letztendlich nicht schadet?" (ein Jugendbeamter der Polizei).

„Die aufsichtsführenden Lehrer müssen aufpassen. Wir haben schon mal Probleme mit Schulfremden; es ist ja alles offen hier. Während der großen Pause kommt es schon mal vor, das Schulfremde hier auf dem Gelände sind, dann kümmern wir uns sehr schnell darum, dass die das Gelände wieder verlassen" (ein Schulleiter).

Fasst man die Stimmen zur Rolle des Stadtteilbezugs in der Arbeit der Schule zusammen, so muß man die eingangs gemachte Feststellung, dass sich keiner der Befragten explizit gegen eine Stadtteilorientierung seiner Schule aussprach, differenzieren. Interessanterweise sind es besonders einige Elternvertreter, die – gerade im sozial benachteiligten Marxloh – mit ernst zu nehmenden Argumenten vor negativen Folgen eines zu weit gehenden Stadtteilbezugs warnen.

„Ich bin der Meinung, dass die Kinder nicht für ein Leben im Stadtteil, in dem sie jetzt leben, ausgebildet werden, sondern die Schule muß garantieren, dass sie in allen Stadtteilen zurecht kommen. Ein Schulprogramm darf nicht so eng von den Bedürfnissen des Stadtteils geprägt sein, dass die Kinder, wenn sie aus einem sozial benachteiligten Umfeld kommen, auf Dauer geschädigt werden" (eine Elternvertreterin).

In einigen anderen Schulen wird ein Stadtteilbezug nur wenig thematisiert und bemerkt.

„Wir bringen uns im Stadtteil nicht so ein, dass wir sagen, wir möchten uns der Öffentlichkeit bei irgendwelchen Schulfesten zeigen. Da ist die Schule als solche nicht vertreten. Wir sind nicht so eine Kultureinrichtung, dass wir sagen, wir bieten jetzt Theater an für die Gemeinde. Wenn, dann bieten wir Theater an für unsere Schülerinnen, für die Eltern unserer Schülerinnen und wer halt sonst noch kommen will" (eine Schulleiterin).

„Die Schule hat einen großen Einzugsbereich und der Stadtteil spielt hier keine so große Rolle. Wir haben auch als Elternvertreter zum Stadtteil nicht mehr Kontakte bekommen, woher auch? Die Schule fügt sich, ich sage es mal so, relativ lautlos in den Stadtteil ein" (eine Schulleiterin).

Ein verstärkter Stadtteilbezug als eine Option – wünschenswert, aber leider noch nicht realisiert oder realisierbar – dies ist der Haupttenor vorwiegend bei den außerschulischen Experten, aber auch bei den meisten Schul- und Elternvertretern.

„Das Thema Stadtteil ist unterentwickelt, die Schule ist – leider – keine offene Schule"(eine Schulleiterin).

„Stadtteil ist ein schwieriges Thema. Da sind wir noch nicht sehr weit gekommen. Wir stellen die Schule im Rahmen unserer Möglichkeiten vor, aber an der Stelle habe ich noch ein Problem. Stadtteilbezug als Programm? Noch nicht" (ein Schulleiter).

Diese Position – mehr Stadtteilbezug wäre wünschenswert, ist aber leider nicht oder noch nicht Realität –, die vor allem in den gehobenen Quartieren und Schulen unserer Untersuchung vertreten wird, läßt sich treffend in der Aussage zusammenfassen:

„Das Thema Stadtteil ist in unserer Schule, ich würde sagen, entwicklungsbedürftig“ (eine Schulleiterin).

9.3 Schule für den Stadtteil

Ist schon der Stadtteilbezug in den Schulprogrammen nicht sehr ausgeprägt, so erfahren wir noch seltener, dass sich Schulen ihrem Selbstverständnis nach nicht nur ihren Schülern gegenüber verpflichtet sehen, sondern sich auch zu Leistungen für das Gemeinwesen, für ihren Stadtteil herausgefordert fühlen.

Es gibt wenige positive Beispiele dafür, dass eine Schule sich als Stadtteilschule im engeren Sinne begreift oder wenigstens versucht, einen Beitrag zur Stadt- oder Stadtteilentwicklung zu leisten. Die Gesamtschule in Duisburg-Marxloh etwa ist in vielfältiger Weise in ihren Stadtteil eingebunden und versteht sich ‚als eine Schule für diesen Stadtteil‘. Auch dem Marxloher Clauberg-Gymnasium wird der Charakter einer Stadtteilschule bescheinigt. Die Schule kümmert sich besonders um die benachteiligten vorwiegend türkischen Stadtteilkinder, bietet Türkisch als Abiturfach und nennt als ihre zentralen Standbeine: ‚Ganztagsbetrieb, Interkulturalität, Berufsorientierung und Stadtteilbezug‘.

Ohne sich ausdrücklich als Stadtteilschule zu begreifen, werden aber auch andere Schulen hin und wieder für ihren Stadtteil produktiv tätig. So beispielsweise das Michaeli-Gymnasium in Berg am Laim. Zwei Drittel der Schüler kommen aus dem Nachbarstadtbezirk, ein Drittel rekrutiert sie aus der Innenstadt und aus dem Stadtbezirk, in dem sie liegt. Die Schule hat sich an einem Wettbewerb zur Ausgestaltung eines neuen U-Bahnhofs im Stadtteil beteiligt und zusammen mit einem Architekturbüro den Zuschlag bekommen. Bezugnehmend auf den Stadtteilnamen Berg am Laim wurde dann mit dem Baustoff Lehmziegel der Bahnhof durch den Kunstleistungskurs der Schule künstlerisch ausgestaltet. Ein anderes stadtteilökologisches Projekt in dieser Schule ist die Mitwirkung an der Renaturisierung des völlig verbauten Baches, der durch den Stadtteil fließt.

Derartige Beispiele haben in unserer Untersuchung insgesamt allerdings Seltenheitswert. Häufiger und insbesondere von Seiten der nichtschulischen Experten wird beklagt, dass sich die Schulen auf Aufgaben der Stadtentwicklung nicht einlassen. In den Experteninterviews wurde nach der Zusammenarbeit von Schulen mit außerschulischen Einrichtungen und Diensten des Stadtteils und nach ihrer konkreten Mitwirkung in vorhandenen Stadtteilgremien gefragt.

> „Wir haben viele Kontakte zu den Betrieben durch Betriebspraktika; wir haben mit der Stadtbibliothek sehr gute Verbindungen; die Schulleitung hat mit dem Bezirksausschuss, mit den Freizeitstätten und mit dem Waisenhaus Kontakt. Der Jugendbeamte kommt regelmäßig vorbei und die Jugendbeamten machen einmal im Jahr regelmäßig Verkehrsunterricht" (ein Schulleiter).

> „Wir haben Sportvereine bei uns im Haus. Wir haben eine relativ gute Zusammenarbeit mit dem Bürgerkreis, der immer im Sommer bei unserem Sommerfest aktiv ist" (ein Schulleiter).

Diesen eher bescheidenen Beispielen von gelegentlicher bilateraler Zusammenarbeit steht eine heftige Kritik am mangelnden Eingebundensein der Schulen in die sozial- und jugendarbeiterische Infrastruktur des Stadtteils gegenüber. Mehr als zwei Drittel der Stadtteilexperten gaben an, dass die Schulen in die Stadtteilarbeitskreise nicht eingebunden seien und in den einschlägigen Gremien nicht mitarbeiten – in Leuben, Neudorf/Duissern und Schwabing sei dies überhaupt nicht der Fall, in Marxloh, Nymphenburg und Berg am Laim wird dies immerhin von jedem zweiten Befragten bejaht.

> „Ich selbst bin im Förderverein des Stadtteils dabei, bei diesem Tisch, den die da einmal im Monat veranstalten. Und die Kollegin, die sich um die Ausländerintegration bei uns kümmert, die arbeitet mit der Arbeiterwohlfahrt zusammen und mit dem Stadtteilprojekt" (ein Schulleiter).

> „Den runden Tisch haben wir vor zwei Jahren eingerichtet, weil wir im Stadtteil ein Problem mit einem Schüler hatten, der zu dem Zeitpunkt noch dreizehn war. Der war eben noch nicht strafmündig, und es war ganz wichtig, dass man sich gegenseitig informierte, wenn der wieder auf Raubzug war. Im Moment gibt es den runden Tisch nur noch formal, weil wir keinen Handlungsbedarf haben, er kann aber jederzeit wieder einberufen werden" (eine Schulleiterin).

> „Im sozialen Bereich gibt es einen Arbeitskreis Jugend. Da sind wir vertreten. Ich gehe zu manchen Sitzungen hin, oder es geht eine Kollegin hin. Dann sind wir im Beirat des Freizeitheims vertreten und es gibt Kontakte zum Bezirksausschuß" (ein Schulleiter).

Von der Jugend- und Sozialarbeit wird die Zusammenarbeit von den Schulen offensichtlich immer wieder versucht, gestaltet sich aber nach Angaben ihrer Vertreter häufig als sehr schwierig. Es wird kritisiert, dass Datenschutzargumente vorgeschoben werden.

> „Auch wenn uns die Sorgeberechtigten grünes Licht gegeben haben und wir die Zusammenarbeit mit der Schule suchen, bekommen wir dort oft die Anwort, aus Datenschutzgründen kann man uns nichts sagen" (ein ASD-Mitarbeiter).

Oder es wird die Unkenntnis über den anderen Arbeitsauftrag beklagt.

> „Die Schulpädagogen haben, ich sage mal, wenig Ahnung von der Arbeit des ASD. Die kommen auf uns zu, jetzt macht ihr mal, tut etwas, oder warum macht ihr nichts? Die Schüler verwahrlosen oder sie führen sich hier unmöglich auf. Wir können sie nicht mehr bändigen, tut mal was. Dass wir aber ganz andere Aufträge haben oder uns erst mal Wissen aneignen müssen, um überhaupt Hilfen anbieten zu können, wird nicht gesehen. Was ich immer beobachte, wenn Lehrer mit uns zusammenarbeiten, dass man die unterschiedlichen Aufgaben erst mal klären müsste" (ein ASD-Mitarbeiter).

Aber alles in allem überwiegt die Feststellung, die Schulen machen nicht mit.

> „Schulen sind nicht für präventive Arbeit zu gewinnen. Erst wenn große schulische Auffälligkeiten da sind, oder die Älteren sich stark auffällig verhalten, wenn etwas Massives aufgetreten ist, wenden sich die Schulen an uns" (ein Jugendarbeiter).

> „Wir haben im letzten Jahr ein Stadtteilfest gemacht, der Arbeitskreis, an dem alle sozialen Einrichtungen beteiligt sind. Ich wüsste nicht, dass die Schulen bei dem Stadtteilfest vertreten gewesen sind" (ein Jugendarbeiter).

> „Es gibt einen Stadtteilarbeitskreis, zu dem alle sechs Wochen alle sozialen Einrichtungen im Stadtteil eingeladen werden. Da findet ein Austausch statt, es wird eine Bedarfsplanung entwickelt. Die einzelnen Einrichtungen machen sich untereinander bekannt, sie stellen ihre Konzepte vor und machen z.B. einmal jährlich ein Stadtteilfest. Das funktioniert. Aber die Schulen, die sind nicht integriert" (eine ASD-Mitarbeiterin).

Eine Einbindung der Schulen in das soziale Netzwerk des Stadtteils wäre nach Meinung fast aller außerschulischer Experten dringend geboten. Eine Stadtteilpolitikerin drückt dies folgendermaßen aus:

> „Es hat neulich ein Treffen der Fachbasis stattgefunden in der Jugendfreizeitstätte. Da wurde festgestellt, dass die Schulen nicht dabei sind, dass die Schulen nicht dabei sein wollen und wohlmöglich auch nicht dürfen, weil das staatliche Schulamt es nicht will. Soziale Auffälligkeiten, gerade auch kriminelle Probleme müßten einen doch zu Kooperation motivieren, wenn es schon nicht aus positiven Gründen passiert. Es ist dringend nötig."

Und ein Jugendbeamter der Polizei meint hierzu:

„Ich glaube nicht, dass es innerhalb des Stadtteils zwischen den Schulen einen Austausch gibt. Ich glaube nicht, dass es ein Treffen gibt, wo sich Haupt-, Real- und Gymnasialschulleiter an einem Tisch treffen und sich austauschen. Wir sitzen in einem Arbeitskreis und haben erst kürzlich beschlossen, dass es doch notwendig oder wünschenswert wäre, Schulleiter in den Arbeitskreis einzuladen und dort auf unterster Ebene die Vernetzung ein bisschen voranzutreiben. Denn wir reden über dieselben Jugendlichen und ein Austausch untereinander, eine Vernetzung, könnte eben dazu führen, dass man intensiver und effektiver mit schwierigen Jugendlichen arbeiten kann. Wir sehen uns im Moment in der Rolle, die Vernetzung zu spielen. Denn wir erleben die Jugendlichen in unserem Arbeitsbereich außerhalb der Institutionen, aber auch innerhalb aller Institutionen, innerhalb des Freizeitheims, der Schule, des Horts und wo auch immer. Wir sind dann die Läufer, die die einzelnen Institutionen miteinander verbinden. Wir sagen dem Freizeitheim, dass der oder der Schüler die Schule schwänzt. Umgekehrt sagen wir der Schule, wie er sich draußen aufführt, dass er im Freizeitheim Hausverbot gekriegt hat. Es wäre wünschenswert, wenn dies auf einem kürzeren Weg geschehen könnte, nämlich im Austausch unter den Fachleuten. Beim zweiten Treffen der Schulinitiative des Bezirksausschusses waren schon mal nicht mehr alle Schulleiter der eingeladenen Schulen da. Und der eine oder andere Schulleiter sah darin wenig Zweck und Sinn. Auch wenn er gekommen ist, hat er gesagt, was soll das eigentlich."

All diesen Bedenken zum Trotz gibt es aber auch eine positiv optimistische Stimme. Eine Mitarbeiterin des Allgemeinen Sozialdienstes meint:

„Ich habe so meine Phantasien, wie man Dinge verändern könnte. Ich denke, dass die Schule einen guten Mittelpunkt darstellen könnte, weil sie doch viele Leute aus dem näheren Umfeld anzieht, dass man in der Schule Projekte starten könnte, so dass die Schule auch Stadtteilschule wird."

III Schlussfolgerungen und Empfehlungen

10 Lebensweltorientierte Schule – eine Typologie

10.1 Zur Konstruktion lebensweltlicher Bezüge von Schulen

Anders als die Jugendhilfe, die sich trotz ihres ‚doppelten Mandats' relativ klar und deutlich auf der Seite der Adressaten ihrer Arbeit verorten kann, ist die Schule von einem ambivalenten Verhältnis zu ihren Nutzern und deren Lebenwelten geprägt. Anders auch als in der Sozialpädagogik gibt es in der Schulpädagogik keine explizit lebensweltorientierten Ansätze. In der Sozialpädagogik ist das Konzept der Alltags- bzw. Lebensweltorientierung seit Ende der siebziger, Anfang der achtziger Jahre ausgearbeitet worden (vgl. Thiersch 1978 und 1986). Dieses Konzept wird in der sozialpädagogischen Praxis mittlerweile stark rezipiert. In der alltags- bzw. lebensweltorientierten Sozialen Arbeit gewinnen die Handlungsmaximen Adressatenorientierung und Partizipation, Dezentralisierung, Ressourcenorientierung und Niedrigschwelligkeit der Angebote an Bedeutung (vgl. Achter Jugendbericht 1990).

In der Schulpädagogik sind lebensweltorientierte Konzepte bisher kaum entwickelt worden[8]. Die Schule kann sich auch nicht bedingungslos auf die Lebenswelten von Kindern und Jugendlichen einlassen, das widerspricht dem Auftrag und der Verfassung der Schule als Bildungsinstitution, die auch gesellschaftlichen Erwartungen und Normen verpflichtet ist. Sie muss sich, um ihre Aufgaben erfüllen zu können, allerdings auf die Interessen und Bedingungen ihrer Schülerinnen und Schüler einlassen. Insofern muss sie auch die Lebenswelten ihrer Schülerinnen und Schüler kennen und sich in ihrer Arbeit darauf einstellen. Die Orientierung der Schule

---

8 Vergleichbare Ansätze zur alltags- bzw. lebensweltorientierten Sozialpädagogik stellen reformpädagogische Konzepte dar: schülerorientiertes, erfahrungsbezogenes, handlungsorientiertes und praktisches Lernen lauten die entsprechenden Begriffe. Dabei spielt meist das Lernen in Projekten eine besondere Rolle. Diese Konzepte zielen auf eine Reform des Unterrichts und der Schule.

an den Lebenswelten ihrer Schülerinnen und Schüler wird mit dem gesellschaftlichen Wandel, dem damit verbundenen Wandel des Aufwachsens und den daraus resultierenden Widersprüchen im Prozess des Aufwachsens besonders bedeutsam. Lebensweltorientierung stellt somit keine Zutat zum sonst laufenden Schulbetrieb dar, sondern heißt vielmehr, die Grundlagen schulischer Arbeit unter gewandelten Bedingungen neu zu bestimmen.

Wir haben in unserer Studie nach lebensweltlichen Bezügen von Schulen im Blick auf ihr Bildungsangebot und auf spezielle soziale Dienstleistungen gefragt. Im Bildungsangebot können lebensweltlich besonders relevante Themen aufgegriffen werden, die quer zu den Fächern in der Schule eine wichtige Rolle spielen können. Dazu gehören u.a. das Zusammenleben von Deutschen und Ausländern, Sport und Gesundheitsförderung, Stadtteilbezüge schulischer Arbeit und das Lernen im Stadtteil. Im Bereich der außerunterrichtlichen Angebote gehören dazu Freizeitangebote am Nachmittag, Mittagessen und Schülercafes, Förderangebote, Berufsorientierung, psychologische Beratung und sozialpädagogische Angebote an der Schule.

Diese lebensweltlichen Bezüge können sozialräumlich und adressatenbezogen begründet und ausgelegt sein. Beide Begründungen sind nicht trennscharf voneinander zu unterscheiden, zwischen ihnen gibt es Entsprechungen und Überschneidungen. Sozialräumliche Begründungen fokussieren vor allem auf den Stadtteil, in dem sich die Schule befindet, und entwickeln ausgehend von der Situation im Stadtteil besondere Angebote der Schule. Fehlende soziale Infrastruktur oder unzureichende Ausbildungs- und Beschäftigungsmöglichkeiten im Stadtteil bzw. in der Region, eine schwierige Situation der Jugendlichen im Stadtteil, besondere Problemlagen, z.B. gewaltförmige Konflikte zwischen jugendlichen Gruppen, aber auch besondere Ressourcen im Stadtteil können Anlässe und Ansatzpunkte für Schulen sein, sich bewusst und in besonderer Form auf den Stadtteil zu beziehen. Adressatenbezogene Konzepte wenden sich an bestimmte Zielgruppen. Das können einzelne Jugendliche sein, die an einer Schule besonders auffallen und damit eine besondere Aufmerksamkeit seitens der Schule einfordern, das kann auch die gesamte Schülerschaft sein, an der sich eine Schule mit ihrem Programm orientiert, oder es können bestimmte soziale Milieus sein, aus denen eine Schule ihre Schülerschaft rekrutiert.

Im Folgenden werden adressatenbezogene und sozialräumliche Zugangsmöglichkeiten von Schulen zu den Lebenswelten ihrer

Schülerinnen und Schüler am Beispiel von Schulen aus unserer Untersuchung dargestellt.[9] Darin zeigen sich unterschiedliche Verhältnisbestimmungen von Schulen zu den Lebenswelten ihrer Schülerinnen und Schüler und unterschiedliche Grade der Annäherung an deren Lebenswelten. Daran anschließend werden Typen der Lebensweltorientierung von Schulen entwickelt. Diese Typologie ermöglicht eine pädagogische und bildungspolitische Einschätzung besonderen Handlungs- und Entwicklungsbedarfs, mit der das Kapitel abschließt, und die auf die bildungspolitischen Empfehlungen im letzten Kapitel überleitet.

Adressatenbezogene Formen von Lebensweltorientierung in der Schule

Das Verhältnis von Schulen zu den Lebenswelten ihrer Nutzer, den Schülerinnen und Schülern und ihren Eltern, kann sehr unterschiedlich sein. Wir haben in den sechs Stadtteilen Schulen gefunden, die explizit auf die Lebenswelten Bezug nehmen und ihr Schulprogramm daran ausrichten, und andere, für deren Arbeit die Lebenswelten kaum von Belang sind.

In den von uns untersuchten Stadtteilen gibt es eine Reihe von Schulen, deren schulisches Angebot mit den Interessen und Bedürfnissen der Nutzer mehr oder weniger übereinstimmt. Bei diesen Schulen können wir einen Lebensweltbezug konstatieren. Die Form dieses Lebensweltbezugs kann jedoch sehr unterschiedlich sein. Es gibt Schulen, die ihre Arbeit und ihr Angebot bewusst an den Lebenswelten ihrer Schülerinnen und Schülern ausrichten. Manche Schulen befinden sich in ihrer Arbeit in einer langen und bewährten Tradition; sie sprechen mit ihrem Schulprogramm bestimmte Zielgruppen oder Milieus an, die sich bewusst für diese Schule entscheiden. Das sind insbesondere konfessionelle Schulen und Mädchenschulen. In der Mehrzahl kommen die Schülerinnen und Schüler nicht aus dem Stadtteil, in dem sich die Schule befindet, diese Schulen haben meist ein größeres Einzugsgebiet.

Ein Beispiel für eine Schule mit einem klaren Bezug zu speziellen Zielgruppen ist die Maria-Ward-Schule in Nymphenburg. Die Schule spricht aufstiegs- und bildungsorientierte Gruppen an, die entweder selbst im katholischen Milieu verankert sind oder die zumindest eine gewisse Affinität dazu besitzen. Als Mädchenschule

9 Eine Beschreibung der Schulen befindet sich im Kapitel Schulporträts im Anhang.

spricht die Schule zudem Eltern an, die an einer getrenntgeschlechtlichen Erziehung ihrer Töchter oder an der besonderen Förderung in einer Mädchenschule interessiert sind. Trotz vielfältiger sozialer und kultureller Hintergründe in der Elternschaft bildet die Schule durch ihr eindeutiges Profil einen klaren Bezug zu den Lebenswelten der Eltern und ihrer Töchter.

Andere Schulen mit adressatenorientierten Formen des Lebensweltbezugs sprechen keine speziellen Milieus an, sie befinden sich auch nicht in einer langen Tradition, die durch eine weitgehende Entsprechung des schulischen und des lebensweltlichen Habitus geprägt ist.

Ein Beispiel dafür sind die privaten Nymphenburger Schulen. Das Bildungsangebot der Schule, sie besteht aus einem kleineren Realschul- und einem größeren Gymnasialzweig, ist mit dem vieler Gymnasien und Realschulen vergleichbar und offen für unterschiedliche Gruppen und Interessen. Die Schule wird in der Eingangsstufe und in Teilen der Mittelstufe als Ganztagsschule geführt und bietet ihren Schülerinnen und Schülern Bildungs-, Freizeit- und Förderangebote in der Mittagszeit und am Nachmittag. Diese Kombination ist für Eltern attraktiv, die Interesse an einer guten Bildung ihrer Kinder haben und an einer schulischen Betreuung und Förderung am Nachmittag interessiert sind, dazu aber häufig aufgrund ihrer beruflichen Situation und den damit verbundenen zeitlichen Belastungen selbst nicht viel beitragen können. Diese Eltern verfügen auch über genügend finanzielle Mittel, um die relativ hohen Schulgebühren bezahlen zu können. Neben dieser Gruppe gibt es auch einen relativ hohen Anteil an Schülern, die aufgrund von besonderen familiären Problemlagen vom Jugendamt unterstützt werden, das den Schulbesuch finanziert. Die Nymphenburger Schulen sprechen also unterschiedliche Gruppen an, gemeinsam ist ihnen das Interesse an einer guten Bildung und einer schulischen Dienstleistung, zu der vor allem die ganztägige Betreuung gehört. Diese Schule bezieht in ihr Angebot auch einige lebenweltorientierte Dienstleistungen ein, sie hat aber kein explizit lebensweltorientiertes Schulprogramm.

Die meisten Schulen verhalten sich den Lebenswelten ihrer Schülerinnen und Schüler gegenüber eher indifferent. Dabei gibt es wiederum unterschiedliche Formen. Wir haben Schulen gefunden, die ein für viele Eltern und Jugendlichen attraktives Bildungsprogramm anbieten und deshalb auch bewusst gewählt werden, ohne dass sich diese Schulen explizit auf die Lebenswelten ihrer Nutzer einlassen; diese Schulen haben ebenfalls in der Regel einen großen Einzugsbereich.

Andere Schulen wiederum verfügen über kein besonders ausgeprägtes Schulprofil, sie entsprechen am ehesten dem traditionellen Bild von Schule. Die an der Schule erwerbbaren Abschlüsse sind jedoch durchaus attraktiv für viele Eltern und Jugendliche. Die Distanz der Schule zu den Lebenswelten ist bei diesen Schulen in der Regel kein Problem, für den Umgang mit Leistungsschwierigkeiten oder Schwierigkeiten, die aus den Lebenswelten der Schülerinnen und Schüler resultieren, sind diese Schulen meist jedoch nicht gerüstet. Sie verfügen lediglich über die klassischen Mittel schulischer Förderung und Sanktion.

In einer weiteren Gruppe von Schulen ist das indifferente Verhältnis zu den Lebenswelten ihrer Nutzer mehr oder weniger prekär. Die Schule kann Erwartungen und Bedürfnisse von Jugendlichen und Eltern meist nicht erfüllen, oft sind sie der Schule auch nicht bekannt. Diese Unkenntnis der lebensweltlichen Bedingungen wirkt sich häufig negativ auf die Leistungen der Schülerinnen und Schüler aus, insbesondere dann, wenn sie in der Bewältigung ihrer lebensweltlichen Situation überfordert sind und geeignete Unterstützungs- und Beratungsangebote fehlen.

Als Beipiele für Schulen mit einem indifferent-ausgewogenen Verhältnis zu den Lebenswelten ihrer Schülerinnen und Schüler und deren Familien können die Hermann-Frieb-Realschule in Schwabing-West und das Landfermann-Gymnasium in der Duisburger Innenstadt genannt werden. Die Hermann-Frieb-Realschule ist durch ihren Schwerpunkt im musischen Bereich für viele Eltern attraktiv, das Landfermann-Gymnasium, ein traditionreiches Gymnasium, das einen aufgeklärten, kulturbürgerlichen Habitus repräsentiert, gewinnt sein Profil durch die besondere Kombination von anspruchsvollem Unterricht und einem vielfältigen und attraktiven, jugendkulturell interessanten Programm am Nachmittag.

Als Beispiel für ein indifferentes und tendenziell prekäres Verhältnis der Schule zu den Lebenswelten kann die Nymphenburger Hauptschule am Winthirplatz in München genannt werden. Die Schule bemüht sich um eine Förderung ihrer Schülerinnen und Schüler, sie ist dabei auch durchaus innovativ. Die schwierigen Bedingungen von Hauptschulen innerhalb des gegliederten Schulsystems werden in diesem Stadtteil besonders deutlich. Die Hauptschule am Winthirplatz besuchen viele Kinder und Jugendliche mit massiven sozialen Benachteiligungen oder individuellen Schwierigkeiten. Darauf ist die Schule mit den ihr zur Verfügung stehenden Handlungsmöglichkeiten relativ schlecht vorbereitet. Sie orientiert sich immer noch am Bild einer ‚Normalfamilie' und einer ‚Normalbiographie', dem die Kinder und Jugendlichen, die diese Schule besuchen, jedoch immer weniger entsprechen.

Sozialräumliche Formen des Lebensweltbezugs von Schule

Lebensweltliche Bezüge von Schulen zeigen sich auch in einer sozialräumlichen Dimension. Sozialräumliche Orientierungen haben in der Schule traditionell eine eher untergeordnete Bedeutung. Das hat seine guten Gründe in der Funktion und dem gesellschaftlichen Auftrag der Schule. Die Arbeit der Schule kann und darf nicht durch lokale und regionale soziale Verhältnisse geprägt sein, der Bildungsauftrag gilt im Prinzip für alle Schulen gleichermaßen, unabhängig von den sozialräumlichen Verhältnissen, in denen sich Schulen befinden. Schulen als Orte gesellschaftlich institutionalisierter Bildung müssen im Gegenteil Gleichheit in den Lernbedingungen erzeugen und Differenzen überwinden (vgl. Tenorth 1994). Hier unterscheidet sich Schule von sozialpädagogischen Institutionen, für die der Bezug zu den Lebenswelten ihrer Adressaten und die Berücksichtigung sozialräumlicher Bedingungen eine viel größere Bedeutung hat, die auch systematisch in deren Arbeit berücksichtigt werden müssen (vgl. Böhnisch/Münchmeier 1993; Achter Jugendbericht 1990).

Die Schule muss sich also den sie umgebenden lebensweltlichen und sozialräumlichen Bedingungen gegenüber grundsätzlich indifferent verhalten. Das heißt nicht, dass es für Schulen völlig unbedeutend ist, in welcher Umgebung sie sich befinden und aus welchen sozialen Verhältnissen ihre Schülerinnen und Schüler kommen. Zu den Standards der didaktischen Reflexion von Unterricht gehört es seit langem, die soziokulturellen Bedingungen mit zu berücksichtigen. Und ebenfalls seit langem beziehen Schulen außerschulische Lernorte in den Unterricht ein. Die Öffnung der Schule zu anderen Lernorten im Stadtteil, in der Stadt bzw. Gemeinde oder der Region gehört seit Jahren zum festen Repertoire reformpädagogischer Diskurse, ebenso auch die Öffnung der Schule zum Stadtteil. Schule als Kulturzentrum für den Stadtteil, das Einbeziehen anderer Personen in die Arbeit der Schule sind mögliche Formen dieser Öffnung.

Neben diesen Formen der Öffnung der Schule zum Stadtteil gibt es Formen und Konzepte von ‚Stadtteilschulen', die sich explizit als Schule im und für den Stadtteil verstehen (vgl. Burkard/Mauthe/

Rösner 1990). Für diese Form von Stadtteilschule im engeren Sinn gibt es zwei Begründungsmuster. Das erste schulpädagogisch orientierte Muster hebt die besonderen Lern- und Fördermöglichkeiten von Stadtteilschulen für Kinder und Jugendliche hervor. Das Plädoyer für Stadtteilschulen ist teilweise mit schulkritischen Untertönen eingefärbt: Lernen in realen Zusammenhängen und Ernstcharakter des Lernens, Kritik an der Verschulung und partielle Auflösung von Schule, Entgegensetzungen von anregungs- und erfahrungsarmen Schulen und anregungs- und erfahrungsreichen Verhältnissen im Stadtteil sind Argumente für eine Reform und Öffnung der Schule zur Stadtteilschule. Das zweite Begründungsmuster ist eher jugend- und sozialpädagogisch zentriert. Die Schule wird dabei als Teil der sozialen und pädagogischen Infrastruktur im Stadtteil neben vielen anderen gesehen, sie wird in die Pflicht genommen, als Schule auch einen Beitrag zur Gestaltung und Verbesserung der Lebensverhältnisse für Kinder und Jugendliche im Stadtteil zu leisten.

Für diese Formen einer sozialräumlichen Lebensweltorientierung von Schule finden sich auch in unserer Untersuchung Beispiele:

1) Die Schule (weitgehend) ohne Bezug zum Stadtteil

Der Idealtyp dafür – das traditionelle humanistische Gymnasium oder die alte Volksschule als Lern- und Paukanstalt – kommt heute kaum noch vor, einige Züge davon finden wir allenfalls in Leubener Schulen. Daneben hat sich seit einiger Zeit ein Typus einer alltags- und jugendkulturell erweiterterten Schule herausgebildet. Diese Schule nimmt Elemente der außerschulischen Lebenswelt ihrer Schüler in ihr Angebot auf, vorwiegend aus dem Freizeitbereich. Dieser Schultyp ist heute wohl der dominante, besonders bei den Gymnasien. Beispiele dafür sind: Nymphenburger Schulen und die Gymnasien der Duisburger Innenstadt.

2) Die Schule mit stadtteilorientiertem Schulprogramm

Im Unterschied zum ersten Typus, bei dem lebensweltliche Elemente gleichsam als Ergänzung des Unterrichts einbezogen werden, bemüht sich diese Schule, ihr gesamtes Angebot so darzustellen und durchzuführen, dass die schulische Zielerreichung für die spezifische Klientel des Stadtviertels ermöglicht und gesichert wird. Ein Beispiel dafür ist das Clauberg-Gymnasium in Marxloh.

3) Die gemeinwesenorientierte (offene) Schule
Lernort ist nicht nur die Schule selbst, sondern auch der Stadtteil. Diese Schule arbeitet mit außerschulischen sozialisationsrelevanten kulturellen und sozialen Einrichtungen und Diensten zusammen, gibt teilweise Aufgaben an diese ab, übernimmt aber auch deren Lernformen oder knüpft an diese an. Als Typ kommt diese Schule in unserer Untersuchung noch nicht vor. Elemente davon finden sich ansatzweise in einigen Schulen, beispielsweise im Sophie-Scholl-Gymnasium in Schwabing-West und an Schulen mit Schulsozialarbeit.

4) Die Stadtteilschule
Dabei handelt es sich um eine „echte" Gemeinwesen-Schule, die nun von der Schule aus gesehen auch fremdbestimmt Aufgaben für den Stadtteil übernimmt und sich dabei in den Dienst des Stadtteils stellt. Diese Schule kann die Funktion eines Kultur-, Jugend- oder Sozialzentrums für den Stadtteil übernehmen, aber auch besondere Dienstleistungen, z.B. Altenbetreuung oder Alphabetisierungskurse für ausländische Frauen anbieten. In unserer Untersuchung kommt diese Schule als Typ nicht vor.

Das Interesse an einem stärkeren Lebensweltbezug der Schule wird häufig, so überwiegend auch in den bisher angeführten Argumenten, schulisch begründet. Lebensweltorientierung erscheint demnach als ein probates Mittel für eine Reform der Schule, sie zielt letztlich auf die Optimierung schulischer Prozesse und stellt damit immer auch eine Vereinnahmung der Lebenswelt, der außerschulischen sozialräumlichen Sozialisationsprozesse dar. Damit konterkariert das schulische Interesse an den Lebenswelten in dieser Form die zunächst damit verbundenen Intentionen. Es wird ein einseitiges Abhängigkeitsverhältnis begründet bzw. fortgeschrieben. Lediglich in ihrer jugend- und sozialpädagogischen Orientierung zeigt sich eine andere Verhältnisbestimmung zwischen Schule und außerschulischen Lebenswelten. Der größere Lebensweltbezug wird nicht im Interesse schulischer Belange eingefordert, sondern aufgrund der Bedingungen und Entwicklungen im Stadtteil. Von der Schule wird dabei erwartet, dass sie sich auf diese Bedingungen einlässt und Dienstleistungen für die Menschen im Stadtteil anbietet. Die Beziehung zwischen Schule und Lebenswelten scheint dabei tendenziell eher symmetrisch angelegt.

Dieser Aspekt kommt in einer weiteren Begründung noch stärker zum Tragen. Den Ausgangspunkt bildet dabei die Frage nach den

Lernmöglichkeiten von Kindern und Jugendlichen und der Aneignungsqualität der Räume, in denen sie sich bewegen. In den Blick kommen dabei unterschiedliche Räume, unter anderem auch der Stadtteil, in dem sie aufwachsen, und die Schule, die sie besuchen. Die jugendpädagogische Frage nach der Qualität der Räume geht von einem Zusammenhang zwischen Aneignungsqualität von Räumen und den Sozialisations- und Lernprozessen im Kindes- und Jugendalter aus. „Die aktive Rolle des Subjekts in der Interaktion mit der räumlichen Umwelt bildet sich am prägnantesten im Begriff der sozialräumlichen Aneignung ab, mit dem auch die sozialräumliche Entwicklungsdynamik des Aufwachsens von Kindern und Jugendlichen strukturiert werden kann. Denn die Spannung zwischen Eigenleben und vergesellschafteter Erziehung, die Eigensinnigkeit der Kinder und Jugendlichen gegenüber sozialen Rollenanforderungen und -zwängen (...) drückt und lebt sich sozialräumlich aus. Die vergesellschaftete Erziehung sah im Räumlichen traditionell eine Bedrohung des Erziehungsauftrages“ (Böhnisch 1996, S. 156).

Für die Lern- und Sozialisationsprozesse im Kindes- und Jugendalter ist also die Aneignungsqualität von Räumen bedeutend. Für die Lebensweltorientierung der Schule sind demnach außerschulische Räume von zentraler Bedeutung. Daraus folgt zweierlei: Es geht erstens darum, die in den außerschulischen Sozialräumen erworbenen und erwerbbaren Kompetenzen in den Blick zu nehmen und in der Schule aufzugreifen. Anders formuliert: Schule kann außerschulisch erworbene Kompetenzen nicht mehr ignorieren. Zweitens folgt daraus, dass auch die Aneignungsqualität des schulischen Raums betrachtet werden und danach gefragt werden muss, ob und in welcher Form schulische Räume selbstbestimmtes Aneignungshandeln von Kindern und Jugendlichen zulassen.

Das bedeutet nun nicht, einer spezifischen Milieuschule das Wort zu reden. Dagegen steht der schon wiederholt angeführte allgemeine Bildungsauftrag der Schule. Mit der Fragestellung unserer Untersuchung und der Auswahl unterschiedlicher Untersuchungsregionen war nicht die Absicht verbunden, unterschiedliche Milieuschulen zu bestimmen, sondern die Milieubezüge von Schulen in Stadtteilen zu überprüfen, die unterschiedlichen Milieus zurechenbar sind. Wenn man dabei mit Böhnisch Milieubezüge nur dann als vorhanden definiert, wenn die Schule Formen sozialräumlicher Aneignung als Lernformen – das „versteckte sozialräumliche Curriculum“ – zulässt und ermöglicht, dann kommen wir ohnehin zu dem Ergebnis, dass derartige Bezüge eher selten vorkommen.

Adressaten- und sozialraumbezogene Formen der Lebensweltorientierung

In den Untersuchungsregionen haben wir Schulen gefunden, die einen mehr oder weniger ausgeprägten Bezug zu den Lebenswelten ihrer Schülerinnen und Schüler sowie deren Familien aufweisen, und Schulen, bei denen kein ausdrücklicher Bezug zu den Lebenswelten im Schulprogramm, in den Angeboten der Schule und in ihrer Art und Weise, sich zu dem Stadtteil zu verhalten, in dem sich die Schule befindet, zu erkennen ist. Insgesamt ist eher davon auszugehen, dass lebensweltliche Bezüge von Schulen eher selten und weniger stark ausgeprägt sind, als dies etwa in sozialpädagogischen Einrichtungen der Fall ist.

Bisher haben wir zwischen zwei Formen lebensweltlicher Bezüge von Schulen unterschieden: eine eher adressaten- und eine eher sozialraumbezogene Ausgestaltung. Diese Formen sind, wie bereits angedeutet, allerdings nicht trennscharf. In vielen Schulen mischen sie sich. Die Unterscheidung hat eher analytischen als deskriptiven Charakter, sie ist hilfreich, um das Verhältnis zwischen Schulen und den Lebenswelten ihrer Nutzer systematisch zu betrachten. Im Blick auf die Beschreibung der empirisch vorfindlichen Verhältnisse ist diese Unterscheidung weniger ergiebig. Im folgenden wollen wir deshalb versuchen, unterschiedliche Formen der lebensweltlichen Bezüge im Blick auf die Bedeutung innerhalb der Schule und das Verhältnis zwischen Schulen und ihren Nutzern zu systematisieren. Dabei werden beide Formen, adressatenbezogene und sozialräumliche, berücksichtigt.

Zunächst ergibt sich daraus eine relativ grobe Unterteilung in Schulen mit und Schulen ohne lebensweltliche Bezüge. Beide Formen lassen sich wiederum in Untergruppen gliedern (vgl. Abb. 27). Die erste Gruppe bezeichnen wir als Schulen mit lebensweltlichen Bezügen, die zweite als Schulen mit einem indifferenten Verhältnis zu den Lebenswelten ihrer Nutzer. Bei der ersten Gruppe kann zwischen einer adressaten- und einer sozialraumbezogenen Variante des Lebensweltbezugs unterschieden werden. Er kann dabei in einer traditionellen Form gestaltet sein, die sich durch die besondere Passung des Schulprogramms zu den lebensweltlich beeinflussten Erwartungen der Nutzer ergibt, und einer neueren Form, bei der lebensweltliche Bezüge nicht von vorneherein gegeben sind, sondern durch bewusste Entscheidungen und Planungen in das Schulkonzept mit eingeflossen sind.

Die zweite Gruppe wird unterteilt in eine Gruppe von Schulen, bei denen aufgrund attraktiver Bildungsangebote und Abschlüsse, die sie vermitteln, das indifferente Verhältnis zu den Lebenswelten nicht zum Problem wird, und eine andere Gruppe von Schulen mit eher traditionellem Angebot und traditioneller Auffassung schulischer Arbeit, bei denen insbesondere durch den Wandel der Lebenslagen und in Krisensituationen das Verhältnis zwischen Schule und außerschulischen Lebenswelten tendenziell prekär wird.

Abb. 27 Formen der Lebensweltorientierung von Schulen

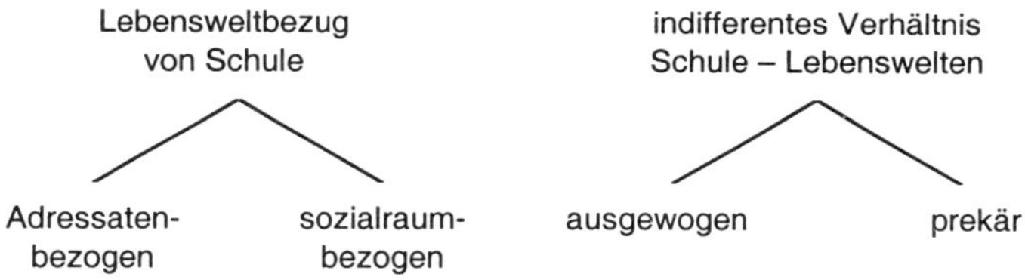

Ausgehend von dieser Unterscheidung, die immer noch nicht die Differenziertheit der empirischen Wirklichkeit wiedergibt, können nun graduelle Unterschiede im Verhältnis von Schulen zu den Lebenswelten ihrer Nutzer entwickelt werden. Dabei können fünf Formen relativ deutlich voneinander unterschieden werden. Wir bezeichnen sie im folgenden als mögliche Typen des Verhältnisses von Schule und Lebenswelten.

1) Schulen mit speziellem Zielgruppenbezug

Diese Form des Bezugs zu den Lebenswelten kann in drei Gruppen aufgeteilt werden:

a) Die Schule spricht insbesondere traditionelle soziale Milieus an, meist etabliert und aufstiegsorientiert; sie hat ein größeres Einzugsgebiet, der Stadtteil hat nur eine nachrangige Bedeutung; die Schülerschaft ist soziokulturell relativ homogen zusammengesetzt. Beispiele für diese Form sind die Maria-Ward-Schule in Nymphenburg und das St.-Hildegardis-Gymnasium in der Duisburger Innenstadt.
b) Besondere lebensweltorientierte Dienstleistungen und Angebote der Schule richten sich insbesondere an die Bedürfnisse moderner Bevölkerungsgruppen. Als Beispiel dafür können die Nymphenburger Schulen genannt werden.

c) Eine dritte Variante stellen Schulen für Mädchen oder Jungen dar. Diese Schulen können in besonderer Weise geschlechtsspezifische Förderung anbieten. Ein Beispiel dafür ist das Sophie-Scholl-Gymnasium in Schwabing-West.

2) Stadtteilschulen mit Milieubezug durch ein lebensweltorientiertes Schulprogramm

Eine andere Form der Orientierung an den Lebenswelten stellt der explizite Bezug der Schule zum Stadtteil dar. Auch dabei gibt es mehrere Varianten:

a) Schule definiert sich als Schule im Stadtteil; sie kennt besondere soziale Problemlagen und Benachteiligungen und richtet ihr Bildungsprogramm und ihre sozialen Dienstleistungen an den Bedürfnissen und Interessen im Stadtteil aus. Diese Angebote stellen einen wichtigen Bestandteil der Arbeit der Schule dar. Ein Beispiel dafür ist das Clauberg-Gymnasium in Marxloh.
b) Die gemeinwesenorientierte Schule versteht sich ebenfalls als Schule im Stadtteil, sie bezieht den Stadtteil stärker in ihre Arbeit ein, verlagert Lernen in den Stadtteil und öffnet sich selbst zum Stadtteil. Ansätze dazu sind in der Gesamtschule Marxloh und im Sophie-Scholl-Gymnasium in Schwabing-West zu finden.

3) Schulen mit besonderem Schulprofil

Solche Schulen sind mit ihrem Bildungsangebot für Nutzergruppen mit spezifischen Interessen attraktiv; sie sprechen insbesondere kulturbürgerliche und aufstiegsorientierte Milieus an. Das Einzugsgebiet reicht über den Stadtteil hinaus, die Schulen sind jedoch auch im Stadtteil verankert. Dabei gibt es in unseren Untersuchungsregionen zwei Varianten:

a) Schulen mit besonderem Profil durch spezielle Bildungsangebote: Beispiele dafür sind die Gesamtschule Duisburg-Mitte und die Hermann-Frieb-Realschule in Schwabing-West.
b) Schulen mit entwickelter attraktiver Schulkultur: Zu dieser Variante können das Nymphenburger Käthe-Kollwitz-Gymnasium und das Michaeli-Gymnasium in Berg am Laim gezählt werden.

4) Indifferente Schulen mit einem ausgewogenen Verhältnis zu den Lebenswelten der Nutzer

Das Bildungsprogramm dieser Schulen passt weitgehend auf die Erwartungen und Bedürfnisse der Nutzer; das schulische Angebot ist weitgehend mit den lebensweltlichen Bedingungen und Bedürfnissen kompatibel. Die Schulen haben in der Regel ein attraktives Bildungsangebot und sprechen bildungs- und kulturbürgerliche Milieus an. Wir unterscheiden dabei zwei Varianten:

a) Schulen mit anspruchsvollen unterrichtlichen und außerunterrichtlichen Bildungsprogrammen ohne expliziten Stadtteilbezug. Ein Beispiel für diese Variante diesen Typs ist das Landfermann-Gymnasium in der Duisburger Innenstadt.
b) Schulen mit einem Bildungsprogramm für aufstiegsorientierte und am Statuserhalt orientierte Milieus, deren Schülerschaft sich vor allem aus dem Stadtteil rekrutiert. Diese Variante ist unter anderem im Marxloher Elly-Heuss-Knapp-Gymnasium, im Gymnasium Großzschachwitz und in der 66. Mittelschule in Leuben erkennbar.

5) Indifferente Schulen mit einem prekären Verhältnis zwischen Schule und Lebenswelten

Diese Schulen bieten wenig lebensweltbezogene Angebote an; ihre Arbeit wird nicht explizit an den Bedürfnissen und Interessen der Nutzer ausgerichtet. Der gesellschaftliche Veränderungsprozess führt zu einem tendenziell konflikthaften Verhältnis zwischen Schule und Jugendlichen. Lediglich für Problemfälle und zur Krisenintervention werden in der Regel entsprechende Angebote und Maßnahmen eingerichtet. Diese Situation kennzeichnet insbesondere die Hauptschulen am Bayernplatz in Schwabing-West, am Winthirplatz in Nymphenburg und an der Gneisenaustraße in Neudorf/Duissern.

10.2 Einschätzungen und Folgen für die Schulentwicklung

In den Schulen in den sechs Untersuchungsregionen haben wir keine Lebensweltorientierung im reinen Sinne einer lebensweltorientierten Sozialpädagogik gefunden. Diese Form der Lebensweltorientierung gibt es in der Schule bislang auch selten. Annäherungen stellen Ansätze und Konzepte von ‚Jugendschulen' dar, die sich explizit auf die Lebenslagen von Jugendlichen einlassen (vgl. Mack 1999; Friedemann/Schroeder 2000).

Auch weniger anspruchsvolle lebensweltliche Bezüge sind in den von uns untersuchten Schulen eher selten. Nur wenige Schulen haben ein lebensweltbezogenes Schulprogramm. Dennoch gibt es in den Schulen Annäherungen an die Lebenswelten von Schülerinnen und Schülern. Es gibt eine Reihe von Schulen, deren attraktive Bildungsprogramme auch lebensweltlich bedeutsam sind, und Schulen, die sich zwar den Lebenswelten ihrer Schülerinnen und Schüler gegenüber indifferent verhalten, ohne dass dies dank relativ guter Rahmenbedingungen und eines guten Bildungsangebots aber zum Problem wird. Dagegen gibt es eine kleine Gruppe von Schulen mit einem indifferent-prekärem Verhältnis zu den Lebenswelten ihrer Nutzer.

(1) Lebensweltliche Bezüge von Schulen unabhängig von der sozialen Lage ihrer Nutzer

Schulen können in ihrem Bildungsprogramm und in den erweiterten, über den Unterricht hinausreichenden Angeboten und Arbeitsformen Bezüge zu den Lebenswelten ihrer Schülerinnen und Schüler aufweisen. In der Regel sind diese Bezüge jedoch nicht besonders ausgeprägt. Sie können traditionell oder als Ergebnis bewusster Reflexion und geplanter Annäherung an lebensweltliche Bedingungen vorhanden sein. In den von uns untersuchten Schulen in den sechs Stadtteilen ist beides anzutreffen. Lebensweltliche Bezüge sind nicht auf besondere Schulformen festgelegt, wir haben sie in allen Schulformen gefunden. In den Gymnasien sind sie in der Regel Ausdruck einer Homologie zwischen dem schulischen Habitus und den in den Lebenswelten ihrer Schülerinnen und Schüler repräsentierten Habitusformen. Doch auch hier gibt es, wie gezeigt, Ausnahmen. In den unteren Bildungsgängen stellen sich Übereinstimmungen zwischen Schule und Lebenswelten nicht in dieser Form her, sondern sie müssen gewollt und schulisch inszeniert werden. Die Passung zwischen schulischem Programm und Angebot und lebensweltlichen Erwartungen und Bedürfnissen ist in diesen Schulen schwieriger und aufwendiger herzustellen.

(2) Lebensweltliche Bezüge von Schule akzeptiert und gefordert

Die standardisierten Befragungen zeigen eine relativ hohe Akzeptanz lebensweltbezogener Angebote und Dienstleistungen von Schule, nicht nur bei Eltern und Schülern, sondern auch in der Bevölkerung allgemein. Schule ist demnach im Bild der Öffentlichkeit längst mehr als nur eine reine Unterrichtsanstalt, ohne dass dabei ihr Bildungsauftrag auch nur ansatzweise in Frage gestellt wird. Zusätzlich werden ihr aber wichtige Aufgaben im Bereich der Betreuung, Versorgung und Beratung zugesprochen. Diesbezügliche Erwartungen werden auch von den Eltern mit schulpflichtigen Kindern im Alter von 14 bis 16 Jahren deutlich zum Ausdruck gebracht.

Dieses Ergebnis der quantitativen Befragungen deckt sich mit den Ergebnissen der qualitativen Studie. In den Expertengesprächen wurde von den Schulleiterinnen und -leitern und von den Vertreterinnen und Vertretern der Eltern der Bildungsauftrag der Schule als vorrangige Aufgabe bezeichnet, die allerdings nicht losgelöst von den erzieherischen und sozialen Funktionen gesehen wird. Beides gilt es, so können die Ergebnisse der Expertengespräche zusammengefasst werden, in den Schulen in den Blick zu nehmen und zu bearbeiten. Das heißt, die der Schule zugesprochenen sozialpolitischen Aufgaben haben in der Sicht von Schulleitungen und Eltern auch eine bildungspolitische Dimension. Schule hat bildungs- und sozialpolitische Aufgaben; Bildung und Lebensweltorientierung sind demnach durchaus miteinander vereinbar.

Diese Sicht von Schule, die in den Expertengesprächen und in den Befragungen der Eltern und der Stadtteilbewohner deutlich wird, unterscheidet sich von älteren Vorstellungen von einer sozialpädagogischen Schule. Wie bereits gezeigt, ist aber der Begriff der Lebensweltorientierung für den schulischen Kontext nur bedingt geeignet. Es gibt zwar ein Interesse an einer stärkeren Lebensweltorientierung von Schule. Dieses Interesse kann aber nicht unmittelbar mit dem älteren Begriff einer ‚sozialpädagogischen Schule' in Einklang gebracht werden, da mit ihm andere Vorstellungen und Forderungen transportiert wurden und werden. Dieser unscharfe Begriff trifft schon deshalb nicht die artikulierten Erwartungen, weil er einen Gegensatz zwischen Bildung und Förderung unterstellt, der so bei den Befragten nicht gesehen wird. Wir plädieren deshalb dafür, von einer Bildungsschule mit größerer Sensibilität für die Lebenswelten von Kindern und Jugendlichen zu sprechen.

(3) Indifferentes Verhältnis der Schule zu den Lebenswelten führt im unteren Bildungsbereich zu bildungs-, jugend- und sozialpolitischen Problemen

Besonderer bildungspolitischer Handlungsbedarf zeigt sich in jenen Schulen im unteren Bildungsbereich, deren Verhältnis zu den Lebenswelten ihrer Schülerinnen und Schüler indifferent ist. Dieses indifferente Verhältnis hat prekäre Auswirkungen auf die Bildungsprozesse und auf die Bewältigung individueller Problemlagen und jugendtypischer Entwicklungsaufgaben. Für diese Schulen, gerade im unteren Bildungsbereich, folgt deshalb als eine zentrale und vordringliche Aufgabe von Schulentwicklung, Bildung und Hilfen zur Lebensbewältigung zu verbinden. Gelingt dies nicht, wird der Zusammenhang zwischen der Distanz der Schule zu den Lebenswelten und den Bildungsbiographien von Schülerinnen und Schülern nicht thematisiert, führt dies nicht nur zu Benachteiligungen im Bildungsprozess, sondern zum Scheitern der sozialen Integration, mithin also auch zu jugend- und sozialpolitischen Problemen. Deshalb sind insbesondere für diese Schulen Prozesse der Schulentwicklung dringend nötig, die attraktive Bildungsangebote mit lebensweltorientierten Schulprogrammen verbinden.

Ein besonderer Handlungsbedarf besteht dabei in sozial benachteiligten Stadtteilen. Das zeigen die Ergebnisse unserer Untersuchung, insbesondere in Marxloh und Berg am Laim, tendenziell gilt dies auch für Leuben. Wir plädieren deshalb für bildungs- und jugendpolitische Initiativen mit dem Ziel einer sozialräumlich bewussten Schulentwicklung in sozial benachteiligten Stadtteilen. Das vom Bundesministerium für Familie, Senioren, Frauen und Jugend aufgelegte Programm ‚Entwicklung und Chancen junger Menschen in sozialen Brennpunkten' (E&C) könnte dafür ein geeigneter Rahmen sein.

11 Schulentwicklungspolitische Empfehlungen

Im abschließenden Kapitel dieses Forschungsberichts wird der Versuch unternommen, auf der Grundlage der empirischen Forschungsergebnisse über den Zusammenhang von Schule und Lebenswelten kurzgefasste schulentwicklungspolitische Empfehlungen zu formulieren.

1. Einbezug lebensweltbezogener Angebote in die Schulentwicklung

Die Untersuchung hat gezeigt, dass sich Schulen in unterschiedlicher Intensität, aber teilweise doch mit nicht unerheblichem Aufwand – vorwiegend im außerunterrichtlichen Bereich – bemühen, ihre Arbeit und ihre Angebote auf die Lebenswelten ihrer Schülerinnen und Schüler auszurichten. Sie hat aber auch gezeigt, dass bei aller Zurückhaltung und Bescheidenheit, die die von uns befragten Jugendlichen und Erwachsenen in Bezug auf von ihnen gewünschte alltägliche Angebots- und Leistungsverbesserungen auszeichnet, längst nicht alle angesichts unterschiedlicher Lebensverhältnisse legitimerweise einzufordernden Veränderungen von Struktur und Inhalt der schulischen Angebote eingelöst sind. Zurückhaltend und bescheiden bezeichnen wir die zum Ausdruck gebrachten Wünsche insbesondere der Befragten, die in benachteiligen Stadtteilen leben. Denn bei doch gravierenden Unterschieden, die wir in Bezug auf Lebensverhältnisse und Lebensstile der Menschen in den untersuchten Stadtteilen gefunden haben, unterscheiden sich die dort jeweils artikulierten Erwartungen an Schulen allenfalls graduell. Offensichtlich sind gerade Bewohner benachteiligter Stadtteile nicht in der Lage, die Angebote und Leistungen einer Schule als einer mächtigen gesellschaftlichen Institution, die ihnen nach wie vor weitgehend fremd ist, kritisch in Frage zu stellen oder sogar von ihr Leistungen zur Befriedigung eigener Bedürfnisse und Interessen einzufordern.

Vor diesem Hintergrund kommen wir zu der ganz allgemeinen Empfehlung, der lebensweltlichen Dimension schulischen Handelns insbesondere in dem Bemühen um Schulentwicklung eine stärkere Aufmerksamkeit zukommen zu lassen. Eine Schulentwicklung, die sich auf Unterrichts-, Lehrpersonal- und interne Organisationsentwicklung beschränkt und dabei den Bezug zu den Lebenswelten ihrer Kinder und Jugendlichen nicht oder nur am Rande mit bedenkt, kann nicht erfolgreich sein. Schule ist eine Einrichtung ihres Gemeinwesens. Sie erfüllt für dessen Kinder und Jugendliche einen Bildungs- und Erziehungsauftrag. Sie hat aber auch eine kommunalpolitische Funktion; in Abhängigkeit von den jeweiligen örtlichen Gegebenheiten werden ihr in diesem Zusammenhang immer wieder auch sozialpädagogische, jugendkulturpädagogische und auch berufspropädeutische Leistungen abverlangt. Dabei geht es einerseits um Hilfen zur gegenwärtigen Alltagsbewältigung, aber auch um die Eröffnung von Zukunftsperspektiven durch Maßnahmen zur Sicherung des Schulerfolgs und einer guten Vorbereitung auf das Leben nach der Schule. Mit Blick auf die Diskussion um die Profilbildung der Einzelschule sind es nach unserer Überzeugung in zunehmenden Maße derartige Angebote, die neben dem fächerbezogenen Unterricht künftig ganz wesentlich das jeweilige Schulprofil bestimmen.

2. Zeitliche Rahmenbedingungen

Der Schultag ist zeitlich bisher weitgehend mit Unterricht ausgefüllt. In der Regel fehlen freie Zeiten für außerunterrichtliche und unterrichtsergänzende Aktivitäten – zumindest sind sie meist knapp bemessen.

Um mehr Lebensweltbezug in die Schule zu bringen, erscheint eine Ausdehnung des beschränkten Zeitrahmens der Halbtagsschule zugunsten ganztägiger Angebote unverzichtbar. Die Teilnahme an derartigen Angeboten bzw. ihre Inanspruchnahme muss für die Schülerinnen und Schüler nicht unbedingt verpflichtend sein; sie können beispielsweise wie in der Jugendarbeit durchaus nach dem Prinzip der Freiwilligkeit und der fakultativen Inanspruchnahme organisiert sein, aber sie sollten als verlässliches Angebot vorhanden sein.

Mehr Zeit für lebensweltbezogenes Lernen gewinnt man aber nicht nur durch additives Hinzufügen entsprechender Angebote zum Unterricht, sondern auch durch ihre Integration in den Unterricht selbst. Voraussetzung dafür sind allerdings Veränderungen der Struktur und Methoden des Unterrichts: weniger Frontalunterricht, mehr Projektarbeit mit fächerübergreifendem, handlungsorientiertem Lernen. Eine Auflockerung des starren Unterrichtstages ist nicht nur geboten, um freie Zeiten für außerunterrichtliche Angebote zu schaffen, sondern ist auch eine Voraussetzung für veränderte Unterrichtsformen.

3. Nutzung der Räume

Die Schule ist bisher in erster Linie ein Ort, an dem Unterricht stattfindet – entsprechend sind ihre Räume gestaltet. Dass Schule auch über den Unterricht hinaus als Aufenthalts-, Arbeits- und Lebensraum von Schülerinnen und Schüler nachgefragt ist, hat unsere Untersuchung eindeutig erwiesen. Schulleiter und andere für Schule Verantwortliche haben dies auch bereits erkannt und akzeptiert und bemühen sich, den Ort Schule so zu gestalten, dass sich die Kinder und Jugendlichen auch außerhalb des Unterrichts dort aufhalten und wohl fühlen können. Dazu gehört, dass neben den Klassenzimmern und Fachräumen offene Aufenthaltsbereiche geschaffen werden, dass eine Cafeteria eingerichtet wird und dass die Freiflächen, Schulhöfe und Sportanlagen von den Schülerinnen und Schülern und auch von deren Freunden in ihrer Freizeit genutzt werden können.

Mehr Lebensweltbezug könnte dabei aber auch schon durch eine flexiblere Ausgestaltung der Räume selbst hergestellt werden. Das herkömmliche Klassenzimmer ist nur noch in einer seiner Funktionen ein Unterrichtsraum. Warum muss es nach dem Unterricht unbedingt verlassen und abgeschlossen werden? Und auch die Lehrkräfte brauchen Arbeitsräume außerhalb des Lehrerzimmers.

Daneben braucht die Schule Seminarräume, Werkstätten, Konferenz-, Veranstaltungs- und Ausstellungsräume. Diese sind eine Voraussetzung dafür, dass Schule zu einem Ort für andere, für Eltern und für Bürger des Gemeinwesens werden kann. Nicht nur eine aus ökonomischen Gründen angestrebte multifunktionale Nutzung der Räumlichkeiten einer Schule spricht für eine Öffnung, sondern gerade das Bemühen um mehr Lebensweltbezug erfordert eine erweiterte Nutzung der Schulgebäude im Sinne eines öffentlichen Bildungszentrums.

4. Personaleinsatz

Eine lebensweltorientierte Schule kennt keine ‚schulfremden Personen' im herkömmlichen Sinne. Die Vorstellung einer Schule als ausschließlichen Arbeits- und Lernort für Lehrer und Schüler hat sich überholt. In vielen Schulen sind mittlerweile unterschiedliche Pädagogen und Berater tätig und müssen tätig sein dürfen: Sozialpädagogen und Kulturpädagogen in der Schulsozialarbeit und im Freizeitbereich, Schulpsychologen, Berufsberater und Beratungsfachkräfte anderer Beratungsdienste. Aber auch pädagogische Laien, Eltern, Künstler, Vertreter von Wirtschaft, von Verbänden und anderen gesellschaftlichen Organisationen werden immer wieder geholt und gebraucht.

Für den Einsatz des Kernpersonals der Schule, der Lehrkräfte, ist mit dieser Entwicklung unabdingbar die Forderung nach mehr alltäglicher Anwesenheit in der Schule, nach Anwesenheit über ihr Unterrichtsstundendeputat hinaus verbunden. Mindestens einen Teil ihrer nicht unterrichtlich festgelegten Arbeitszeit müssen die Lehrkräfte einer lebensweltorientierten Schule vor Ort in der Schule sein, schon um als Ansprechpartner für ihre Schüler und deren Eltern auch außerhalb des Unterrichts und der Sprechstunde zur Verfügung zu stehen, aber auch um selbst in den gesamten außerunterrichtlichen Schulbetrieb eingebunden zu sein und ihre Verantwortung dafür auch wahrnehmen zu können.

5. Partizipation

In einer lebensweltorientierten Schule müssen alle Beteiligten, nicht nur der Schulleiter und die Lehrkräfte, bestimmte Aufgaben und

Verantwortungen übernehmen. Die damit notwendigerweise verbundene größere Gestaltungsfreiheit einer jeden Schule erbringt mehr Mitgestaltungsmöglichkeiten und auch -pflichten beispielsweise für die Eltern und die Schüler selbst.

Bezüglich der Eltern, das hat unsere Untersuchung ergeben, sind es nicht in erster Linie fehlende formale Mitbestimmungsrechte, die bisher ein stärkeres Engagement in schulischen Dingen verhindern. Weitgehend unabhängig von formalen Beteiligungsrechten mangelt es vielmehr an Anlässen und Anregungen dafür, ihre schulalltagsbezogenen Mitwirkungs- und Gestaltungsmöglichkeiten einzubringen. Denn nach wie vor bestimmt der Unterricht, von dem sie ausgeschlossen sind, das Schulleben, und ein lebensweltbezogener Schulalltag, den sie mitgestalten könnten, ist noch selten Bestandteil der Schulkultur.

Relativ unabhängig von ihren schulrechtlichen Partizipationsmöglichkeiten fällt gemessen an Ansprüchen einer lebensweltbezogenen Schule auf, wie wenig Schülerinnen und Schüler bisher mit der selbstverantwortlichen Übernahme von Funktionen und Aufgaben in den Schulen betraut sind. Von Einzelfällen wie dem der mit kleinem Entgelt verbundenen Organisation des Mittagstisches in einer Realschule abgesehen, haben wir dergleichen nirgends in Erfahrung gebracht. Eine aktive Mitgestaltung des Schulalltags, mindestens im außerunterrichtlichen Bereich, durch mehr Delegation von Verantwortung an die Schülerinnen und Schüler müsste schon im pädagogischen und ökonomischen Interesse einer jeden Schule liegen. Weil sie dabei aber nicht nur in ihrer Schülerrolle angesprochen werden, sondern auch ihre darüber hinausgehenden gleichsam extra-curricularen Kompetenzen einbringen könnten, würden die betreffenden Schülerinnen und Schüler dabei selbst zu einem wichtigen Bindeglied zwischen Schule und ihrer jeweiligen Lebenswelt.

6. Organisation/Management

Wenn man einer Schule abverlangt, dass sie sich ein besonderes Profil gibt, innerhalb dessen – vorwiegend im außerunterrichtlichen Bereich – auf die Lebenswelt ihrer Schülerinnen und Schüler bezogene Angebote einen hohen Stellenwert haben, wenn man auch will, dass sich Schule dafür öffnet, hat dies notwendigerweise auch Auswirkungen auf ihre interne Organisation und Verwaltung. Der Organisationsplan der Schule kann sich dann nicht mehr auf die Lehrer-Unterrichts-Einsatzplanung beschränken, und die Raum-

und Ressourcenverwaltung kann nicht mehr dem Hausmeister überlassen bleiben.

Der Schulleiter, dem die Fachaufsicht und die Personalführung seiner Lehrkräfte obliegt, benötigt deshalb in der Regel zu seiner Unterstützung einen auch sozialpädagogisch kompetenten Verwaltungsleiter und eine Verwaltung oder ein Sekretariat, das so ausgestattet ist, dass es die mit der neuen Konzeption der Schule verbundenen zusätzlichen organisationstechnischen Aufgaben auch bewältigen kann. Der Verwaltungsleitung, die auch vom stellvertretenden Schulleiter oder in kleineren Schulen auch von einer Lehrkraft mit reduzierter Unterrichtsverpflichtung übernommen werden kann, obliegt auf der Grundlage des jeweiligen Schulprogramms und in Absprache mit den Lehrkräften aber auch mit den übrigen in der Schule tätigen Personen und Institutionen die Raum- und Ressourcenbewirtschaftung der Schule. Als eine Art Manager ist er/sie auch erster Ansprechpartner für die externen Kooperationspartner der Schule.

7. Neue Inhalte und neue Aufgaben

Auch wenn neue Themen und Inhalte, mit denen sich Schule immer wieder auseinanderzusetzen hat, auf längere Sicht natürlich in den Lehrplan selbst integriert werden müssen, so zeigte die Untersuchung, dass diese, wo sie vorhanden sind, zunächst über den außerunterrichtlichen Bereich in die Schule Eingang gefunden haben. Dies gilt für die Themen Ökologie, Multikulturalität, neue Medien, Computer und Internet wie auch Gesundheit, um nur die wichtigsten zu nennen.

Mit dieser Feststellung ist keine Abwertung des Unterrichts verbunden, schon gar nicht einer Senkung des unterrichtlichen Leistungsniveaus das Wort geredet. Umgekehrt glauben wir, dass mit dieser vorunterrichtlichen lebensweltbezogenen Befassung mit solchen Themen die Schülerinnen und Schüler sich eine Orientierungs- und Bewältigungskompetenz aneignen werden, die einer vertiefenden fachspezifischen Behandlung im Unterricht nur dienlich sein kann.

Das kann auch dazu führen, dass die strikte Trennung in einen unterrichtlichen und einen außerunterrichtlichen Bereich partiell aufgehoben wird und Schulen eine neue Lernkultur entwickeln. Vorgaben der Lehrpläne, Schwerpunkte der Schulen und Interessen der Schülerinnen und Schüler können miteinander verbunden werden. Die Unterscheidung eines ‚regulären', am Lehrplan ausgerichteten Unterrichts von einem ‚freien', selbstgestalteten Bereich schulischen Lernens in Form von Projekten und Arbeitsgemeinschaften würde damit allmählich überflüssig.

Zu den neuen Aufgaben, die die in unserer Untersuchung Befragten ganz konkret heute und für die Zukunft der Schule abverlangen, gehören schulische Hausaufgabenhilfen, die nicht länger ausgelagert und Dritten übertragen bleiben sollen. Dazu gehören aber auch in Ergänzung des Unterrichts gewünschte soziale Dienstleistungen der Schule, die im Rahmen eines Ganztagsangebots an jeder Schule bedarfsgerecht zur Verfügung stehen sollten: an erster Stelle Beratungsangebote, von der Berufsberatung bis hin zur Drogenberatung und Schulsozialarbeit, aber auch Mittagstisch und Nachmittagsbetreuung.

8. Kooperationsbeziehungen

Immer wieder erfährt man, dass Schule und Lehrer, wenn sie mit neuen Anforderungen konfrontiert werden, dazu neigen, diese alleine auf sich zu beziehen und mit ihren Mitteln zu erfüllen versuchen – ‚alles selber machen wollen'. Und häufig erfolgt als Reaktion darauf: ‚was sollen wir denn noch alles tun?', und die Klage, dass es nicht leistbar ist.

Wir empfehlen dringend – und auch dies wäre ein Merkmal der Öffnung und des verbesserten Lebensweltbezugs von Schule – sich bei derartigen Anforderungen nicht nur auf die eigenen Handlungsmöglichkeiten und Problemlösungsversuche zu beschränken, sondern immer die Zusammenarbeit mit dafür geeigneten professionellen Partnern und Diensten zu suchen.

Teilweise sind derartige Kooperationen ja bereits institutionalisiert, beispielsweise die Berufsvorbereitung in Zusammenarbeit mit der Berufsberatung des Arbeitsamtes – leider, aber häufig in ihrer Form bürokratisiert und wenig lebensweltorientiert. Ähnliche, aber weniger bürokratisierte Formen der Kooperation gibt es im Bereich des Sports. Ausbaufähig hingegen sind die Kooperationen mit sozialen Diensten, mit der Jugendarbeit und Jugendsozialarbeit und mit den Kultureinrichtungen des Gemeinwesens.

Ganz besonders entwicklungsbedürftig scheinen die Kooperationen mit den bürgerschaftlichen Vereinigungen und politischen Instanzen der Stadtteile zu sein. Von den von uns befragten Stadtteilexperten wird einhellig die mangelhafte Vertretung der Schulen in den Gremien der Stadtteilarbeit kritisiert. Die Schulen müssen sich überlegen, wie sie künftig nicht nur eine sporadisch zufällige, sondern eine dauerhafte Beteiligung und einen professionellen Beitrag für die

Stadt(teil-)entwicklung sicherstellen. Stadtteilbezogene Aktivitäten müssen Bestandteil der Schulprogramme werden, und die Zuständigkeiten für die Außenbeziehungen der Schule müssen geregelt, Ansprechpartner dafür benannt sein. In unserer Untersuchung gab es nur wenige Beispiele von Schulen, die sich in diesem Sinne wenigstens ansatzweise bemühen, sich als Stadtteilschulen zu profilieren.

9. Lebensweltorientierte Schule in der kommunalen Schullandschaft
Schulen sollen Schulprogramme erstellen, sollen sich ein spezifisches, auf die Lebenswelt ihrer Schülerinnen und Schülern bezogenes Profil geben. Darin waren sich die meisten der von uns befragten Schulleiter und Elternvertreter einig. Einig war man sich auch darin, dass dieses Profil nicht nur durch die jeweiligen Schulfächer, durch die Schwerpunkte und die Qualität des Unterrichtsangebots geprägt sein sollte, sondern maßgeblich auch durch die unterrichtsergänzenden Bestandteile von Schule. Dass in der Folge davon zur Qualitätssicherung von Schule über das unterrichtliche Prüfungswesen hinaus für jede Einzelschule eine zusätzliche Qualitätssicherung stattfinden muss, auch darüber herrschte Einverständnis. In welcher Form diese Evaluation der Schularbeit erfolgen soll, wurde unterschiedlich diskutiert.

Wir empfehlen jeder Schule die Einführung einer ständigen Dokumentation und einer regelmäßigen Berichterstattung über ihre Arbeit, weit über die teilweise bereits üblichen Jahresberichte hinaus. Dieses dient einerseits der Selbstvergewisserung der Schule über ihre Leistungen, Erfolge und Defizite. Es ermöglicht aber auch den ‚Kunden', den Eltern und ihren Kindern eine bessere Einschätzung, ob und in wie weit die Schule für sie geeignet ist und was sie von ihr erwarten können. Ein derartiges Berichtswesen dient den in der Schuladministration und im Gemeinwesen für die Schule Verantwortlichen als Grundlage für vernünftige schulpolitische Entscheidungen und Maßnahmen. Und schließlich trägt eine öffentliche Berichterstattungskultur auch dazu bei, oft vorhandene unterschwellige Vorurteile und damit verbundene Konkurrenzen zwischen Schulen zu vermeiden. Auf kommunaler Ebene kann es dadurch auch zu einer einzelschulübergreifenden Abstimmung der Schulprofile kommen. Schulentwicklungsplanung sollte wie die Jugendhilfeplanung zum Bestandteil einer kommunalen Sozialberichterstattung werden.

Eine andere Konsequenz einer lebensweltspezifischen Profilierung von Schulen ist die Aufhebung von Schulsprengeln für die Sekundarstufenschulen, die ohnehin nur noch für Hauptschulen mehr oder weniger verbindlich sind. Wo Schulen unterschiedliche Profile ausbilden und ein unterschiedliches Programm anbieten, muss Schulwahlfreiheit herrschen. Mit der Sprengelbindung ehemals verbundene Ziele der sozialen Mischung der Schülerschaft einer Schule und der Kompensation defizitärer Verhältnisse können künftig nicht mehr durch administrativ-bürokratische Regelungen, faktisch zum Nachteil der Hauptschule, herbeigeführt werden, sondern sie müssen durch unterschiedlichen Ressourceneinsatz eingelöst werden. In letzter Konsequenz hat dies die Abkehr von dem Prinzip der normierten einheitlichen Ausstattung der Schulen einer Schulart zur Folge und muss statt dessen zu einer besseren Ausstattung von Schulen in schwierigen Verhältnissen beziehungsweise zur gezielten positiven Diskriminierung von Schulen in benachteiligten Stadtteilen führen.

IV. Anhang

Schulporträts

1 Die Schulen in Leuben

Die 64. Mittelschule

Die Schule liegt im Stadtteil Laubegast. Sie nutzt gemeinsam mit einer Grundschule ein Schulgebäude, das um die Jahrhundertwende gebaut wurde. Dieses ist nicht nur im Vergleich zu den Plattenbauten, in denen die 73. und die 65. Mittelschule in Leuben untergebracht sind, in einem guten Zustand.

Die Schule wird von 310 Schülerinnen und Schülern besucht und hat damit seit ihrer Gründung im Jahr 1992, als die Schülerzahl noch bei 500 lag, erhebliche Verluste hinnehmen müssen. Das Ziel der Schulleitung ist, die Schule langfristig mit zwei Klassen je Jahrgang zu sichern. Dies aber erfordert angesichts des weiter sinkenden Schüleraufkommens im Stadtteil (die nach der Wende geborenen Altersjahrgänge mit den erheblich reduzierten Geburtenzahlen erreichten die Mittelschulen ab dem Jahr 2000) erhebliche Anstrengungen. Deshalb hat die Schule bereits begonnen, sich mit Tagen der offenen Tür und anderen Werbemaßnahmen über den Stadtteil Laubegast hinaus bekannt und attraktiv zu machen. Ein Vorteil für die Schule ist die „eigene" Grundschule im Haus, aus der ein erheblicher Teil der Anmeldungen kommt.

Aus dem Katalog des Profilangebots der sächsischen Mittelschule bietet die Schule – ebenso wie die 66. und die 73. – das wirtschaftliche und das hauswirtschaftliche Profil an. Insbesondere das hauswirtschaftliche Profil gilt als auch für leistungsschwächere Schülerinnen geeignet. Aber beide Profile ermöglichen selbstverständlich das Erreichen beider Schulabschlüsse der Mittelschule. In der Schule ist der Hauptschulbildungsgang mit einer Klasse ab dem siebten Jahrgang stark vertreten.

Außerunterrichtliche Aktivitäten wie die Nutzung der kulturellen Angebote der Stadt Dresden (Theater, Galerien, Museen) werden als selbstverständlicher Bestandteil des Bildungsauftrags der Schule verstanden. Mit solchen Aktivitäten kann die Schule auch an Traditionen der außerunterrichtlichen Arbeit der Polytechnischen Oberschule (POS) der DDR anknüpfen.

Als unzureichend werden die größtenteils neuen und einschränkenden Vorschriften zu schulischen Disziplinar- und Ordnungsmaßnahmen gesehen, die Lehrer und Schulleitung daran hindern, Schüler im Fall von Fehlverhalten frühzeitig Grenzen zu setzen. Dies wird auch als Belastung für die wirksame Ausfüllung des grundsätzlich akzeptierten schulischen Erziehungsauftrags bewertet, der als mit dem Bildungsauftrag der Schule untrennbar verbunden gesehen wird.

Nicht zuletzt aus diesem Engagement für den schulischen Erziehungsauftrag hat die Schule auch schon früh die problematische Freizeitsituation der Jugendlichen im Stadtteil erkannt. Insbesondere der Mangel an geeigneten Treffpunkten wurde als Handlungsanlass wahrgenommen und führte dazu, dass die Schule einen Jugendtreff (Schulclub) eingerichtet hat, der bewusst auch für Jugendliche aus dem Stadtteil offen war.

Diese bewusste Öffnung zum Stadtteil hatte allerdings zur Folge, dass bestimmte Gruppen und Jugendcliquen die gut ausgestatteten Räumlichkeiten der Schule mit Beschlag belegten und es nicht gelang, den Ort konsequent drogenfrei zu halten. Das pädagogische Personal, das diesen Jugendtreff betreute, zeigte sich nicht immer als Herr der Lage. Die Zusammenarbeit mit anderen sozialen Diensten, die prinzipiell erwünscht gewesen wäre, kam nicht zustande. Heute ist der Club geschlossen, weil die Finanzierung nicht weitergeführt wurde.

Die 64. Mittelschule gehört mit ihrem überdurchschnittlich hohem Hauptschüleranteil tendenziell zu den Verliererschulen im Stadtteil im Wettbewerb um Schüler. Die Offenheit für die Wahrnehmung sozialer Probleme ist groß – der Schule ist es aber bei ihrem ersten Versuch mit einem eigenen Beitrag zur Überwindung der Defizite in der Freizeitsituation der Jugendlichen im Stadtteil beizutragen, kein Erfolg beschieden gewesen. Insofern ist sie ihrer Intention nach eine alltags- und jugendkulturell erweiterte Schule mit der Bereitschaft, sich in dieser Funktion auch für die Jugendlichen im Stadtteil zu öffnen. Ein zweiter Versuch wird möglicherweise unternommen, wenn die Schule die Ausstattung der 73. Mittelschule für ein umfangreiches Freizeitangebot nach deren bereits beschlossener Schließung übernehmen wird.

Die 65. Mittelschule

Die 65. Mittelschule hat 303 Schülerinnen und Schüler, die in 12 Klassen von 20 Lehrkräften unterrichtet werden. Im Gebäude, einem Plattenbau vom Typ Dresden, ist ebenfalls eine Grundschule untergebracht, aus der die Schule einen nennenswerten Teil ihrer Schülerschaft rekrutiert.

Die Schule unterscheidet sich von den drei anderen Mittelschulen im Ortsamtsbereich Leuben durch ein einzigartiges Profilangebot. Das überwiegend von Jungen nachgefragte technische Profil umfasst mehr als die Hälfte der Schülerinnen und Schüler. Die übrigen verteilen sich auf das sprachliche und das musische Profil. Das sprachliche Profil ist insbesondere für Schülerinnen und Schüler interessant, die sich die Chance auf einen Übertritt in die gymnasiale Oberstufe (meist des beruflichen Gymnasiums) nach Klasse 10 offen halten wollen, und wird von der wachsenden Anzahl von Rückläufern aus Gymnasien besonders nachgefragt. Das musische Angebot hat die Schule weit über das für das Profil nötige und übliche hinaus ausgebaut, indem sie ihren Schülern die Möglichkeit bietet, ein Instrument spielen zu lernen und dies auch preiswert zu erwerben. Bereits in der fünften und sechsten Klasse bietet sie dazu Arbeitsgemeinschaften an. Gerade mit diesem Angebot ist die Schule auch über den Ortsamtsbereich hinaus bekannt und zieht damit auch Kinder vom anderen Elbufer an. Mit diesem Profilangebot ist die Schule auch für diejenigen interessant, die den Sprung ins Gymnasium nicht geschafft haben oder dort gescheitert sind, aber ihre Bildungsaspiration deshalb nicht aufgeben wollen.

Die Schule ist für die im Einzugsbereich stark vertretenen bildungsorientierten Bevölkerungsgruppen in den an der Elbe gelegenen Stadtteilen des Ortsamtsbereichs attraktiv und findet hier auch einen großen Teil ihrer Schülerschaft. Mit dem musischen und sprachlichen Profil gelingt es ihr aber auch, einzelne Schüler aus dem gesamten Stadtgebiet zu gewinnen. Ihr auf gehobene Bildungsansprüche abgestelltes Angebot passt also in das sozialräumliche Umfeld ihres Standortes – die große Mehrheit der Schülerinnen und Schüler kommt aus einem Umkreis von nicht mehr als 500 Metern –, ohne dass damit aber ein Bezug zu den Lebenswelten der Schülerinnen und Schüler hergestellt wird. Die besondere Schülerschaft der Schule und ihre sozialen Herkunftsverhältnisse sind auch die Erklärung dafür, dass die Schule einen besonders aktiven Förderverein hat, der sehr erfolgreich auch Sponsorenmittel für die Schule einwirbt. Aber auch damit vollzieht die Schule keine Öffnung zu den Familien ihrer Schüler, sondern findet in den sich im Förderverein engagierenden Eltern Bündnispartner für die Einlösung des gemeinsam getragenen Bildungsanspruchs.

Die 66. Mittelschule

Die 66. Mittelschule ist mit 342 Schülerinnen und Schülern in 13 Klassen die größte Mittelschule im Ortsamtsbereich. Das Gebäude, in dem sie untergebracht ist, nutzt sie gemeinsam mit einer Grundschule. Der um die Jahrhundertwende entstandene Bau bedarf dringend der Renovierung und Rekonstruktion, die vorgesehen sind. Während der Umbauphase wird die Schule das Gebäude der zur Schließung vorgesehenen 73. Mittelschule nutzen. Anschließend wird ihr dann das renovierte Gebäude alleine zur Verfügung stehen.

Das Kollegium umfasst 20 Lehrerinnen und Lehrer, von denen bereits sechs eine Anrechnungsstunde aus Altersgründen (über 55 Jahre) in Anspruch nehmen. Die mit dem starken Gewicht älterer Lehrkräfte verbundene Tendenz zu eher konservativen pädagogischen Einstellungen im Kollegium wird ausdrücklich begrüßt.

Die 66. Mittelschule ist nicht nur die größte Mittelschule im Ortsamtsbereich, sondern sie ist mit großem Abstand gegenüber ihren Mitbewerbern auch die Mittelschule mit den meisten Anmeldungen. Allein die ihr gesetzten räumlichen Beschränkungen haben verhindert, dass sie drei- oder gar vierzügig ist.

In den letzten Jahren hat die Schule ausschließlich Realschulklassen gebildet und konnte dies auch damit rechtfertigen, dass eine für die Bildung einer Hauptschulgruppe ausreichende Zahl von Schülern nicht vorhanden war. Allein die Intervention des Schulamts hat dazu geführt, dass eine Hauptschulklasse von der 73. Mittelschule an diese Schule überführt wurde und dafür eine Realschulklasse an die 73. abgegeben wurde.

Die Schule versteht sich eindeutig und sehr bewusst als eine Leistungsschule. Für die Einlösung ihres Leistungsanspruchs erwartet und fordert sie die Zusammenarbeit der Eltern, die auch in hohem Maße realisiert wird. So sind Elternabende an der Schule immer gut besucht. Nur im Rahmen dieses leistungsbetonten Selbstverständnisses der Schule wird auch ein Erziehungsauftrag als Teil der Aufgabenstellung von Schule akzeptiert.

Eine darüber hinausgehende sozialpädagogische Orientierung der Schule mit einer Öffnung zu den Lebenswelten der Schülerinnen und Schüler oder auch mit Angeboten im Freizeitbereich wird entschieden und bewusst abgelehnt und als eher schädlich für den Ruf und die Leistungsfähigkeit der Schule eingeschätzt.

Das bedeutet allerdings nicht, dass die Schule gegenüber den Lebenswelten der Schülerinnen und Schüler gleichgültig wäre. Man ist durchaus bereit, Probleme hier zur Kenntnis zu nehmen, erwartet aber von den dort zuständigen Eltern oder – im Falle einer Wohngruppe, die es im Einzugsbereich der Schule auch gibt – den dort tätigen Sozialpädagogen, dass sie damit angemessen und wirksam umgehen und etwa den regelmäßigen Schulbesuch oder auch die Erledigung der Hausaufgaben sicherstellen. Defizite dieser Art nimmt die Schule unmittelbar zum Anlass, sich mit den Eltern ins Benehmen zu setzen. Mit ihrem bewusst und offensiv vertretenen konservativen Erziehungsverständnis führt die Schule weitgehend eine Kultur von Bildung und Erziehung der POS weiter und findet damit in den eher kleinbürgerlich orientierten Gruppierungen des Stadtteils offensichtlich regen Zuspruch.

Der mittlere Bildungsabschluss ist in diesem Verständnis der Standardabschluss der Pflichtschule wie es der Abschluss der POS nach zehn Schuljahren war. Er sollte den Zugang zu den nicht akademischen Bildungsgängen für alle, die ihn erreicht haben, auch tatsächlich eröffnen – und diese Bildungsgänge sollten im Verständnis der Schule auch den Absolventen dieser Schulart vorbehalten bleiben. Die Steigerung der Abiturquoten seit der Wende und die zunehmende Beteiligung von Abiturienten in betrieblichen Ausbildungen wird aus dieser Perspektive als eine durchaus bedenkliche Entwicklung eingeschätzt.

Der Hauptschulabschluss nach neun Jahren wird tendenziell dem Bildungsabschluss der POS nach acht Schuljahren gleichgestellt und passt in diesem Sinne ebensowenig wie der Hauptschulbildungsgang in das Selbstverständnis der Schule.

Mit der Verbesserung der räumlichen Situation der Schule ist absehbar, dass sie die bestbesuchte Mittelschule im Stadtteil werden wird.

Die 73. Mittelschule

Mit 295 Schülern in 11 Klassen und 18 Lehrern ist die 73. Mittelschule inzwischen die kleinste im Ortsamtsbereich Leuben. Die Schule hat eine schwierige Geschichte. Ihr Gebäude, ein Plattenbau vom Typ Dresden, beherbergte zu DDR-Zeiten zwei polytechnische Oberschulen. Sie hat damit mit Abstand das größte Schulgebäude im Ortsamtsbereich und musste deshalb im Unterschied zu den drei benachbarten Mittelschulen bei ihrer Gründung alle Schülerinnen und Schüler aufnehmen, die sich anmeldeten – und das waren schon im Gründungsjahr zu einem erheblichen Anteil solche, die von den benachbarten Mittelschulen abgelehnt worden waren. Sie ist auch die einzige Mittelschule in Leuben, die in ihrem Gebäude keine Grundschule beherbergt, aus der sie einen Grundstock an Schülern rekrutieren könnte.

Diese schwierigen Rahmenbedingungen führten zusammen mit einer unglücklichen Wahl des Gründungsschulleiters zu ausgesprochen schwierigen und chaotischen Verhältnissen im ersten Jahr des Bestehens der Schule. Gewalt sowohl zwischen Schülern als auch gegenüber Lehrerinnen und Lehrern, Schutzgelderpressungen und die Versuche außerschulischer bandenähnlicher Jugendgruppen, in die Schule hineinzuwirken, führten zu wiederholten Polizeieinsätzen und wurden von der Presse in einer skandalisierenden Berichterstattung gierig aufgegriffen, die den Ruf der Schule bis heute belastet, obgleich die beschriebenen Schwierigkeiten und Probleme tatsächlich längst Vergangenheit sind.

Ein neuer Schulleiter, die Beteiligung an einem Modellversuch zur Entwicklung sozialpädagogischer Kompetenz auf Seiten der Lehrer sowie die Unterstützung des Schulamtes bei der Verteilung besonders schwieriger Schüler auf andere Schulen waren wesentliche Bedingungen für diesen Wandel. Die Schule ist heute eine Schule mit einem entwickelten sozialpädagogischen Anspruch und einem breiten außerunterrichtlichen Angebot. Durch die Beteiligung am Modellversuch und am Landesprogramm Schuljugendarbeit wurden Mittel für die Ausstattung eines Freizeitbereichs mit vielfältigen Angeboten eingeworben. Daneben wurden die Beziehungen zum Stadtteil, zu den Einrichtungen der Jugendhilfe und zur benachbarten Kreativschule ausgebaut. Die Sporthalle der Schule steht am Nachmittag und Abend sowohl für sportliche Aktivitäten von Schülergruppen wie auch von Vereinen offen, mit denen die Schule verstärkt zusammenarbeitet. Die eigenverantwortliche Tätigkeit der Schüler im Freizeitbereich hat an der Schule einen besonderen Stellenwert. So wird die Schulbibliothek ausschließlich von Schülern betreut und auch die Nutzung von Freizeiträumen und Angeboten wird von Schülern gemanagt.

Auch wenn die Schule heute nicht mehr regelmäßig im Stadtteilarbeitskreis vertreten ist, gilt sie bei den regionalen Akteuren der Jugendhilfe doch immer noch als jederzeit ansprechbar und durchaus kooperativ. Diese entwickelte sozialpädagogische Qualität und ihre Öffnung zum Stadtteil sind Merkmale der Schule, die von Schülern und Eltern durchaus wahrgenommen und geschätzt werden. Für benachbarte Schulen, insbesondere die 66. aber wird dieses Schulprofil auch als eine Einladung genutzt, sich durch die besondere Betonung von Unterricht und Leistung und die klare Begrenzung der Schule auf diese Aufgaben davon zu unterscheiden, und dieses mit erheblichem Erfolg, wenn man diesen an den Anmeldezahlen misst.

Die Anmeldezahlen haben sich an der Schule in den letzten Jahren zwar positiv entwickelt, und es konnten meist zwei fünfte Klassen eingerichtet werden. Dennoch hat diese Schule den größten Teil des Schülerrückgangs im Stadtteil zu verkraften und muss sich besonders anstrengen, damit die Anmeldezahlen nicht einbrechen. In der Schülerschaft der Schule zeigt sich in den letzten Jahren – ganz entgegen den bildungspolitischen Intentionen, die mit der Mittelschule verknüpft sind – eine deutliche Entwicklung hin zur Hauptschule. Zuletzt hat deshalb das Regionalschulamt eingegriffen und eine Hauptschulklasse im siebten Jahrgang mit einer Realschulklasse der 66. Mittelschule ausgetauscht und damit zugleich der Entwicklung dieser 66. Schule zu einer reinen Realschule – die bildungspolitisch ebenso wenig erwünscht ist – entgegengewirkt.

Gegenwärtig bemüht sich die Schule neben Angeboten im Freizeitbereich und einer Öffnung zum Stadtteil und seinen Kooperationspartnern auch um die Entwicklung eines attraktiven Angebots an Arbeitsgemeinschaften. Hier ist die Zielsetzung, das angebotene hauswirtschaftliche und wirtschaftliche Profil – das auch die 64. und die 66. Mittelschule bieten – um Angebote im technischen und technologischen Bereich zu erweitern. Die Schule verfügt über eine umfangreiche Ausstattung an Medien und Computern, die in zahlreichen Arbeitsgemeinschaften genutzt werden.

Die Schule bemüht sich auch im Kernbereich des Unterrichts um zeitgemäße Innovation, die sowohl die soziale Qualität des Unterrichts verbessern, als auch die Eigenverantwortlichkeit der Schüler stärken. So versucht man das Konzept des Werkstattunterrichts aus der Grundschule in die Sekundarstufe I zu übertragen, man nennt das „Unterrichtsprojekte in Anlehnung an den Werkstattunterricht", fächergemischte Formen der Freiarbeit durchzuführen und auch Lehrplanverbindungen für die Realisierung eines fächerübergreifenden Unterrichts zu schaffen.

Die Schule unternimmt also einiges, um die wahrgenommenen Motivationsdefizite ihrer Schüler zu überwinden und sieht in dem

Bemühen, auch in dieser Hinsicht ihrer tendenziell benachteiligten Schülerschaft gerecht zu werden, eine Herausforderung. Die soziale Qualität von Schule, sowohl im Unterrichtsbereich als auch in Form von außerunterrichtlichen Angeboten und einer Öffnung zum Stadtteil, kann damit durchaus als eine Leitlinie für die Profilierung der Schule über die im Schulgesetz angebotenen Profile hinaus verstanden werden.

Dies alles sind Hinweise darauf, dass die Schule neben den entwikkelten sozialpädagogischen Angeboten auch ihren Unterrichtsauftrag sehr ernst nimmt, dabei aber durchaus an Grenzen stößt, sowohl was die Leistungsmotivation der Jugendlichen angeht als auch die Unterstützung bei vielen Eltern. So beklagt der Schulleiter, dass sich seine Schülerinnen und Schüler „mit dem Mittelmass schon sehr zufrieden geben". Leistungsversagen und ein positives soziales Klima erscheinen hier völlig problemlos miteinander vereinbar. Gegenüber den Verhältnissen zu DDR-Zeiten fällt auf, dass gerade bei den Schülern, die in den Hauptschulbildungsgängen landen, auch die Ansprache der Eltern äußerst schwierig ist und ihre Mitarbeit kaum noch gewonnen werden kann. So ist es auch in den letzten Jahren nicht mehr gelungen, in den Hauptschulklassen der Schule Elternvertretungen zu wählen. Die gibt es nur noch in den Realschulklassen der Schule.

Gerade aber die Beziehungen zu den Eltern sind nach der Wende auch durch eine tiefe Verunsicherung geprägt, seit sie nicht mehr durch einen allgemein akzeptierten gesellschaftlichen Konsens getragen werden.

Die demographische Entwicklung zwingt auch in Dresden zur Schließung von Schulen. Im Rahmen der kommunalen Schulentwicklungsplanung wird die 73. Mittelschule geschlossen.

Diese Entscheidung, die auch öffentlich bekannt gemacht wurde, belastet die Arbeit der Schule zusätzlich, und macht es ihr schwer, Schüler zu gewinnen.

Für die Entscheidung, gerade diese Schule zu schließen, spricht jedoch auch der außerordentlich problematische Zustand des Gebäudes, das nur mit einem erheblichen Aufwand an Mitteln in einen Zustand überführt werden könnte, der zeitgemäßen Ansprüchen an ein Schulgebäude genügen würde. Das betrifft sowohl die äußere Erscheinung des Gebäudes als auch die mangelhafte Wärmedämmung, die im Sommer häufig zu unerträglichen Raumtemperaturen führt und im Winter erhebliche Heizkosten verschlingt.

Das Gymnasium Groszschachwitz

Die Schule hat in den Jahrgängen 5 bis 12 insgesamt 920 Schülerinnen und Schüler, darunter drei Ausländer (ein Amerikaner, ein Vietnamese und eine Vietnamesin), die in 26 Klassen und 12 Kursen von 60 Lehrkräften unterrichtet werden. Die Zügigkeit ist in den einzelnen Jahrgängen unterschiedlich, die stärksten Schuljahränge sind sechszügig, die schwächsten dreizügig. In den letzten beiden Schuljahren konnten wieder jeweils fünf Klassen gebildet werden.

Das Schulgebäude ist wie das der 65. und der 73. Mittelschule ein Plattenbau vom Typ Dresden. Auch wenn die äußere Erscheinung deutlich besser ist als die der 73. Mittelschule – das Gebäude ist wesentlich jünger, 1980 wurde es für eine POS eröffnet – so ist auch hier eine Renovierung und Sanierung dringend geboten. Dabei müsste es, wie bei allen Schulen dieses Typs, vor allem um die Wärmedämmung gehen. Aber auch weitergehende Umbauten, wie sie modellhaft an einem anderen Schulgebäude in Dresden vorgenommen wurden, wären wünschenswert, etwa der Einbau einer Aula. Da die Kosten dafür aber kaum aufgebracht werden können, ist die schlechte Bausubstanz der Schule auch ein Risiko für ihren Bestand.

Nachdem sie zunächst im kommunalen Schulentwicklungsplan als zu schließende Schule eingestuft worden war, ist sie nun als „zu beobachtend" eingestuft. Dazu hat sicher auch das Engagement von Eltern, mehr aber noch das der Stadtteilpolitik beigetragen. Die Schule ist das einzige Gymnasium im Ortsamtsbereich Leuben und ist zudem auch für einige benachbarte Stadtteile wie Meuslitz, Schiern, Niedersedlitz und auch einige Gemeinden außerhalb der Stadtgrenzen das nächstgelegene Gymnasium. Sein Standort inmitten eines großen Einzugsgebiets, das erwartungsgemäß auch in Zukunft ein Gymnasium „ernähren" wird, ist also gegenwärtig das stärkste Argument für seinen künftigen Bestand.

Das Kollegium der Schule gehört ganz überwiegend wenigen Altersjahrgängen an, die heute so etwa um die 50 sind. Damit ist das Durchschnittsalter hier etwas unterhalb dem vieler westdeutscher Kollegien. Es bedeutet aber, dass in den nächsten 10 bis 15 Jahren kaum Übergänge in den Ruhestand zu erwarten sind. Da auch die Entwicklung der Schülerzahlen kaum Anlass bieten wird, neue Lehrkräfte einzustellen, ist damit zu rechnen, dass sich dieses Kollegium in seiner gegenwärtigen Zusammensetzung gemeinsam auf die Verrentung zubewegen wird. Die Einstellung jüngerer oder auch neu ausgebildeter Lehrer ist nicht zu erwarten. Das begrenzt auch die Möglichkeiten von Innovation und Entwicklung in der nahen Zukunft. Die gegenüber den Verhältnissen in der DDR heute geforderte Eigenverantwortlichkeit und Selbständigkeit ist nicht nur eine neue Herausforderung für Schülerinnen und Schüler, sondern ebenso auch für die Lehrerinnen und Lehrer, auf die sie durchaus unterschiedlich reagieren. Das zeigt sich besonders in der Inanspruchnahme von Fortbildungen, die sehr unterschiedlich genutzt werden – ein erheblicher Teil des Kollegiums nimmt diese Möglichkeiten, an denen man zu DDR-Zeiten regelmäßig und verpflichtend teilnehmen musste, heute überhaupt nicht wahr. Auch das begrenzt die Möglichkeiten für Innovation und Entwicklung der Schule in der nächsten Zeit ganz erheblich.

Die Schule hat die Verunsicherungen, die mit der Wende gerade auch die Vorstellungen von Bildung und Erziehung und den Beitrag der öffentlichen Schule dazu betrafen, bewältigt, indem sie sich, wie die meisten Schulen in den neuen Bundesländern, auf die „sichere Seite" begeben hat und sich weitgehend auf ihren Bildungsauftrag durch Unterricht zurückgezogen hat. Die Bewertung der DDR-Verhältnisse mit ihrer ideologischen Beeinflussung der Kinder durch die Pionierorganisation und die FDJ im Rahmen der Zusammenarbeit mit der Schule in nachmittäglichen Arbeitsgemeinschaften und Zirkeln hat auch an dieser Schule zunächst zu äußerster Zurückhaltung bei außerunterrichtlichen Angeboten und Freizeitaktivitäten geführt. Heute hat sich das allerdings deutlich geändert, nachdem die Schule zunehmend wieder gefordert wird, durch Arbeitsgemeinschaften und andere Angebote am Nachmittag zur Betreuung und Freizeitgestaltung der Jugendlichen beizutragen.

Die Schule ist durchaus bemüht, solchen Erwartungen zu entsprechen, sieht sich dabei aber angesichts der Unterrichtsbelastungen der Lehrer (27 Wochenstunden) und der auch ansonsten hohen Belastungen durch die oft sehr großen Klassen mit sehr begrenzten Möglichkeiten konfrontiert. Unterstützt wird hier eher die Kooperation mit außerschulischen Partnern, insbesondere Sportvereinen, während eigene Angebote von Seiten der Schule kaum bestehen.

Die Aktivitäten für den Stadtteil beschränken sich auf wenige kulturelle Ereignisse. Das wichtigste ist ein Weihnachtskonzert in der Zschachwitzer Kirche, das inzwischen Tradition hat und auf starkes Interesse der Einwohnerschaft stößt. Daneben wird die Beziehung zur 91. Grundschule besonders gepflegt, von der viele Kinder in das Gymnasium übertreten. Die Gymnasiasten, die ehemalige Schüler dieser Grundschule sind, bieten für die „Kleineren" dort ein Weihnachtsprogramm mit einer Aufführung.

Die Bedeutung der Schule für ihr sozialräumliches Umfeld liegt vor allem darin, dass sie ein Gymnasium ist und als solches als notwendiger Bestandteil der Infrastruktur dieses besonders in seinen Elblagen attraktiven und bevorzugten Wohngebiets am südlichen Stadtrand von Dresden gesehen wird. Das zeigte sich in der massiven Unterstützung, die die Schule in der Schließungsdebatte aus dem Stadtteil erfahren hat. Ihr Verlust würde von den Einwohnern als eine Entwertung dieser Stadtregion gesehen. Deshalb fand sich hier besonders schnell ein sehr enges Bündnis zwischen Einwohnern und Stadtteilpolitikern zur Erhaltung der Schule.

Die Schule beteiligt sich an internationalen Förderprogrammen (Sokrates). Besonders erfolgreich läuft ein Friedhofsprojekt, das das Ziel verfolgt, einen Friedhofsführer für Dresden zu entwickeln.

Auch diese Schule steht in einem harten Konkurrenzkampf um Schüler mit Gymnasien in benachbarten Stadtteilen, auch wenn sie für die Leubener Schülerinnen und Schüler gegenüber ihren Konkurrenten durch günstige Schulwege im Vorteil ist. Dennoch besucht ein nennenswerter Anteil der Leubener Gymnasiastinnen und Gymnasiasten Gymnasien außerhalb des Stadtteils, besonders die traditionsreichen Schulen in der Innenstadt sind gefragt.

2 Die Schulen in Marxloh

Die Gesamtschule Marxloh

Die ehemalige Hauptschule an der Diesterwegstraße ist im Jahr 1994 in eine Integrierte Gesamtschule umgewandelt worden. Zum Zeitpunkt des Interviews im Juni 1999 befindet sich die Gesamtschule noch im Aufbau, die ersten Gesamtschülerinnen und Gesamtschüler befinden sich im fünften Jahr an der Schule. Die Schule ist vierzügig, ca. 40 Lehrerinnen und Lehrer unterrichten im Juni 1999 ca. 500 Schülerinnen und Schüler in 20 Klassen.

Die Schule hat zwei Schulgebäude, das Gelände der Schule wird durch eine Strasse zweigeteilt. Die Strasse ist zwar für den Autoverkehr bereits gesperrt, aber das Schulgelände ist noch durch Zäune von der Strasse abgeschirmt. Die Schulgebäude wurden im Sommer 1999 um- und ausgebaut, ein neues Gebäude mit Fachräumen wurde erstellt, die Turnhalle wurde renoviert, und eine neue Mensa ist geplant. Bisher verfügt die Schule über eine kleine alte Mensa, die keineswegs den Ansprüchen genügt und nicht einmal genügend Platz bietet. Nach Abschluss der Baumassnahmen soll dann auch die Strasse, die das Schulgelände teilt, umgebaut und der Schulhof neu gestaltet werden.

Die Gesamtschule Marxloh besitzt keine eigene gymnasiale Oberstufe. Ob sie in der Lage wäre, eine Oberstufe zu ernähren, ist zweifelhaft. Die Schule arbeitet bereits mit einer anderen integrierten Gesamtschule in Walsum zusammen, auch im Blick auf die Oberstufe ist eine enge Zusammenarbeit geplant. Nach Einschätzung des Schulleiters erreichen ca. 20 bis 30 Jugendliche eines Jahrgangs seiner Schule die Fachoberschulreife mit Qualifikationsvermerk, der zum Besuch der gymnasialen Oberstufe berechtigt. Nachdem der erste Schülerjahrgang die 10. Klasse absolviert hatte, zeigte sich allerdings, dass nur 10 Schülerinnen und Schüler in die gymnasiale Oberstufe wechselten, was mit den schlechten finanziellen Verhältnissen ihrer Familien erklärt wird.

Etwa zwei Drittel der Schülerinnen und Schüler der Gesamtschule Marxloh sind ausländischer, überwiegend türkischer Herkunft. Die Tendenz bei den neuen Klassen ist sogar leicht steigend. Mit den vermehrten Einbürgerungen insbesondere bei türkischen Jugendlichen nimmt der Anteil der Schülerinnen und Schüler mit deutschem Pass mittlerweile insgesamt aber etwas zu. Ungefähr 90% der Schülerinnen und Schüler kommen aus Marxloh, die anderen aus Hamborn und Walsum, darunter viele, die an der Gesamtschule in Walsum wegen Platzmangels nicht aufgenommen werden konnten.

Die Schule versteht sich als eine Schule für Marxloh. Sie stellt sich in ihrer Arbeit auf die Situation und die Bedürfnisse ihrer Schülerinnen und Schüler ein. Arbeitslosigkeit, Armut und Migration sind die zentralen Parameter, die die Arbeit der Schule bestimmen. Die Schule will ihre Schülerinnen und Schüler soweit wie möglich in die Lage versetzen, auf dem krisenhaften Arbeitsmarkt in Duisburg eine Chance auf Arbeit zu finden. Deshalb ist die Vermittlung von Wissen und Können wichtig. Employability kann die Schule jedoch nur erreichen, wenn sie sich auf die Lebenslagen ihrer Schülerinnen und Schüler einläßt und sie in ihrer oftmals schwierigen Lebenssituation unterstützt. Der Schulleiter bewertet deshalb die Erziehungsfunktion der Schule sogar wichtiger als die Bildungsfunktion.

Die inhaltliche Arbeit der Schule ist durch eine Kultur des Notwendigen bestimmen: der Bezug zur Arbeitswelt und die Vorbereitung auf den Beruf sind die wichtigsten Themen. Die Schule vernachlässigt deshalb andere Bereiche nicht. Der Bezug zum

Stadtteil und das Zusammenleben von Menschen unterschiedlicher kultureller Herkunft sind ebenso zentral für ihre Arbeit. Und eine starke sozialpädagogische Ausrichtung sind ein weiteres Kennzeichen der Schule, die mittlerweise als Ganztagsschule geführt wird. An der Schule arbeitet ein Schulsozialarbeiter.

Die Schule grenzt sich nicht vom Stadtteil ab, sondern versucht im Gegenteil, Angebote auch für die Menschen, die im Stadtteil leben, zu schaffen, etwa ein Mittagessen für alte Menschen in der Mensa der Schule. Auch die Elternarbeit ist von dieser Haltung geprägt: die Schule versucht, auch Beratung für Eltern anzubieten bzw. zu vermitteln und nützt dazu die traditionellen Formen wie Elternsprechtage und Elternabende. Eine besondere Bedeutung hat dabei das Bemühen, türkische Eltern bei der Erziehung ihrer Kinder zu beraten und ihnen im Konflikt zwischen den beiden Kulturen, in dem sie sich vor allem in Bezug auf ihre Kinder befinden, Hilfestellung zu geben. Diese Form der Beratung ist niedrigschwellig angelegt. Bei Elternabenden gibt es deshalb immer Tee zu trinken. Die Eltern können selbstverständlich auch ihre kleinen Kinder mitbringen.

Die August-Thyssen-Realschule

Die August-Thyssen-Realschule liegt im Stadtteil Obermarxloh, nahe an der Grenze zu Marxloh. In der Nachbarschaft befinden sich drei Kollegschulen und das Clauberg-Gymnasium. Die Schule hat einen großen Einzugsbereich im Duisburger Norden, sie ist die einzige Realschule im Stadtbezirk Hamborn, die nächste Realschule im Süden liegt im Norden der Stadtmitte, die nächste in nördlicher Richtung in Walsum. Deshalb, und weil nach dem Wegfall des Grundschulgutachtens die Eltern völlig frei die Schulart für ihre Kinder auswählen können, hat sie sehr hohe Anmeldezahlen. Mitte der neunziger Jahre besuchten ca. 650 Schülerinnen und Schüler die Schule, im Schuljahr 1998/99 waren es 850. Die Schule hatte in diesem Schuljahr sieben fünfte Klassen, in den anderen Jahrgangsstufen vier oder fünf. Deshalb fehlen der Schule Räume; einige Klassen sind in Räumen des benachbarten Clauberg-Gymnasiums untergebracht und auch einige Fachräume werden als Klassenräume genutzt.

Die Schule wird von mehr Mädchen als Jungen besucht, ungefähr ein Drittel der Schülerinnen und Schüler sind ausländischer Herkunft, ein Viertel der Schülerschaft ist türkischer Herkunft. Insgesamt besuchen Kinder und Jugendliche aus 21 Nationen die Schule.

Eines der zentralen Ziele der Schule ist, die Schülerinnen und Schüler zu einer qualifizierten und reflektierten Berufswahl zu befähigen. Sie sollen, wenn sie die Schule am Ende von Klasse 10 verlassen, genau wissen, warum sie wie weitermachen, sei es der Übergang in die gymnasiale Oberstufe, die Fachoberschule oder auch eine Ausbildung im Betrieb.

Die Vorbereitung auf Beruf und Ausbildung spielt in der August-Thyssen-Realschule also eine große Rolle. Die Schule kann sich bei der sozialen Lage vieler Familien im Duisburger Norden, deren Kinder die Realschule besuchen, dabei nicht nur auf Wissensvermittlung und Leistung konzentrieren, sie muss auch das soziale Umfeld, die Bedingungen des Aufwachsens der Kinder und Jugendlichen, berücksichtigen. Damit verändert sich die Schule, sie ist keine traditionelle Realschule mehr. Im Blick auf das Leistungsvermögen der Schülerinnen und Schüler sieht der Schulleiter seine Schule eher als eine bessere Hauptschule. Neben der Wissensvermittlung und der Leistungsförderung muss die Schule versuchen, den Schülerinnen und Schülern einen Lebensraum zu bieten, in dem sie sich wohlfühlen können und mit ihren Problemen ernst genommen werden. Die Schule kann unter den hier gegebenen sozialen Rahmenbedingungen nicht Bildungsziele verfolgen, die ihren Schülerinnen und Schülern fremd sind, sondern muss versuchen, die Schüler da abzuholen, wo sie stehen.

Zu den Überlegungen, das Angebot der Schule auf die Lebenssituation der Schüler zu beziehen, gehört auch, die Schule am Nachmittag zu öffnen. Man denkt daran, einen offenen Nachmittagsbetrieb wenigstens an zwei Tagen in der Woche anzubieten, weil sehr viele Kinder nachmittags unversorgt sind und eine Hausaufgabenbetreuung durch die Familien nicht gewährleistet ist.

Die Schule versteht sich aber nicht als Stadtteilschule. Die nähere Umgebung der Schule, die beiden Stadtteile Marxloh und Obermarxloh haben für die konkrete Arbeit der Schule keine besonders große Bedeutung: Es gibt bilaterale Kooperationen mit einzelnen Einrichtungen im Stadtteil, z.B. mit dem Kinder- und Jugendkulturzentrum KIBIZ. Auch mit der Jugendhilfe arbeitet die Schule zusammen, und sie ist auch an den Bezirkskonferenzen beteiligt. Der Schulleiter räumt allerdings ein, dass diese stadtteilbezogene Zusammenarbeit nicht besonders gut läuft und insbesondere die Zusammenarbeit mit der Jugendhilfe stärker ausgebaut werden müsste.

Das Clauberg-Gymnasium

Das Clauberg-Gymnasium liegt an der Grenze zwischen Marxloh und Obermarxloh, zwar im Stadtteil Obermarxloh, doch es rekrutiert den größten Teil seiner Schülerinnen und Schüler aus Marxloh. Es wurde 1972 gegründet und hatte in den siebziger Jahren ca. 800 Schüler. Mitte der achtziger Jahre waren es nur noch ca. 600 und seither ist die Zahl weiter zurückgegangen. Im September 1999 besuchten 426 Schüler die Schule, davon 286 in der Sekundarstufe I und 140 in der Sekundarstufe II. Die Sekundarstufe II ist zweizügig, der Rückgang der Schülerzahlen in der gymnasialen Oberstufe aufgrund von Schulabgängern in den Jahrgangstufen 11 bis 13 wird durch Quereinsteiger teilweise kompensiert. Das Überangebot an Plätzen im Bereich der Sekundarstufe II im Duisburger Norden führt zu weiter zurückgehenden Zahlen auch in der gymnasialen Oberstufe. Der Anteil von Jungen und Mädchen an der Schule ist gleich, über 50% der Schülerinnen und Schüler sind ausländischer Herkunft, weitaus die meisten davon Türken bzw. türkischer Herkunft.

Interkulturelles Lernen, Stadtteilbezug, Arbeitsweltbezug und Ganztageskonzept sind die vier wichtigen Säulen des Schulprogramms des Clauberg-Gymnasiums. Es ist eine Ganztagsschule in den Jahrgangsstufen 5 und 6, ab Klasse 7 werden Stützstunden am Nachmittag angeboten. Der Ganztagesbetrieb in den unteren Jahrgängen und die nachmittäglichen Stütz- und Förderangebote sind Ausdruck des pädagogischen Anspruchs und des Selbstverständnisses der Schule.

Förderung, Kompensation und Integration sind zentrale Ziele im Schulprogramm des Clauberg-Gymnasiums. Dazu gehört vor allem auch die Förderung von Schülerinnen und Schülern türkischer Herkunft. Die Schule vertritt einen interkulturellen Ansatz, der sich nicht nur auf besondere pädagogische Angebote für die Schülerinnen und Schüler ausländischer Herkunft beschränkt, sondern gemeinsame Angebote für Deutsche und Ausländer und die Förderung des multikulturellen Zusammenlebens vorsieht. Die Schule bietet Türkisch als Unterrichtsfach durchgängig von Klasse 5 bis 13 an, Türkisch kann als drittes oder viertes Abiturfach an der Schule gewählt werden. Damit fördert die Schule das bilinguale Aufwachsen und die Integration der türkischen Schülerinnen und Schüler in die deutsche und türkische Kultur. Die Schule bietet im Sinne des interkulturellen Ansatzes Türkisch auch als Wahlpflichtfach für deutsche Schülerinnen und Schüler an. Dabei werden diese von ihren türkischen Mitschülerinnen und -schülern angeleitet und unterstützt. Die Attraktivität von Türkisch als Unterrichtsfach hat allerdings in den letzten Jahren spürbar nachgelassen, was als Zeichen des Integrationswillens gerade dieser türkischen Schülerinnen und Schüler mit hohem Bildungsanspruch gewertet wird. Man möchte offensichtlich auch bezogen auf die Bildungsinhalte keine Sonderstellung gegenüber den deutschen Mitschülerinnen und Mitschülern einnehmen und bevorzugt wie sie die westeuropäischen Fremdsprachen.

Ein weiteres wichtiges Kennzeichen der Arbeit der Schule ist der starke Bezug zur Berufs- und Arbeitswelt. Das Gymnasium bereitet seine Schülerinnen und Schüler u. a. durch Betriebspraktika intensiv darauf vor.

Das Clauberg-Gymnasium ist eine wichtige Schule für Marxloh. Das hat die Auseinandersetzung um seine Schließung gezeigt. Entgegen dem Willen des Schuldezernenten der Stadt konnte die Schule durch ein großes Engagement der Schülerinnen und Schüler und der Eltern den Beschluss, die Schule in eine Gesamtschule umzuwandeln, abwehren und die Mehrheit der SPD-Fraktion im Rathaus für den Erhalt der Schule als Gymnasium gewinnen. Die Aktionen reichten von Gesprächen mit Politikern bis zur Besetzung der Schule durch die Schülerinnen und Schüler. Der gesamte Vorgang machte deutlich, dass sich die Betroffenen mit ihrer Schule stark identifizieren, und dass gesehen wird, wie wichtig die Schule für den Stadtteil ist.

In Marxloh, einem Stadtteil, in dem die soziale Integration durch Erwerbsarbeit zunehmend gefährdet ist, leistet das Clauberg-Gymnasium einen äußerst wichtigen Beitrag zur sozialen Integration durch ein Bildungsangebot, das gerade auch den benachteiligten Bevölkerungsgruppen im Stadtteil den Zugang zu höherer Bildung ermöglicht. Vor allem für bildungs- und aufstiegsorientierte türkische Eltern stellt es ein unverzichtbares Bildungsangebot bereit und trägt somit auch zur Integration der beiden großen, im Stadtteil weitgehend von einander getrennt lebenden Bevölkerungsgruppen bei.

Das Elly-Heuss-Knapp-Gymnasium

Das Elly-Heuss-Knapp-Gymnasium befindet sich in Marxloh, fast an der Grenze des Stadtteils in Richtung der Grillo-Werke, einem traditionsreichen Hamborner mteallverarbeitenden Industriebetrieb. Ihre Schülerschaft rekrutiert die Schule allerdings weniger aus Marxloh als aus den umliegenden Stadtteilen, überwiegend aus Alt-Hamborn, Röttgersbach und Neumühl. Die Zusammensetzung der Schülerschaft entspricht damit auch nicht der Bevölkerungsstruktur in Marxloh.

Die Schule wurde im Jahr 1904 als eine Schule für höhere Töchter gegründet, 1954 ist daraus das Elly-Heuss-Knapp-Gymnasium hervorgegangen. Das Gymnasium befindet sich heute noch in diesem Gebäude, das Raumangebot der Schule ist ausreichend auch für zusätzliche außerunterrichtliche Aktivitäten.

Die Schule ist dreizügig; mit Ausnahme der Jahrgangsstufe 5, dort gibt es vier Klassen. Sie wird überwiegend von Kindern und Jugendlichen aus sozial besser gestellten und bildungsinteressierten Familien besucht. Der Anteil der Mädchen ist höher als der der Jungen. Der Anteil von Schülerinnen und Schüler ausländischer Herkunft beträgt etwa 20%, ungefähr die Hälfte davon ist türkischer Herkunft. Das Gymnasium bemüht sich auch um die Integration und Förderung dieser Schülerinnen und Schüler.

Das Elly-Heuss-Knapp-Gymnasium ist ein neusprachliches Gymnasium mit den Sprachen Englisch, Latein und Französisch. Das Profil der Schule wird allerdings durch die zusätzlichen außerunterrichtlichen Angebote und Arbeitsgemeinschaften bestimmt. Aber auch dabei spielen Fremdsprachen eine Rolle. Es gibt eine Italienisch-AG, selbstverständlich auch Schüleraustausch mit Schulen in England und Frankreich und eine Schulpartnerschaft mit einem Gymnasium in Wilnius.

Der Schule ist der musisch-künstlerische Bereich wichtig. Kunst, Musik und Theater haben im Schulleben einen hohen Stellenwert. Zu Aufführungen in der Aula der Schule wird auch die Marxloher Bevölkerung eingeladen. Der Schulleiter sieht seine Schule durchaus als eine Art Kulturzentrum für den Stadtteil.

Neben musisch-ästhetischer Bildung legt die Schule auch Wert auf die Förderung der Kenntnisse in der Informationstechnik. Es gibt einen neuen Informatikraum mit Computern, die Zugang zum Internet haben. Darüber hinaus stehen in den Fachbereichen Sprachen, Natur- und Gesellschaftswissenschaften PCs mit Internetzugang zur Verfügung.

Das Elly-Heuss-Knapp-Gymnasium besitzt als frühere Mädchenschule mit hauswirtschaftlichem Zweig auch eine eigene Schulküche. Nachdem diese Küche zehn Jahre lang nicht mehr benutzt worden war, hat die Schule mit der Einführung eines neuen Schwerpunkts Ernährungslehre/Chemie wieder an diese Tradition angeknüpft. Ernährungslehre/Chemie wird als Arbeitsgemeinschaft und als Kurs im Differenzierungsbereich in den Jahrgangsstufen 9/10 angeboten.

Obgleich diese Schule sich in Marxloh in einem Stadtteil mit einer besonders schwierigen Sozialstruktur befindet, gibt es keinen besonders ausgeprägten Bezug zum Stadtteil. Die meisten Schülerinnen und Schüler kommen aus anderen Stadtteilen und aus sozialen Gruppen, die weniger kennzeichnend für den Stadtteil sind. Die Schule ist damit eher eine Insel in Marxloh, die genauso gut in einem anderen Stadtteil liegen könnte, ohne dass sich das Profil der Schule deshalb entscheidend verändern müsste. Dennoch bestehen Kontakte zwischen der Schule und dem Stadtteil. Neben den kulturellen Veranstaltungen der Schule, die auch offen für die Bevölkerung in Marxloh sind, arbeitet der neue Schulleiter im Förderverein Marxloh mit, einem monatlich tagenden Stadtteilarbeitskreis. Es gibt, wenn auch nicht besonders zahlreiche bilaterale Kooperationsbeziehungen zu sozialen Einrichtungen im Stadtteil.

3 Die Schulen in Neudorf/Duissern

Das Landfermann-Gymnasium

Das Landfermann-Gymnasium in der Duisburger Innenstadt ist ein traditionsreiches humanistisches Gymnasium. Es ist das älteste Gymnasium Duisburgs. Die alte Lateinschule, aus der das Gymnasium hervorgegangen ist, ist im Jahr 1280 gegründet worden. Neben dem altsprachlichen hat das Gymnasium mittlerweile auch einen neusprachlichen Zweig.

Die Schule ist vierzügig und hatte im Jahr 1998 knapp 900 Schülerinnen und Schüler. Sie ist damit gut ausgelastet. Die Schülerinnen und Schüler kommen aus dem gesamten Stadtgebiet Duisburgs und auch aus benachbarten Städten und Gemeinden. Die Schule wird aufgrund ihres Angebots und ihres Programms bewusst gewählt, viele nehmen dafür auch weite Wege in Kauf. Die meisten Schülerinnen und Schüler kommen aus eindeutig bildungsbürgerlichen Milieus.

Im Zentrum des schulischen Geschehens und der Aufmerksamkeit steht der Unterricht. Die Schule stellt hohe Anforderungen an die Leistungen ihrer Schülerinnen und Schüler, sie genießt dafür aber auch einen guten Ruf. Studierfähigkeit ist das zentrale Ziel, auf das die Schule hinarbeitet. Doch daneben bereitet sie ihre Schülerinnen und Schüler auch auf die Berufs- und Arbeitswelt vor. Sie bietet allen Schülerinnen und Schülern in der Jahrgangsstufe 11 ein 14-tägiges berufsbezogenes Praktikum, sie kooperiert mit Betrieben und kann dadurch Stipendien für Praktika im Ausland vergeben, und sie führt Bewerbungs- und Kommunikationstrainings für alle Schülerinnen und Schüler in den Jahrgangsstufen 10 und 12 durch. Auch dies geschieht in Kooperation mit großen Firmen der Region.

Außerhalb des Unterrichts bietet die Schule ein beeindruckendes Angebot an Arbeitsgemeinschaften an, vor allem im Sport und im musisch-künstlerischen Bereichs. Sie besitzt eigene Segel- und Ruderboote. Theaterspielen hat an der Schule einen hohen Stellenwert. Über diesen außerunterrichtliche Bereich definiert die Schule ihre corporate identity. Für die Mitwirkung an diesen Aktivitäten ist sie auch am Nachmittag für die Jugendlichen offen. Der neue Schulleiter würde die Schule gerne noch weiter zu einem Jugendkulturzentrum entwickeln. Das Angebot wird von den Jugendlichen gut angenommen, es deckt auch viele Interessen und Bedürfnisse der bildungs- und kulturorientierten Nutzer der Schule: sie repräsentiert einen weltoffenen, kulturbürgerlichen Habitus.

Der Stadtteil spielt für die Arbeit der Schule keine Rolle. Das Landferman-Gymnasium ist eine Schule für Kinder und Jugendliche aus dem gesamte Stadtgebiet Duisburgs und darüber hinaus. Die Schule kooperiert mit vielen Einrichtungen im Bereich der Kultur, der Wirtschaft und der sozialen Arbeit. Auch dabei spielt der Stadtteil kaum eine Rolle. Durch die Lage der Schule in der Duisburger Innenstadt in der Nähe des Hauptbahnhofs muss sich die Schule eher vom Stadtteil abgrenzen, um Probleme, die es dort gibt, vor allem Gewalt und Drogen, fern zu halten. Das tut sie auch in sichtbarer und handgreiflicher Weise durch einen Zaun, der ungebetene Gäste vom Schulgelände fernhält.

Das St.-Hildegardis-Gymnasium

Das St.-Hildegardis-Gymnasium ist ein katholisches Mädchengymnasium in der Trägerschaft des Bistums Essen. Es befindet sich ebenfalls in der Duisburger Innenstadt. Die Schülerinnen kommen aus weiten Teilen des Duisburger Stadtgebiets und aus anderen Städten und Gemeinden in der Umgebung Duisburgs. Lediglich aus Hamborn kommen kaum Schülerinnen hierher, weil es dort mit dem Abtei-Gymnasium ebenfalls ein katholisches Gymnasium gibt.

Die Schule ist drei- bis vierzügig und hatte im Schuljahr 1998/ 99 840 Schülerinnen und 52 Lehrerinnen und Lehrer. Die Schule nimmt nur Mädchen auf, die einer christlichen Konfession angehören. Im Blick auf die soziale Herkunft ist die Schülerschaft gemischt. Schulgeld wird nicht erhoben. Die Schule wird vom Land und zusätzlich vom Bistum Essen als Schulträger finanziert. Die finanzielle Ausstattung ist deshalb besser als bei den staatlichen Schulen.

Die Schule ist bewusst darum bemüht, die Merkmale eines gymnasialen Bildungsangebots für katholische Mädchen in ihrem Profil klar erkennbar auszuprägen. Als ein Gymnasium stellt sie hohe Leistungsanforderungen. Latein und moderne Fremdsprachen haben einen hohen Stellenwert, musisch-künstlerische Fächer stellen einen Ausgleich zu den hohen Leistungsanforderungen in den anderen Fächern dar.

Die Schule versteht sich als elitär nur in ihrem Leistungsanspruch, den sie an die Schülerinnen richtet, nicht aber im Hinblick auf die soziale Herkunft ihrer Schülerinnen. Daneben bemüht sich die Schule um eine bewusst katholische Erziehung. Vermittlung von Wertorientierungen ist auch im Unterricht wichtig. Dies drückt sich auch im äußeren Erscheinungsbild der Schule und im Klima und im Umgang der Schülerinnen miteinander aus. Die Räume der Schule sind gepflegt und ordentlich, Gewalt an der Schule gibt es so gut wie nicht.

Als Mädchenschule sieht die Schule in der Förderung der Mädchen gerade in den naturwissenschaftlichen Fächern eine besondere Herausforderung. Die Debatte zur Koedukation und Mädchenförderung wird an der Schule interessiert verfolgt.

Angesichts des großen Einzugsbereichs und der Schulträgerschaft ist der Stadtteil, in dem sich die Schule befindet, für die Arbeit fast ohne Bedeutung. Die Schulleiterin ist aber in den regionalen Gremien, etwa der Schuldirektorenkonferenz der Duisburger Schulen, vertreten. Die Schule pflegt auch Kontakte zu anderen Schulen und arbeitet in problembezogenen Arbeitskreisen und an Runden Tischen mit. Sie versteht sich als eine Schule im Bistum Essen, zu dem auch Duisburg gehört. Dieser Kernbereich des Ruhrgebiets bestimmt deshalb die regionalen Bezüge der Schule.

Das Steinbart-Gymnasium

Das Steinbart-Gymnasium befindet sich in der Duisburger Innenstadt direkt am Kantpark, einem schönen innerstädtischen Park, der allerdings auch ein Zentrum der Drogenszene in Duisburg ist. Es hat einen sprachlichen und einen naturwissenschaftlichen Zweig und einen aufgrund der neuen Regelungen bei den Abiturfächern auslaufenden sportlichen Zweig. An dessen Stelle wird künftig der Bereich Informationstechnik an der Schule ausgebaut. Die Schule ist seit Jahren durchgängig vierzügig, die Anmeldungen liegen immer etwas über den vorhandenen Plätzen.

Die Schule leidet unter einem erheblichen Raummangel. Im Schuljahr 1998/99 besuchten ca. 900 Schülerinnen und Schüler die Schule. Sie stammen zu einem großen Teil aus der Duisburger Innenstadt, aus Neudorf und Duissern, die übrigen kommen vorwiegend aus dem Duisburger Süden. Der Schulleiter beschreibt die soziale Herkunft der Schülerinnen und Schüler als gehobener Mittelstand. Unter den Berufen der Eltern findet man häufig leitende Angestellte im Dienstleistungsbereich, Anwälte, Architekten und Lehrer. Die Schule hat einen sehr geringen Anteil von Schülerinnen und Schüler ausländischer Herkunft (ca. 6%). Sie wird von deutlich mehr Jungen (60%) als Mädchen besucht.

Das Steinbart-Gymnasium ist aus einem früheren Realgymnasium hervorgegangen. Es versteht sich heute als ein wissenschaftspropädeutisch arbeitendes Gymnasium. Die gymnasiale Tradition ist sehr stark ausgeprägt. Als Gymnasium stellt die Schule hohe Anforderungen an die Leistungen ihrer Schülerinnen und Schüler. Das prägt auch ihren Ruf. Fordern und Fördern gilt als Leitmotiv, wobei die Schule aber kein explizites Beratungs- und Unterstützungssystem zur Förderung von Schülerinnen und Schülern bei Lern- und Leistungsschwierigkeiten betreibt. Wer den Anforderungen der Schule nicht gerecht wird, dem wird ein Schulwechsel empfohlen.

Im Zentrum der schulischen Arbeit steht der Unterricht. Es gibt zwar Arbeitsgemeinschaften am Nachmittag, doch die spielen für das Selbstverständnis und die Arbeit der Schule keine besondere Rolle. Das Gymnasium verkörpert in hohem Maße den Typus einer verwalteten Lehrerschule.

Die Schule unterhält vielfältige Kooperationsbeziehungen und Kontakte zu Personen und Einrichtungen in der Stadt Duisburg, auch zur Jugendhilfe und zur Polizei. Das Gymnasium hat im Blick auf den Einzugsbereich seiner Schülerschaft im Unterschied zum Landfermann- und zum St.-Hildegardis-Gymnasium stärker die Funktion eines Stadtteilgymnasiums, auch wenn der Stadtteil für die Arbeit der Schule keine besondere Bedeutung hat. Durch die Lage der Schule am Kantpark, den die Schule auch in den Pausen nutzt, ist sie jedoch sensibel für das Geschehen um die Schule herum und für mögliche Gefährdungen durch Gewalt und Drogen. Am Steinbart-Gymnasium ist auch der Runde Tisch anläßlich eines gewalttätigen türkischen Jugendlichen, der in viele Schulen hinein gewirkt hat, gegründet worden. Seitdem bestehen gute Arbeitsbeziehungen zu anderen Schulen, zur Jugendhilfe und zur Polizei.

Die Gustav-Heinemann-Realschule

Ebenfalls in der Innenstadt befindet sich die Gustav-Heinemann-Realschule. Sie ist drei- bis vierzügig; etwa 600 Schülerinnen und Schüler besuchen die Schule, fast gleich viele Mädchen und Jungen; der Ausländeranteil beträgt ca. 20%. Die Schule hat einen relativ großen Einzugsbereich. Viele ihrer Schülerinnen und Schüler kommen aus Ruhrort, Rheinhausen und Hamborn, etwas weniger aus dem Duisburger Süden. Die Schülerzahlen sind in den vergangenen Jahren, ähnlich wie bei anderen Duisburger Realschulen auch, gestiegen.

Die Schule legt besonderen Wert auf die Förderung ihrer Schülerinnen und Schüler, insbesondere in der sogenannten Erprobungsstufe (Jahrgangsstufe 5 und 6). Sport und Informatik stellen wichtige Schwerpunkte der schulischen Arbeit dar. Im Bereich Technik und Informatik bemüht sie sich besonders auch um die Förderung der Mädchen.

Die Berufsvorbereitung spielt in der Schule eine wichtige Rolle. In der Regel finden alle an einer beruflichen Ausbildung interessierten Schülerinnen und Schüler einen Ausbildungsplatz. Ungefähr die Hälfte der Schülerinnen und Schüler verlässt die Schule nach Klasse 10 mit einem Qualifikationsvermerk für die gymnasiale Oberstufe.

Die Beziehungen zum Stadtteil sind nicht besonders ausgeprägt. Die Duisburger Innenstadt wird aus der Sicht der Schule als sozialer Brennpunkt wahrgenommen und dementsprechend kritisch beobachtet.

Die Gesamtschule Duisburg-Mitte

Die Schule ist auf zwei Standorte verteilt, die relativ weit voneinander entfernt liegen. Einer liegt in Neudorf nicht weit vom Hauptbahnhof entfernt, der andere in Duissern. Sie ist in der Sekundarstufe I sechszügig, an beiden Standorten sind jeweils drei Züge untergebracht mit einem für den Standort zuständigen Teilkollegium. Sie besitzt eine eigene gymnasiale Oberstufe.

Die Verbindung zwischen beiden Abteilungen wird durch die Schulleitung und die Gremien der Schule gewährleistet, in allen Gremien sind beide Abteilungen vertreten. Im Schuljahr 1999/2000 besuchten ca. 1400 Schülerinnen und Schüler die Schule, ein Fünftel davon mit Migrationshintergrund. Die Schule hat seit langem deutlich mehr Bewerbungen als Plätze. Die Schülerinnen und Schüler kommen überwiegend aus der näheren Umgebung der

Schule, aus Neudorf, Duissern und der Innenstadt. Die Schülerschaft ist sozial und im Blick auf die Leistungen bunt gemischt, etwa 30% der Schülerinnen und Schüler verlassen die Schule mit Abitur.

Trotz der Aufteilung in zwei relativ selbständige Teile bietet die Schule ein klares und einheitliches Profil. Um der räumlichen Trennung entgegen zu wirken, gibt es einen regelmäßigen Austausch zwischen beiden Standorten. Das wird zum einen durch die Nutzung moderner Kommunikationstechnik erreicht, vor allem aber wird durch Projekte, Feste und Veranstaltungen die Gemeinsamkeit der beiden Teilschulen gesichert.

Das Profil der Schule ist durch einen starken musisch-künstlerischen Bereich geprägt. Vor allem Musik spielt eine große Rolle. Anfang der 90er Jahre war die Schule an einem Modellversuch der KMK zur musikalischen Erziehung beteiligt. In jeder Abteilung der Schule gibt es in jeder Klassenstufe eine Musikklasse. In diesen Klassen wird ein handlungsorientierter, instrumentalpraktisch ausgerichteter Musikunterricht angeboten. Darüber hinaus besteht an der Schule für alle Schülerinnen und Schüler die Möglichkeit, in kleinen Gruppen ein Instrument zu lernen. Die Schule kann den Schülerinnen und Schülern über einen eigenen Förderverein Instrumente zur Verfügung stellen. Für diese zusätzliche musikalische Ausbildung außerhalb des regulären Unterrichts zahlen die Eltern 10 DM pro Stunde.

Die Schule ist auch im Bereich der bildenden Kunst rege und aktiv. Bilder und Skulpturen, Installationen oder Kinoplakate, die an der Schule entstehen, werden regelmäßig in Banken, Geschäften, Kirchen, auf Ämtern und in sozialen und kulturellen Einrichtungen in Duisburg ausgestellt. Mit ihren Desgin-Projekten gestaltet die Schule öffentliche Orte und Plätze in Duisburg mit. Das Theaterspiel hat ebenfalls eine große Bedeutung, Theatergruppen der Schule beteiligen sich regelmäßig an Theaterfestivals.

Die Gesamtschule Mitte ist insgesamt eine in vielerlei Hinsicht offene Schule: Der Schulhof mit seinen Spielflächen ist nachmittags offen, die Schule bietet offene Freizeitangebote an zwei Nachmittagen in der Woche an. Sie führt gemeinsame Projekte mit Schulen in Italien und anderen europäischen Ländern durch, es gibt einen Schüleraustausch mit einer russischen und einer französischen Schule; während der jährlichen Projektwochen ist jeweils die Hälfte der Schule in Frankreich oder England unterwegs. Die Schule ist auch aufgeschlossen für neue Themen und Arbeitsformen. Elternseminare, Streitschlichtung und die Kooperation mit Einrichtungen und Vereinen in Duisburg gehören zum festen Repertoire der schulischen Arbeit.

Die Gesamtschule Mitte ist eine Schule für die Stadtteile Neudorf, Duissern und Hochfeld. Mit ihrem großen Angebot an Arbeitsgemeinschaften, dem künstlerisch-ästhetischen Schwerpunkt und den vielen Projekten bietet die Schule den Jugendlichen über den Unterricht hinaus ein attraktives Programm. Damit ist die Schule für ihre Schülerinnen und Schüler auch ein wichtiges Jugendkulturzentrum in der Duisburger Innenstadt.

Die Hauptschule an der Gneisenaustraße

Die Hauptschule an der Gneisenaustraße liegt in Neudorf. Sie ist eine kleine Schule für ungefähr 300 Kinder und Jugendliche. Der Jungenanteil überwiegt deutlich, der Anteil von Kindern und Jugendlichen mit Migrationshintergrund ist mit 25% relativ gering. Im Schuljahr 1999/2000 arbeiten 17 Lehrerinnen und Lehrer an der Schule, weitaus mehr Frauen als Männer.

Die Schule ist zweizügig. Im fünften Jahrgang bekommt sie regelmäßig nur mit Mühe zwei kleine Klassen zusammen. In den darauffolgenden Jahrgangsstufen aber hat die Schule deutlichen Zulauf aus weiterführenden Schulen. Dann wachsen die Klassengrößen nicht selten von etwa 18 im fünften auf bis zu 30 Schülerinnen und Schüler im achten Jahrgang.

Die meisten dieser Kinder und Jugendlichen kommen aus Realschulen an die Hauptschule zurück. Die Schullaufbahnen dieser Schülerinnen und Schüler sind in der Regel durch Misserfolge geprägt. Ihre Integration stellt deshalb eine besondere Herausforderung für die Schule dar. In Duisburg gilt das Prinzip der freien Schulwahl im Sekundarbereich auch für die Hauptschule. So kommen zwar die meisten Schülerinnen und Schüler der Hauptschule Gneisenaustraße aus Neudorf, doch viele kommen auch aus anderen Stadtteilen.

Im pädagogischen Selbstverständnis der Hauptschule an der Gneisenaustraße hat die Erziehung und Förderung der Persönlichkeitsentwicklung der Kinder und Jugendlichen einen hohen Stellenwert. Im Unterricht wird von den Schülerinnen und Schülern auch Leistung verlangt, doch die Vermittlung von Bildung gelingt nur, wenn die Schule es schafft, die Probleme und Schwierigkeiten der Kinder und Jugendlichen wenigstens ansatzweise zu bearbeiten und zu überwinden. Deshalb legt die Schule einen großen Wert auf eine angenehme und förderliche Atmosphäre. Sie bietet am Nachmittag nicht nur viele Aktivitäten an, die Kinder und Jugendliche gerne in ihrer Freizeit ausüben, vor allem Sportangebote wie Judo und Aerobic, sondern auch Gelegenheit, in der Schule in Ruhe die Hausaufgaben zu erledigen.

An der Schule gibt es für einen Teil der Schülerinnen und Schüler auch eine Mittagsbetreuung. Hier und bei den Nachmittagsangeboten arbeitet die Schule mit Vereinen, Initiativen und mit der evangelischen Kirchengemeinde zusammen. Für die Zubereitung des Mittagessens hat die Schule über eine Seniorenagentur ehrenamtlich tätige, engagierte Frauen gefunden. Das Sportangebot am Nachmittag wird teilweise von Sportvereinen realisiert. Über das Jugendamt und das Programm 13 plus kann die Schule Honorarkräfte für die Aktivitäten und Angebote am Nachmittag beschäftigen. Die Schule unterstützt ihre Schülerinnen und Schülern auch beim Zugang zu Sportvereinen, denen viele ohne solche Unterstützung nicht beitreten würden. Einrichtungen im Stadtteil und darüber hinaus werden besucht, etwa die Eissporthalle und der Zoo. Das Jugendzentrum an der Gustav-Adolf-Strasse arbeitet mit der Schule zusammen und bietet Projekte für die Mädchen der Schule an.

4 Die Schulen in Nymphenburg

Die Maria-Ward-Schule

Die Maria-Ward-Schule befindet sich direkt neben dem Nymphenburger Schloss. Die Nähe zum Schloss bildet sich auch in der Anlage des Schulgeländes ab. Das Schulgebäude steht auf einem großen, parkähnlich angelegten Grundstück, mit altem Baumbestand. Über einen breiten, mit feinem Kies belegten Vorplatz nähert man sich dem Haupteingang. Durch eine Vorhalle betritt man ein altes, großzügig gestaltetes Gebäude. Hier dominieren eine eher schlichte Schönheit und Funktionalität, einem Schulbau angemessen. Das Haus strahlt eine ruhige und gepflegte Atmosphäre aus, in der sich alle – Schülerinnen und Lehrerinnen und Lehrer – ausschließlich mit Hausschuhen bewegen.

Die Nymphenburger Maria-Ward-Schule ist eine katholische Mädchenschule. Sie gliedert sich in ein Gymnasium und eine Realschule. Das Gymnasium ist mit 600 Schülerinnen ungefähr doppelt so groß wie die Realschule, die zum Zeitpunkt des Interviews noch vierstufig ist, also ab Klassenstufe 7 beginnt. Die Einführung der sechsstufigen Realschule ist aber bereits beschlossen. Die Schule entschied sich als eine der ersten für diese in Bayern neue Organisationsform der Realschule. Das Gymnasium war bis vor kurzem rein neusprachlich, ein mathematisch-naturwissenschaftlicher Zweig befindet sich aber im Aufbau. Die Realschule hat einen kaufmännischen und einen künstlerischen Schwerpunkt.

Die Schülerinnen kommen aus einem weiten Umkreis. Nur wenige wohnen in Nymphenburg, die weitaus meisten jedoch in angrenzenden Stadtteilen sowie in Gemeinden und Städten im Münchner Norden und Westen. Die S-Bahn bestimmt wesentlich den Einzugsbereich der Schule.

Die Schülerinnen kommen aus allen sozialen Schichten, es überwiegt aber deutlich das bildungsbürgerliche Milieu. Die Zugehörigkeit zu einer christlichen Kirche ist keine Voraussetzung, um an der Schule aufgenommen zu werden. Deshalb gibt es auch geringe Anteile von Schülerinnen islamischen und jüdischen Glaubens.

Das Leistungsniveau ist in beiden Schulen hoch. Die Maria-Ward-Schule versteht sich in erster Linie als eine Bildungseinrichtung. Ihre Absolventinnen, die des Gymnasiums wie die der Realschule, finden leicht eine Ausbildungsstelle. Am Schwarzen Brett hängen Ausschreibungen von Firmen, die Realschulabsolventinnen für Ausbildungen im wirtschaftlichen Bereich suchen. Zur Bildung an der Schule gehören auch Musik und Kunst. Auf musisch-ästhetische Bildung wird großer Wert gelegt.

Erziehung und das soziale Zusammenleben haben an der Schule ebenfalls einen hohen Stellenwert. Der Umgang miteinander in der Schule, das Schulklima, ist dadurch geprägt. Die Schule beschäftigt dafür keine besonderen Fachleute. Abgesehen von den Beratungs- und Unterstützungsdiensten von außen, die allen Schulen und Schülern zur Verfügung stehen, arbeiten hier ausschließlich Lehrerinnen und Lehrer. Die Schule versteht sich als eine Erziehungsinstitution, die auch religiös begründet, Werte vermittelt. Die Lehrerinnen und Lehrer kümmern sich deshalb auch um die Schülerinnen und bemühen sich, sie bei Schwierigkeiten individuell zu unterstützen. Unterstützung, Interesse und Hilfe ist allerdings nicht nur Sache der Lehrerinnen und Lehrer, sondern es wird erwartet, dass sich die Mädchen auch gegenseitig helfen.

Der Schule angeschlossen ist ein Tagesheim mit Mittagessen und Nachmittagsbetreuung für 70 Schülerinnen.

Die Eltern sind, wie bei Privatschulen häufig, sehr interessiert an dem Geschehen in der Schule. Elternabende sind gut besucht. Die Schule hat einen engagierten Elternbeirat. Die Zusammenarbeit zwischen Eltern und Schule wird als sehr harmonisch beschrieben.

Der Stadtteil spielt dagegen keine große Rolle für die Schule. Angesichts des Einzugsbereichs wäre dies auch kaum zu erwarten.

Es gibt eine regelmäßige Zusammenarbeit mit Beratungs- und Dienstleistungseinrichtungen für Schulen in der Stadt. Auch mit dem Priester der katholischen Gemeinde arbeitet die Schule eng zusammen.

Die Nymphenburger Schulen

Die Nymphenburger Schulen bestehen ebenfalls aus einem Gymnasium und einer Realschule. Das Gymnasium ist allerdings wesentlich größer als die Realschule. Mit ungefähr 150 Schülerinnen und Schülern ist letztere eher ein Anhängsel des Gymnasiums, das von etwa 750 Jungen und Mädchen besucht wird. In der Öffentlichkeit sind die Nymphenburger Schulen deshalb auch besser als Nymphenburger Gymnasium bekannt.

Beide Schulen sind staatlich anerkannte Privatschulen mit Ganztagesbetrieb. Etwa die Hälfte der Schülerschaft kommt aus dem Stadtteil, die andere Hälfte aus einem weiten Umkreis aus der Stadt und den angrenzenden Landkreisen. Die Schule erhebt Schulgeld. Die Eltern sind deshalb in der Regel gut situiert. Kinder alleinerziehender Eltern stellen dabei einen hohen Anteil. Entgegen dem sonstigen Trend an den Gymnasien besuchen doppelt so viele Jungen wie Mädchen die Schule. Ein Teil vor allem der männlichen Schüler verkörpert in seinem äußeren Erscheinungsbild den Typ des Jungunternehmers mit den dazugehörenden Accessoires wie schickes Outfit und schwarzes Auto. Allerdings gibt es dazu auch eine soziale Kontrastgruppe – ungefähr 100 Schülerinnen und Schüler aus belasteten Familienverhältnissen werden vom städtischen Jugendamt, das auch die Kosten für den Schulbesuch übernimmt, an die Schule vermittelt.

Die Schule ist bis zur Klassenstufe 9 eine Ganztagsschule. Neben dem über den Tag verteilten Unterricht bietet sie ein attraktives Angebot in der Mittagszeit und am Nachmittag. Dieses Ganztagsangebot macht die Schule für viele Eltern attraktiv, die aufgrund ihrer Berufstätigkeit wenig Zeit für ihre Kinder haben. Auch das Jugendamt nutzt die Schule speziell wegen ihres Nachmittagsangebots für Kinder und Jugendliche, die eine außerfamiliäre Tagesbetreuung brauchen.

Die Schule verfügt über eine gut ausgestattete Bibliothek. Die Ausstattung mit Computern wird derzeit erheblich ausgebaut. Hier wird ein erheblicher Nachholbedarf zugestanden. Für die Schule charakteristisch sind vielfältige sportliche Aktivitäten und Angebote. Das Fitnessstudio an der Schule wird von Schülerinnen, Schülern, Eltern und Ehemaligen betrieben; getragen wird es vom Gesundheitsclub an der Schule, der ca. 600 Mitglieder hat und damit auch finanziell von der Schule unabhängig ist. Die Cafeteria der Schule wird von Schülerinnen und Schülern selbstverantwortlich geführt; sie ist als Schülerfirma in der Gesellschaftsform einer Aktiengesellschaft organisiert; der Schulleiter ist Aktionär dieser Schülerfirma. Diese eigenverantwortliche Mitgestaltung des Schullebens durch Schülerinnen und Schüler bis hin zum entrepreneurship als pädagogischem Ziel sind wichtige Merkmale des pädagogischen Konzepts der Schule.

An den Nymphenburger Schulen arbeiten ungefähr 80 Lehrerinnen und Lehrer sowie neun Sozialpädagoginnen und Sozialpädagogen. Der Aufgabenbereich der Sozialpädagogen umfasst die Betreuung in der Mittagszeit und am Nachmittag sowie die Beratung und Förderung der Kinder und Jugendlichen. Diese sozialpädagogische Förderung und Betreuung ist ein weiteres wichtiges Kennzeichen der Schule.

Der Stadtteil Nymphenburg spielt für die Arbeit der Schule keine besonders große Rolle. Das Angebot und Profil der Schule ist für spezielle Gruppen interessant, der sozialräumliche Bezug ist demgegenüber nachrangig, auch wenn immerhin die Hälfte der Schülerinnen und Schüler aus dem Stadtteil selbst kommt.

Das Käthe-Kollwitz-Gymnasium

Das städtische Käthe-Kollwitz-Gymnasium befindet sich am Rand von Nymphenburg. Etwas mehr als 800 Schülerinnen und Schüler, zwei Drittel Mädchen, besuchen die Schule. Fast alle sind Kinder von Akademikern. Sie kommen überwiegend aus Nymphenburg, Gern und Obermenzing. Arbeiterkinder gibt es kaum, auch die wenigen Kinder und Jugendlichen ausländischer Herkunft stammen überwiegend aus privilegierten sozialen Verhältnissen. Die Schule ist in drei neuen, großzügigen und hellen Schulgebäuden auf einem großen Gelände mit viel Grün untergebracht.

An der Schule herrscht ein aufgeklärt-liberales Klima. Kunst und Kultur haben einen hohen Stellenwert. Sie bietet ein gehobenes, anspruchsvolles Programm und verfügt über eine große, gut ausgestattete Bibliothek. Wie bei vielen Gymnasien prägt auch hier der außerunterrichtliche Bereich das Profil der Schule, insbesondere im Bereich ästhetisch-kultureller Bildung: Theaterspiel, künstlerische Arbeiten, Musik, Schulorchester haben einen hohen Stellenwert. Dieses Angebot entspricht den Bedürfnissen vieler Schülerinnen,

Schüler und Eltern. Auch das Theaterspielen gehört für viele zum kulturellen Experimentieren in der Jugendphase.

Der Stadtteil spielt in der Arbeit der Schule keine besondere Rolle. Die Schule präsentiert sich als eine relativ offene Schule im Stadtteil. Ihre künstlerischen und kulturellen Interessen passen sich gut in den Stadtteil ein. Sie macht jedoch keine expliziten Angebote an die Bewohnerinnen und Bewohner des Stadtteils. Mit sozialen Diensten und der Jugendpolizei arbeitet die Schule zusammen. Die Kooperation bewegt sich im üblichen Rahmen und beschränkt sich auf bilaterale Zusammenarbeit mit den zuständigen Einrichtungen und Diensten bei gegebenen Anlässen.

Die Hauptschule am Winthirplatz

Die Hauptschule am Winthirplatz ist die zuständige Hauptschule auch für Nymphenburg. Sie liegt im benachbarten Stadtteil Neuhausen. Die Schule ist in den Jahrgangsstufen 5 und 6 vierzügig, in den anderen dreizügig. Sie hat etwas mehr als 400 Schülerinnen und Schüler, der Anteil der Jungen ist geringfügig höher als der der Mädchen. Ungefähr 40% der Schülerinnen und Schüler haben Eltern ausländischer Herkunft, insbesondere aus der Türkei und aus dem früheren Jugoslawien. In der Nähe der Schule befindet sich ein städtisches Kinderheim, das Waisenhaus; viele dieser Kinder, für die eine gesetzliche Inobhutnahme notwendig geworden ist, besuchen die Hauptschule am Winthirplatz. Doch nicht nur sie sind Problemfälle für die Schule, auch viele der anderen Kinder und Jugendlichen kommen aus schwierigen und problematischen familiären Verhältnissen. Aus Nymphenburg selbst besuchen nur wenige Schülerinnen und Schüler die Schule; diejenigen, die von hier kommen, zeigen in der Regel massive Lernschwierigkeiten.

Die Schule hat ein neues Schulprogramm. Die Vorbereitung auf die Berufs- und Arbeitswelt hat darin einen zentralen Stellenwert. Sie hat im Zusammenhang damit offene Unterrichtsmethoden eingeführt, teilweise wird nach einem Wochenplan gearbeitet. Selbständiges Lernen wird besonders gefördert.

Ein wichtiges Element dieser Neuerungen war die Einrichtung von sogenannten Praxisklassen. Diese sind wesentlicher Teil der Reform der Hauptschule in Bayern und bieten besondere, praxisorientierte Unterrichtsangebote für Schülerinnen und Schüler ab Klasse 8, die im Rahmen ihrer Pflichtschulzeit keinen Hauptschulabschluss schaffen werden. Da solche Klassen aber nicht an allen Hauptschulen gebildet werden, kommen die Schülerinnen und Schüler dieser Klassen auch aus mehreren anderen Hauptschulen. Dadurch ergeben sich neue Probleme der sozialen Integration dieser oft sozial benachteiligten Jugendlichen, die bisher noch nicht befriedigend gelöst werden konnten.

An der Schule relativ neu sind Angebote der Schulsozialarbeit, die von der evangelischen Jugendarbeit in Neuhausen durchgeführt werden. Schwerpunkte sind Hausaufgabenbetreuung am Nachmittag und berufsorientierende Angebote.

Die Schule liegt nicht in Nymphenburg. Sie hat ihre Kontakte auch nicht dorthin, sondern vor allem nach Neuhausen, woher auch die meisten Schülerinnen und Schüler kommen. Sie ist im Arbeitskreis Neuhausener Jugend vertreten, und arbeitet mit der Jugendhilfe und der Polizei zusammen. Außerdem ist die Schule offen für andere Einrichtungen. Die städtische Musikschule probt in den Räumen der Schule, die Sporthalle der Schule wird abends von verschiedenen Vereinen genutzt. Auch für private Initiativen, z.B. einen Verein, der Kurse für Legastheniker anbietet oder den vom Elternbeirat der Schule initiierten Englischkurs, stellt die Schule ihre Räume zur Verfügung.

5 Die Schulen in Schwabing-West

Die Hauptschule am Bayernplatz

Die Hauptschule am Bayernplatz ist die einzige Hauptschule in Schwabing-West. Ihr Schulsprengel deckt den größten Teil des Stadtbezirks ab; in das Stadtbezirksgebiet hinein reichen allerdings auch noch die Sprengel zweier Hauptschulen benachbarter Bezirke.

Die Hauptschule am Bayernplatz ist eine relativ kleine Schule mit etwa 180 Schülern. Die Schülerzahlen sind zuletzt kontinuierlich zurückgegangen, was mit einem in Schwabing nach wie vor wirksamen Trend zu den weiterführenden Schulen Gymnasium und Realschule erklärt wird. Von einem Neubaugebiet am Rande des Stadtviertels erhofft sich die Schule neuen Zulauf, um so auch die mit einem weitergehenden Rückgang der Schülerzahlen verbundene Existenzgefährdung abwehren zu können.

Die überschaubare und gepflegte Schule mit ihrer fast familiären Atmosphäre liegt zusammen mit einer Grundschule, zu der ein gutes Verhältnis besteht, am Rande einer Parkanlage.

Die Schülerschaft besteht jeweils etwa zu Hälfte aus Mädchen und Jungen; der Ausländeranteil liegt bei etwa einem Drittel, was für eine großstädtische Hauptschule gering ist und auch nicht als problematisch gesehen wird, wie überhaupt Hinweise auf eine besondere Problembelastung dieser Hauptschule fehlen.

Die Schule konzentriert sich ihrem Selbstverständnis nach – und dies spiegelt sich auch in der Außenwahrnehmung wieder – auf einen reibungslosen inneren Schulbetrieb, auf einen guten Unterricht, auf ein positives soziales Klima ohne Angst und Stress. Dabei ist sie sich der besonderen erzieherischen und sozialen Anforderungen einer Hauptschule durchaus bewusst und bemüht sich diesen, auch ohne zusätzliche Dienstleistungs- und Beratungsangebote, wie Mittagstisch, Cafeteria, Freizeitangebote, Hausaufgabenhilfen oder Schulsozialarbeit, gerecht zu werden.

Die Schule ist weder Freizeitort für Jugendliche noch Kulturzentrum. Dafür hat sie guten Kontakt zu einem benachbarten Freizeitheim und arbeitet im präventiven Bereich eng mit den Jugendbeamten der Polizei zusammen. Als besonderer profilbildender Schwerpunkt gilt die Berufsvorbereitung, das Betriebspraktikum und damit verbundene Projekte und Unterrichtsgänge.

Die Schule am Bayernplatz ist insgesamt eine relativ unauffällige Schule – eine durchschnittliche Schule ohne besondere Außenwirkung. Sie fällt aber auch nicht, was bei Hauptschulen öfter der Fall ist, durch Negativschlagzeilen auf. Bei denen, die sie näher kennen, hat sie keinen schlechten Ruf. Aber zwei Drittel der Stadtteilbewohner haben noch nie etwas von dieser Schule gehört, weitere 20% kennen sie allenfalls dem Namen nach oder vom Hörensagen. Und auch nur gut der Hälfte der befragten Schwabinger Jugendlichen ist die Hauptschule am Bayernplatz bekannt. Fast alle Jugendlichen, die sie kennen, geben an, dass sie für sie überhaupt nicht in Frage gekommen wäre oder sie allenfalls ungern diese Schule besuchen würden.

Der positive Eindruck vom Innenleben der Hauptschule am Bayernplatz spiegelt sich also in der Außenwahrnehmung nicht wieder, was zweifelsfrei am negativen Image der Schulart, insbesondere im bildungsbürgerlichen Stadtteil Schwabing liegt und weniger an der Schule selbst. Allerdings tut sie mit ihrer Konzentration auf ihren internen Schulbetrieb auch wenig, um etwa durch mehr Stadtteilbezüge, durch Auf- und Ausbau von unterrichtsergänzenden Angeboten, diesem Eindruck entgegen zu wirken.

Die Hermann-Frieb-Realschule

Die Hermann-Frieb-Realschule in Schwabing-West ist einer begrenzten Öffentlichkeit durch ihre Big-Band bekannt, die auch öffentlich auftritt. Etwas untypisch für eine Realschule bestimmt der Schwerpunkt Musik das Profil und den Ruf dieser Schule. Es ist eine relativ große, drei- bis vierzügige Schule mit knapp 400 Schülerinnen und Schülern der Jahrgangsstufen 7-10 (1998/99). Seit dem Schuljahr 1999/2000 gehört sie zu den sechsstufigen Münchener Realschulen mit den Schuljahren 5 bis 10.

Der musische Schwerpunkt ist auch der Grund dafür, dass die Schule schon seit Jahren ihre Schülerschaft nicht nur aus ganz Schwabing, sondern darüber hinaus aus ganz München und sogar aus dem Münchener Umland rekrutiert. Das Geschlechterverhältnis bei den Schülern ist ausgeglichen, der Ausländeranteil beträgt ca. 20%. Die Lehrkräfte sind teilweise schon sehr lange an der Schule – entsprechend hoch ist das Durchschnittsalter des Kollegiums.

Die Schule liegt verkehrsgünstig im Herzen von Schwabing-West. Sie ist in einem um die Wende vom 19. zum 20. Jahrhundert errichteten traditionellen Schulbau untergebracht und mittlerweile auch zur vollen Zufriedenheit aller Beteiligten hervorragend mit Fachräumen ausgestattet.

Die Schule ist zwar keine Ganztagsschule, aber die Schüler können sich den ganzen Nachmittag über im Schulgebäude aufhalten und auch schulische Einrichtungen, insbesondere die Turnhallen und einen fast professionell ausgestatteten Tischtenniskeller nutzen – teilweise zum Verdruss einer in der Nähe befindlichen Jugendfreizeitstätte, die dieses schulische Nachmittagsangebot als Konkurrenz empfindet. Aber die Schule meint, gerade weil sie wegen ihres Musikangebots als eine Art Magnetschule viele Schüler hat, die nicht unmittelbar im räumlichen Umfeld zu Hause sind, für diese verstärkt auch Versorgungs- und Freizeitangebote machen zu müssen, die an einer Halbtagsschule sonst nicht üblich sind. Deshalb gibt es beispielsweise auch einen Mittagstisch und eine von Schülern selbst betriebene Cafeteria. Den Mittagstisch und die pädagogische Nachmittagsbetreuung nutzen regelmäßig etwa 50 Schülerinnen und Schüler.

Dank der pädagogischen Nachmittagsbetreuung mit Ergänzungsunterricht und ihren musischen und sportlichen Angeboten gelingt es der Schule offenbar, so etwas wie eine ‚corporate identity' auszubilden, und damit auch jugendtypischen Verhaltensauffälligkeiten – wie Suchtgefährdung oder Schwänzen –, die teilweise aus dem Stadtteil herrühren, aber auch mit den vielen Fahrschülern zusammenhängen, erfolgreich zu begegnen.

Die schulinternen Kultur- und Freizeitaktivitäten haben bisher – von den Auftritten der Big-Band einmal abgesehen – nicht dazu geführt, dass die Schule eine besondere Beziehung zum Stadtteil Schwabing-West entwickelt hätte. Hier wird noch Handlungsbedarf gesehen. Der Ruf der Schule im Stadtteil ist nicht schlecht, vor allem wenn man berücksichtigt, dass die Schule darunter gelitten hat, dass sich vor einigen Jahren auf einem direkt benachbarten zentralen Schwabinger Platz eine Jugendszene etabliert hatte, die weit über München hinaus Negativschlagzeilen gemacht hat. Dass der Stadtteil in der Schule bisher keine so große Rolle spielt, wird eben dadurch erklärt, dass die Mehrheit der Schüler nicht aus Schwabing-West kommt, sondern überwiegend aus einem den Stadtteil weit übergreifenden Einzugsbereich.

Die Riccarda-Huch-Realschule

Die städtische Riccarda-Huch-Realschule befindet sich zusammen mit einer Grundschule in einem Ende des 19. Jahrhunderts erbauten denkmalgeschützten Schulgebäude. Sie verfügt über alle erforderlichen Fachräume und eigene Sportstätten, oder kann sie – dies gilt besonders für größere Sportanlagen und Schwimmhallen – in unmittelbarer Nachbarschaft nutzen. Die Räumlichkeiten der Schule sind dank des Engagements von Schülern und Eltern angenehm gestaltet und die Schüler halten sich dort gerne auf.

Die Schule wurde als eine Mädchenrealschule gegründet. Seit 20 Jahren nimmt sie auch Jungen auf. Heute verteilen sich die 400 Schülerinnen und Schülern der vierzügigen Realschule gleichmäßig auf die Geschlechter. Der Anteil ausländischer Schüler ist gering und stellt kein Problem dar.

Die Schule liegt mitten in Schwabing in der Nachbarschaft einiger renommierter Gymnasien, was sich auf die Zusammensetzung der Schülerschaft und auf das Profil der Schule auswirkt. Die Sogwirkung der Gymnasien bringt es mit sich, dass sich insbesondere Jugendliche, die im Stadtteil wohnen, zum Nachteil der Realschule für eine gymnasiale Schullaufbahn entscheiden. Nur etwa die Hälfte der Schüler der Riccarda-Huch-Realschule kommt derzeit aus dem unmittelbaren Wohnumfeld der Schule.

Die Schule nimmt aber auch relativ viele Rückkehrer von den Gymnasien auf, die dort mit der zweiten Fremdsprache nicht zurecht kamen. Weil die Riccarda-Huch-Realschule als Besonderheit einen erweiterten Französischunterricht als zweite Fremdsprache anbietet, gibt es für diese Schüler einen guten Anschluss, beziehungsweise sogar die Möglichkeit später doch noch einen gymnasialen Abschluss oder das Fachabitur zu erreichen.

Wie alle städtischen Realschulen in München verfügt auch die Riccarda-Huch-Realschule über eine pädagogische Nachmittagsbetreuung mit Mittagstisch und in diesem Zusammenhang auch über ein entsprechendes außerunterrichtliches Angebot: Sport – Fussball, Tischtennis –, Theater, Kochen, Internet. Die Schule hat sich zuletzt verstärkt darum bemüht, diesen außerunterrichtlichen Bereich und damit verbunden das soziale Miteinander in der Schule, die Vermittlung sozialer Kompetenzen, besonders zu fördern. Dies schien mit Blick auf ihre spezifische Schülerzusammensetzung mit den vielen ‚gescheiterten' Gymnasiasten erforderlich. Die Gründe dafür lagen aber auch in aufsehenerregenden Vorfällen in der Schwabinger Jugendszene, die vor einigen Jahren auch in die Schule hineinwirkten. Aus dieser Erfahrung ist man hier auch sehr sensibel in Bezug auf jugendliche Verhaltensauffälligkeiten, insbesondere mit Blick auf Drogen – ohne dass diese heute noch ein besonderes Problem darstellten.

Die Schule bemüht sich darum, ihre sozialpädagogischen Aktivitäten als besondere Qualität auch öffentlich hervorzuheben. Andererseits werden in diesem Zusammenhang – und hier spielt wieder die ‚Nähe' zu den Gymnasien eine Rolle – Befürchtungen geäußert, dass diese zu Lasten der unterrichtlichen Leistungsfähigkeit, zu Lasten einer stärker gymnasial orientierten Bildung gehen, vor allem dann, wenn Lehrer dafür Aufgaben wahrnehmen, die eher sozialarbeiterischen Charakter haben.

Die Bemühungen um die außerunterrichtlichen Angebote und ein gutes Schulklima haben allerdings nicht dazu geführt, dass die Schule auch ihre Stadtteil- oder Nachbarschaftsbezüge besonders entwickelt hätte. Es gibt keine bemerkenswerten Veranstaltungen und Aktivitäten dieser Art. Auch eine Mitarbeit der Schule in Stadtteilgremien oder Nachbarschaftsinitiativen findet nicht statt. Die meisten Lehrerinnen und Lehrer, ein Großteil der Schülerinnen und Schüler und damit auch der Eltern wohnen eben nicht im Stadtbezirk, so dass solche Bezüge sich schon von daher nicht selbstverständlich entwickeln, sondern – wenn man sie wollte – gezielt inszeniert und entwickelt werden müssten.

Von den Stadtteilbewohnern, die die Schule kennen und die sich zutrauen, ein Urteil über sie abzugeben – und das sind bei einer Realschule in Schwabing weniger als bei einem Gymnasium – bekam die Riccarda-Huch-Realschule einen den der Gymnasien vergleichbaren, teilweise sogar besseren Ruf bescheinigt.

Das Willy-Graf-Gymnasium

Das städtische Willy-Graf-Gymnasium ist eine 1966 für die steigende Schülerzahl im damals mit Gymnasien unterversorgten Münchener Norden eingerichtete Schule mit neusprachlichem und mathematisch-naturwissenschaftlichem Zweig. Die Schule liegt zusammen mit dem benachbarten Sophie-Scholl-Gymnasium, einer Mädchenschule, in einer Parkanlage, ist aber mit öffentlichem Nahverkehr gut zu erreichen (U-Bahn, Bus und Straßenbahn). Die Namenspatrone beider Schulen waren Mitglieder der Weißen Rose, einer Widerstandsgruppe des Nationalsozialismus an der Münchener Universität; sie wurden 1943 hingerichtet. Neben der ruhigen Lage sind auch die großzügigen Räumlichkeiten, eine schöne Aula mit Bühne auch für größere Veranstaltungen, zwei Sporthallen und eine Schwimmhalle hervorzuheben.

Der Einzugsbereich der Schule erstreckt sich auf ganz Schwabing, ein erheblicher Teil der Schüler kommt aus dem nördlich des Stadtbezirks gelegenen, nur zwei U-Bahn-Stationen entfernten Olympischen Dorf, der Rest aus dem übrigen Münchener Norden und aus dem gesamten Stadtgebiet. Der Anteil der Jungen ist mit 60% überdurchschnittlich hoch, was daran liegt, dass das Nachbargymnasium auf dem gleichen Gelände eine reine Mädchenschule ist. Der Ausländeranteil liegt im Münchener Durchschnittsbereich von 20% und wird nicht als Problem wahrgenommen.

In der Zeit seiner Gründung in den 60er Jahren erwarb sich das Willy-Graf-Gymnasium den Ruf einer politisch engagierten Schule, die damals viele junge, gewerkschaftlich organisierte ‚linke' Lehrkräfte beschäftigte. Dazu gehörte auch eine besondere Verpflichtung gegenüber den im Bildungssystem bis dahin benachteiligten Kindern des unterprivilegierten Münchener Nordens. Dieser Tradition des Eintretens für demokratische Werte und der Bekämpfung jeglicher Formen von Diskriminierung fühlt sich die Schule ganz im Sinne ihres Namengebers bis heute verpflichtet. Zum Ausdruck kommt dies in vielen Veranstaltungen und schulischen Aktivitäten. Die Schule ist Mitglied der ‚Weiße-Rose-Stiftung' und führt regelmäßig Besuche im Konzentrationslager Dachau durch. Im Rahmen einer Solidaritätsaktivität für unterdrückte Völker kümmert sich ihre Eine-Welt-Gruppe seit mehr als 10 Jahren um eine Patenschule in der Westsahara.

Mittlerweile wird aber von manchen, die das Willy-Graf-Gymnasium gerade wegen dieser staatsbürgerlichen Bildung geschätzt und gewählt haben, beklagt, dass diese Tradition schon zu einem guten Teil verloren gegangen sei. In der Tat scheint der Stellenwert einer explizit politischen Orientierung heute relativiert zugunsten einer Ausrichtung, die eher mit dem Begriff ,schülerorientierte Schule' zu kennzeichenen ist. Das Bemühen um die Förderung der Persönlichkeitsentwicklung der Schülerinnen und Schüler und ihrer sozialen Einbindung in die Schulgemeinschaft prägt inzwischen ganz wesentlich das Schulprofil. Ausgangspunkt für diese Art der Profilbildung war die Erfahrung von zunehmender psychischer Verwahrlosung von Kindern und Jugendlichen in der Folge eines mit den individualisierten Lebensstilen verbundenen exzessiven Konsum- und Freizeitverhaltens und der entsprechenden Wertorientierungen, die gerade in einem Stadtteil wie Schwabing besonders ausgeprägt sind.

Deshalb hat die Schule einen Schulpsychologen und arbeitet mit Drogen- und Gesundheitsberatungseinrichtungen zusammen. Bisher fehlen Schulsozialarbeiter, für die es einiges zu tun gäbe.

Die Schule verfügt heute über ein reichhaltiges Schulleben mit vielen außerunterrichtlichen Aktivitäten, deren Schwerpunkt allerdings weniger in den traditionellen musischen Feldern Kunst und Musik liegt, sondern in thematisch neuereren Gebieten wie Umwelt, Medien, Informatik und Kommunikation oder Suchtprävention. Zur Schule gehört ein Tagesheim mit Mittagstisch, das von ca. 80 Schülern der unteren Klassenstufen in Anspruch genommen wird.

Delinquenz, Kriminalität und Gewalt fallen in der Schule selbst nicht besonders auf, werden wohl aber als eine ständige latente Gefährdung der Schüler im Umfeld empfunden. Deshalb gibt es eine gute Zusammenarbeit mit den Jugendbeamten der Polizei.

Über derartige fakultative problemorientierte Kooperationen mit anderen Einrichtungen und Diensten im Stadtteil hinaus hat das Willy-Graf-Gymnasium keinen besonderen Stadtteilbezug. Das skizzierte Profil und Selbstverständnis der Schule, das eher durch das Bemühen gekennzeichnet ist, Risiken und Benachteiligungen ihrer Schüler in der außerschulischen Lebenswelt zu kompensieren, legt dies auch nicht unbedingt nahe. Außerdem hat das Willy-Graf-Gymnasium als relativ junge Schule nicht die Tradition einer Stadtteilschule, deren Einbindung in den Stadtteil sich über mehrere Generationen von Stadtteilbewohnern, die sie besucht haben, hätte entwickeln können. Dies erklärt auch, warum die Schule, obgleich sie ein Gymnasium ist, bei der erwachsenen Stadtteilbevölkerung vergleichsweise wenig bekannt ist; anders ist dies bei den

Schwabinger Jugendlichen, von denen ein relativ hoher Anteil die Schule kennt. Viele, die sie nicht besuchen, geben auch an, dass die Schule für sie in Frage gekommen wäre oder sie sogar sehr gerne dahin gegangen wären.

Das Sophie-Scholl-Gymnasium

Das städtische Sophie-Scholl-Gymnasium ist eine reine Mädchenschule mit neusprachlichem und sozialwissenschaftlichem Zweig, dreizügig mit ca. 750 Schülerinnen. Die Schule wurde in den 20er Jahren des letzten Jahrhunderts als evangelische Mädchenoberschule gegründet, später von der Stadt übernommen und unter unterschiedlichen Namen und in wechselnden Schulgebäuden immer in Schwabing geführt. Mit der Einrichtung des neuen Schulgebäudes Anfang der 60er Jahre bekam die Schule ihren heutigen Standort und Namen – in Erinnerung an die Widerstandskämpferin der Weißen Rose.

Die Schule liegt am Rande einer Parkanlage in unmittelbarer Nachbarschaft des koedukativen Willy-Graf-Gymnasiums und liegt damit zwar nicht inmitten eines Wohngebietes, ist aber verkehrsmäßig gut erreichbar.

Die Schule verfügt über alle erforderlichen Einrichtungen, unter anderem über ein attraktives Tagesheim für Schülerinnen der unteren Klassen, die das Gelände auch nachmittags außerhalb des Unterrichts nutzen.

Der Einzugsbereich des Sophie-Scholl-Gymnasiums ist der ganze Münchener Norden. Es kommen aber auch Schülerinnen aus dem übrigen Stadtgebiet und sogar von außerhalb Münchens. Der Ausländerinnenanteil liegt etwa im Münchener Durchschnitt bei 20%; darunter sind viele türkische und israelische Mädchen und Mädchen aus den Balkanländern, deren Eltern ihre Töchter aus religiös-kulturellen Motiven heraus gezielt auf eine Mädchenschule schicken.

Im Zentrum des Selbstverständnisses der Schule steht ein moderner Ansatz einer mädchenspezifischen Pädagogik mit dem Ziel, Mädchen zu selbstbewussten, kritischen und leistungsfähigen jungen Frauen zu erziehen. Wert gelegt wird auf ein sehr ruhiges und gediegenes Lernklima. Der familiäre Charakter der Schule wird betont. Die Schülerinnen sollten sich auch außerhalb des Unterrichts gerne in der Schule aufhalten und wohl fühlen. Die Schulatmosphäre ist durch ein nicht konfessionsgebundenes religiöses Leben geprägt, zu dem Besinnungsstunden und Gottesdienste mit Dritte-Welt-Spendenaktionen gehören.

Die Schule arbeitet derzeit intensiv an der Weiterentwicklung ihres Profils, insbesondere im sozialwissenschaftlichen Zweig, den zwei Drittel der Schülerinnen wählen. Die Orientierung geht weg von hauswirtschaftlichem hin zu sozial-, politik- und wirtschaftswissenschaftlichen Angeboten – Computer und Medien statt Küche und Kochen. Das Sophie-Scholl-Gymnasium sieht sich in der Verpflichtung gegenüber ihrer Namensgeberin zu politischem und sozialem Handeln aufgefordert.

Berufs- und Arbeitswelt kennenlernen, verpflichtende Betriebspraktika, Beteiligung an mädchenspezifischen Berufsvorbereitungsprojekten, Informationsbesuche im Berufsinformationszentrum, aber auch in Betrieben und Hochschulen, sind hier ein profilbildender Schwerpunkt.

Die Schule versteht sich darüber hinaus aber auch als eine Art sozial verpflichtete Schule. Viele der Schülerinnen kommen aus schwierigen familiären Verhältnissen, haben alleinerziehenden Eltern oder belastete Familien mit Stiefelternteilen und Stiefgeschwistern und oft auch mit finanziellen Problemen. Mädchentypische Verhaltensauffälligkeiten wie Anorexie und Bulimie werden als Herausforderung in der Schule gesehen, und man kümmert sich um solche Mädchen. Ausländerintegrative Leistungen, das Tagesheim- und Mittagstischangebot für jüngere Schülerinnen und die Aufnahme von Realschulabsolventinnen in Übergangs- und Anschlussklassen zur gymnasialen Oberstufe sind Belege für die soziale Verpflichtung, die die Schule für sich in Anspruch nimmt und einzulösen versucht.

Probleme hat das Sophie-Scholl-Gymnasium mit seinem Verhältnis zum Stadtbezirk. Als alte Schwabinger Schule bedauert sie die mangelhafte Integration in den Stadtteil, bemüht sich aber darum. Kulturelle Veranstaltungen und Schulfeste werden stadtteilöffentlich durchgeführt, ein Förderverein wurde gegründet, der besonders die Außenbeziehungen der Schule pflegen soll; der Bezirksausschuss des Stadtteils wird eingeladen, immer wieder einmal seine Sitzungen in der Schule abzuhalten. Dennoch sieht die Schule hier noch weiteren Handlungsbedarf. Ein Projekt ‚Schülerinnen helfen Bürgern in Not' und verpflichtende dreiwöchige Praktika in benachbarten sozialen Einrichtungen, Kindergärten und Krankenhäusern, sollen dazu beitragen, die Bezüge und die Verankerung der Schule im Stadtbezirk zu verbessern. Die Voraussetzungen dafür sind günstig, denn das Sophie-Scholl-Gymnasium ist mit Abstand die bekannteste Schwabinger Schule und genießt auch einen vergleichsweise guten Ruf bei der Wohnbevölkerung.

Das Gisela-Gymnasium

Das Gisela-Gymnasium ist ein staatliches Gymnasium mit mathematisch-naturwissenschaftlichem und neusprachlichem Zweig und wird derzeit von etwa 800 Schülerinnen und Schülern besucht.

Die Schule wurde vor 100 Jahren am Beginn des 20. Jahrhunderts als Realschule für bürgerliche Berufe errichtet. Sie ist damit heute eigentlich das älteste Schwabinger Gymnasium, denn anders als die beiden bereits Mitte des 19. Jahrhunderts als Gymnasien gegründeten Schulen Maximilians- und Oskar-von-Miller-Gymnasium im benachbarten Schwabinger Stadtbezirk 12, die erst 1912 von der Münchener Innenstadt in ihre Schwabinger Schulgebäude verlegt wurden, verblieb die Schule seit ihrer Gründung in ihrem Schulgebäude. Gebäude und Räumlichkeiten bedürfen mittlerweile allerdings einer Generalsanierung. Die Ausstattung ist nicht mehr zeitgemäß und das Gymnasium verfügt mit seiner Lage im verdichteten Innenstadtrandgebiet über viel zu wenig Außenflächen und Anlagen.

Die Schule ist neuerdings wieder völlig ausgelastet, nachdem vor einigen Jahren ein relativer Schülerrückgang feststellbar war. Diesem Umstand und ihrer historischen Verankerung im Stadtteil war es auch zu verdanken, dass eine vor kurzem erwogene Verlagerung der Schule in den Münchener Norden abgewehrt werden konnte.

Die Zusammensetzung der Schülerschaft ist gemischt. Etwa ein Drittel der Schüler kommt aus dem Nahbereich des Schulumfeldes, ein anderer Teil aus dem Münchener Norden und der Rest rekrutiert sich stadtweit. Als besondere Zielgruppen werden von der Schule jüdische Spätaussiedlerkinder und schwerhörige Schüler betreut. Die Schule ist stolz auf ihre friedliche Atmosphäre und den konfliktfreien Umgang von Schülern unterschiedlicher ethnischer und sozialer Herkunft miteinander.

Schon aufgrund der dafür unzureichenden räumlichen Verhältnisse kann sich die Schule kaum durch besondere unterrichtsergänzende sozialpädagogische Angebote oder durch freizeitpädagogische Aktivitäten profilieren. Es gibt die an Gymnasien üblichen Bemühungen um die Kultur in der Schule mit Angeboten vor allem im musischen und gestalterischen Bereich. Von Lehrkräften wurde vor kurzem auch eine schulinterne Studie über die Befindlichkeit ihrer Schüler durchgeführt – auch dies ein Zeichen dafür, dass das Wohlergehen der Schülerinnen und Schüler ein Anliegen der Schule ist.

Die Schule hat Auslandskontakte nach England, Frankreich, Spanien und Italien – Spanisch und Italienisch sind besondere Unterrichtsangebote. Die außerschulische Lebenswelt der Schülerinnen und Schüler ist sehr unterschiedlich, aber überwiegend doch dem gehobenen Milieu eines modernen großstädtischen Innenstadtrandgebietes zuzurechnen. Das Gisela-Gymnasium hat sich von allen Schwabinger Gymnasien am ehesten den Ruf einer Stadtteilschule erhalten. Der Stadtteilbezug der Schule ist allerdings eher ein gefühlsmäßiger, durch die lange Tradition der Schule im Stadtteil und durch den relativ hohen Anteil von in der Nachbarschaft wohnenden Schülerinnen und Schüler bedingt, und erklärt sich nicht durch besondere stadtteilbezogene Aktivitäten oder gar auf das sozialräumliche Umfeld bezogene konkrete Angebote. Die Schule ist auch nicht fest in ein Kooperationsgefüge von Kultur-, Bildungs- und Sozialeinrichtungen des Stadtteils einbezogen – abgesehen von bilateralen Kontakten, insbesondere zu den Jugendbeamten des Stadtviertels und zu dem benachbarten Theater der Jugend.

6. Die Schulen in Berg am Laim

Die Hauptschule am Echardinger Grünstreifen

Die Hauptschule am Echardinger Grünstreifen ist eine kleine Schule. 200 Schülerinnen und Schüler werden in 11 Klassen in den Schuljahrgängen 5 bis 9 von 20 Lehrern unterrichtet, meist in zwei Parallelklassen. Nur 1998 konnten im fünften Schuljahr drei Parallelklassen gebildet werden – was zu einer gegenüber den früheren Schuljahrgängen deutlich niedrigeren Klassenfrequenz führte. Während sich in den älteren Jahrgängen oft 32 Kinder in einer Klasse finden, sind es hier nur 21.

Die niedrige Schülerzahl an der Schule allerdings bedeutet keineswegs, dass man über großzügige räumliche Möglichkeiten verfügt; im Gegenteil: die Schule teilt sich auf dem Schulgelände zwei Gebäude mit einer Förderschule für Lernbehinderte und beide Schulen leiden unter spürbarer Raumnot. Für die Hauptschule gibt es deshalb zu wenige Fachräume (nur ein Physikraum, eine Schulküche und ein Computerraum), alle übrigen Räume müssen als Klassenräume genutzt werden.

Die Raumnot schränkt auch das Schulleben an der Schule spürbar ein. So gibt es keine Aufenthaltsräume für die Schüler, was insbesondere dann ein Problem ist, wenn nachmittags noch Unterricht stattfindet. Man behilft sich damit, dass die Schüler die Mittagszeit im Klassenzimmer verbringen dürfen. Aber eine Mittagsbetreuung, wie sie an anderen Münchener Hauptschulen oft in Verbindung mit Schulsozialarbeit angeboten wird, ist hier wegen der Raumsituation unmöglich, obgleich der Bedarf unübersehbar vorhanden ist.

Die Lage der Schule ist trotz ihrer Nähe zum Innsbrucker Ring, einer der am stärksten belasteten Straßen Münchens, durchaus angenehm. Zur Straßenseite hin liegen hauptsächlich Gänge und andere nicht für Unterricht genutzte Räume, während die Klassenräume zum Grüngürtel hin liegen, in den das Schulgelände eingebettet ist. Das bedeutet allerdings auch, dass die Klassenräume nach Süden orientiert sind, was Schwierigkeiten für die Lichtverhältnisse mit sich bringt (Blendung), die gerade im Sommer den Unterricht oft beeinträchtigen.

Die geringe Schülerzahl bedeutet auch, dass das Kollegium klein ist (20 Lehrerinnen und Lehrer), so dass es auch durchaus Schwierigkeiten bereitet, den Fachunterricht in wünschenswerter Weise abzudecken. So ist Sport für Jungen schon seit vier Jahren nicht mehr durch eine Sportlehrer abgedeckt. Der Unterricht wird von anderen Lehrern erteilt, aber gerade hier würde man sich an einer Hauptschule einen fachlich kompetenten Kollegen wünschen. Das zeigt sich gerade auch im Vergleich zum Sportangebot für Mädchen, das einen hohen Stellenwert an der Schule hat und zu guten Ergebnissen führt.

Die Alterszusammensetzung des Kollegiums hat sich in den letzten Jahren durch einige Zugänge jüngerer Kolleginnen deutlich verbessert.

Etwa die Hälfte der Schülerinnen und Schüler sind ausländischer Nationalität – meist stammen sie oder ihre Eltern aus der Türkei oder dem ehemaligen Jugoslawien. Darin sieht aber die Schule kein besonders Problem, denn sie sprechen gut deutsch. Probleme und Belastungen auch für die Arbeit in der Schule ergeben sich vielmehr aus schwierigen Familienverhältnissen der Schülerinnen und Schüler, und zwar insbesondere auch der deutschen, unter denen der Schulleiter den Anteil der Scheidungskinder auf 80% schätzt.

Wie alle anderen Münchener Hauptschulen auch hat die Schule am Echardinger Grünstreifen einen definierten Einzugsbereich (Schulsprengel). Hauptschülerinnen und Hauptschüler aus diesem Bereich sind verpflichtet, diese Schule zu besuchen, es sein denn – und hier liegt ein besonderes Problem dieser Schule –, sie besuchen die integrierte Orientierungsstufe im benachbarten Stadtbezirk Neuperlach. Dies ist eine mit besonderem, auch bildungspolitischem Engagement der Stadt bis heute weitergeführte Form der Integration in den Schuljahrgängen 5 und 6 in der Nachfolge eines

Modellversuchs aus den 70er Jahren. Diese Schule zieht der Hauptschule im fünften und sechsten Schuljahr speziell die Schüler ab, deren bildungsorientierte Eltern den Zeitpunkt für die Übertrittsentscheidung für weitere zwei Jahre offenhalten möchten. Genau das Engagement solcher Eltern würde man sich allerdings auch für die eigene Schule wünschen, denn die Mitwirkung der Eltern wird als enttäuschend gering wahrgenommen.

Neben dem Wegbleiben von Kindern aus besonders bildungsengagierten Elternhäusern durch die Nachbarschaft mit der schulformunabhängigen Orientierungsstufe empfindet es die Schule als besondere Belastung, dass sie in jedem Jahr etwa zehn Schüler der Orientierunsstufe, die dann keine Empfehlung für eine weiterführende Schule erreichen, im siebten Schuljahr reintegrieren muss. Das macht durchaus Schwierigkeiten, denn diese Jugendlichen sehen sich häufig an weiterführenden Bildungsansprüchen gescheitert und fordern in vielen Fällen von der Schule bis zum Ende ihrer Schulpflicht einen erhöhten Aufwand für ihre Integration.

Der Übergang von der Schule in Ausbildung und Beruf und die Vorbereitung der Jugendlichen auf diesen Übergang hat an der Hauptschule am Echardinger Grünstreifen einen hohen Stellenwert. Dafür werden zum einen die arbeitsweltbezogenen Aktivitäten, wie die Betriebspraktika und die Zusammenarbeit mit der Berufsberatung, sehr ernst genommen. Man macht zusätzlich Betriebserkundungen und sucht das Berufsinformationszentrum auf. Die Schule arbeitet mit Schulsozialarbeitern des Jugendamtes zusammen, die in einem Büro im Stadtteil angesiedelt sind; ein Einsatz der Schulsozialarbeiter vor Ort an der Schule selbst scheiterte bisher an der beschriebenen Raumnot.

Die Schule hat auch erkannt, dass ein guter Schulabschluss heute eine wesentliche Voraussetzung für das Gelingen des Übergangs in Ausbildung ist. Deshalb bemüht sie sich besonders, den Schülern zum qualifizierenden Hauptschulabschluss zu verhelfen, der – mit Unterschieden von Jahrgang zu Jahrgang – etwa von 45% der Schülerinnen und Schüler auch erreicht wird.

Besondere stadtteilbezogene Aktivitäten der Schule gibt es nicht. Aber man ist auch über die konkrete Zusammenarbeit bei der Berufsorientierung hinaus mit der Jugendhilfe durchaus im Gespräch, um die Situation der Jugendlichen im Stadtteil auch außerhalb der Schule zu verbessern. Denn Raumnot in Form eines Mangels an Treffpunkten für Jugendliche besteht auch außerhalb der Schule.

Die Hauptschule am Echardinger Grünstreifen stellt sich als eine für die sozialen Verhältnisse ihrer Schüler durchaus sensible Schule dar, die sich auch um eine Zusammenarbeit mit den anderen für Jugendliche zuständigen Akteuren, insbesondere der Jugendhilfe und der Arbeitsverwaltung, bemüht, aber in der Konkretisierung und Ausgestaltung dieser Zusammenarbeit durch fehlende Ressourcen begrenzt ist.

Die Hauptschule am Inzeller Weg

Die Hauptschule am Inzeller Weg ist die zweite Hauptschule des 14. Münchener Stadtbezirks. Auch sie ist überwiegend zweizügig, nur im sechsten Jahrgang gibt es drei Parallelklassen. Sie hat in den Jahrgängen 5 bis 9 insgesamt 240 Schülerinnen und Schüler, die von 20 Lehrerinnen und Lehrern unterrichtet werden. Auch hier gibt es angesichts der geringen Zahl von Lehrkräften Schwierigkeiten, alle Fächer in wünschenswerter Weise abzudecken. An dieser Schule ist es die Musik, für die man sich zusätzliche Fachkompetenz wünscht.

Der Schulsprengel, der sowohl Teile Berg am Laims als auch die angrenzenden Bereiche des Nachbarstadtbezirks Trudering umfasst, ist weitgehend durch eine Bebauung mit Einfamilienhäusern gekennzeichnet. Die Sozialstruktur im sozialräumlichen Umfeld der Schule ist durch vergleichsweise hohe Anteile bildungsorientierter Bevölkerung gekennzeichnet, was neben der Struktur des bayerischen Bildungswesens mit Übertritten ins Gymnasium nach Klasse 4 und – bisher noch ganz überwiegend – Übertritten in die Realschule nach Klasse 6 zu einer besonderen Dynamik der Schülerbewegungen an dieser Schule führt. So gibt es nach Klasse 6 eine erhebliche Zahl von Übertritten in die überwiegend noch vierstufige Realschule. Das bedeutet, dass immer wieder das Risiko besteht, dass im siebten Schuljahr aus zwei sechsten Klassen eine siebte Klasse gebildet werden muss.

Die Hauptschule am Inzeller Weg leidet ebenfalls unter der „Konkurrenz" der schulformübergreifenden Orientierungsstufe im benachbarten Stadtteil Neuperlach. Der Schulleiter schätzt, dass die Anzahl der Schüler aus seinem Schulsprengel, die dieses Angebot wahrnehmen, in jedem Schuljahr etwa einer Schulklasse entspricht. Im Unterschied zur Hauptschule am Echardinger Grünstreifen allerdings melden sich hier im siebten Schuljahrgang kaum Rückläufer aus der Orientierungsstufe an. Diese wechseln, wenn sie aus der Orientierungsstufe nicht in eine Realschule oder ein Gymnasium übertreten, eher in eine Privatschule. Sie sind also mit der Entscheidung für die Orientierungsstufe für diese Hauptschule dauerhaft verloren.

Interessanterweise erwartet die Schule auch von der in Bayern laufenden Umstellung von der vierstufigen auf die sechsstufige Realschule, also den Übertritt in die Realschule wie in das Gymnasium ebenfalls nach Klasse 4, keine zusätzlichen Schülerverluste, weil man vermutet, dass diejenigen Schülerinnen und Schüler, die für die Realschule in Frage kommen, auch jetzt schon nicht mehr in der Hauptschule sind, sondern nach Klasse 4 in das Gymnasium übertreten und dort unter den gegenwärtigen Bedingungen, auch dann, wenn sie den Leistungsanforderungen nicht genügen, bis zum Ende des sechsten Schuljahres „geparkt“ werden, bis sie dann in die Realschule in Klasse 7 übertreten können.

Diese Dynamik der Schülerbewegungen wird nicht nur als Belastung für die soziale Situation in der Schule wahrgenommen, sondern auch als Problem der individuellen Schülerbiographien, die durch die Schulwechsel, wie auch – bei der Rückkehr in die Hauptschule – durch die Erfahrung des Scheiterns an den weiterführenden Schulen belastet sind. Die gegenüber früheren Jahren gesunkenen Schülerzahlen haben allerdings die Raumsituation der Schule, die zunächst für 18 Klassen gebaut war, deutlich verbessert, denn sie beherbergt heute nur noch 12 Klassen. Das machte die Einrichtung eines Informatikraumes möglich. Für die vorhandenen übrigen Fachräume wünschte man sich eine Modernisierung der Ausstattung entsprechend den neuen Anforderungen der Lehrpläne, aber man ist ansonsten mit den materiellen Rahmenbedingungen, die die Schule bietet, durchaus zufrieden.

Wie an Hauptschulen verbreitet gibt es auch hier ein leichtes Übergewicht der Jungen in der Schülerschaft. Die günstige, eher durch mittelständische Bevölkerung geprägte soziale Situation im Umfeld der Schule schlägt sich auch in der Zusammensetzung dieser Hauptschule nieder. Aus den ganz überwiegend als friedlich eingeschätzten Verhältnissen im sozialräumliche Umfeld der Schule werden kaum Probleme und Schwierigkeiten in die Schule hineingetragen. Das gilt sowohl für Gewalt als auch für Drogen – einen Fall von Drogenhandel, der vor Jahren einmal bemerkt wurde, bekam man in Zusammenarbeit mit der Polizei schnell in den Griff.

Der Anteil ausländischer Schülerinnen und Schüler beträgt an der Schule zwischen 35% und 40%. Auch dies wird nicht als Belastung empfunden. Kennzeichnend für die gute Integration der ausländischen Schülerinnen und Schüler ist, dass die zweisprachigen türkischen Klassen im Schuljahr 1998 auslaufen, und es keinen Anlass gibt, solche Klassen neu zu bilden. Neu zuwandernde ausländische Schülerinnen und Schüler, die nicht über ausreichende Kenntnisse der deutschen Sprache verfügen, werden heute in sogenannten Übergangsklassen (an anderen Schulen) aufgefangen. Diejenigen, die dann in diese Schule kommen, haben in der Regel keine großen Sprachprobleme mehr. Auffällige soziale Benachteiligungen gibt es nur bei Schülern, die mit ihren Familien in Sozialunterkünften im Stadtteil untergebracht sind. Sie bleiben allerdings – angesichts der begrenzten Wohndauer in den Unterkünften – nur vorübergehend an der Schule.

Das pädagogische Profil der Hauptschule am Inzeller Weg ist eindeutig durch die angestrebte hohe Schulleistung geprägt. Mit einem Durchschnitt von etwa 50% liegt sie, bezogen auf den Anteil von Abgängern mit qualifizierendem Schulabschluss unter den Hauptschulen leicht über dem Münchener Durchschnitt. Im Kontext dieses eindeutig auf die Unterrichtsfunktion von Schule orientierten Profils bildet die Vorbereitung auf den Übergang in Ausbildung und Beruf einen klaren Schwerpunkt. Dementsprechend hat die Zusammenarbeit mit der Berufsberatung ebenso einen hohen Stellenwert wie die Beziehung zu Betrieben, in denen Praktika durchgeführt werden können. Eine besonders intensive Zusammenarbeit gibt es mit einer bekannten Sportmoden-Firma, die über Betriebspraktika hinaus die Schule auch bei unterschiedlichen Aktivitäten unterstützt.

Freizeit- und Betreuungsangebote oder Schulsozialarbeit gibt es an der Hauptschule am Inzeller Weg nicht, und sie werden auch bewusst nicht angeboten. Die Lebensverhältnisse der Jugendlichen werden so eingeschätzt, dass derartige Angebote überflüssig sind. Allerdings macht man durchaus die Beobachtung, dass etwa nach Arbeitsgemeinschaften am Nachmittag die Schüler sich gerne noch im Gebäude aufhalten würden. Das einzige Zugeständnis, das man macht, bezieht sich auf Schüler, deren Eltern beide berufstätig sind und für die man dann die Unterrichtsangebote insbesondere am Nachmittag so verteilt, dass sie Gelegenheit haben, sich länger in der Schule aufzuhalten.

Die Ludwig-Thoma-Realschule

Im Schuljahr 1998/99 hatte die Ludwig-Thoma-Realschule 11 Klassen mit insgesamt 292 Schülerinnen und Schülern in den Jahrgängen 7 bis 10, die von 24 Lehrerinnen und Lehrern unterrichtet werden. In den Jahrgängen zuvor, aber auch danach, war die Schülerzahl deutlich höher und lag knapp unter 350.

Die Schule ist in einem architektonisch attraktiven, großzügigen Schulgebäude untergebracht, dessen Räumlichkeiten sie allerdings schon lange nicht mehr auslastet. Zur Zeit wird ein Teil der Räume für Berufsschulklassen genutzt, aber dennoch stehen einige Räume leer.

Die guten baulichen Bedingungen der Schule werden durch ein großflächiges, gut angelegtes Schulgelände ergänzt, so dass man insgesamt von einer Anlage sprechen kann, in der sich Schülerinnen und Schüler ebenso wohl fühlen wie Lehrerinnen und Lehrer. In diesen Rahmenbedingungen sieht die Schulleiterin einen Teil der Erklärung für das insgesamt angenehme und friedfertige soziale Klima in der Schule.

Die Ludwig-Thoma-Realschule hat seit vielen Jahren Schwierigkeiten, eine ausreichende Anzahl von Schülern zu gewinnen. Sie hat sich deshalb in der Vergangenheit insbesondere der türkischen Kinder und Jugendlichen angenommen und ist für diese zu einer Magnetschule für das gesamte Münchener Stadtgebiet und darüber hinaus geworden. Sie wurden zeitweise in rein türkischen Klassen unterrichtet. Dieses Konzept ist heute aufgegeben. Es gibt aber immer noch einen Anteil von 54% ausländischer Schülerinnen und Schüler an der Schule, von denen wiederum etwa die Hälfte türkischer Nationalität sind, die übrigen verteilen sich auf 18 andere Nationen.

Es gibt an der Schule bis heute sogenannte „internationale Klassen“, in die solche Schüler aufgenommen werden, die entweder weniger als vier Jahre eine deutsche Regelklasse besucht haben, oder die zwar in Deutschland geboren sind, dann aber hier türkische Grund- und Hauptschulklassen besucht haben. Die Schule ist eine von drei Münchener Realschulen, die ein solches Angebot machen. Darüber hinaus hat die Schule aber auch eine Magnetfunktion für deutsche und ausländische Jugendliche mit einem qualifizierenden Hauptschulabschluss, die hier – mit Wiederholung des neunten Schuljahres – den mittleren Bildungsabschluss erwerben können. Dafür bietet die Schule die Wahlpflichtfächergruppe III mit Kunst und Werken an.

Neben diesen besonderen Gruppen, für die die Schule besondere Angebote macht, gibt es durchaus nach wie vor Kinder und Jugendliche, die diese Schule wegen der guten Erfahrungen, die Bekannte, Geschwister oder auch die eigenen Eltern an dieser Schule gemacht haben, besuchen und dafür teilweise weite Wege auf sich nehmen und auch die Schulwegkosten selbst finanzieren, weil sie das Angebot näher gelegener Realschulen nicht nutzen.

Entsprechend der veränderten Zuwanderung nach Deutschland hat sich auch die Zusammensetzung der ausländischen Schülerschaft der Schule in den letzten Jahren gewandelt. Es sind insbesondere Flüchtlingskinder aus dem ehemaligen Jugoslawien dazugekommen. Der Anteil aus osteuropäischen Ländern hat sich erhöht, wobei die Zuwanderung von Aussiedlern zurückgegangen ist. Aus dem Iran und insbesondere dem Irak sind auch Jugendliche dazugekommen, deren Eltern in ihrem Herkunftsland offensichtlich den gesellschaftlichen Eliten angehört haben. Die Verteilung der Geschlechter liegt an dieser Schule – im Unterschied zu vielen anderen Realschulen, wo der Jungenanteil überwiegt – recht genau bei 50%. Knapp 10% der Schüler sind Gastschüler aus den angrenzenden Landkreisen. Und diese sind fast ausschließlich Deutsche.

Der Ruf der Ludwig-Thoma-Realschule ist – möglicherweise auch wegen ihrer besonderen Angebote für besondere Schülergruppen – vor allem dadurch gekennzeichnet, dass sie mit schwierigen Schülern umgehen kann und auch Schüler, die andere Schulen ablehnen, zum Erfolg führt.

Die Schule ist mit dieser Schülerschaft bemerkenswert erfolgreich. Die Ergebnisse bei den in Bayern zentralen Realschulabschlussprüfungen sind durchaus vergleichbar mit denen anderer Schulen. Das hat nicht zuletzt damit zu tun, dass die Lehrer sich sehr um ihre Schüler kümmern, bei Bedarf auch die Familien aufsuchen und diese für die Mitwirkung bei der Überwindung konkreter Schwierigkeiten gewinnen. Das ist eine Arbeitsweise, die eindeutig Elemente von Sozialarbeit enthält. Das in seinen Erziehungsstilen eher konservativ ausgerichtete, autoritäre Umgangsformen immer noch weitgehend praktizierende Kollegium hat diese Elemente offensichtlich in ihr Aufgabenverständnis einbezogen. Die Zusammensetzung des Kollegiums ist relativ stabil, es gibt wenig Fluktuation und es gibt auch keine Klagen angesichts dieser Situation.

Aufgrund der nicht immer geradlinigen Bildungsbiographien der Schülerinnen und Schüler der Schule ist ein erheblicher Teil im zehnten Schuljahr bereits volljährig. Auch das bringt für eine Realschule untypische Herausforderungen mit sich. Möglicherweise liegt auch hier eine der Erklärungen dafür, dass die Lehrerinnen und Lehrer der Schule Wert darauf legen, ihren professionellen Status in durchaus konventioneller Weise zur Geltung zu bringen.

Die Schule setzt ihre Ansprüche gegenüber den Schülerinnen und Schülern in allen Bereichen durch. Auch sogenannte Nebenfächer wie Musik und Sport werden ernst genommen, Atteste von

Ärzten zur Befreiung vom Sport werden kritisch überprüft und die Fähigkeiten und Talente der Schüler sollen nach Möglichkeit auch in der Schule zur Geltung kommen. So unterstützt die Schule etwa einen außerordentlich talentierten und anerkannten Grafitti-Künstler, der sein Talent auch bei der Ausgestaltung der Klassenzimmer zur Geltung bringen kann.

Der Schwerpunkt und die Hauptzielsetzung der Ludwig-Thoma-Realschule liegt ganz zweifellos in der Sicherung von Schulerfolgen für möglichst viele ihrer Schülerinnen und Schüler. Dieses Ziel verfolgt die Schule sozialpolitisch durchaus bewusst mit einem großen Verständnis für die soziale Benachteiligung, die für große Teile ihrer Schülerschaft gilt. Der Schulerfolg ist zugleich auch der wichtigste Beitrag, den die Schule ihren Jugendlichen für die Bewältigung der Anforderungen des Übergangs in den Beruf mitgeben kann. Darüber hinausgehende Bemühungen um eine Berufsorientierung und die Vermittlung von Arbeitswelterfahrungen bewegen sich in dem für Realschulen üblichen Rahmen und haben einen entsprechend geringen Stellenwert.

Angesichts ihres überregionalen Einzugsbereichs hat die Ludwig-Thoma-Realschule besondere Beziehungen zu ihrem Stadtteil und seinen Akteuren nicht entwickelt. Der besondere Unterstützungs- und Förderbedarf für die Schülerinnen und Schüler der Schule wird vor allem mit eigenen und schulischen Mitteln in Form von Hausaufgabenbetreuung und Förderunterricht am Nachmittag realisiert. Wegen der teilweise sehr weiten Anreisewege ihrer Schülerinnen und Schüler war die Schule eine der ersten, die einen Mittagstisch angeboten hat, für den die Mahlzeiten in einer eigenen Küche von als Honorarkräften beschäftigten Köchinnen zubereitet werden. Darüber hinaus gibt es in geringem Umfang Freizeitangebote, die vor allem der Überbrückung der Zeit bis zu den nachmittäglichen Unterrichts- bzw. Hausaufgabenhilfen und Förderangeboten dienen.

Alles in allem ist die Ludwig-Thoma-Realschule eine Schule mit einem hohen sozialen Anspruch, den sie aber weitgehend mit eigenen schulischen Mitteln zu realisieren versucht.

Die Maria-Ward-Mädchenrealschule

Die Maria-Ward-Mädchenrealschule ist eine private, staatlich anerkannte Ersatzschule in katholischer Trägerschaft. Träger ist die Erzdiözese München und Freising. An der Schule werden 383 Schülerinnen in den Schuljahren von 5 bis 10 in 14 Klassen von 29 Lehrkräften unterrichtet. Die Schule hat als Privatschule bereits 1992 den sechsjährigen Realschulbildungsgang eingeführt. Sie blickt nunmehr auf eine 160jährige Geschichte an diesem Standort in München zurück. Sie ist eine Gründung der auch als Englische Fräulein bekannten, ursprünglich von der Engländerin Mary Ward gegründeten Kongregation.

Die Aufnahmekapazität der Schule ist durch ihre räumliche Situation begrenzt. Sie verfügt über 14 als Klassenzimmer geeignete Räume, die allerdings unterschiedlich groß sind, so dass sie von Jahrgang zu Jahrgang allein aus diesem Grund unterschiedlich viele Kinder aufnimmt. Bei 14 Klassen verteilt auf sechs Jahrgänge ergibt sich zudem die Notwendigkeit, in den einzelnen Jahrgängen unterschiedliche Zügigkeiten einzurichten. Die Schule führt in jeweils zwei Jahrgängen drei und in vier Jahrgängen zwei Parallelklassen. Das bedeutet, dass die Zahl der Kinder, die im fünften Schuljahr aufgenommen werden können, davon abhängt, ob der jeweilige Entlassjahrgang zwei- oder dreizügig war.

Die Maria-Ward-Realschule versteht sich als eine christliche Einrichtung; sie bietet evangelischen und katholischen Religionsunterricht an, aber keinen Ethikunterricht. Das bedeutet, dass die Kinder, die aufgenommen werden, sich entweder für die Teilnahme am Religionsunterricht einer dieser Konfessionen entscheiden müssen, oder sie müssen nachweisen, dass sie im Rahmen ihrer Religionsgemeinschaft Religionsunterricht erhalten, für den auch eine Zeugnisnote erteilt wird. Von dieser Möglichkeit machen derzeit einzelne orthodoxe Schülerinnen Gebrauch. Auf andere Religionsgemeinschaften, etwa den Islam, ist diese Möglichkeit bisher nicht ausgedehnt worden. Die Schule wäre aber dafür grundsätzlich offen. Hier gäbe es dann jedoch möglicherweise Schwierigkeiten mit der generellen Orientierung der Schule an einem „christlichen Erziehungsideal". Der Anteil ausländischer Schülerinnen ist unter diesen Bedingungen mit nur 10 von 383 weit unter den Werten anderer Münchener Realschulen.

Bisher wird kein Schulgeld erhoben, es ist aber in der Diskussion. Es soll aber den Betrag von 60 DM pro Schülerin und Monat nicht übersteigen. Kosten allerdings entstehen den Eltern für die Nutzung des mit der Schule verbundenen (d.h. ausschließlich für Schülerinnen der Schule zugänglichen), aber ansonsten eigenständigen Tagesheims. Für die 32 Schülerinnen, die von diesem Angebot Gebrauch machen, gibt es eine Mittagsversorgung und – im Rahmen eines geregelten und strukturierten Nachmittags – eine Hausaufgabenbetreuung, für die auch Lehrkräfte zur Verfügung stehen. Im Tagesheim angemeldete Schülerinnen müssen sich bis 16 Uhr verpflichtend im Tagesheim aufhalten, um 17 Uhr wird das Tagesheim geschlossen.

Bemerkenswerterweise rekrutiert die Schule die große Mehrheit ihrer Schülerinnen aus dem Stadtteil – dies ist auch ein Gesichtspunkt bei der Aufnahme, wenn, wie üblich, mehr Anmeldungen vorliegen als Plätze verfügbar sind. Angesichts ihres hohen Anmeldeüberschusses kann es sich die Schule oft auch leisten, nur Schülerinnen aufzunehmen, die von der Grundschule eine Realschulempfehlung mitbringen und kann auf Aufnahmen nach einem Probeunterricht verzichten. Damit gibt es auch eine gewisse Leistungsauslese bei der Aufnahme.

Nach Einschätzung des Schulleiters ist die Schule für diejenigen, die sich anmelden, durch folgende Merkmale attraktiv: Mädchenschule, christliche Orientierung, Sechsstufigkeit und Wohnortnähe.

Mit der Kongregation der Maria-Ward-Schwestern ist die Schule gegenwärtig vor allem durch die finanzielle Unterstützung deren karitativer Arbeit verbunden. Dazu wird jedes Jahr ein Weihnachtsbasar veranstaltet, der in den letzten Jahren regelmäßig deutlich mehr als 10.000 DM erbracht hat, die dann an die Niederlassungen der Maria-Ward-Schwestern verteilt werden.

Sowohl bei diesem Weihnachtsbasar als auch bei anderen Formen der Unterstützung der Schule zeigt sich ein besonderes Engagement der Elternschaft, die auch schulische Aktivitäten durch finanzielle Unterstützung fördert. Die Elternabende sind in der Regel gut besucht und der Elternbeirat arbeitet sehr engagiert. Wichtige Themen in den Gesprächen mit den Eltern sind besondere Aktivitäten der Schule wie die regelmäßigen Schullandheimaufenthalte, der Skikurs im Winter und der neuerdings eingeführte regelmäßige achttägige Aufenthalt in England, wo die Schülerinnen dann auch englische Schulen besuchen.

Die Maria-Ward-Realschule bietet einen kaufmännischen Zweig und einen Französich-Zweig an. Die Umstellung von der vierstufigen auf die sechsstufige Realschule hat es möglich gemacht, dass nun Französisch über vier Jahre angeboten wird. Französisch ist insbesondere für solche Schülerinnen interessant, die nach der Realschule auf das Gymnasium überwechseln wollen.

Im Gespräch mit der Elternvertretung wird deutlich, dass der Ruf der Schule als Bildungsanstalt für ihre Attraktivität eine große Rolle spielt. Dazu gehört auch, dass sie mit Französisch einerseits den Übertritt ins Gymnasium eröffnet, aber auch ansonsten als eine Schule gilt, mit deren Zeugnis der Zugang zu anderen weiterführenden Bildungsgängen (Fachoberschule) oder betrieblichen Ausbildungen gute Chancen eröffnet.

Insbesondere auch durch ihre Angebote im Sportbereich, wo zusätzlich zu den Bundesjugendspielen auch eigene Sport- und Schwimmfeste veranstaltet werden, ist die Schule bemüht, ein ganzheitliches Bildungskonzept für ihre Schülerinnen zu realisieren. Sie beschränkt sich damit aber klar und eindeutig auf ihre schulischen Zuständigkeiten. Für einen gelingenden außerschulischen Alltag ihrer Schülerinnen ist sie – abgesehen von dem begrenzten Tagesheimangebot – nicht zuständig, sondern hier setzt sie eher selbstverständlich und – für ihre Schülerschaft möglicherweise zurecht – auf die Vorleistungen der Familien.

Auch die Tatsache, dass die Leiterin des Tagesheims eine ausgebildete Sozialpädagogin ist, bedeutet nicht, dass sozialpädagogische Angebote und Leistungen im Konzept der Maria-Ward-Realschule ein besonderes Gewicht hätten. Umwelterziehung wird praktiziert durch Mülltrennung in der Schule und auf dem Schulgelände, wo ein verlandeter Teich zu einem interessanten Biotop geworden ist, und man überlegt, ob man einen neuen Teich anlegen sollte, um Umwelteinflüsse auf die Wasserqualität weiterhin untersuchen zu können. Schul- und Tagesheimleitung sehen auch keinen Anlass, besondere Kooperationsbeziehungen zu außerschulischen Einrichtungen und Diensten, wie etwa der Jugendhilfe, zu suchen. Auch ein besonderes Engagement für den Stadtteil scheint angesichts dieser Bedingungen entbehrlich.

Etwas gespannt, aber keineswegs beunruhigt erwartet der Schulleiter den Zeitpunkt der Einführung der Sechsstufigkeit auch in den benachbarten Realschulen, weil sich dann zeigen wird, welchen Stellenwert dieses Merkmal für die Attraktivität seiner Schule tatsächlich hat.

Das Michaeli-Gymnasium

Das Michaeli-Gymnasium in Berg am Laim ist, was in München nicht selbstverständlich ist, ein staatliches Gymnasium mit staatlichen Lehrkräften – im Unterschied zum Willy-Graf und Sophie-Scholl-Gymnasium in Schwabing und dem Käthe-Kollwitz-Gymnasium in Nymphenburg, die ebenso wie die in die Untersuchung einbezogenen öffentlichen Realschulen in München städtische Schulen mit städtischem Lehrpersonal sind. 85 Lehrkräfte arbeiten an der Schule. Nachdem die Schülerzahl nach dem Höchststand mit 1100 Schülerinnen und Schülern Ende der 70er Jahre auf knapp unter 1000 gesunken ist, der aber über die letzten Jahre hin auch einigermaßen stabil blieb, sieht die Schule ihre Raumsituation einigermaßen komfortabel und ihre Zukunft wenig gefährdet.

Das Michaeli-Gymnasium liegt an der Grenze zu Trudering, einem der „besseren" Münchener Stadtbezirke, und bekommt von dort auch zwei Drittel ihrer Schülerinnen und Schüler. Es liegt in einem Grüngürtel, in unmittelbarer Nachbarschaft sind gerade Sportplätze geschaffen worden. Man fühlt sich also auch von der Lage her in der Schule sehr wohl. Eine wesentliche Verbesserung für die Schule brachte die Verlegung des Flughafens von Riem in das Erdinger Moos. Dadurch ist die Lärmbelastung entscheidend zurückgegangen und das Umfeld der Schule ist auch als Wohngebiet wesentlich attraktiver geworden. Darin sieht die Schulleitung auch einen der Gründe für die stabile Zahl der Anmeldungen in den letzten Jahren, denn in den benachbarten Gymnasien gibt es geringfügig, aber spürbar sinkende Schülerzahlen.

Die Schule setzt sich hohe Ansprüche und sucht für deren Einlösung und Überprüfung sowohl den Wettbewerb als auch das Engagement über die Schule hinaus im Stadtteil. So strebt sie für den Stadtteil die Rolle eines kulturellen Mittelpunkts, eines kulturellen Stadtteilzentrums an, in dem Ausstellungen, Theater und Konzerte stattfinden. Sie organisiert auch die Weihnachtsfeier in der St. Michaels Kirche. Solche Aktivitäten werden sehr bewusst in den Dienst einer Stadtteilentwicklung gestellt, um die relativ heterogene Sozialstruktur im Umfeld der Schule, in der alte und neu hinzugekommene Siedlungsteile auch sozial noch relativ unverbunden nebeneinander stehen, zu entwickeln.

Das Michaeli-Gymnasium hat es auch durchsetzen können, dass es im Rahmen eines Leistungskurses Kunsterziehung den benachbarten Bahnhof einer neuen U-Bahnlinie künstlerisch mitgestalten konnte, und hat dabei besonderen Wert darauf gelegt, dass dabei Bezüge zum Stadtteil hergestellt wurden. Dieses Projekt bezog die Zusammenarbeit mit den zuständigen Architekten ebenso ein wie die mit dem Bezirksausschuss für den Stadtteil. Das Ergebnis hat breite Anerkennung gefunden und hat ganz sicher zur Mehrung des Ansehens der Schule beigetragen. Aber auch über andere Unterrichtsinhalte sucht man Bezüge nach außen. Insbesondere für den Chemie-Unterricht hat man entwickelte Beziehungen zu chemischen Unternehmen sowohl im Münchener Raum als auch darüber hinaus. Diese Unternehmen werden regelmäßig besucht und man sieht hier eine Möglichkeit auch über den Unterricht die Bezüge zwischen Schule und Arbeitswelt zu entwickeln. Daneben gibt es eine feste Beziehung zur Technischen Universität, wo man einen festen „Tutor-Professor" hat, der einmal im Jahr in der Schule anwesend ist und bei dieser Gelegenheit in der Kollegstufe über Studienmöglichkeiten informiert. Dies wird als eine wichtige Ergänzung der berufsvorbereitender Aktivitäten in Kooperation mit dem Arbeitsamt gesehen.

Auch ökologische Aktivitäten haben an der Schule eine gute Tradition. Lange bevor in den Münchener Schulen von Mülltrennung die Rede war, hat man das am Michaeli-Gymnasium schon praktiziert und unter anderem die Untersuchung von Hausmüll zum Thema des Unterrichts gemacht. Daneben spielen ökologische Gesichtspunkte bei der Verwendung von Materialien in der Schule eine große Rolle, es gibt eine Schulgartengruppe, die das Haus und das Gelände begrünt. Man hat im Rahmen des Entsiegelungsprogramms des Stadtrates Mittel eingeworben, um einen Teil des Schulhofs zu entsiegeln und mit Bäumen zu bepflanzen.

Im Rahmen einer Bach-Patenschaft wurde der sogenannte Hachinger Bach, der bisher in unmittelbarer Nähe des Schulhauses versickert, in den Blick genommen, und es ist das Ziel, im Zusammenhang mit der Neugestaltung des Grünzugs im Umfeld der Schule diesen Bach einzubeziehen und zu verlängern.

Zum Engagement für den Stadtteil gehört auch, dass die Schule sich kritischen Auseinandersetzungen stellt. Als das Ansinnen an sie herangetragen wurde, sich in den Bürgerprotest gegen die Errichtung eines Asylbewerberheims in der Nachbarschaft der Schule einzureihen, gab es an der Schule heftige Diskussionen, sowohl in der Schulleitung als auch unter den Lehrkräften und insbesondere unter den Schülerinnen und Schülern, und es wurde dann einstimmig beschlossen, dass die Schule sich diesem Ansinnen gegenüber verweigert und die Einrichtung des Asylbewerberheims unterstützt. Schüler des Leistungskurses Deutsch haben sich dann angeboten, für die Bewohner dieses Asylbewerberheims Deutschunterricht zu erteilen, der dann auch in der Schule stattfand.

Das Michaeli-Gymnasium hat im Rahmen des Sokrates-Programms der Europäischen Union eine internationale Schülerzeitung initiiert, an der Partnerschulen in Frankreich, Irland, Ungarn, Italien, aber auch aus Neustadt in Sachsen beteiligt sind.

Neben diesen Aktivitäten von Arbeitsgemeinschaften und Projekten besteht an der Schule allerdings nur ein geringer Bedarf an Freizeitangeboten oder Hausaufgabenbetreuung. Schüler, die das möchten, können aber die Sportanlagen und das Außengelände der

Schule nutzen, sie müssen sich dazu nur im Direktorat anmelden und einschreiben, damit die Koordination mit dem regulären Sportunterricht und anderen Nutzungen dieser Anlagen gewährleistet ist. Solche Aktivitäten gibt es täglich. Insbesondere das Angebot einer Hausaufgabenbetreuung stieß jedoch auf keine nennenswerte Resonanz.

Gerade in diesen außerunterrichtlichen Bereichen wird deutlich, dass hohe Maßstäbe bis hin zur herausragenden Leistung ein Kennzeichen vieler Aktivitäten am Michaeli-Gymnasium sind. Man begibt sich in Wettbewerbe und stellt sich bewusst der Konkurrenz der anderen. So hat es die Schule geschafft, dass sich ihre Schüler für die internationale Sitzung des Jugendparlaments (1999 in Weimar) qualifiziert haben. Die Medienaktivitäten an der Schule können sich an professionellen Ansprüchen messen und finden sowohl beim Kultusministerium als auch bei kommunalen Institutionen und Unternehmen große Anerkennung. In diesem Bereich hat sich die Schule das Image einer Multimediaschule erarbeitet. Damit ist sie auch bezogen auf die Schulleistung eine anspruchsvolle Schule, ohne dass sie deshalb als elitär gilt. In ihren Beziehungen zum sozialräumlichen Umfeld stellt sie sich als eine sozial und politisch verpflichtete Schule dar, die ihre Ressourcen und Möglichkeiten für die Förderung des Stadtteils und seiner Entwicklung nutzt und darin zugleich auch wichtige Lerngelegenheiten für ihre Schüler sieht.

Literatur

Achter Jugendbericht. Bericht über Bestrebungen und Leistungen der Jugendhilfe. Der Bundesminister für Jugend, Familie Frauen und Gesundheit. Bonn 1990

Altrichter,H./Rolff,H.-G.: Theorie und Forschung in der Schulentwicklung. In: Journal für Schulentwicklung Heft 4/2000

Bildungskommission Nordrhein-Westfalen: Zukunft der Bildung Bildung – Schule der Zukunft. Neuwied 1995

Böhnisch, L.: Gespaltene Normalität. Lebensbewältigung und Sozialpädagogik an den Grenzen der Wohlfahrtsgesellschaft, Weinheim und München 1994

Böhnisch, L.: Pädagogische Soziologie. Weinheim und München 1996

Böhnisch, L/Münchmeier, R.: Pädagogik des Jugendraums. Zur Begründung und Praxis einer sozialräumlichen Jugendpädagogik, Weinheim und München 1993

Bourdieu, P.: Die feinen Unterschiede. Kritik der gesellschaftlichen Urteilskraft, Frankfurt/M. 1987

Brater, M.: Schule und Ausbildung im Zeichen der Individualisierung, in: Beck, Ulrich (Hg.): Kinder der Freiheit, Frankfurt/M. 1997, S. 149-174

Burkhard, C:/Mauthe, A./Rösner, E.: Auf dem Weg zur Stadtteilschule. In: Rolff, H.-G. u.a. (Hrsg.): Jahrbuch der Schulentwicklung, Band 6. Weinheim und München 1990

Dalin, P./Rolff, H.-G./Buchen, H.: Institutioneller Schulentwicklungs-Prozess: ein 2., völlig neu bearb. Aufl., Bönen/Westf. 1995

Deinet, U. Sozialräumliche Jugendarbeit, Opladen 1999

Deutscher Bildungsrat (Hrsg.). Einrichtung von Schulversuchen mit Ganztagsschulen. Empfehlungen der Bildungskommission. Bonn 1968

Deutscher Bildungsrat(Hrsg.):.Zur Reform von Organisation und Verwaltung im Bildungswesen, Teil I: Verstärkte Selbständigkeit der Schule und Partizipation der Lehrer, Schüler und Eltern. Empfehlungen der Bildungskommission. Bonn 1973

Dewe, B./Ferchoff, W.: Alltag, in: Kerber, Harald/Schmieder, Arnold (Hg.): Handbuch Soziologie. Zur Theorie und Praxis sozialer Beziehungen, Reinbek bei Hamburg 1991, S. 16-24

Dryfoos, J.G.: Full-Service-Schools. San Francisco 1998

Feldhoff, J.: Probleme einer organisationssoziologischen Analyse der Schule (1970). In: Hurrelmann, Klaus (Hrsg.): Soziologie der Erziehung, Weinheim 1974

Fend, H.: Schulklima. Soziale Einflussprozesse in der Schule. Weinheim und Basel 1977

Fend, H.: Was ist eine gute Schule? In: WPB H.7/8/1986

Fend, H.: Schulqualität. Die Wiederentdeckung der Schule als pädagogische Gestaltungsebene, in : Neue Sammlung H.4/1988

Friedemann, H.-J. /Schroeder, Joachim: Von der Schule ... ins Abseits? : Untersuchungen zur beruflichen Eingliederung benachteiligter Jugendlicher ; Wege aus der Ausbildungskrise, Langenau-Ulm 2000

Fürstenau, P.: Neuere Entwicklungen der Bürokratieforschung und das Schulwesen. Ein organisationssoziologischer Beitrag. In: Neue Sammlung H. 6/1967

Georg, W.: Soziale Lage und Lebensstil. Eine Typologie, Opladen 1998

Habermas, J.: Theorie des kommunikativen Handelns. 2Bände, Frankfurt 1981

Haag,F./Krüger, H./Schwaerzel, W./Wildt, J. (Hrsg.): Aktionsforschung. München 1975

Hörning, U.H./Michailow. M.: Lebensstil als Gesellschaftsform. Zum Wandel von Sozialstruktur und sozialer Integration, in: Soziale Welt, Sonderheft 7, 1990, S. 501-521

Hornstein, W.: Aufwachsen mit Widersprüchen – Jugendsituation und Schule heute. Rahmenbedingungen, Problemkonstellationen, Zukunftsperspektiven, Stuttgart 1990

Hornstein, W.: Bildungsplanung ohne sozialpädagogische Persektiven. In: Zeitschrift für Pädagogik H. 3/71.

Hradil, S.: Alte Begriffe und neue Strukturen. Die Milieu-, Subkultur- und Lebensstilforschung der 80er Jahre, in: ders.: Zwischen Bewusstsein und Sein. Zur Vermittlung „objektiver Lebensbedingungen“ und subjektiver Lebensweisen“, Opladen 1992, S. 15-56

Hradil, S.: Soziale Ungleichheit in Deutschland, 8. Aufl., Opladen 2001

Institut für Schulentwicklungsforschung: IFS-Schulbarometer. Ein mehrperspektivisches Element zur Erfassung von Schulwirklichkeit, Dortmund 1996

Jenkner, S.: Entwicklung und Perspektiven der Schulverfassung in der Bundesrepublik Deutschland. In: Aus Politik und Zeitgeschichte H. 27/1989

Klemm, K./Rolff, H.-G./Tilllmann, K.-J.: Bildung für das Jahr 2000. Reinbek 1985

Klippert, H.: Pädagogische Schulentwicklung, Weinheim und Basel 2000

Krüger, H.-H./Grundmann, G./Kötters, C.: Jugendliche Lebenswelten und Schulentwicklung. Ergebnisse einer quantitativen Schüler- und Lehrerbefragung in Ostdeutschland, Opladen 2000

Landeshauptstadt München (Hrsg.): Münchner Armutsbericht – Fortschreibung '97. München 1999
Landeshauptstadt München (Hrsg.): Statistisches Taschenbuch 2000. München 2000
Landeshauptstadt München (Hrsg.): Stadtteilstudie München. Anlage 1 zur Beschlussvorlage des Ausschusses für Stadtplanung und Bauordnung vom 7.3.2001
Leschinsky, A.: Dezentralisierung im Schulsystsem der Bundesrepublik Deutschland, in: Zedler, Peter (Hg.): Strukturprobleme, Disparitäten, Grundbildung in der Sekundarstufe I, Weinheim 1992, S. 21-40
Liebau, E.: Gesellschaftliches Subjekt und Erziehung. Zur pädagogischen Bedeutung der Sozialisationstheorien von Pierre Bourdieu und Ulrich Oevermann, Weinheim und München 1987
Mack, W.: Schulkultur und Autonomie. Argumente für eine basisnahe und dezentrale Schulentwicklung, in: ders. (Hg.): Hauptschule als Jugendschule. Beiträge zur pädagogischen Reform der Hauptschulen in sozialen Brennpunkten, Ludwigsburg 1995, S. 150-157
Mack, W.: Bildung und Bewältigung. Vorarbeiten zu einer Pädagogik der Jugendschule, Weinheim 1999
Maughan, B./Mortimer,P./Ouston, J./Rutter,M: Fünfzehntausend Stunden. Weinheim 1980
Neunter Jugendbericht. Bericht über die Situation der Kinder und Jugendlichen und die Entwicklung der Jugendhilfe in den neuen Bundesländern. Bundesministerium für Familie, Senioren, Frauen und Jugend (Hrsg.). Bonn 1994
Pfister, W./von der Osten-Sacken, A. (Hrsg.): Jugendhilfe zwischen Alltagsgeschäft und Gesellschaftspolitik. Grundprobleme der jungen Generation. Neuwied 1984
Popitz, H./Bahrdt, H.P./Jüres, E.A./Kesting, H.: Technik und Industriearbeit, Tübingen 1964
Raab, E./Rademacker, H./Winzen, G.: Handbuch Schulsozialarbeit. München 1987
Raab, E./Rademacker, H.: Schulsozialarbeit in München. DJI-Arbeitspapier 2-089. München 1994
Rademacker, H.: Schulsozialarbeit – die beargwöhnte Liaison von Jugendhilfe und Schule. In: Jugendarbeit und Schule. Weinheim 1994
Rademacker, H.: Veränderte Lebenslagen von Schülern und ihre Konsequenzen für Jugendhilfe und Schule. In: Pfister, W./von der Osten-Sacken, A. (Hrsg.): Jugendhilfe zwischen Alltagsgeschäft und Gesellschaftspolitik. Grundprobleme der jungen Generation. Neuwied 1984
Richter, I.: Theorien der Schulautonomie, in: Recht der Jugend und des Bildungswesens H. 1/1994
Robinsohn, S. B. : Bildungsreform als Revision des Curriculum und ein Strukturkonzept für Curriculumentwicklung. Neuwied 1967
Rolff, H.-G.: Schulentwicklung als Entwicklung von Einzelschulen? Theorien und Indikatoren von Entwicklungsprozessen. In: Zeitschrift für Pädagogik H. 6/1991
Rutter, M. u.a.: Fünfzehntausend Stunden – Schulen und ihre Wirkung auf Kinder, Weinheim/Basel 1980
Schulze, G.: Die Erlebnisgesellschaft. Kultursoziologie der Gegenwart, Frankfurt/M., New York 1992
Sinus (Sozialwissenschaftliches Institut Nowak und Partner): Die Sinus Milieus und ihre Anwendung, Heidelberg 1997

Sinus Sociovision: Sinus Milieus 2000: Re-Naming und Ost-West-Konvergenz, Heidelberg 2000

Statistisches Jahrbuch 1998 für Bundesrepublik Deutschland, hg. Vom Statistischen Bundesamt, Stuttgart 1998

Tenorth, H.-E.: „Alle alles zu lehren". Möglichkeiten und Perspektiven allgemeiner Bildung, Darmstadt 1994

Thiersch, H.: Alltagshandeln und Sozialpädagogik, in: Neue Praxis (1978), H. 1, S. 6-25

Thiersch, H.: Die Erfahrung der Wirklichkeit. Perspektiven einer alltagsorientierten Sozialpädagogik, Weinheim und München 1986

Thiersch, H.: Lebensweltorientierte Soziale Arbeit. Aufgaben der Praxis im sozialen Wandel, Weinheim und München 1992

Vester, M.: Soziale Milieus im gesellschaftlichen Strukturwandel, in: Diskurs 2/96, S. 58-61

Waldenfels, B.: Lebenswelt, in: Kerber, H./Schnieder, A. (Hrsg.): Handbuch Soziologie, Reinbek bei Hamburg 1991, S. 332-336

Zehnter Kinder- und Jugendbericht. Bericht über die Lebenssituation von Kindern und die Leistungen der Kinderhilfen in Deutschland. Das Bundesministerium für Familie, Senioren, Frauen und Jugend. Bonn 1998